重点大学市场营销专业核心教材

市场调查与分析

（第 3 版）

张灿鹏　编著

清 华 大 学 出 版 社

北京交通大学出版社

·北京·

内 容 简 介

本书比较全面和系统地介绍了市场调查设计总论、市场调查技术与分析技术的相关知识。全书兼顾基本理论和实际应用，引入大量鲜活的案例资料，同时配备了有针对性的思考与训练题目。附录部分列有几种常用的统计表。

本书反映了市场调查与预测学科的最新发展动态，体现了作者多年的教学研究成果，编排新颖，内容精炼，深入浅出，信息量大。

本书主要是满足市场营销专业及管理学科其他专业本科生教学需要，也可以较好地满足相关专业研究生（包括 MBA）研究方法课程的教学需要。同时，也可以作为广大企业营销管理人员专业培训的参考教材。

图书在版编目（CIP）数据

市场调查与分析/张灿鹏编著．—3 版．—北京 ：北京交通大学出版社：清华大学出版社，2021.1（2023.8 重印）

ISBN 978 – 7 – 5121 – 4365 – 4

Ⅰ.①市… Ⅱ.①张… Ⅲ.①市场调查-高等学校-教材②市场分析-高等学校-教材
Ⅳ.①F713.52

中国版本图书馆 CIP 数据核字（2020）第 225077 号

市场调查与分析

SHICHANG DIAOCHA YU FENXI

责任编辑：	赵彩云

出版发行：清华大学出版社　　邮编：100084　　电话：010-62776969　　http://www.tup.com.cn
　　　　　北京交通大学出版社　邮编：100044　　电话：010-51686414　　http://www.bjtup.com.cn
印 刷 者：北京鑫海金澳胶印有限公司
经　　销：全国新华书店
开　　本：185 mm×260 mm　　印张：19.5　　字数：499 千字
版 印 次：2008 年 3 月第 1 版　　2021 年 1 月第 3 版　　2023 年 8 月第 3 次印刷
印　　数：5 001～7 500 册　　定价：49.00 元

本书如有质量问题，请向北京交通大学出版社质监组反映。对您的意见和批评，我们表示欢迎和感谢。
投诉电话：010 – 51686043，51686008；传真：010 – 62225406；E-mail：press@bjtu.edu.cn。

编著目的

信息具有知识的秉性。正如信息论的创始人 C. Shannon 所指出的那样，"信息是能够用来消除不确定性的东西"。信息能够改变人们的知识状态，使人们对某些事物从不知到知之，从知之甚少到知之甚多。知识就是一种系统化、理论化的信息。

人类社会已进入信息时代，信息对社会生活的各个领域都发挥着深刻而巨大的作用。在市场经济条件下，信息同资本、劳动力、原材料等生产要素一样，已成为社会再生产过程不可缺少的资源。信息社会要求企业重视对信息资源的挖掘和利用，要求企业运用科学有效的程序和方法有效地搜集各种数据资料，按照科学方法整理、存储或加工这些数据，最终提炼有价值的信息，随时随地地为经营管理者的决策活动提供直接支持。市场调查与分析属于市场信息工作的范畴，服务于企业和非营利机构的经营管理决策。适应社会经济发展对市场调研与分析的需要，国内各类高等院校普遍把市场调研与分析作为市场营销专业的核心课程和工商管理类其他专业的主干课程。本书正是为适应这一需要而编著的。

目标与特色

本着打造中国"重点大学市场营销专业核心教材"的宗旨，本书从组织、编写到审校始终将高质量作为追求的目标。本书作者从 1988 年开始为本科课堂开设市场调查与预测课程，至今已 30 多年时间，使用过多种版本的教材，在教学相长的过程里得以对市场调查与预测教材和课程有了更深入的思考，而教学之余为多家企业提供咨询和指导的经历也获得了理论联系实际的良好机会，向实践学习，通过实践检验理论，然后丰富和提升理论。多年的理论积累和相对丰富的营销调研经验，使作者有能力对本书的编撰有总体的把握并进行许多独立的思考，在此基础上突出以下几个方面的特色。

第一，在全书内容体系构造方面突出创新特色，按照科学和适用的原则进行综合构思，突出市场调研设计和数据质量控制的思想。

第二，将调研理论与实践案例有机融为一体，将国内外先进的研究成果与中国市场的实际结合起来，在讲究科学性的同时兼顾实践的适用性。

第三，在章节编写体例和编写内容上突出创新特色。每章均从开篇案例入手，通过鲜活的案例资料和整章内容的总体把握来吸引和方便读者阅读和学习。章后安排的思考和训练题目，不再是正文所分析问题的简单重复，而是突出强调对正文内容的深入理解和应用思考，调动学习者的学习积极性，引导学习者训练自己思考和解决市场调研与预测实际问题的能力。

第四，从使用者特别是一线教师的需求出发，在完成本书编写的同时，还初步完成了配套使用的 PPT 资料的建设，在方便使用方面进行了有益的尝试。

第 3 版修订原则与要点

自 2008 年 3 月首次出版和 2013 年 12 月再版后，迄今本书已经印刷过数十次。据不完全统计，本书先后被全国几十所高等学校选作本科教材。本书广受市场认可的程度，让作者始料不及；本书质量和特色得到高校师生和广大读者的肯定和积极反馈，也让作者惶恐。因为作者深知本书还存在很多不足，或者因为本人水平所限，或者因为编撰过程中存在疏漏。正是使用者和读者的认可、肯定和积极反馈，给了作者弥补不足、一再修订再版的动力，也给了作者一个以实际行动回馈广大使用者和读者的机会，这里衷心地道一声"谢谢"！

本次修订贯彻继承为主、提升和完善为辅的指导思想，在坚持高质量要求和突出特色的基础上，根据 DT 时代市场调研行业面临的新挑战和新趋势及市场调研理论的新发展，对部分章节内容进行调整；并基于系统考虑对部分章节的开篇案例进行了更新或改写。

第 3 版修订的具体思路与要点如下。

（1）反映互联网以及物联网发展对市场调研设计及技术的影响。例如，网络调查理论及有关问题的讨论；物联网发展趋势及其对市场调查思想和方法的影响。在第 3 版中拿出很大篇幅对 DT 时代市场调研行业面临的冲击进行了讨论，包括大数据及技术的价值与特点、大数据及技术的局限以及大数据与市场调研的关系，对很多读者可能关心的问题进行了回应。

（2）鉴于市场调研与市场预测两者在理论与方法体系上基本相互独立，考虑市场预测方法在统计学相关著述中有比较详细的讨论，同时兼顾本书读者和使用者需要的新趋势，本书第 3 版在内容体系上进行了大幅调整，将市场预测有关技术与方法的讨论整个略去。这样处理后，本书可以更好地聚焦于市场调查与分析的主题。

（3）从调研客户需求角度考虑，在重点考虑企业的正式调研需求的同时，对企业日常经营管理活动中的数据需求也有所关注。例如，互联网时代二手数据资料的搜集、整理和分析，就属于这方面的重要内容，第 6 章对这方面问题进行了深入讨论。

（4）从学习应用角度考虑，除了精炼问题性案例材料外，还补充了一些包含问题提出、问题分析和问题解决方案在内的完整的示范性案例。这在更新的案例材料中有所体现。

内容结构

全书内容分为 11 章，可分为 3 部分来认识。

第 1 部分可以总括为市场调查设计总论，包括市场调研职能、DT 时代的市场调研行业、市场调查误差及其控制和调查设计概论。"市场调研职能"分析旨在认识调研的管理价值，因为调研的管理价值决定市场调研作为一种社会存在的意义；"DT 时代的市场调研"则分别讨论了大数据及技术对市场调研行业的挑战以及市场调研的主体与客体；"调查误差及其控制"概括分析探讨了市场调研的核心问题——调查数据质量及调查误差构成与调查误差控制；"调查设计概论"实际上是承上启下的一章。

第 2 部分可以概括为市场调查技术，包括抽样设计、数据收集方法（上和下）、测量与问卷设计。"抽样设计"实际上是确定数据来源和调研对象的技术；"数据收集方法（上）"主要分析二手数据调研和定性数据调研的有关技术；"数据收集方法（下）"则主要探讨定量数据调研方法和技术；"测量与问卷设计"则探讨了数据收集工具的设计和开发技术。

第 3 部分则可以概括为调研数据分析技术，包括 3 章内容，分别为数据处理、抽样估计与样本量确定、数据分析。"数据处理"是为数据分析和统计推断进行准备工作；"抽样估计与样本量确定"聚焦讨论统计推断相关理论与方法；"数据分析"是对调研数据的描述性分析和信息挖掘，以便获得有意义和有价值的信息。

作者与致谢

在本书编撰过程中参考了前人大量的研究成果，引用了一些作者曾经服务过的企业的典型案例，在此特向这些作者及企业单位表示感谢。同时，特别感谢北京交通大学出版社赵彩云编辑为把握本书质量和推动本书尽早面世方面所做的重要努力。

本书配有教学课件，可发邮件至 67879444@qq.com 索取。

尽管作者尽了最大的努力，以保证本书的质量，但是由于水平所限和时间仓促，错误和疏漏在所难免，恳请广大读者批评指正。

作者

2020 年 10 月

目 录 MULU

第1章

市场调研职能

【本章要点】

(1) 定义市场调研的概念

(2) 了解市场调研的基本分类与范畴

(3) 理解市场调研在 MMIS 系统中的功能和价值

(4) 理解市场调研与营销观念的关系

(5) 理解市场调研在营销战略决策中的价值

(6) 理解市场调研的局限，掌握应用调研的恰当时机和场合

开篇案例

万怡连锁酒店的成功秘诀

万豪国际集团（以下简称万豪国际）是世界上著名的酒店管理公司和入选全球财富 500 强名录的企业。万豪国际创建于 1927 年，总部设于华盛顿。万豪国际目前拥有 18 个著名酒店品牌，万怡连锁酒店（以下简称万怡连锁）就是其中最著名的酒店品牌之一。

1981 年，万豪国际曾就其提供全方位服务的酒店对顾客进行了调查，了解他们对中等价位酒店的要求。在此项调查两年之后，也就是 1983 年，万豪国际推出了根据市场发展和特定需求精心设计的万怡连锁品牌。这是一家中档连锁酒店，其特征是为商务和观光旅客提供良好的住宿服务。它的设计风格与周围环境都造就旅客一种庭院的感觉。酒店的大部分房间都朝向有一个室外游泳池和公共露台的主要景区。第一家万怡酒店开业伊始，即获成功，并很快成为同行业中的佼佼者。实际上，在连锁酒店经营过程中，万怡酒店始终注意广泛听取商务客人的意见，其广受欢迎的中等价位客房以及高水准服务，都是经过精心设计而推出的。

"有些商人可以不带运通卡，但是如果不带上玩具熊，他们是不会离开家的。"这是万怡连锁在对其顾客进行调查时发现的一个令人吃惊的事实。正如万豪国际的国内公关部经理坎贝尔所说的，在万怡连锁，市场调研"对我们了解顾客的需求和需要是十分重要的。如果我们不进行调研，我们就不可能搞清楚实际情况"。

坎贝尔还说，调查也可作为一种营销工具，"它让媒体和消费者了解我们的顾客在做些什么，还可以使万怡连锁这个品牌得到更多的认同"。

受万怡连锁的委托，专门的旅行研究公司 S. A. M 对在过去 12 个月中至少做过 6 次商务旅行的 300 名万怡连锁的顾客进行了调查。调查活动通过电话问卷调查方式进行，问题共有 30 个，主要包括：旅行者在旅行期间是怎样和他们的家人及办公室进行联系的；为了使旅行生活能有在家的感觉，旅行者会怎样做或随身携带些什么，等等。坎贝尔说："我们还想搞清楚旅行者的一些习惯，诸如他们旅行时的习惯。"

有些调查结果是万怡连锁事先预计到的。例如，调查发现 58％ 的商务旅行者带有手提电脑。有些发现则出乎预料，如这些带有手提电脑的人说，他们带电脑是为了玩游戏；同时有 7％ 的商务旅行者说，他们旅行时会带玩具熊或其他玩具。

基于以上数据，万怡连锁对营销方式作出了调整。例如，由于很多商务旅行者都带有手提电脑并可以上网，于是，万怡连锁在网上为商务旅行者们提供了很多信息，其中包括标出酒店位置的地图及万怡连锁开展的促销活动，等等。同时，根据"很多商务旅行者希望能安静地休息"这一调查发现，万怡连锁的大堂取消了可能会打扰顾客休息的音乐和电视声音。

坎贝尔说，一些调查结果证实，商务旅行者希望的"并不只是前台人员微笑的面孔"，他们还希望能提前购买早餐和快速办理登记和结账手续。万怡连锁不仅识别出商务旅行者的这些需要和需求，并且在行动上积极回应这些需求，提供能够留住顾客的高水平服务。

由于商务旅行非常繁忙，所以万怡连锁尽可能做到使旅行者住得方便并享受到统一的服务。正如坎贝尔所说："无论他们住在华盛顿特区的万怡连锁酒店，还是住在西雅图，他们都会有同样的经历，他们知道可以得到什么样的服务。"

通过市场调研，万豪国际不但创造出了像万怡连锁酒店这样的新品牌，而且还因其产品/服务很好地满足了不断变化的市场需求，从而建立起了品牌权益。

那么，什么是市场调研呢？市场调研对营销决策的形成有多重要呢？这些都是本章将要讨论的问题。

1.1　市场调研及其基本分类

市场调研的表现形态多种多样，然而从根本上讲，市场调研主要用来满足管理者对市场的认知要求。航空服务公司的经理也许会问："我们应从哪些方面提高乘客满意度？"某消费品公司的营销经理可能会问："如何使我们的销售政策在分销渠道和零售终端得到不折不扣的执行？"某工业品营销经理会问："谁抢占了我们的市场？而我们又抢占了谁的市场？"回答类似上述的营销问题，首先需要知道顾客、分销商和竞争对手对你的营销决定的反应情况。营销调研就是回答这些问题的基本工具。营销管理者通过这些信息，来确定和说明营销机遇及其存在的问题，然后提出和评判营销行动，监督营销的履行状况，由此逐步提高对营销的认知程度。

1.1.1　市场调研的概念

目前，国内外学者有很多关于市场调研的定义，虽然侧重点各不相同，但大同小异。把这些定义的一些共同点归纳一下,可以将市场调研定义为:市场调研是市场信息工作的范畴,是运用科学方法,有目的、系统地生成市场信息,分析所得结果、传达研究发现及其暗含信息,为市场预测与管理决策提供科学依据的客观过程。

首先,该定义表明,调研资料不是凭直觉得来的,也不是随意收集的,而是科学调查和细心研究的过程和结果。市场调研人员必须认真观察数据,由此来发现与该主题有关的所有资料。

其次,该定义还表明,要确保所收集资料或数据是准确的,营销调研人员就必须是客观的。调研人员应该是超然的,不能带有任何个人偏见,不能将市场调研作为支持某人预想观点的"拐杖"。市场调研必须严格追求客观性,否则将毫无价值甚至引起误导。

小心区分辩护调研与宣传调研

今天在一些司法体系比较完备的国家,辩护调研(advocacy research)变得越来越常见。辩护调研是指为了支持诉讼中的具体主张所进行的调研。例如,某项辩护调研只是为了证明一个品牌名称不是一个普通的名字。在辩护调研中,调研的重点在于寻求那些可以为诉讼中的具体主张提供支持的信息,而不是关于某个事件的完全的、客观的信息。法院对辩护调研的观点只建立在抽样设计或方法问题上,因为抽样程序上的一点偏差都有可能被辩护律师夸大。正如有人所评论的那样:你几乎没见过某个调研人员看起来像一个独立的证人,或者不带有一点偏见。不过你可以经常看见代表 FTC 或整个行业的证人。而且你还可以预测,代表 FTC 的证人将会得出什么结论,以及代表行业的证人将得出什么结论。甚至有人说,辩护调研不是在寻找完全的事实。

在中国国内,还有另外一种类似性质的调研,就是带有宣传目的的"宣传调研"。有些市场调研客户要求在开展某个特定调研项目的同时,达到宣传企业或品牌的目的。有些经济学常识的人都知道这是"一举两得"的事情,经济上当然划算!但是,如果你有市场调研常识的话,就会发现经济上的节约是以牺牲调研数据的客观性为代价的,是"得不偿失"的事情。

小心地将辩护调研及宣传调研与一般的市场调研区分开,是完全必要的。

再次,市场调研的定义还指出,市场调研将用于支持和推进整个市场预测与管理决策过程,包括定价、广告、销售及产品本身等方面和企业市场营销活动的全过程。通过提供决策制定的必需资料,市场调研可以减少决策的不确定因素,由此降低作出错误决策的风险。不过应该明确的是,市场调研是市场预测与管理决策的工具,而不能完全代替管理职能。

最后,市场调研定义还受不同的营销理念的限制。当然,营利部门在营销方面的调研是市场调研,但市场调研的广义定义还包括各种非营利性部门。这些组织也是为了满足社会的需要而存在的,并且都需要一些营销手段来生产和销售他们的产品和服务。由此,市场调研也在非商业机构中执行。

1.1.2 市场调研的基本分类

1. 基础调研和应用调研

基础调研或纯粹调研的主要目的是试图扩展知识范围,而不是解决具体的问题。有人曾说过，再没有比一个好的理论更实用的了。尽管从长期来看这是正确的，但是基础调研的结果不能为企业管理者立即使用。执行基础调研是为了验证一项理论的可接受度，或者对某个观念进行深入分析。而要解决一个具体问题时，就有必要进行应用调研。应用调研是为解决具体问题或者在特定时期作出决策或制定政策时所进行的调查研究。因而，应用调研是本书研究的重点。

不过，基础调研者和应用调研者所使用的程序和技巧并没有很大差别，他们都必须采用科学方法来回答手头上的问题。所谓科学方法，是指调查研究所遵循的系统性技术或程序。在基础调研中，科学的调研方法就是检验那些先前的观点和设想，然后作出推论或者结论，最后结果将建立调研的普遍规则。而在应用调研中，科学的调研方法将保证数据收集的客观性，以及验证有关营销策略的创新想法的客观性。无论是基础调研还是应用调研，其核心都在于科学的调查研究方法，本书第5~8章将集中讨论调查研究的科学方法论。

2. 全面调查和非全面调查

按调查对象不同，市场调研可分为全面调查和非全面调查。

全面调查，即普查，是指对研究总体中的全部个体无一例外地进行观察、询问、登记的调查方法。采用市场普查方法能够取得较为全面、准确的资料，但市场普查工作涉及面广、工作量大，需要动用的人力、物力、财力十分庞大，而且普查工作时间较长，这些都需要各方面的通力协作。中国的人口普查、经济普查等都是全国性的调查，通常要由国家有关部门牵头组织协调，并非某一调查机构的力量所能胜任。因而，除非仅仅涉及对小型研究总体的调查，否则，市场普查方法对于一般企业而言通常并不适用。

与全面调查相对的调查方法可以笼统归纳为非全面调查。非全面调查是对研究总体中的一部分进行调查。根据所调查的研究总体中"一部分"个体的性质，非全面调查又分为重点调查、典型调查、抽样调查等。

重点调查就是只对总体中具有举足轻重地位的个体进行调查，以此获得总体基本情况。

典型调查是对总体中具有代表性的少数个体进行调查。这种调查方法的特点是调查对象少，可以对调查对象进行细致、透彻的了解，因而可能取得调查对象的详尽资料。使用这种方法的关键是要选好典型，即调查对象要具有充分的代表性。

抽样调查就是从总体中按一定方法抽取部分个体进行调查，从而分析推断总体的情况。

与市场普查相比较，抽样调查具有时间短、费用低、资料可信度高等优点，是一种比较科学、客观的调查方法。当然，抽样调查存在一定的抽样误差，但是只要能够将抽样误差控制在可接受的范围内，抽样调查就能够提供令企业管理者满意的数据和信息。因而，抽样调研是市场调查的基本形式，也是实地调查最常用的一种基本方法。

3. 一次性调查、连续性调查和搭车调查

按调查的组织形式分类，市场调查分为一次性调查、连续性调查和搭车调查。

一次性调查一般是指受某个客户委托、针对特定调研问题进行的调查，即从给定总体中抽取样本，并且一次性地从样本中获取所需数据资料，调查完成后样本解散，市场调研方案的使命终结。一次性调查获取的是研究对象某个时点或时段的横断面数据，说明研究对象在特定时点上的状况。

连续性调查，通常指对一个（或几个）固定的样本进行定期的、反复的调查。样本单元（人或单位等个体）相对固定，一般不随调查时间的变化而变化。例如，消费者固定样本组、持续的品牌跟踪测量研究、零售扫面研究、连续的媒介监测研究等，都属于连续性调查。连续性调查可以收集研究对象随时间变化的时间序列数据，可以反映事物的动态变化趋势。

搭车调查是指多个客户共同利用一个样本进行调查，就像是大家一起搭乘一辆公共汽车那样。根据各个客户搭车调查问题的个数和类型，来决定客户的费用。接受搭车调查业务的调查公司，每年实施搭车调查的时间和价格一般是固定的，如每月实施一次或每周实施一次。由于搭车调查的实施一般都是定期的，因此经常将搭车调查归入连续性调查类，但是需要注意的是，搭车调查每次所用的样本不一定是固定的。

4. 文案调查和实地调查

按照所收集的数据资料来源不同，市场调查分为文案调查和实地调查两种。

文案调查（desk research），是指通过收集已有的资料、数据、报告、文献资料等二手数据，并加以整理和分析的一种市场调查方法。文案调查从不同角度看，有多种不同的名称：从字面意义上看，文案调查法也被称为案头调查法、室内调查法、桌面调查法；根据所收集数据资料的性质，文案调查又称为二手数据调研；等等。

与文案调查不同，实地调查（fields research）是指面向调查对象收集第一手数据资料的调查活动。实地调查既包括直接面对调查对象进行调查的情形，也包括透过一定媒介如信件、电话以及互联网等接触调查对象收集一手数据的情形。

当案头调研无法满足调研目的时，就需要适时地开展实地调研收集第一手数据资料。也就是说，对于许多调研项目而言，通常既需要使用案头调研方法收集二手数据，也需要使用实地调研方法收集一手数据，以便更好满足调研目的。

同时，这里有必要扼要介绍一下另外一个相近分类，即按照调查者是否与调查对象直接接触，市场调查方法又被分为直接调查和间接调查两类。

所谓直接调查（法），是指调查者通过现场与被调查者的直接接触，以收集第一手数据资料的方法。直接接触调查对象以收集第一手数据资料的情形，既包括在商业街进行街头访问、到居民家里进行面对面访问，也包括召集消费者焦点小组座谈，以及在商店内实施顾客行为观察等。

而间接调查（法），是指调查者不直接与调查对象面对面接触，而是通过某种中介收集相关数据的调查方法。按照这样的定义，收集二手数据的文案调查属于间接调查法，借助邮递系统、电话线路、计算机网络等媒介工具与调查对象间接接触的一系列调查方法也都属于间接调查法。

通过上述分析，可以发现，文案调查与实地调查的分类和直接调查与间接调查的分类有区别，同时也有交叉，不应将它们混同起来。

5. 探索性调研、描述性调研和因果性调研

按照所面对问题的性质以及市场调研的功能，市场调研分为探索性调研、描述性调研和因果性调研三种基本类型。

当管理者确切知道营销问题之所在时，市场调研常被用来测试具体的假设，这时就会使

用描述性调研或因果性调研。而在更多模糊的情况下，管理者根本不知道问题出现在什么地方，探索性调研就可被用来探索问题之所在。总之，探索性调研主要在决策制定前期进行，那时候决策环境还比较模糊，决策者对问题的属性还不确定。当决策者开始关注这个问题但又缺乏足够知识时，就应该执行描述性调研。而因果性调研主要用于研究高度确认的问题。

1）探索性调研

探索性调研是为了阐明并确定某个问题的特性而进行的初始调研。管理人员可能已经发现某个一般性问题，但是仍然需要通过调研来进一步了解问题的范围，以便对问题进行判断。

以某化妆品企业为例，该企业为了给新产品开发决策提供依据，开展了专门的调研活动。调研的主要形式就是举办消费者座谈会，举办营销人员、技术人员以及经销商座谈会，据此了解化妆品市场的动态和消费者的需求发展趋势，最后形成许多新产品概念。这就是典型的探索性调研。

再比如，很多企业都可能遇到的问题——某产品的销售出现停滞是什么因素造成？我们知道这是一个很模糊的问题，销售出现停滞局面的原因既可能来自企业外部宏观环境或微观环境的变化，也可能来自企业自身，当然也可能是外部环境与内部因素交互作用的结果，收集各种资料，找出造成销售停滞的主要因素，就是探索性调研的主要目的。

总之，探索性调研的作用在于发现问题的端倪，而不是提供做出具体决策的结论性证据；而结论性证据，通常需要在探索性调研之后由正式的调研活动来提供。在用尽各种低成本并且容易获得的信息来源之前，盲目地开展正式调研是不明智的。

2）描述性调研

描述性调研是为了描述总体或现象的属性而开展的调研活动。正如从其字面所理解的那样，描述性调研的目的就是为了描述一个总体或现象的属性。营销管理人员经常需要确定是谁在购买或使用产品，公司特定品牌的市场份额到底有多大，竞争对手会如何反应和行动，等等。描述性调研就是用来获取诸如谁、什么、什么时候、什么地方以及怎么样等各类问题的答案。

描述性调研发现，因特网正在改变着轿车的销售和购买模式。在2000年，虽然只有4％的销售是在网上实现的，但40％的购车者曾经在网上搜集过有关轿车资料的信息。而且，有85％的宝马轿车购买者在做出决定之前，曾经浏览过相关网站。

描述性调研有助于进行市场细分和寻找目标市场。例如，营销调研者通过描述性调研，可以确认有机食品消费者的属性。例如，这些消费者可能一般居住在人口超过100万的大城市里，一半以上住在沿海城市。经常购买有机食品的消费者主要是有钱人，其中年龄在45～54岁的占36％，18～34岁的占35％。更有意思的是，购买有机食品的消费者不认品牌，其中81％的消费者不记得任何一个有机品牌。

对描述性调研来讲，准确性是极为重要的。尽管不可能完全消除误差，但是合格的调研者会力求准确描述。设想进行一项调研，目的是描述便携式MP4播放器的市场潜力。如果这个调研没有精确测量目前销售状况，就可能误导管理者，因为他们要根据调研结果来制订生产计划、预算并作出其他有关决定。

同探索性调研不同，描述性调研是建立在对调研问题有一定认识的基础之上的。尽管决策者对调研问题有了一定认识，但是远不能对有关决策问题做出充分回答，决策者需要通过描述性调研提供结论性证据。例如，很多情形要求描述性调研来确认消费者作出解释的真正原因，需要了解消费者为什么会有这样或那样的思维或行为。描述性调研常常需要决定消费者在需求、态度和意见方面的差别范围，但是不能提供因果证据。

3）因果性调研

因果性调研的主要目的就是要找出各种变量之间的因果关系，而探索性调研和描述性调研一般则在因果关系研究之前进行。在因果性调研中，调研人员一般期望解释某种关系，如预测价格、包装、广告及其他因素对销售的影响。

开展因果性调研的比较理想的做法是，管理人员能够确认一个事件（如新式包装）是另一个事件（如销售量增长）发生的原因。因果性调研就是要确定我们做某件事情时，另一件事情将接着发生。使用"原因"一词对某些现象进行解释在日常生活中非常普遍，但是从科学研究的角度看，一个真正的因果关系应该是能够被证明的。在因果性调研中，调研者就是搜寻各种证据，以帮助管理者了解和预测因果关系。

有些因果关系的证据主要来自这样一个事实：原因发生在结果之前。换句话说，具有恰当的发生顺序或时间上的先后次序，这是因果关系的一个重要判断标准。要确立一个因果关系，首先就要符合这个标准。例如，如果要证明态度变化会引起行为变化，首先要确立的标准就是态度变化发生在行为变化之前。

同时，因果关系的证据还来自变量之间存在着伴随变异。当两个现象或事件一起变化时，就会发生伴随变异。如果不符合伴随变异的判断标准，就是说如果变量之间不存在任何关联，也就不存在什么因果关系了。不过，伴随变异本身不能证明存在因果关系，因为也许这两个事件共同受到第三个变量的影响。

事实上，因果关系不仅仅取决于两个事件在发生时间上的先后顺序，以及伴随变异，对于需要观察的因果关系，调研者必须尽可能充分地搜寻各种证据，以排除虚假联系，帮助管理者发现真实的因果联系。

1.2　市场调研的功能与价值

朝鲜战争能否避免？

朝鲜战争前夕，美国脑库之一的美国德林公司，集中大量人力、资金试图解答一个问题："如果美国出兵朝鲜，中国的态度将会如何？"

在美国决定出兵朝鲜的前18天，德林公司拟将研究报告出售给美国对华政策研究室，标价500万美元。美国有关决策者却将它视为无稽之谈。在美军全线溃败之后，美国政府才以280万美元买下了这项研究成果。这项研究的最终结论是：中国将出兵！

美国在朝鲜战争中损失了几百亿美元及数十万官兵的生命。如果美国政府早先买下了这项研究报告，如果美国政府能够接受这项研究的结论，并充分估计到这场战争的后果，这段历史也许应该能够重写。

资料来源：1998 至 2001 年的中国——第一篇　挑战与机遇：知识经济冲击中国．第251 页．

这也许不是一个营销管理决策的典型例子，但是它却真切说明市场调研对管理决策的重要价值。

1.2.1　市场调研的功能、角色与任务

市场调研的管理价值可以通过"3-2-1"的框架来认识。所谓"3-2-1"框架，就是三个功能、两种角色和一项核心任务。

首先，市场调研具有三种功能，即描述、诊断和预测。

描述功能是指收集并陈述事实。例如，某个行业的历史销售趋势如何？消费者对某产品及其广告的态度如何？

诊断功能是指解释信息或活动。例如，改变包装会对销售产生什么影响？

预测功能是指在市场调查基础上进行科学分析，将调查中取得的资料、数据用于对未来变动趋势的预测之中，为更好地利用市场机会发挥功用。例如，企业如何更好地利用持续变化的市场中出现的机会？

具备描述、诊断和预测功能的市场调研在营销系统中主要扮演着两种角色。首先，它是市场信息反馈过程的一部分，向决策者提供关于当前营销组合有效性的信息及进行必要变革的线索。在一个公司的经营运作中管理者可能每天都会关注下述一些问题：公司的营销战略是否正在按照正确的方向和方式推进？公司的营销计划进展如何？遇到的主要问题是什么？甚至，市场对最近开展的一项促销活动有何反应？等等。实际上这些问题都涉及市场反馈信息，获得对这些问题的答案，是管理者对经营战略或营销计划实施控制的关键步骤。

市场调研在营销系统中扮演的另一个角色，就是它是探索和评估新的市场机会的基本工具。例如，在中东市场上政治、经济、法律或者文化的环境给我们公司创造了什么样的机会或威胁？公司可以进入哪些具有盈利潜力的市场？公司可以在国际 PC 市场上推出何种新产品或新业务以谋求公司的战略发展？当管理者试着去回答上述问题时，市场调研也就被作为探索和评估新的市场机会的工具而使用了。

然而，无论市场调研在营销系统扮演哪种角色或者执行什么样的功能，归根结底，市场调研的根本任务是通过提供明确的资料，降低决策制定时的不确定性，来帮助管理者作出战略及策略方面的正确决策。尽管市场调研并不是管理者制订并执行营销计划和策略的唯一资料来源，或者管理者由于时间方面的压力或其他理由，可以仅凭经验作出某些决定。但是，营销管理的首要任务是制定有效的决策。在缺乏系统性调研的基础上制定决策，就好像是在赛马场上的赌局，而下注的原因仅仅是这匹马的名字很吸引人。也许偶尔会成功，但从长期来看，缺乏调研的直觉判断将导致令人失望的后果。市场调研就是帮助决策者不再凭直觉判断，而是依靠系统性的客观调查来作出决策。

1.2.2　市场调研与 MMIS 系统

营销管理信息系统的框架结构如图 1-1 所示。从图中可以看出，营销管理信息系统是

从评估组织的信息需要开始，然后通过各个子系统开发组织所需要的信息，最终将处理和分析过的信息进行分配和使用，以满足营销管理需要的。市场环境发生的各种信息资料，经由企业的营销管理信息系统收集、存储、转换和分析，传送给管理者，完成一次信息流程。管理者依据所得信息制订各种计划、方案，并实施计划和控制计划执行，通过管理信息系统将管理信息带回到环境中，从而形成信息的循环流动。

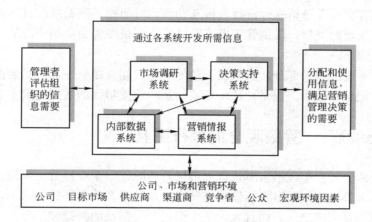

图1-1 营销管理信息系统的框架结构

营销管理信息系统由许多子系统构成，要处理并提供多种信息。主要包括内部数据系统、营销情报系统、市场调研系统和决策支持系统。在形成一个企业复杂的信息网流的信息子系统中，各子系统收集数据的程序各不相同，数据性质不同，对管理和决策的价值也有很大不同。其中，市场调研系统与决策支持系统乃至信息的分配和使用，有着更为直接和密切的关系。

内部数据是公司内部记录的各种业务数据。内部数据系统一般通过公司的消费者数据库、财务记录、销售记录及经营报告等来源收集数据。高效的内部数据系统会通过正式而严密的程序，记录下可以真切反映公司业务发展状况的大量数据，并成为管理者的有用资料。

内部数据具有获取方便、快捷的优势，但是也有不完全性和数据信息对于特定决策问题的不适用性等问题。

营销情报系统主要提供营销环境中有关偶发事件的信息资料。营销情报通常特指那些从公开渠道获取的营销环境中有关竞争者及其趋势的信息。

竞争性情报有很多来源，包括公司雇员、竞争者的雇员、公共出版物、贸易展览会、标杆公司、渠道成员、关键顾客、Internet甚至办公室垃圾。

获取营销情报的传统方式太不正规并且带有偶然性，有价值信息可能被遗漏，或者来得太迟。为了应对日益激烈的市场竞争，一些管理完善的公司都采取额外步骤系统地收集营销情报，提高营销情报的质量和数量。这些途径包括：

第一，训练并鼓励销售人员发现和报告新的情况；

第二，激励中间商传递重要的市场信息；

第三，公司从外面的专门的营销调研或咨询机构那里购买信息；

第四，建立内部信息中心，通过浏览主要出版物、新闻摘要等，收集和交流营销情报。

市场调研是针对组织面临的特定营销问题而设计、收集、分析和报告所需数据的活动。

也就是说，市场调研为研究企业具体问题而执行的调研项目，搜集某些具体方面的数据，这些数据通常是非常规性数据，在企业的其他信息子系统中一般不易得到。从这个意义上说，市场调研系统比其他信息子系统更为直接地为特定战略或策略问题的决策提供依据，与决策支持系统的关系也更为直接和密切。

决策支持系统（decision support system，DSS）是一种以计算机为基础的系统，可以帮助决策者通过与数据库及分析软件进行直接互动而面对问题。该系统的目标就是储存数据并把它们转换成有条理的资料，以供管理者决策时使用。很多大企业利用决策支持系统来实现顾客关系管理（CRM）。

在决策支持系统的输入部分，虽然也有其他来源，如直接从外部购买数据，或者由内部有关部门或人员记录和收集，但是，从市场调研系统中搜集到的数据是最主要的来源。

1.2.3　市场调研：营销观念的执行工具

随着企业经营已经由单纯销售时代迈入市场营销时代，企业经营工作的重点也由单纯销售产品向主要从事市场规划和市场开发工作转变。这种转变的重要标志之一，便是市场调研成为市场营销的主要支柱之一，而且成为整个市场开发活动的基础和出发点（见图1-2）。

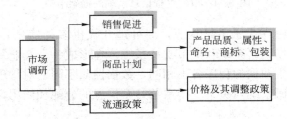

图1-2　企业市场开发活动系统

概括地讲，在日益复杂和分化的市场形势下，市场调查对于企业而言，就像医生给患者看病不经诊断就无从开方一样，不经市场调查，经营者也就无从了解市场需求，无法拟定市场营销策略。

满足顾客需要一直是市场营销的核心观念和目标。市场调研的目的之一就是获得有关顾客问题和需要的资料，然后填平营销管理人员和顾客之间的信息缺口。用这种方式调查消费者需要，公司就能够履行其营销观念。

乐美公司的新产品开发过程充分显示了市场调研对营销观念的执行是何等重要！该公司的每一个新产品的研发都要经过详细的调研，而该调研会问一个简单的问题：现在的产品出现了什么问题？他们认真对待顾客提出的每一个问题，详尽地研究顾客的疑虑。一项市场调研揭示了卫生间中的一个内部秘密：女人讨厌所有家人的牙刷相互挨着放在一起。在发现问题后，乐美公司的新产品研发团队回到研究室，设计了一种新的牙刷盒，使牙刷逐个朝外摆放，避免相互接触。

亨氏（H. J. Heinz）食品公司认为12岁以下的儿童是调味番茄酱的最大消费群，所以，它主要在儿童和母亲中做调研，力求提高顾客满意度，增进与顾客之间的良好关系。调研人员主要观察儿童及他们如何使用传统的番茄酱瓶子。他们发现，由于瓶子容量太大，孩子们很难控制倒出量，他们往往会把酱汁喷得到处都是。为了使孩子们满意，亨氏公司引进专门为儿童设计的沙漏状包装，并在酱里增加了维生素 C 的含量。孩子们可以很简单地用双手拿住这种塑料瓶。窄小的喷嘴帮助孩子们把酱汁挤到食物上。而且这种番茄酱是绿色的，调研显示，孩子们喜欢番茄酱的颜色不只是红色的。该公司曾经调研过蓝色和其他颜色，结果发现绿色是最恰当的颜色，因为绿色更符合"厨房逻辑"。

顾客满意度是测量企业履行其营销观念程度的另一个重要工具。顾客满意调研可以确定企业的全面质量管理是否达到顾客期望，以及实现管理目标的程度。很多著名家电企业在为顾客提供维修服务之后，都会邮寄或通过维修人员递交一张调查表给顾客，来测定其员工是否实现了顾客满意的目标。该调查表会问，维修安排是否及时，工作人员是否准时到达且态度端正，以及顾客是否对服务满意。像这样的顾客满意度调查已经趋于标准化并且从不间断；由此，员工的表现就可以与以前的相关标准进行比较。利用这些标准，管理人员可以根据顾客对服务质量的评价，对员工的表现进行评估。

1.2.4　市场调研在营销战略决策中的价值

在市场营销史上，恐怕没有什么比"P"字游戏影响面更大的了。在 20 世纪 60 年代提出了"4P""5P"甚至"6P"之后，营销理论大师菲利普·科特勒于 70 年代提出了营销战略 4P。

probing——探查，即市场调研；

partitioning——分割，或称为市场细分；

prioritizing——优先，选择目标市场，并优先满足之；

positioning——市场定位。

其中，第一个 P 就是市场调研，可见它在战略营销中的地位。

实际上，市场调研对营销战略管理的价值，体现在营销战略的每一个步骤。

提出并执行一项营销战略包括四个步骤：分析及评估有关机遇；细分市场并选择目标市场；设计并执行营销计划；分析营销表现并实施控制。

1. 分析和评估机遇

企业在提出一项营销战略前，必须明确经营目标及实现目标的方式。通过深入调查潜在的商业机遇，营销调研可以帮助回答这些问题，从而确认公司发展的正确方向。

营销调研可以提供关于当前经济形势的详尽资料。一份关于社会或者经济状况的简单报告，就可以帮助管理人员发现问题、确认机遇，并增强整个营销过程的效率。

美泰玩具公司之所以能在瞬息变化的玩具市场上获得成功，很大程度上得益于其在消费者调研方面的努力，归因于美泰公司为其新产品寻求商业机遇这一点上。例如，通过营销调研发现，除了军事间谍和运动明星外，小孩子还喜欢幻想中的人物。男孩子经常幻想正义如何战胜邪恶。调研显示，这些永恒的幻想人物，包括古代的和未来的，存在于人的大脑中，而且孩子们可以想象出各种花样。几个成功的动作人物系列正是调研结果的产物。

调研跑鞋的目的是发现与该产品用途相关的时机和情形，即人们什么时候穿跑鞋。调研人员发现，大部分人不是在跑步时穿跑鞋，而是在走路时穿跑鞋，而且多是在日常活动的时候穿，如买东西和上下班。大部分穿跑鞋进行日常活动的人认为，跑鞋可以代替其他休闲鞋类。经过这项调研，厂家开始设计并生产舒适的走路用鞋。

对市场潜能的测评，或者对未来经济形势的预测，可以帮助管理人员评估机遇。准确的销售预测是制订营销计划最重要的信息。预测完全准确是不可能的，因为市场环境随时会变。不过，客观地对需求或者变化的环境进行预测，是确立营销战略的基础所在。

2. 细分市场和选择目标市场

制定营销战略的第二步是进行市场细分和选择目标市场。美国营销协会经过调查，发现90％的公司致力于调查市场特性和走势。营销调研正是要研究发现哪些特性造成市场分化并把出现分化趋势的市场从整个市场中分离出来。

哈雷机车（Harley-Davidson）的市场分割研究提供了一个典型例子。营销调研把该俱乐部摩托车的购买者描述成一位 46 岁的男性（80％的可能性），他受过一定高等教育（44％的可能性），很可能已婚（72％的可能性），但是不会要孩子（55％的可能性）。哈雷用户的年收入一般在 78 000 美元左右。

3. 设计并执行营销计划

利用上面两个步骤得到的资料，管理人员就可以制定并执行市场营销战略了。在这个过程中，市场调研将帮助管理者评估各种选择机遇，作出涉及营销计划制订和实施的各种具体决策。这些调研可能包括如下一些类型。

1）产品调研

产品调研有很多形式，主要用来评估和推出新产品、测评商品和服务的质量，以及学会如何将其融入现存的生产线。概念测试就是让顾客对新产品提出建议，由此得出该产品的可接受度和可行性。产品测试会得出产品模型的优势和弱点，决定制成品能否与其他品牌竞争。品牌评估研究主要是调查该牌子是否适合这个产品。包装测评主要评估大小、颜色、形状、方便性及其包装的其他功能。全面质量研究则是邀请顾客比较本企业产品和竞争产品的优劣。

产品调研包括营销调研的所有应用程序，主要开发能为顾客增加效用的产品功能。

奇多（Chee-tos）成为即食快餐第一品牌以后，准备打入中国市场，其产品口味测试发现，乳酪味的烘烤食物不适合中国的消费者。所以，为找到最吸引中国人的口味，该公司做了一项 600 多种口味的测试调查。结果发现中国消费者不喜欢玉米味、意大利比萨、夏威夷烧烤味、花生烤肉味、可可咖喱味、烟熏章鱼、焦糖和墨鱼等，调研也发现很多中国人喜欢的味道。所以当奇多登陆中国时，主要推出两种口味：美味的美国乳酪和辛辣的日本牛排。

2）定价调研

大部分企业会进行定价调研，包括研究竞争对手的价格、发现产品的合理价格，或者确定消费者是否愿意付出高于成本的价格。不过仅仅这些是不够的。定价调研还要回答关于价格的很多问题，包括是否需要进行季节性折扣或者数量折扣，优惠券是否比降价更有效，一个品牌是价格富有弹性好还是价格无弹性好，在一个商品系列中，价格差异如何更好地区别出不同的品牌等。

3）分销调研

在以前，黄金书屋通过书刊零售商分销儿童精装书籍。该公司经过调研发现，对于购买黄金书屋产品的地点，消费者认为，除了书店以外，其他分销渠道，如大型经销商、食品杂货店和药店都很受欢迎。新的互动式媒介和送货上门等服务方式很有可能彻底改变原有的分销系统，从而导致很多大公司加强了对这些新型分销方式的调研。

对很多企业来讲，为开发和提高分销渠道效率所作的研究是非常重要的。

传统上，分销领域的研究主要用来选择零售点和仓库地址。通过分销调研，能够了解零售商和批发商的运作及其对生产商营销政策的反应情况。

3M公司匿名调查其分销商，主要想了解他们与每个供应商做生意的看法，也包括对3M的感受。调研的目的就是了解他们对各种问题的态度，例如，与销售代理的关系、订货程序、按时发货、分销人员的培训、产品质量及其他一切有助于建立长期贸易关系的问题。

4）促销调研

对有奖销售、优惠券、样品交易及其他促销问题的研究，都可以归类为促销调研。不过，大部分时间、金钱和精力主要用于广告调研方面。

例如，一家珠宝商，可能通过市场调研上的发现决定在广告标题中使用何种关键词语。广告调研也可以用于决定某个电影明星是否适合做某个染发品牌的代言人。也许调研会发现，这位电影明星拍了很多广告片来宣传该产品，但没有达到预期效应，因为观众认为虽然她在广告中非常美丽，但他们认为该明星不会用这种染发产品，或者她在这种产品方面没有权威性。

媒体调研帮助经销商确定采用哪种媒介来传播信息，包括电视、报纸、杂志和因特网等。选择何种媒体主要取决于广告媒介能够到达目标受众的数量。

实际上，市场营销策略的各个部分并不是独立完成的，因此，很多调查研究要求将各种可能的营销成分结合起来，以便获得资料，制订最佳的营销计划。

4. 分析营销表现并实施控制

营销战略和策略执行以后，市场调研将帮助管理人员了解营销活动的运行是否正常、能否实现预定的目标。换句话说，营销调研主要用于获得评估反馈，以及监控整个营销进程。

营销表现的监控调研是指提供评估反馈和监控营销工作的调研，这种调研是定期的，有时候是常规性的。例如，很多企业连续监控批发和零售业务，就是为了提前发现销售额下降等异常现象。在杂货店和药店行业中，销售调研通过在包装上印制供电子扫描仪读取的通用产品编码及计算机控制的检验柜台，来获取每个品牌的零售量及其市场份额的有效信息。市场份额分析和销售量分析是表现监控调研最普遍的形式，几乎所有的企业会把现在的销售额同以前的进行比较。

对于实施全面质量管理战略的企业来说，营销表现的监控调研就非常重要。因为采用全面质量管理需要大量评测尺度，其中包括各种常规性的调查。例如，邀请顾客对本企业的产品或服务与竞争企业做比较，了解员工的工作态度，并按基本标准来监控企业表现，等等。由于这些调查广泛采用营销调研，所以对顾客和企业员工（内部顾客）的调研将有助于实施全面质量管理计划。

联合航空公司（United Airlines）Omnibus 的飞行调查充分证明了性能监控调研对质量管理的重要作用。Omnibus 的飞行调研每季度进行一次，主要是关于飞行工作人员的情况，帮助联合航空公司了解人事变动及监控顾客对其服务的满意程度，这样可以在低成本情况下，收集大量有价值的资料。顾客对服务的反应情况，可以和以前的记录进行比较。例如，假设公司打算改变飞机上的菜单，Omnibus 调研可能会发现，在改换菜单后不久，乘客对食物的满意度下降了。这些定期收集的资料极为重要，因为管理人员可以根据资料快速发现其他类似趋向，如乘客对机场休息室、等候时间及机舱清洁问题的满意程度。由此，机场管理人员可以采取紧急行动，以弥补工作中的不足。

若营销表现分析显示出工作没有按原计划执行，营销调研就需要解释出现问题的原因，找到关于具体错误或失误的详细资料。如果问题比较普遍，那么把销售量按地域进行分类，就可能发现具体问题的原因。再进一步深入研究就会发现究竟是什么地方出了问题。

1.3　市场调研的局限

1.3.1　市场调研本身的局限

市场调研数据是对市场体系及其存在状态的反映，采用系统程序和科学方法能够保证所收集的数据可以满足管理者的需要，但是，市场调研本身也存在犯错误的风险。缺乏科学思想和系统程序控制的市场调研活动，其结果可能出现严重偏差，甚至误导决策者。同时，市场调研也涉及对市场未来发展变化趋势的预测，涉及对各市场主体态度和行为的预测，这类预测不是对现实存在的反映，预测能否准确预计未来变化，会受到很多因素的影响。

其次，市场调研的根本任务是为管理决策提供信息和依据，但是市场调研本身不能代替决策。例如，顾客满意度调研可能会告诉企业管理者：顾客的总体满意程度如何，满意度指数与往年相比提高了还是下降了，与主要竞争者相比本企业顾客满意度是高还是低，顾客不满意主要集中在企业经营的哪些方面，具有哪些特性的顾客相对而言满意度较低，等等。管理者从上述调研数据中可以读取对提升全面质量管理水平真正有价值的信息，并依据这些有价值的信息进行决策。至于决策中涉及的诸如在哪个方向上提升、如何提升及资源投入多少等问题，则需要决策者结合公司战略、竞争分析和公司能力等多方面资料进行权衡，很显然，在整个公司决策层面所作的权衡与取舍，是市场调研本身无法替代的。

1.3.2　市场调研应用上的局限

面对决策难题时，营销管理者通常要面对是否要进行市场调研的初始决定。该决定不仅仅限于市场调研的价值与局限的理论讨论，而是深入到市场调研的应用层面，侧重考虑市场调研应用的条件和限制。该决定主要取决于以下几方面：①时间限制；②数据的可得性；

③所作决定的实质；④调研信息的成本费用。图 1-3 概括了决定是否进行市场调研应考虑的主要因素。

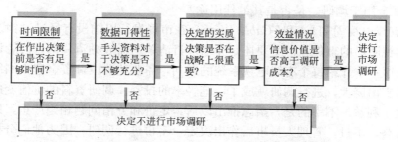

图 1-3　决定是否进行市场调研应考虑的主要因素

1. 时间限制

系统性的市场调研需要时间。很多情况下，管理者需要立即作出决定，即使缺乏足够资料或者对市场形势认识不足，仍然要作出决定。尽管缺少市场调研支持的决策不够理想，但由于时间紧迫，系统的市场调研是不可能进行的。

2. 数据的可得性

当管理者缺少足够资料时，就有必要考虑进行市场调研。这时，管理者首先要问他们自己，市场调研能否提供作出决定所需要的基础资料。假如潜在的数据来源确实存在，他们还要考虑获得这些数据的经济成本。

倘若不可能得到你所需要的数据，就没必要进行调研。例如，很多非洲国家从没做过人口普查。从事国际经营的企业也许会发现，在很多发展中国家很难获得关于经济形势或人口状况的详细数据，而这些数据在欧美的许多国家却非常容易得到。当缺少上述一些基础数据时，我们要估计一个国家或地区的市场潜力，将会面临巨大的问题和困难。

3. 所作决定的实质

市场调研的价值取决于所作管理决定的实质。惯例性的决定不需要大量调查，所以在市场调研方面就不必花费过多的时间和精力。例如，计算机公司做很小的产品修正，都必须升级其使用者手册。相对于一个如此小的决定而言，为寻求在升级手册中的恰当措辞所花费的调研成本就相当高了。所作决定的性质与接下来要讨论的"利益与成本"问题并非完全没有关系，不过一般而言，所作出的决定越具有战略上的重要性，就越有必要进行调研。

4. 利益和成本

进行市场调研，既要花费成本，也会带来利益。我们前面已经讨论过某些市场调研在管理方面的价值和利益。但是，必须同时考虑的问题是，获取市场调研所带来的利益是以支付调研费用为代价的。作出任何决定以前，管理人员首先要确定各种行动方案，然后比较各方案的成本和能带来的价值。市场调研作为决策前的一种选择，是不经过调研直接作决定还是先进行调研然后再作出决定呢？管理者面对这样的情况，需要考虑以下三个问题。

① 从收益率看，该投资是否值得？

② 调研数据使决策质量得以提高，其效用能否抵过调研支出？

③ 现有资金用于调研，是否是其最佳用途？

例如，《有线电视周刊》（TV-Cable Week）在市场发行以前没有经过试销。尽管该杂志也报道有关电视明星的事件，但主要还是介绍节目清单及播放频道，向订阅者详细展示可观看的节目。出版一本介绍每个有线电视系统的期刊，需要花费巨额资金建立网络系统。由于这个调研项目支出庞大，进行调研就成了一笔轻率的投资。调研资料的价值变成了负数，因为其成本超过了利益。不幸的是，杂志推出以后，定价和分销问题相当严重，以至于整个营销以失败而告终。不过，管理人员事后作出决定，不再进行调研，因为他们分析了调研资料的成本（即试销的成本），并把该成本和资料能带来的潜在利益做了比较。

企业的主要决策者应掌握一定的市场调研基础知识，充分认识到市场调研的重要性及其局限性，学会正确地利用市场调研的结果，才能使采用现代化技术和方法的市场调研这一理性工具，在企业的营销决策中发挥其应有的作用。

思考与训练题

1. 用你自己的语言概括说明市场调研概念的要点。

2. 某汽车厂家通过营销调研来预测 2010 年消费者喜欢的车型。这属于基础调研还是应用调研？并解释理由。

3. 试举出一次性调研和连续性调研的例子各一个，并作出解释。

4. 以下各种情况，应该执行探索性调研、描述性调研还是因果性调研？

(1) 确定广告对销售的作用；

(2) 调查消费者对一种新的防缩水洗衣粉的反应；

(3) 确定购物中心的目标市场区域；

(4) 在西北销售区域，预测具体变量的销售潜力。

5. 举例说明市场调研的描述功能、诊断功能和预测功能。

6. 在营销管理信息系统中市场调研子系统与其他子系统之间的关系是什么？

7. 请解释市场调研与市场营销观念之间的关系。

8. 解释下列机构可能如何运用市场调研？相互之间的市场调研可能有什么重要区别？①早餐食品生产商；②螺母等机械零件的制造商；③超市零售商；④计算机软件发行商。

9. 市场营销调研以何种方式来影响营销战略的制定和执行？

10. 列举三种不应该开展市场调研的情形并解释原因。

第 2 章

DT 时代市场调研行业

【本章要点】

(1) 了解调研活动主体的分类状况

(2) 区分调研活动的发起者和承担者

(3) 理解各类调研机构在调研活动中扮演的主要角色

(4) 了解市场调研客体——市场信息的含义、特性和分类

(5) 了解市场调研的内容框架

(6) 了解市场调研的一般过程

CS 公司的调研选择

在易耗消费品行业，用来提高销售额和获利能力的营销活动主要有三种：中间商促销（占近一半的营销费用）、消费者促销和广告（这两者大约各占营销费用的 1/4）。每周的调研数据表明，中间商促销和消费者促销基本都能带来销售额的迅速增加。但是，在获利能力方面几乎没有什么帮助。一项研究发现，仅有 11％的优惠券促销和 16％的中间商促销是可以获利的。由美国最大的使用扫描仪数据调研的组织之一，信息资源公司（Information Resources Inc.，IRI）做的另一项研究推断，对于中间商促销来说，一般增加 1 元销售收入所需成本要大于 1 元。

依据这项研究，CS 公司选择广告（而不是中间商和消费者促销）作为其推广草药茶系列新产品的主要工具。然后，CS 公司需要找到一种方法来确保它的广告能够获得收益。

CS 公司发现，使用恰当的市场调研能提高电视广告效果，影响今天易变的顾客。CS 公司不愿意接受广告只有 50％的效果这一现象，于是决定采用调研系统公司（Research Systems Corporation，RSC）的"全面质量方法"来改善广告效果。RSC 是位于伊利诺伊州的一家调研公司。RSC 的"全面质量方法"允许营销人员在市场调研的基础上，采用实证的（或统计的）方法不断改进广告效果。

通过使用调研信息，CS 公司的市场份额几乎增加了 9％。而且，CS 的广告不仅仅是夺取了竞争者的市场份额，同时也扩大了整个草药茶市场的规模。在其他大多数热饮料销量下

降的情况下，草药茶的销售却增加了，在一个电视购物市场增加了 12%。

IRI 是一家辛迪加式的服务企业，而 RSC 是一家定制调研公司。这两者有什么区别呢？与其他类型的市场调研企业有什么区别呢？市场调研行业目前的基本特征是什么？谁是市场调研信息的使用者呢？这些都是本章要回答的问题。

2.1 市场调研的发展历程

据称，世界上首次有组织并且系统的市场调查活动是在 18 世纪中叶由美国某些农业机械生产商所发起的。他们向全美范围的农业官员和报纸广泛发放信函，以征询各地农作物生产信息，以及相关的天气、土壤和其他信息。最终，他们利用这些信息来估计各地农业对农业机械设备的需求。

然而，作为一种影响广泛的社会活动，市场调查出现于 20 世纪初。当时，一些主要资本主义国家完成了工业革命，劳动生产率迅速提高。大批量生产的结果导致商品竞争日趋激烈，市场由卖方市场向买方市场转化，市场销售问题成为生产者和经销者关注的焦点，厂家迫切需要了解市场行情变化、市场潜力大小以及竞争对手的情况，于是市场调查活动应需而生。

市场调研作为一个行业和学科，其发展大致经过了三个阶段。

第一阶段：20 世纪初，市场调查观念开始产生，市场调查学开始建立。1911 年，美国 Curtis 出版公司首先设立市场调查部，帕林任经理，他写有《销售机会》一书，被认为是市场调研学科的先驱之一。同时，哈佛商学院创建了自己的商务调研所，美国西北大学 1918 年创建了其所属的商务调研所。1919 年 Curtis 出版公司应用市场调研技术，系统地收集、记录、分析各种读者的习惯和爱好以及与人口统计有关的资料，作为公司发展出版业务的依据，获得巨大成功。1923 年，美国人 A.C. 尼尔森创建专业的市场调查公司，市场调研以及在此基础上建立的营销信息系统开始成为一些企业管理信息系统不可分割的有机体，西方市场营销那种强调"理性分析和以实证数据为基础"的特点形成并显露出来。

第二阶段：从 20 世纪 30 年代开始到第二次世界大战结束，市场调查技术得以提高，市场调研学科得以巩固。1929 年，美国政府商务部和有关工商团体配合，进行了第一次销售普查，这次普查是美国也是世界范围内市场调研工作的里程碑。随后，销售普查定期进行，所提供资料涉及市场结构、商品销售渠道、中间商的经营成本等许多方面，为企业进行市场经营活动提供了科学依据。

1937 年是市场调查发展史上极为重要的一年，由美国市场营销协会（AMA）资助的出版物《市场调研技术》问世，布朗出版的专著《市场调研与分析》，也在社会上造成极大影响。著名学者弗瑞德·E. 克拉克和 C.E. 克拉克把"市场信息的收集与阐释"破天荒地正式纳入营销概念。他们指出市场信息是"对事实或近乎事实的收集与阐释，或对事实的估计与推测"，诸如什么产品可以买得到，销售者想卖什么，采购者想购买些什么，各自愿意支付或承接的价格是多少。

两个重大事件促进了这一时期市场调研业的发展。第一，广播媒体的广泛应用，促使尼尔森采用统计方法计算出收看电视和电视广告的观众总数。他根据不同年龄、性别、家庭状况对访问对象进行交叉分析，使得不同消费者对问题回答的差异性显现出来。简单的回归分析被引入市场研究中。第二，战争使得社会科学工作者投入到很多前线问题的研究中，实验设计、民意调查等一些研究工具和方法经过调整被引入研究士兵和他们家庭的消费行为。

20世纪40年代初始，定性研究（座谈会）形式的研究方法在市场研究中得到应用，之后广为流传。座谈会成为产品概念、广告概念、产品包装测试不可缺少的工具。20世纪40年代末期，随机抽样的样本设计概念得到广泛认同，抽样技术在民意调查方面取得重大突破。

第三阶段，20世纪50年代以后，市场调研业出现繁荣并日益成熟。第二次世界大战后，随着市场营销观念的确立和现代市场营销学的形成，市场调研作为市场营销绝对必要的第一环节得到空前迅速发展。营销管理者开始将市场研究作为日常的工作，市场调研成为对市场营销活动的例行"身体检查"，调研信息取代直觉与经验，成为决策的必要基础和依据。

对市场调研的需求导致许多大企业设立了市场调研部，而且这不仅仅局限于消费包装品公司，服务业、产业性机构、媒介、广告公司、政府机构以及非营利性机构也成为市场调研服务的需求者和用户。市场调研观念开始深入到整个社会的各个层面。

适应社会需求的发展，许多大专院校将市场调研列为重要课程，有关市场调研方面的书籍、报纸、杂志大量出版发行，市场调查理论、方法、技术日趋高级化、系统化和实用化。抽样调查和显著性检验、动机调研以及消费者行为理论研究成为发展的重点，心理学、社会学在市场调查中开始得到系统应用。

同时，专门从事市场调研服务的机构也大量增加。据资料显示，1948年整个美国专门从事市场调研的公司增至200多家。市场研究已发展为一个专业服务产业，与广告公司、管理咨询公司、会计师事务所等专业机构一样，成为随公司成长的服务伙伴。它们从事消费者行为、零售商审计、媒介监控等研究服务。尼尔森调查公司1962年营业额达到4 000万美元。1994年，美国前50家最大市场研究机构的调查研究营业额达40亿美元之巨。

20世纪70年代以后，随着电子计算机技术的应用，一个新型的现代化信息系统开始形成，数据库营销时代到来，市场调研工作进入了一个新时代。

2.2 大数据对市场调研的冲击

20世纪末期，随着互联网的普及、计算机与存储技术的快速发展，以及万物数字化的过程（音频数字化，图形数字化等），数据变得无处不在，而且随着万物互联的物联网技术的发展，数据爆发的趋势会越来越迅速。

据IDC出版的数字世界研究报告显示，2013年人类产生、复制和消费的数据量达到4.4 ZB。而到2020年，数据量将增长9倍，达到44 ZB。大数据已经成为当下人类最宝贵的财富，怎样合理有效地运用这些数据，发挥这些数据应有的作用，是大数据将要做到的。

2014年，马云提出"人类正从IT时代走向DT时代"。IT时代是以自我控制、自我管理为主，而DT（data technology）时代，是以服务大众、激发生产力为主。从字面意义上看，两者之间也许差异不大或仅仅存在某些技术上的差异，但实际上不是。这里"data"已不是传统意义的数据，而是大数据。大数据的形态、价值，大数据的处理技术与服务方式，乃至大数据及其技术对很多行业商业模式的重塑，所造成的影响是巨大和深远的。

在互联网和大数据时代，市场调研行业到底面临着怎样的挑战？市场调研行业还有没有存在的价值？对市场调研与大数据之间的关系到底该如何认识？这些都是当下的重要议题，值得讨论并形成基本认识。

2.2.1　大数据概念及其辨析

1. 大数据概念的提出

2008 年末，"大数据"得到部分美国知名计算机科研人员的认可，标志是业界组织 CCC（计算社区联盟）发表了一份有影响力的白皮书《大数据计算：在商务、科学和社会领域创建革命性突破》，最早提出大数据概念。

2010 年 2 月，维克托·迈尔·舍恩伯格与肯尼斯·库克耶在《经济学人》上发表长达 14 页的大数据专题报告——《数据，无所不在的数据》。舍恩伯格与库克耶在报告中提到："从经济学界到科学界，从政府部门到艺术领域，很多方面都已经感受到这种巨量信息的影响。科学家和计算机工程师已经为这个现象创造了一个新词汇：'大数据'。"舍恩伯格与库克耶因此成为最早洞见大数据时代趋势的数据科学家。

2011 年 2 月，IBM 的沃森超级计算机完成每秒扫描并分析 4 TB 数据量的任务，并在"危险边缘"（Jeopardy）竞赛中击败两名人类选手夺冠，标志着"大数据计算的胜利"。

2011 年 5 月，麦肯锡全球研究院（MGI）发布报告——《大数据：创新、竞争和生产力下的下一个新领域》。这是专业机构第一次全方位介绍和展望大数据，此后大数据开始备受关注。报告中提到，"大数据"源于数据生产与收集能力和速度的大幅提升——由于越来越多的人、设备和传感器通过数字网络连接起来，产生、传送、分享和访问数据的能力得到彻底变革。

2012 年 1 月瑞士达沃斯世界经济论坛上，大数据是主题之一。会议发布的报告《大数据，大影响》（Big Data，Big Impact）宣称，数据已成为一种新的经济资产类别，就像货币或黄金一样。

2012 年 3 月，美国奥巴马政府在白宫网站上发布了《大数据研究和发展倡议》，随后美国政府宣布投资 2 亿美元于大数据领域，这标志着大数据技术从商业行为上升到国家科技战略。其后，美国政府宣称数据为"未来的新石油"，大数据技术领域的竞争，事关国家未来和安全。又称，国家层面的竞争力将部分体现为一国拥有数据的规模、活性以及解释、运用的能力；国家数据主权（边海空之外第四度主权空间）体现对数据的占有和控制。

2012 年 7 月，为挖掘大数据的价值，阿里巴巴集团在管理层设立 CDO（首席数据官）一职，负责全面推进"数据分享平台"战略，并推出"聚石塔"——为天猫、淘宝平台上的电商及电商服务商提供数据云服务。随后，马云宣称从 2013 年起将转型重塑平台、金融和数据三大业务，并指出"假如我们有一个数据预报台，就像为企业装上了一个 GPS 和雷达，你们出海将会更有把握"。至此，阿里巴巴也成为最早提出通过数据进行企业数据化运营的企业。

2. 大数据概念辨析

维基百科：大数据是指所涉及的数据量规模巨大，无法通过人工在合理时间内截取、管理、处理并整理成为人类所能解读的信息。

维基百科另一种表述：大数据是指"无法在一定时间内用常规软件工具对其内容进行抓取、管理和处理的数据集合"。

权威 IT 研究咨询公司 Gartner 将大数据定义为"在一个或多个维度上超出传统信息技术的处理能力的极端信息管理和处理问题"。

美国国家科学基金会（NSF）将大数据定义为"由科学仪器、传感设备、互联网交易、电子邮件、音视频软件、网络点击流等多种数据源生成的大规模、多元化、复杂、长期的分布式数据集"。

其他解释：

- 海量的数据，PB 甚至是 EB、ZB 级别以上数据。
- 不仅是海量数据，更准确而言是对大数据分析的方法。
- 让十位 CIO 去定义大数据，你会得到十个不同的答案。

至今企业和学术界都没有形成对大数据概念的公认的准确定义。综合来看，大数据概念首先指具有一系列不同于传统数据特征的数据集合，很多时候还用来表征针对大数据所开发和运用的一系列数据分析方法。

正如 2015 年国务院公布的《促进大数据发展行动纲要》中所定义的那样："大数据是以容量（volume）大、类型（variety）多、存取速度（velocity）快、应用价值（value）高为主要特征的数据集合，正快速发展为对数量巨大、来源分散、格式多样的数据进行采集、存储和关联分析，从中发现新知识、创造新价值、提升新能力的新一代信息技术和服务业态。"

在这个定义中，大数据概念实际上是被混合定义的。首先大数据是具有一系列不同于传统数据特征的数据集合；同时大数据又是包括采集、存储、分析的相关技术方法，是新一代"信息技术"；最后还承认它是一种围绕发现知识、创造价值、提升能力的数据增值的服务业态。

虽然人们未必欣然接受上述大数据定义，而且我们相信关于大数据概念的争论短时间内可能不会有一个结论，但是上述定义还是有助于帮助我们大致廓清大数据概念的主要内涵。这些内涵也基本奠定了本章关于大数据讨论所涉及的一些基本内容框架。

2.2.2 大数据的来源及生成特点

1. 大数据来源

大数据涵盖面非常广，按照来源可以大致归类为：

（1）过去一些记录，以模拟形式或数据形式存在，但存储在本地，不是公开数据资源，如音乐、照片、视频、监控录像等影音资料。现在这些巨量数据上传到互联网上，与所有互联网用户共享。如 Facebook 每天有 18 亿张照片上传或被传播，形成了海量数据。

（2）电子地图如百度地图出现后，其产生了大量的数据流数据。传统数据代表一个属性或度量值，但是这些地图产生的流数据代表着一种行为、一种习惯，这是一种新的数据类型，过去是不存在的。这些流数据经频率分析后，会产生巨大的商业价值。

（3）传统互联网入口转向搜索引擎之后，聚集了海量的用户搜索行为和提问行为数据。单位存储价格的下降，也为存储这些数据提供了经济上的可能。

（4）Web 内容。在 Web 1.0 时代，网站服务商提供了大部分 Web 内容。进入 Web 2.0 时代，用户通过网页交互大量参与、贡献了 Web 内容，从数据使用者摇身一变成了数据的生产者。国内的淘宝网、新浪微博、百度，国外的 Facebook、Twitter，时刻都有海量数据产生。

（5）进入了社交网络年代后，互联网行为主要由用户参与创造，大量的互联网用户创造出海量的社交行为数据，揭示了人们的行为特点和生活习惯。这些数据过去从未如此大规模出现。

（6）电商崛起产生了大量网上交易数据，包含支付数据、查询行为、物流运输、购买喜好、点击顺序、评价行为等，这些是信息流和资金流数据。

（7）移动互联网出现后，移动设备的很多传感器（已知 iPhone 有 3 个传感器，三星有 6 个传感器，收集了大量的用户点击行为数据）每天产生了大量的点击数据，这些用户行为数据被某些公司所拥有。当然更重要的是，移动设备上安装的系统程序和花样繁多的各种应用（App）软件收集的用户数据。

（8）来自物联网的大数据。所谓物联网（the internet of things），是一个基于互联网、传统电信网等信息载体，让所有能够被独立寻址的普通物理对象实现互联互通的网络。随着传感器、射频以及各种智能设备的发展，物联网所产生的数据量将是巨大的，而且数据生成方式将有根本性不同。

上面所列来源的大数据，其产生方式、来源特点、存储载体、访问方式、表现形式等都同传统调研数据不同，值得我们深入认识和研究。

2. 大数据生成特点

与以往市场调研基于特定决策需要而有意启动不同，大数据的生成则是基于互联网发展需要的一个相对自然的过程。后来，随着大数据应用过程对数据价值的发展和重视，现在越来越多的互联网企业开始主动布局、收集数据，进而将数据变现以获取商业利益。所以，现在就造成这样一个局面：掌握这样或那样大数据的互联网企业，想方设法地考虑如何从海量数据里挖掘数据的价值。

按照生成方式可以将大数据大致归纳为以下三类。

1）来自运营系统的数据

数据库的出现使得数据管理的复杂度大大降低，在实际使用中，数据库大多为运营系统所采用，作为运营系统的数据管理子系统，如超市的销售记录系统、银行的交易记录系统、医院病人的医疗记录等。

人类社会数据量的第一次大的飞跃正是在运营式系统开始广泛使用数据库时开始的。这个阶段最主要的特点是，数据的产生往往伴随着一定的运营活动；而且数据是记录在数据库中的，例如，商店每售出一件产品就会在数据库中产生一条相应的销售记录。这种数据的产生方式是被动的。

2）来自用户原创内容的数据

互联网的诞生促使人类社会数据量出现第二次大的飞跃，但是真正的数据爆发产生于 Web 2.0 时代，而 Web 2.0 最重要的标志就是用户原创内容。这类数据近几年一直呈现爆炸性的增长。

主要有两个方面的原因。

一是以博客、微博和微信为代表的新型社交网络的出现和快速发展，使得用户产生数据的意愿更加强烈。

二是以智能手机、平板电脑为代表的新型移动设备的出现，这些易携带、全天候接入网络的移动设备使得人们在网上发表自己意见的途径更为便捷。这个阶段的数据产生方式是主动的。

3）来自感知系统的数据

人类社会数据量第三次大的飞跃最终导致了大数据的产生，今天我们正处于这个阶段。这次飞跃的根本原因在于感知式系统的广泛使用。

随着技术的发展，人们已经有能力制造极其微小的带有处理功能的传感器，并开始将这些设备广泛地布置于社会的各个角落，通过这些设备来对整个社会的运转进行监控。这些设备会源源不断地产生新数据，这种数据的产生方式是自动的。

简单来说，数据产生经历了被动、主动和自动三个阶段。这些被动、主动和自动的数据共同构成了大数据的数据来源，但其中自动式的数据才是大数据产生的最根本原因。

2.2.3 大数据的特征

1. 关于大数据特征的主要观点

（1）3V 说——Gartner 分析师 Doug Laney。

大数据 3V 特性：variety（类型）、velocity（产生速度）和 volume（规模）。

（2）4V 说（1）——IBM 2013。

大数据 4V：volume（大量）、variety（多样）、velocity（高速）、veracity（精确）。

（3）4V 说（2）——维基百科 2014。

大数据典型特征 4V：volume（大量）、variety（多样）、velocity（高速）、value（价值）。

2. 大数据基本特征分析

1）volume（数据量巨大）

数据量巨大，是大数据与传统数据最显著的区别。数据存储空间和计算量通常为 PB 量级，而不是传统数据的 TB 级。

对于一些互联网企业而言，如百度、谷歌、新浪微博以及淘宝网等，数据量级通常是 PB 量级。

PB 级数据是什么概念？麦肯锡分析师 Michael Chui 指出，美国会图书馆（保存各类收藏近 12 100 万项，超 2/3 书籍以多媒体形式存放）"在 2011 年 4 月前已经收集 235 TB 的数据，而一个 PB 相当于它的 4 倍"。TechTarget 百科网站"What is"有关于 PB 大小的定义："PB 是数据存储容量的单位，它等于 2 的 50 次方个字节。"

数据容量单位如表 2-1 所示。

表 2-1　数据容量单位

倍数	词头	符号	英文	数据容量单位
10⁻24	尧（它）	Y	Yotta	YB
10⁻21	泽（它）	Z	Zetta	ZB
10⁻18	艾（可萨）	E	Exa	EB
10⁻15	拍（它）	P	Peta	PB
10⁻12	太（拉）	T	Tera	TB
10⁻9	吉（咖）	G	Giga	GB
10⁻6	兆	M	Mega	MB
10⁻3	千	k	kilo	kB

2）variety（数据类型多样）

大数据涉及的数据类型多种多样，既有单一的文本形式或结构化的表单，也有大量半结构化和非结构化的数据，如视频、图像、语音、网络日志、地理位置信息以及订单等。

随着社交网络以及物联网等快速发展，非结构化数据所占比例将越来越高，目前已经占到总数据量的 3/4 以上。所以，非结构化数据实际上又是多样化数据类型的突出特征。

结构化数据：简单来说就是数据库。其典型场景如企业 ERP、医疗 HIS 数据库、教育一卡通以及政府行政审批数据等。这些应用需要的基本存储方案，包括高速存储应用需求、数据备份需求、数据共享需求以及数据容灭需求。

非结构化数据：文本、图像、语音、视频、网页等都是非结构化数据。其中，文本是在掌握了元数据结构后机器生成的数据。这些数据没有标准格式和统一的结构属性，导致保存数据时不仅要保存内容（数据），还要保存数据结构，这就大大增加了数据存储和处理的难度。非结构化数据的分析利用，成为企业未来竞争优势的重要来源。

半结构化数据：类似 XML（可扩展标记语言，一种用于标记电子文件使其具有结构性的标记语言）、HTML，数据结构和内容混杂在一起，介于结构化与非结构化之间的一类纯文本数据。例如，日志数据、温度数据等。其典型场景，如邮件系统、Web 集群、教学资源库、档案系统等。这些应用的基本存储需求主要为数据存储、数据备份、数据共享以及数据归档。

3）velocity（快速生成、实时处理）

近几年大数据快速生成，实时分析海量数据以获取有价值的信息，成为大数据的又一个突出特征。

在现实应用中，大数据往往以数据流方式产生，数据是在不断流动的，它会产生也会消失，并且数据价值随着时间流逝而下降，这就要求及时进行数据处理，从而对数据处理的实时性提出了很高的要求。

例如，机器学习、数据挖掘等数据，一般处理时间要求为分钟、小时或天；数据查询、OLAP 等则一般要求处理时间为秒级；而广告系统、舆情监测等数据则要求实时处理，处理延迟一般在毫秒级。

4）value（价值密度低）

大数据主体是各式各样的行为数据，如人们的浏览搜索行为、网络交易行为、社交行为等，数据反映的是人们真实的行为，而不是想法、意向和评价这些口头上的东西。至于随着物联网日益发展成熟而产生的海量感知数据，由各式各样传感器即时发送的数据天然具有客观、真实的特性。真实客观是数据的生命，也是决定大数据 value 的核心和关键。

同时也需注意，大数据具有庞杂、噪声严重、价值密度低的特征，即海量数据中真正有价值的信息只占一小部分。以视频为例，一小时的视频，在不间断的测试过程中，可能有用的数据仅仅只有一两秒。如何挖掘出那一部分有价值的信息，也是大数据技术面对的难题，同时也是大数据应用的固有障碍。

2.2.4　大数据技术框架

大数据技术尝试从海量数据中，通过一定的分布式技术手段，挖掘出有价值的信息，最终提供给用户，进而产生实际价值。由于数据本身的多样性以及数据分析需求的多元化，大数据技术体系非常复杂，涉及的组件和模块众多。这里主要以董西成在《大数据技术体系详解，原理，架构与实践》中所作的概括为蓝本，进行适当调整，来说明大数据技术框架。

从数据生命周期看，从数据源开始，经过分析、挖掘到最终应用，大数据技术按主要环节分层为：数据收集层、数据存储层、资源管理与服务协调层、计算引擎层、数据分析层和数据可视化层，如图 2-1 所示。每个环节都面临不同的技术挑战。

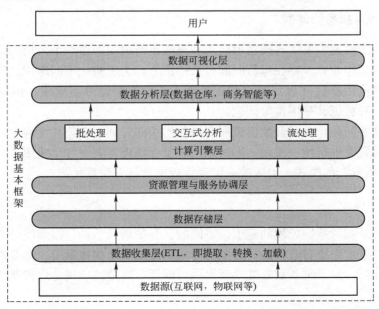

图 2-1　大数据技术框架

1. 数据收集层

数据收集层由数据对接模块构成，负责将数据源中的数据近实时或实时收集到一起。任何能够产生数据的系统均可以称为数据源，比如 Web 服务器、数据库、传感器、手环、视频摄像头等。

大数据的数据源具有分布式、异构性、多样化及流式产生等特点，所以，将分散的数据源中的数据收集到一起通常是一件十分困难的事情。

数据采集过程涉及 ETL 技术，包括数据抽取、数据清洗、数据校验乃至数据导入与数据安全脱敏。如果数据来源仅仅是业务数据库，ETL 还不会很复杂，如果数据来源是多样的，比如日志数据、App 数据、爬虫数据、外部购买的数据等，ETL 就会变得很复杂，数据清洗与校验的任务就会变得很重要。

这时的 ETL 必须配合数据标准来实施，如果没有数据标准的 ETL，可能会导致数据仓库中的数据都是不准确的，错误的大数据就会导致上层数据应用，数据产品的结果都是错误的。

2. 数据存储层

数据经过采集和转换之后，需要存储归档。大数据每年都在激增，庞大的数据量对整个业界的数据存储、处理带来了很大的机遇与挑战。为了满足快速增长的存储需求，具备高扩展性、高可靠性、高可用性、低成本、自动容错和去中心化等特点的云存储就应需而生。常见的云存储形式可以分为分布式文件系统和分布式数据库。其中，分布式文件系统采用大规模的分布式存储节点来满足存储大量文件的需求，而分布式的 NoSQL 数据库则为大规模非结构化数据的处理和分析提供支持。

3. 资源管理与服务协调层

随着互联网的高速发展，各类新型应用和服务不断出现，在一个公司内部，既存在运行时间较短的批处理作业，也存在运行时间很长的服务，为了防止不同应用之间相互干扰，传统做法是将每类应用单独部署到独立的服务器上。该方案简单易操作，但存在资源利用率低、运维成本高和数据共享困难等问题。

为了解决这些问题，公司开始尝试所有这些应用部署到一个公共集群中，让他们共享集群的资源，并对资源进行统一使用，同时采用轻量级隔离方案对各个应用进行隔离。相比于"一种应用一个集群"的模式，引入统一资源管理层就具有明显优势。

4. 计算引擎层

不同应用场景，对数据处理的要求是不同的。有些场景下，只需离线处理数据，对实时性要求不高，但要求系统吞吐率高，典型的应用是搜索引擎构建索引。在有些场景下，需对数据进行实时分析，要求每条数据处理延迟尽可能低，典型的应用是广告系统及信用卡欺诈检测。

为了解决不同场景下数据处理问题，尝试构建一个统一系统完美解决所有类型的计算任务被证明是行不通的。所以今天的计算引擎走的是"小而美"的路径，即针对不同类型应用场景，单独构建一个计算引擎，每种计算引擎只专注解决某一类的问题，进而形成了多样化的计算引擎。如图2-2所示。

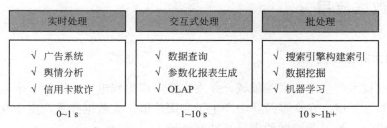

图2-2　大数据不同场景下的计算引擎及应用举例

按照对时间性能的要求，总体上可以将计算引擎分为三类。

1）实时处理

该类计算引擎对时间要求最高，一般处理延迟在毫秒级别，典型应用有广告系统、舆情监测等。

2）交互式处理

该类计算引擎对时间要求比较高，一般要求处理时间为秒级，这类系统需要跟人进行交互，因此会提供类似SQL的语言便于用户使用。典型应用如数据查询、参数化报表生成等。

3）批处理

该类计算引擎对时间要求最低，一般处理时间的级别为分钟、小时或天，它追求的是高吞吐率，即单位时间内处理的数据量尽可能大。典型应用有搜索引擎构建索引、批量数据分析等。

例如，大数据生态体系中的Hadoop，Spark和Storm，是目前最重要的三大分布式计算系统。Hadoop常用于离线的复杂的大数据处理；Spark常用于离线的快速的大数据处理；而Storm常用于在线的实时的大数据处理。

5. 数据分析层和数据可视化层

在大数据时代，人们迫切希望在由普通机器组成的大规模集群上实现高性能的以机器学习算法为核心的数据分析，为实际业务提供服务和指导，进而实现数据的最终变现。与传统的在线联机分析处理（OLAP）不同，对大数据的深度分析主要基于大规模的机器学习技术，一般而言，机器学习模型的训练过程可以归结为最优化定义于大规模训练数据上的目标函数并且通过一个循环迭代的算法实现。因而，基于机器学习的大数据分析技术具有自己的特点。

数据可视化层是直接面向用户展示结果的一层，该层直接对接用户，是展示大数据价值的"门户"。考虑到大数据具有容量大、结构复杂和维度多等特点，对大数据进行可视化是具有挑战性的。

例如，在医学领域，为了认识人体内部结构，美国国家医学图书馆于1989年开始实施可视化人体计划（VHP），并委托克罗拉多大学医学院建立了一男一女全部结构数据库。全球用户可以在获得许可的情况下获得该数据并用于教学和科学研究。VHP数据集的出现标志着计算机三维重构图像和虚拟现实技术进入了医学领域，从而大大促进了医学的发展和普及。

2.2.5 大数据应用

1. 常见的大数据应用场景

目前大数据技术产生于互联网领域，并逐步推广应用到电信、医疗、金融、交通、政府管理、打击犯罪等领域，在众多行业中产生了实用价值。大数据技术产生于互联网领域，应用最广泛、最成熟、最具典型性的也是互联网领域。

在互联网领域，大数据被广泛应用在三大场景中：搜索引擎、推荐系统和广告投放系统。

1）搜索引擎

搜索引擎能够帮助人们在大数据集上快速检索信息，已经成为一个跟人们生活息息相关的应用。很多开源大数据技术源于谷歌，谷歌在自己的搜索引擎中广泛使用了大数据存储和分析系统，这些系统被谷歌以论文的形式发表出来，进而被互联网界模仿。

2）推荐系统

推荐系统，能够在用户没有明确目的的时候根据用户行为信息帮助他们发现感兴趣的内容，已经被广泛应用于电子商务（如亚马逊、淘宝、京东等）、电影视频网站（如爱奇艺、腾讯视频等），新闻推荐（如今日头条等）等系统中。例如，Netflix 在其宣传资料中称，有60％的用户是通过推荐系统找到自己感兴趣的电影和视频的。

3）广告投放系统

广告是互联网领域常见的盈利模式，也是一个成熟度最高、最典型的大数据应用。广告投放系统能够根据用户的行为数据及个人基本信息，为用户推荐他可能最感兴趣的广告，因而也称为精准营销。广告投放系统通常涉及广告库、日志库等数据，采用大数据技术解决。

2. 大数据应用举例

这里以每天需要处理海量交易数据的知名电商网站淘宝网为例，说明其背后大数据应用不断成长成熟的过程和逻辑。需要特别说明的是，下面的资料主要来自 2004 年进入淘宝网、现任淘宝数据库管理（DBA）团队管理者陈吉平在"大数据漫谈"系列中提供的分析。

大数据应用的成长节点为：站点内数据、站内到站外数据、跨网络（从 PC 端的互联网到移动端的无线互联网）、基于需求的完整画像分析需要。

早期企业的大数据应用也比较简单，关系型数据库中存储的数据，往往是他们全部的数据来源。这时他们对应的大数据技术，也就是传统的 OLAP 数据仓库解决方案。因为关系型数据库中基本上是他们的所有数据，大数据技术往往也比较简单，直接从关系型数据库中获得统计数据，或者最多建一个统一的 OLAP 数据仓库中心。

通过淘宝历史来看，早期数据仓库中的数据基本来源于主业务的 OLTP 数据库，数据不外乎用户信息（通过注册、认证获取）、商品信息（通过卖家上传获得）、交易数据（通过买卖行为获得）、收藏数据（通过用户的收藏行为获得）。从公司的业务层面来看，关注的也就是这些数据的统计，比如总用户数、活跃用户数、交易笔数与金额（可钻取到类目、省份等)、支付宝笔数与金额等。因为这个时候没有营销系统,没有广告系统,公司也只关注用户、商品、交易的相关数据,这些数据的统计加工,就是当时淘宝大数据的全部。

但是,随着业务的发展,比如个性化推荐、广告投放系统的出现,需要更多的数据来做支撑。这就需要引进另外一个数据来源,日志数据。这可以通过 cookie 的技术获取,只要用户登录过一次,就能跟真实的用户取得关联。比如通过获取用户的浏览行为、购买行为,可以给用户推荐他可能感兴趣的商品。"看了又看,买了又买",就是基于这些最基础的用户行为数据提出的推荐算法。这些行为数据还可以用来分析用户的浏览路径、浏览时长,进而为改进相关淘宝产品提供重要依据。

2009 年,无线互联网飞速发展,随着基于 native 技术的 App 大规模地出现,用传统日志方式获取无线用户行为数据已经不再可能。这时涌现了一批新的无线数据采集分析工具,比如 Umeng(友盟)、Talkingdata(移动大数据服务平台)、淘宝内部的无线速读等,通过内置的 SDK 采集到 native 上的用户行为数据。

数据收集到了,但是新的问题也诞生了,比如在 PC 上的用户行为,怎么对应到无线终端上的用户行为,这个是脱节的,因为 PC 是 PC 上的标准,无线又采用了无线的标准,如果有一个统一的用户库,比如不管是登录名、邮箱、身份证号码、手机号、imei 地址、mac 地址等,来唯一标识一个用户,不管是哪里产生的数据,只要是第一次关联上来,后来就能对应上。

这里就需要解决数据标准问题。数据标准不仅仅是解决企业内部数据关联的问题,跨组织、跨企业进行数据关联也非常重要。一个好的用户库,必须解决未来大数据关联上的很多问题。例如,公安系统的数据如果跟医院的数据关联打通就可以发挥更大价值,但是公安标识用户的是身份证,而医院标识用户的则是手机号码,这时就需要借助统一的用户库,通过 idmapping 技术把双方的数据关联起来。

大数据发展到后期,当然是数据越多越好,前面所有的数据已经不能满足公司经营管理的需要。比如淘宝,想要对用户进行一个完整的画像分析,想获得用户的实时地理位置、爱好、星座、消费水平甚至开什么车等,用于精准营销。淘宝自身的数据是不够的,这个时候,企业会去购买一些数据(有些企业也会自己去爬取一些数据,这种方式日益受到法律监管),比如阿里购买高德、友盟,或者采购微博的相关数据,用于实现用户标签的高质量加工,获得更精准的用户画像。

2.2.6 大数据及技术的局限性

在大数据炒作盛极一时的背景下,研究者尤其需要反思,保持冷静客观,既要看到大数据的价值,又要认识大数据技术及其应用的局限。

1. 大数据意味着"所有数据"可能只是一种假象

舍恩伯格教授在其著作《大数据时代》的第一个核心观点就是:大数据即全数据(即 n = All,这里 n 为数据的大小),其旨在收集和分析与某事物相关的"全部"数据,而非仅仅分析"样本"数据。对不起,"n = All"只是一个幻觉。

颠簸的街道

波士顿市政府推荐自己的市民，使用一款智能手机应用——"颠簸的街道（Street Bump，网站访问链接：http：//www.streetbump.org/）"。这个应用程序可利用智能手机中内置的加速度传感器，来检查出街道上的坑洼之处——在路面平稳的地方，传感器加速度值小，而在坑坑洼洼的地方，传感器加速度值大。热心的波士顿市民们，只要下载并使用这个应用程序后，开着车、带着手机，他们就是一名义务的、兼职的市政工人，这样就可以轻易做到"全民皆市政"。市政厅全职的工作人员就无须亲自巡查道路，而是打开电脑，就能一目了然地看到哪些道路损坏严重，哪里需要维修。

波士顿市政府因此骄傲地宣布，"大数据，为这座城市提供了实时信息，它帮助我们解决问题，并提供了长期的投资计划"。Wired 杂志也不吝溢美之词：这是众包（Crowdsourcing）改善政府功能的典范之作。

然而，从一开始，"颠簸的街道"的产品设计就是有偏差的，因为使用这款 App 的对象，"不经意间"要满足 3 个条件：①年龄结构趋近年轻，因为中老年人爱玩智能手机的相对较少。②使用 App 的人，还得有一部车。虽然有辆车在美国不算事，但毕竟不是每个人都有。③有钱，还得有闲。前面两个条件这还不够，使用者还得有"闲心"，想着开车时打开"颠簸的街道"这个 App。想象一下，很多年轻人的智能手机安装的应用程序数量可能两位数以上，除了较为常用的社交软件记得开机运行外，还有什么公益软件重要到一开车就记得打开？

"颠簸的街道"的理念在于，它可以提供"$n=All$"个坑洼地点信息，但这里的"$n=All$"也仅仅是满足上述 3 个条件的用户记录数据，而非"所有坑洼点"的数据，每个条件其实都过滤了一批样本，"$n=All$"注定是不成立的。在一些贫民窟，可能因为使用手机的、开车的、有闲心的 App 用户偏少，即使有些路面有较多坑洼点，也未必能检测出来。

微软纽约首席研究员 Kate Crawford 指出，现实数据是含有系统偏差的，通常需要人们仔细考量，才有可能找到并纠正这些系统偏差。大数据，看起来包罗万象，但"$n=All$"往往不过是一个颇有诱惑力的假象而已。

2. 大数据不是精确而是混杂

每每讲到大数据，谷歌前董事长 Eric Schmidt 经常说的一句话是：在过去两年，我们生产的数据，是占全部人类文明史上所有数据总和的 90%。也就是说，过去一万年产生的数据也只占整个数据的 10%。现在数据已经爆炸了，我们要解决的是信息爆炸、数据太多的问题。

李彦宏在 2014 百度联盟峰会上坦陈，我们现在看到，每天产生的很多数据基本都是没价值的数据。像百度这样的公司，我们真正想要的数据现在没有，或者还没有搜集上来，已经被搜集上来的数据基本没有价值。

甚至大数据的布道者辩解道，在小样本时代，数据稀缺，所以我们首先追求数据精确，其次追求结果精确。但大数据时代，数据之杂，不可能精确，追求数据的精确会导致我们寸步难行，数据不精确会成为一个常态，也是世界的本质。

英特尔中国研究院院长吴甘沙先生说："鉴于大数据信息密度低，大数据是贫矿，投入产出比不见得好。"《纽约时报》科技记者 Steve Lohr,在其采访报道"大数据时代"中表明,大数据价值挖掘的风险还在于,会有很多的"误报"发现,用斯坦福大学统计学教授 Trevor Hastie 的话来说,就是在数据的大干草垛中,发现有意义的"针",其困难在于"很多干草看起来也像针"。

3. 大数据缺乏明确的决策需求导向

醉汉路灯下找钥匙

一天晚上,一个醉汉在路灯下不停地转来转去,警察就问他在找什么。醉汉说,我的钥匙丢了。于是,警察帮他一起找,结果路灯周围找了几遍都没找到。于是警察就问,你确信你的钥匙是丢到这儿吗?醉汉说,不确信啊,我压根就不知道我的钥匙丢到哪儿。警察怒从心中来,问,那你到这里来找什么?醉汉振振有词:因为只有这里有光线啊!

将上述逻辑套用到大数据领域就是:因为这里有数据,所以我在这里找"有价值的信息"。这跟路灯下找钥匙的逻辑一样荒唐。一个机构所拥有或可利用的大数据再大也有一个范围,如网页浏览数据、点击行为数据或其他各种具体类别的行为数据,你所寻求的"有价值信息"应该像醉汉丢失的钥匙一样特定,这个信息如果不在你的数据库中,再怎么找也是没有结果的。

沃顿商学院教授 Jonah Berger 对这个故事也有类似解读:在这里,浩瀚的黑夜如同全数据,"钥匙"就好比是大数据分析中要找到的价值目标,他认为,"路灯"就好比我们要达到这个目标的测量"标尺",如果这个标尺的导向有问题,顺着这个标尺导引,想要找到心仪的"钥匙",是非常困难的!在我们痴迷于某项自己熟悉的特定测量标尺之前,一定要提前审视一下,这个测量标尺是否适合帮助我们找到那把"钥匙",如果不能,赶快换一盏"街灯"吧!

大数据执行价值导向并非决策需求导向,即在海量数据里挖掘看看能找到什么有价值的信息。从宏观经济或社会意义上讲,这完全没问题,这也是大数据被中美一些国家提升为国家战略的根本原因。但是,从企业微观决策角度看,数据量大、噪声极大、价值密度低的大数据可能并不合用,它太过宽泛了,很难满足企业微观决策对特定数据信息的适用性要求。

4. 大数据"要相关,不要因果"

啤酒和尿布

这是一个关于零售帝国沃尔玛的故事。在一次例行的数据分析之后,研究人员突然发现:跟尿布一起搭配购买最多的商品,竟是啤酒!

尿布和啤酒,听起来风马牛不相及,但这是对历史数据进行挖掘的结果,反映的是数据层面的规律。这种关系令人费解,但研究人员经过跟踪调查发现,一些年轻的爸爸常到超市去购买婴儿尿布,有30%～40%的新爸爸,会顺便买点啤酒犒劳自己。随后,沃尔玛对啤酒和尿布进行了捆绑销售,不出意料,销售量双双增加。

这个强调大数据相关性的经典案例经常被引用，用来解释"关联规则（association rule）"的概念，强调大数据研究多研究"相关性"，少研究因果关系。然而，据英特尔中国研究院院长吴甘沙先生透露，它是 Teradata 公司一位经理编出来的"故事"，目的是让数据分析看起来更有力、更有趣。

即使这个案例是真实存在的，恐怕也无助于证明"要相关，不要因果"这个结论就成立了。舍恩伯格教授的《大数据时代》的核心观点之一就是：趾高气扬的因果关系光芒不再，卑微的相关关系将"翻身做主人"，知道"是什么"就够了，没必要知道"为什么"。但需要我们更为深入了解的事实是：

"要相关，不要因果"这个观点，最早应该是 *Wired* 主编 Chris Anderson 提出的。2008年他在题为 "End of Theory—the Data Deluge Makes the Scientific Method Obsolete"（《理论的终结——数据洪流让科学方法依然过时》）的文章中，提出在 PB 时代，可以说有相关性足够了。

"要相关，不要因果"的观点，并不受学术界待见。甚至，《大数据时代》的中文版翻译者周涛亦在序言里说，"放弃对因果关系的追求，是人类的堕落。"同时，李国杰院士认为：在大数据中，看起来毫不相关的两件事同时或相继出现的现象比比皆是，相关性本身并没有多大价值，关键是找对了"相关性"背后的理由，才是新知识或新发现。

5. 基于大数据相关性进行预测可能是盲目和危险的

谷歌流感预测

2009 年 2 月，谷歌公司的工程师们在国际著名学术期刊《自然》上发表了一篇非常有意思的论文：《利用搜索引擎查询数据检测禽流感流行趋势》，并设计了大名鼎鼎的流感预测系统（Google Flu Trends，GFT，访问网址为：www.google.org/flutrends/）。

GFT 预测 H1N1 流感的原理非常朴素：如果在某一个区域某一个时间段，有大量的有关流感的搜索指令，那么，就可能存在一种潜在的关联：在这个地区，就有很大可能性存在对应的流感人群，相关部门就值得发布流感预警信息。

GFT 监测并预测流感趋势的过程仅需一天，有时甚至可缩短至数个小时。相比而言，美国疾病控制与预防中心（Center for Disease Control and Prevention，CDC）同样也能利用采集来的流感数据，发布预警信息。但 CDC 的流感预测结果，通常需要滞后两周左右才能发布。但对于一种飞速传播的疾病（如禽流感等），疫情预警滞后发布，后果可能是致命的。

GFT 一度被认为是大数据预测未来的经典案例。然而相关论文发表 4 年后，2013 年 2月 13 日，《自然》发文指出，在最近（2012 年 12 月）的一次流感爆发中谷歌流感趋势不起作用了。GFT 预测显示某次的流感爆发非常严重，然而疾控中心（CDC）在汇总各地数据以后，发现谷歌的预测结果比实际情况要夸大了几乎一倍。

研究发现，问题的根源在于，谷歌工程师们并不知道搜索关键词和流感传播之间到底有什么关联，也没有试图去搞清楚关联背后的原因，只是在数据中找到了一些统计特征——相关性。谷歌工程师们不断地微调预测算法，但每一次算法微调，都是为了修补之前的"测不准"，但每次修补又都造成了另外的误差。

量子物理创始人之一 Werner Heisenberg 曾在 1927 年的一篇论文中指出，在量子世界中，测量粒子位置，必然会影响粒子的速度，即存在"测不准原理"。即在量子尺度的微距世界中，"测量即干涉"。如今，谷歌疫情系统之所以会误报，还因为大数据分析中存在"预测即干涉"的问题。这种干涉是因为，一旦 GFT 发现疫情苗头，立刻会有媒体关注与报道，就会引发民众更多相关信息搜索，反过来强化了 GFT 对疫情的判定。这样，无论怎么修补算法，都无法改变其愈发不准确的结果。

《科学》杂志对 GFT 预测发起了更猛烈的攻击。2014 年 3 月，该杂志发表由哈佛大学、美国东北大学的几位学者联合撰写的论文《谷歌流感的寓言——大数据分析中的陷阱》，他们对谷歌疫情预测不准的问题做了更为深入的调查，也讨论了大数据的"陷阱"本质。论文认为：大数据的分析是很复杂的，但由于大数据的收集过程，很难保证能像传统的"小数据"那样缜密，难免会出现失准的情况。

6. 大数据应用主体有限

大数据掌控者主要是一部分互联网头部企业，如阿里巴巴、百度、腾讯，以及今日头条、段视频网站等内容聚合平台企业。百度掌握着用户的网络搜索数据，阿里掌握着交易及信用数据，腾讯则掌握着社交关系数据；这些企业掌握着国内数据金矿的开采权与使用权。

大数据概念得到广泛普及，但现实应用严重不足。目前大数据应用集中于互联网市场营销。而且，大数据的应用仍然以机构内部数据为主，缺乏合理有效的大数据分享机制。工信部电信研究院发布的报告指出，目前推出了很多大数据应用，但这些应用基本都是为内部服务的，由于法律和数据交易机制不健全，这些交易平台在对外开放和交易数据上仍持谨慎态度。

即使在应用最为集中、涉及企业众多的互联网市场营销领域，各种问题也层出不穷。例如，2017 年谷歌广告门事件，广告主企业发现，自己的广告在 YouTube 上被投放到了极端主义视频的前面，这可能会让消费者产生误解，认为这些品牌成了赞助恐怖主义的"金主"。于是，奔驰、迪士尼、沃尔玛、星巴克、百事可乐、欧莱雅、麦当劳、奥迪、强生等超过250 个品牌，相继宣布将抵制谷歌广告。

问题发生的直接原因，源于这些广告的程序化自动投放。深层原因则是，广告主们失去了对广告播出环境的控制，换言之，企业在播出之前并不知道广告会投放在什么内容之间。这些广告主企业基于大数据进行的精准广告投放，是被相关的数据/技术/新兴媒体公司控制和代理的，对大数据的应用是被动的。谷歌"广告门"清晰地表达了绝大多数企业目前面对数字营销时的困惑。

2.2.7 大数据与市场调研的关系

随着大数据热不断升温，大数据应用不断拓展情景和领域，同属于信息科学或数据科学领域的市场调研行业越来越多地感受到冲击的压力。那么这种冲击或挑战到底是颠覆性的、替代性的，还是竞争合作性质的，大数据技术与市场调研的关系状态是什么，市场调研行业乃至学界对此有所讨论，但是毕竟大数据技术发展至今时间还比较短、大数据应用也在不断探索和拓展中，所以讨论没有结论。

透过前面的分析，读者可以了解，大数据有其价值，同时也有它固有的局限。大数据的出现与发展肯定对市场调研有一定冲击，但是两者之间并非颠覆或简单的替代关系。有着上百年发展历史和坚实理论基础的市场调研科学，没有也不可能被大数据技术与方法所否定。

大数据技术和传统的市场调研之间，应该说是竞合关系：有竞争也有渗透和融合。从特定应用主体——企业角度看，两者则相互补充、相辅相成。

对于市场调研行业来讲，席卷全球的大数据热将带来重大机会，大数据热潮几乎成为一场数据科学的绝佳启蒙运动，有助于推动更多的企业、政府和组织的市场化转型，提升其科学决策、理性决策水平，对市场调研技术全面、专业的普及应用具有深远意义。

这里需要特别说明的一点是，在对市场调研的理论和方法进行深入探讨前，深入讨论大数据技术与市场调研的关系在逻辑上是讲不通的。这种讨论必须建立在一定的认识基础上，也就是说读者需要基本了解市场调研的基本理论和技术，当然也需要对大数据技术及其理论有所认识。上面的分析探讨是基本的、相对确定的和粗线条的，更深入的分析探讨将留给读者。

2.3 市场调研活动主体

2.3.1 市场调研活动主体的分类

市场调研活动的发起者和承担者构成市场调研活动的两大主体，调研活动的发起者，产生对市场调研服务的需求，并肩负对市场调研活动管理的责任；调研活动的承担者扮演着调研服务供应者的角色。在历史上这两个角色是一体的，对市场调研专业化需求和专业化供应的不断发展，推动着市场调研行业的社会分工和角色分化，形成了今天我们所看到的种类繁多的市场调研活动。

在市场经济并不发达的环境下，市场调研职能比较有限，大多数市场调研活动由工商企业亲自组织实施，企业既是市场调研的发起者，又是市场调研活动的承担者。进入买方市场以后，随着市场调研的管理价值日益被充分认识，市场调研职能日益扩大并且专门化，专业市场调研机构开始涌现，并越来越多地成为市场调研活动的主要承担者。于是，调研服务市场开始形成，市场调研活动主体基本分化为需求者和供应者两类主体，即企业内部的市场营销部和企业外部的专门的市场调研公司。

市场调研活动主体分化的结果，并不是谁取代谁，而是分工更加明确了，专业化发展趋势更加明显了。当然，这种分化并不是绝对的，也不总是泾渭分明的。在企业内部市场营销部门作为调研发起者和管理者的角色不断得到强化的同时，市场调研职能也开始从营销职能中分离出来，由专人或专门成立的市场调研部承担，为企业内其他部门直接承担和实施部分市场调研活动。所以，在市场调研活动主体分化为需求者和供应者两类主体这个基本趋势下，两类主体功能上仍然有所交叉，两者并行不悖，共同发展。

实际上，整个调研市场上调研服务发起者和调研服务提供者的划分，也是在主要功能分明、次要功能上有所交叉的背景下所作的一般分类，以便概括地了解各类调研主体的基本功能及调研活动性质。市场调研主体的一般分类见表 2-2。

表 2-2　市场调研主体的一般分类

调研活动 发起者	主要功能	调研活动 承担者	主要功能
工商企业	发起调研活动，服务于企业营销决策	企业的市场调研部	承担部分调研设计和组织工作，负责企业的调研项目管理
广告代理商等服务机构	发起调研活动，服务于广告策划需要	定制或专项调研公司	属于营销调研咨询公司，针对客户的具体问题开展特定的调研项目
产业、媒介、政府及非营利性机构	发起和管理调研活动，服务于特定机构的决策需要	辛迪加服务公司	收集和报告很多公司都感兴趣的调研数据，如零售数据和媒体受众数据
		专门服务公司	为调研行业提供专门化辅助服务，如现场服务、数据分析
		其他机构	提供二手数据或者为企业客户或调研行业提供咨询服务

2.3.2　调研活动的发起者

1. 工商企业

　　工商企业是市场调研活动的主要发起者，是调研信息的主要用户。其利用调研数据来支持营销决策。这些企业将营销调研数据主要用于：识别新的目标市场；评估正在实施中的营销战略的成效；评估外部或不可控环境的变化及其对产品或服务战略的意义；确定各个目标顾客群将对不同营销组合做出何种反应；为新的目标市场创造新的营销组合。

　　这些企业可能使用辛迪加调研服务，或者使用定制调研机构的服务，或者仅使用某些专门服务公司提供的服务，或者通过广告代理商寻求上述调研服务机构的服务。

　　当然，工商企业用户实际上是非常笼统的概念。详细区分工商企业内部不同部门在调研信息需求和使用上的具体角色，具有重要的意义。

　　在工商企业内部，调研服务用户大致可以区分为内部用户和共享用户两大类。

　　1）内部用户

　　事实上，工商企业内部每个部门都可能是市场调研服务的用户。其中，市场营销部门毫无疑问是使用调研服务最频繁的、最大量的关键用户。

　　考虑一下营销组合，它包括产品、促销、渠道及定价策略，市场调研有助于这些领域的决策者制定出更好的决策。在新产品开发过程中，从能够产生新产品创意的定性调研开始到概念检验、样品测试及试销，市场调研都发挥着重要的作用。产品品牌经理通常使用调研资料来确定目标市场，或确定目标市场内产品的大量使用者。在渠道策略安排方面，市场调研可以用来为新商店进行选址以及测试消费者对商店内部设计的反应等。价格策略通常是由来自组织内部的营销、财务、生产等部门的代表所组成的委员会制定的。很多公司在价格制定和调整政策前，往往需要由来自公司内外的大量数据、信息提供支持。

福特汽车公司所做的一项调研就是要对工程师提出的一些新技术的需求和价格进行评估。评估目标包括：①确定目标顾客是否对某一特征感兴趣；②如果新想法具有吸引力，顾客是否愿意支付所建议的零售价格。福特公司在美国和英国实施了这项调研。

该项市场调研借助计算机辅助多媒体个人采访系统对 28 项新技术进行了评估，还通过定性调研来确定顾客是否喜欢某一具体改进。

下面是福特汽车公司该项市场调研的部分内容。

指纹被动输入系统（标准动力锁为 980 美元，中央锁为 350 美元或 280 英镑）。指纹被动输入系统允许司机无须使用钥匙就可以开启装有电动锁的汽车车门。司机自己的指纹被看作打开或锁上车门的唯一识别码。通过一个接触垫，汽车能够识别司机的指纹。要锁上驾驶室的门或全部车门，只需将手指置于接触垫上 0.5 秒即可。当然，汽车仍然可以用钥匙打开或锁上。

夜视系统（2 100 美元或 1 400 英镑）。夜视系统增强了司机在晚上的视力，但不会使对面的司机感到晃眼。这个系统使用红外线车头灯照亮前面的道路，并通过传感器将道路影像传送到显示屏上。

跟踪式遮阳板（42 美元或 35 英镑）。跟踪式遮阳板能够沿着一个轨道从车内的后视镜向前门两边滑动，以提供更准确的遮挡。这项改进易于使用并且提供了更大的遮挡范围。

车门随意控制器（35 美元或 14 英镑）。车门随意控制器能使车门停在被打开的任意位置。当在狭窄的停车空间或倾斜的路面上时，车门随意控制器可以避免车门碰到旁边的车辆。

除市场营销部门外，高层管理者可能也是最重要的内部用户。高层管理者使用战略性的市场调研来帮助战略远景、使命及资源在组织内的长期配置。

西尔斯公司（Sears）在 20 世纪 80 年代到 90 年代中期由于对顾客关注不够而不断失去市场份额及利润。"我们不知道我们想要为谁服务，"该公司首席执行官亚瑟 C. 马丁内斯承认，"这是我们战略上的一大漏洞。我们没有搞清应该以什么为基础来打败竞争对手。"

通过战略检查，西尔斯出售了非零售资产，重新将注意力集中到核心业务上。马丁内斯整顿了旧的商店，提高了妇女服装的档次，并且推出新的广告来宣告百货业巨人将有一次大转变。不过，他必须使业务获得增长，这是一项艰巨的任务，因为西尔斯把重点放在了相对拥挤的购物中心上。1996 年，马丁内斯说服一家决策咨询公司帮助西尔斯创造一个新的未来。"我最欣赏他们的是，他们能从顾客的角度来看问题。"马丁内斯认为，战略有时可能是一个从内到外、自我吸收、自我检查的过程。但是，公司需要有一种内外部相结合的战略观点，因为使公司陷入困境的原因之一就是缺乏对顾客的重视。

通过广泛的顾客调查发现，消费者对西尔斯的五金产品有非常高的品牌忠诚度。调研还表明，通过细分自己动手（do-it-yourself）市场并把重点放在复杂程度低的家庭工程上，如为浴室贴糊墙纸或安装减光器开关，西尔斯能够避免与那些经营家庭装修工具的大公司产生大的竞争冲突。西尔斯的调研表明，与五金商店丰富的商品种类相比，顾客更重视便利性。

在成功验证了五金商店这个想法后，马丁内斯决定投入 10 多亿美元进行一搏，他觉得西尔斯能够在此市场中赢得增长。他打算在 5 年之内建成 1 000 个独立的、占地 20 000 平方英尺的五金商店，每个商店造价为 125 万美元。

除了营销部门和高层管理者以外，公司的其他部门也常常需要市场调研。

财务部门使用试销数据来预测 1～3 年的收入流。类似地，重新定位方面的调研能够帮助财务经理预测老产品收入的急剧增加。

人力资源部经理可能要求营销调研部门对员工进行多方面的调查，因为提供高质量的客户服务需要员工对公司有良好的积极印象。

2）共享用户

市场调研是不断提高竞争优势或形成新的竞争优势的重要来源。所以，与有关的外部机构共享信息可以使发送者和接收者彼此受益。共享用户主要包括供应商和特许经营者。

供应商日益成为工商企业主要的共享用户之一。因为制造商正逐步与供应商建立战略伙伴关系，从而实现零库存生产的管理目标。维系与供应商战略伙伴关系系统的核心就是共享信息。当顾客在满意度调查中提出自己对零部件的意见时，调研信息及时反馈给制造商的供应商，将为供应商改进供应工作提供及时的、有价值的信息。

特许经营者是工商企业另一个主要的信息共享用户。与供应商的情形类似，工商企业与其特许经营者共享某些信息，同样可以收获战略利益。作为特许经营管理的一项重要内容，绝大多数特许授权人都会围绕特许经营者的经营状况进行调研，并将这些数据信息反馈给特许经营者。同时，特许授权人也与其特许经营者分享其他一些调研信息，以提供采取某种改进措施的理由。

2. 广告代理商

广告代理商处在为广告客户服务的位置上，也成为市场调研数据的大量使用者。

广告代理商的主要业务是发展和执行广告策划方案。为了准确、高效地实现广告策划目标，广告代理商经常需要市场调研数据的支持。发展和执行广告策划方案所需要的市场调研大致可以归为以下五种类型。

1）发展广告信息策略的调研

这是针对目标市场要传播什么样的销售信息而展开的调研。开展这一调研的目的，就是从一切可选择的信息里，确认一项最有力的广告销售信息以及表现广告销售信息的最有效的方式方法。这种广告调研是信息策略策划的重要内容。

2）媒体、媒体用途及广告刊播配置调研

这类市场调研是以消费者人口或媒体视听大众规模的大小为依据，决定媒体的可得性、媒体用途以及媒体配置的。调研目标是以广告信息达到目标市场的效率与效果为准，使广告预算发挥最大效用。这部分调研活动构成媒体策略策划的重要内容。

3）广告执行情况调查

这类调研通过测定广告传播情况以及消费者对广告的反应，来测定广告应该如何执行或者在市场上正执行得如何。这类测试通常被称为事前或事中测试。

4）广告运动效果事后调查

广告运动效果事后调查旨在评价广告运动在目标市场上的效果，或者说评价广告运动所完成的和未完成的广告目标，通常包含于广告运动本身的计划中。

5）潜在顾客、市场、产品及竞争性调查研究

这方面的市场调研，既包括确认潜在顾客、市场规模大小、市场位置、配销形态、定

价，也包括对产品概念的测试及评价、确认竞争性及竞争产品等。该类调研涉及策划某产品或劳务上市所需的信息。主要是一些广泛研究，并常常来自现有的来源与资料。

3. 其他组织用户

随着市场的发育、各种机构服务意识的提高和市场调研观念深入决策者心中，各种产业性组织、媒介单位、政府机构及非营利性机构越来越多地通过各种市场调研活动收集信息，服务于各机构特定的决策需要。

下面是这类调查的两个例子。

例1：某国税局曾发起一项调研，目的是了解纳税人对国税局管理税法职能的看法。在对该项调研的范围和区域进行过初步研究后，国税局与所委托的市场调研机构确定了如下具体的调研目标：

◇ 确认纳税人虚报申请表的程度、原因，以及防止这种行为的措施；

◇ 确定纳税人对国税局服务的满意程度；

◇ 确认纳税人需要的服务；

◇ 制定一种准确的纳税人行为（主要指准备所得税申请表）标准；

◇ 估定纳税人对各种税法和程序的了解及看法。

例2：慈善机构对捐赠人满意度进行的调查。你可能认为慈善机构没有必要进行顾客满意度调查，但事实上慈善机构同样面临着与营利工作相关的问题。在仅存在一家慈善机构的一些地方，慈善机构面临着与其他非慈善机构对捐款人资金用途的争夺；在可能存在两家或两家以上慈善机构的另外一些地方，一家慈善机构不仅面临上述竞争，还要直接面对来自其他慈善机构对同一笔慈善资金的争夺。由于慈善资金的竞争相当激烈，所以与消费品或服务提供者一样，非营利组织也必须重视并设法让它的捐助人满意，以免他们将资金用于他处。

基于上述考虑，一家名为大同的慈善机构提出了一项以提高顾客满意度为目的的调研项目。调研目标是为了测量顾客或相关利益者的满意度，确定如何提高满意度、留住捐赠人，确定社区捐赠人对大同慈善资金使用方向的意见，确定如何有计划地使用捐赠人捐赠的资金，了解大同慈善的捐赠人/细分市场，以及与其他慈善机构相比，他们认为大同慈善的价值所在。

2.3.3 调研活动的承担者

1. 企业市场调研部

很多大公司都拥有自己的市场调研部。20世纪后半叶美国的一项调查显示，在市场调研业最为发达的美国市场，大公司设立自己独立的市场调研部的比重比较大。具体来讲，年销售额在500万美元以上的公司中，有44.6％设立了自己独立的市场调查部。而年销售额在50万美元以下的公司，98.2％没有设立自己的市场调研部。通过对美国营销协会的隶属企业做调查，发现其中76％的公司拥有正式的营销调研部门，尤其是在消费品企业、生产厂家和零售商中较为普遍。大型企业一般都设有营销调研部门。

市场调研部的规模一般不大。根据近几年的一项研究，仅有 15％的服务企业如联邦快递（FedEx），拥有 10 人以上的市场调研部。在制造业企业中，拥有 10 人以上的调研部门的企业占 23％。这里面不排除一些极端情况，如宝洁公司（P&G）一样的大型消费品企业，其调研部门拥有 100 多名员工。从总体上看，由于兼并和再造工程的实施，调研部门的规模逐渐呈缩小趋势。企业市场调研部门规模缩小和预算持续增加意味着，企业自己来操作市场调研的比例在逐渐减少，向外部的调研提供者采购服务的比例在不断提高。

虽然企业市场调研部已经不再是调研活动的主要承担者，但在企业的市场调研活动中仍然承担着重要职能，包括直接承担一部分市场调研的设计和组织工作，对企业外包的市场调研项目进行管理，以及对涉及整个企业各种调研项目与持续性调研活动的战略规划和管理。

美国通用汽车公司市场调研主管这样介绍他的营销调研部：在通用汽车公司，营销调研部门的目标就是提供比较合理的市场理念，帮助通用公司击败竞争对手，夺取开发新产品的机遇。营销调研部的基本任务就是提供相关的、准确的、可用的和及时的市场信息。营销调研部作为积极的、平等的成员参与团队决策。

营销调研在公司中的地位以及调研部门的结构形式多样，主要依赖于对营销概念的接受程度，以及所处的营销调研复杂阶段。由于调研是同决策者联系在一起的，最佳的组织结构就是调研部门直接向高级管理人员汇报结果，而且管理人员的职位越高越好，至少是分管营销的副总裁或更高的职位人员。

在小型企业中，分管营销的副总裁可能负责营销调研，他一般派销售经理收集并分析销售历史数据、同业公会的统计及其他内部数据。如果需要进行调查，该副总裁可能邀请广告代理商或专门从事营销调研的企业负责这项工作。

在一些中型企业中，营销调研部门包括一位主管及几名拥有各种职称的员工，如调研分析人员（research analyst）、调研助理（research assistant）以及决策支持系统经理（manager of decision support systems）等。营销调研主管（director of marketing research）是调研部门的领导，或者称为营销信息系统的主管，通过计划、执行和控制调研职能，进行领导并协调职员层面的活动。该主管隶属于执行委员会，主要负责确认竞争机遇并为企业设计营销战略，他的任务就是为这些战略问题提供调研观点。很多情况下，营销主管是企业消费者行为和战略业务问题的内部咨询人员。

在一个中型企业中，营销调研职能可能由计划部门人员执行，他们可以计划或设计调查研究，然后与其他公司签订合同，要求其提供调查服务，如进行采访或数据处理等。

很多大型企业还设有客户质量调研经理（managers of customer quality research），主要是为了度量客户满意度及其对产品质量的认知。

图 2-3 展示了一家大型企业营销调研部门的组织情况。在该公司内部，营销调研部为所有的产品群执行调研工作，这是一个典型的调研部门，独立执行各种调研工作，包括实地采访等。营销调研主管直接向负责营销的副总裁汇报工作。

在那些更为复杂和大型的企业中，市场调研部是企业的参谋部门，向最高营销经理负责。虽然市场调研部要向上一级部门汇报工作，但其工作实际上主要服务于产品或品牌经理、新产品开发部经理和其他一线部门的经理。除了将各种可以重复的研究编入公司的营销信息系统外，市场调研部一般会协同上述职能部门经理与高级分析专家合作，设计和实施市

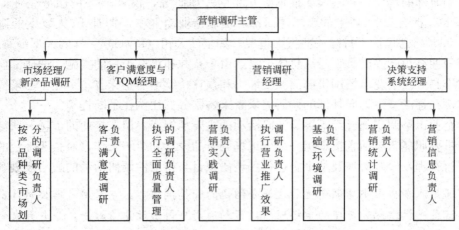

图 2-3 某大企业营销调研部门的组织结构

场调研项目的步骤。而在小企业中，市场调研部门通常充当企业内部调研使用者与外部提供者之间的媒介。

2. 定制调研服务公司

定制调研服务公司和辛迪加市场调研公司一道代表了市场调研行业的最前沿，是市场调研行业的中坚力量。在全部调研费用中，定制调研大约占 69%。

定制调研服务公司的主要业务是为企业客户开展定制的、非重复性的营销调研项目。如果一家公司产生了新产品或服务的想法、包装的想法、广告创意、新的定价策略和产品配方或者其他有关的营销问题，那么，定制调研公司可以为其提供调研帮助。

美国有成千上万家定制市场调研公司，其中绝大多数规模较小，营业额不到 100 万美元，员工不到 10 人。他们可能只为当地客户服务，也可能不是专门从事某一行业或某一类型的调研。在中国大约 1 500 家专业调研公司中，80% 以上都属于定制调研服务公司。

虽然定制调研服务公司可能不是那么声名显赫、规模庞大，但是这些公司提供的是全方位的调研服务，包括设计调研活动、实施调研活动、分析调研结果，甚至向客户提供经营管理的咨询建议。

专业定制调研公司的业务组织框架一般如图 2-4 所示。

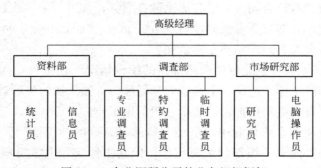

图 2-4 专业调研公司的业务组织框架

3. 辛迪加调研服务公司

辛迪加是资本主义垄断组织形式之一，参加辛迪加的企业在生产上和法律上保持独立性，但在商品销售和原料采购等商业环节上进行联合，并形成垄断价格和利润。辛迪加调研服务公司与定制调研公司一道代表了营销调研行业的最前沿，也是市场调研行业的中坚力量。在全部调研费用中，辛迪加调研大约占 30%。

与定制调研服务公司形成强烈对比，辛迪加调研公司的业务特点是为很多企业收集并提供相同的市场调研数据。每个公司甚至个人都可以购买由这些公司收集、整理、提供的数据。辛迪加服务企业的数量相对较少，但是规模却相对较大。例如，不少企业都在电视上做广告，广告媒介决策就是要选择一个能有效抵达目标顾客的电视节目，为此就需要了解不同电视节目观众的数量和构成等方面的信息。如果每个公司单独收集这些数据，无疑是巨大的浪费；但是由辛迪加调研服务公司统一收集和整理这类数据，然后给很多公司提供他们共同需要的信息，成本就低多了。

辛迪加调研组织提供的具有代表性的辛迪加服务包括：电视收视率；零售销售额；产品/服务的分销渠道；大型行业/产品研究；基于网络的调查；民意调查；生活方式调查；顾客满意度研究；特定区域市场的研究；广告/媒体效果；来自扫描仪的数据。

大部分的大型市场调研公司都是辛迪加调研服务企业，如 A. C. 尼尔森、Cognizant 公司以及信息资源公司。

A. C. 尼尔森公司主要为日用杂货、保健品、美容用品以及其他包装品和耐用品的制造商与零售商提供消费者购买行为测评和相关的营销要素因果关系研究。A. C. 尼尔森公司在美国的核心服务是 Scan Track，它提供每周从安装有 UPC 扫描设备的 5 000 家超市中获得的包装类消费品的销售额、市场份额以及零售价格方面的数据。

Cognizant 公司包括 Nielsen 媒体调研公司、IMS 国际和 Gartner 集团。Nielsen 媒体调研公司的旗舰业务是 Nielsen National Television Index。它是根据装配有测试仪并能及时反映电视、有线电视以及家庭录像收视情况的 5 000 个家庭样本数据计算的。

信息资源公司（IRI）是一家以扫描仪数据调查为主的调研机构。

4. 专门服务公司

在市场调研行业还有很多专项服务或辅助性企业，他们为市场调研公司及其他公司提供各种类型的专门化或辅助性服务。主要包括以下五种类型。

1）现场服务公司

一家真正的现场服务公司除了收集数据外不做任何其他业务，既不进行调研设计也不进行数据分析。现场服务公司是数据收集专家，根据转包合同为企业的市场调研部门、定制调研公司和广告代理商收集数据。

现场调研服务公司的典型业务运作流程是：①客户接触；②调查员培训；③调查进展报告；④质量控制；⑤提交调查结果。

主要的现场服务公司都拥有固定的办公场所，可能还有一个或更多个固定的街头商店试验中心、小组访谈设施、中央电话采访设施及其他特殊的设施和设备，甚至可能拥有大范围电话服务线路，以便从一个地方对全国各地进行电话调查。现场服务业的另一个趋势是，多城市经营开始出现。

2）数据处理公司

这是指那些提供各种计算机和数据处理服务的企业。这些企业拿到完成的问卷后，进行校对和编码，录入数据，然后按照客户要求制作表格以及进行其他处理工作。随着计算机技术的发展，这类企业正在很快从市场中消失。

3）调查抽样公司

这些公司拥有包含数以百万计的家庭和企业信息的数据库，在调研行业竞争压力和专业化分工不断向纵深发展等力量的推动下，他们发挥自己的专门优势，开始走上专门化的发展道路，可以在一定的市场区域内为其他调研企业或工商企业客户提供家庭和企业样本。

4）二手资料公司

二手资料公司为其他调研企业或工商企业客户提供通过计算机获取专门化数据库信息的渠道。例如，很多市场调研项目只需要某个大都市的某些方面的人口统计数据，而不是全国的人口统计资料。二手资料公司提供了通过在线计算机网络得到数据的方法，或者用软件提供给客户想要的数据，这样客户就可以在自己的计算机上处理数据。

5）统计分析公司

随着复杂统计方法使用增多，一种新型的市场调研辅助企业数据分析专家出现了。这些精于统计分析软件和方法的公司，可以为市场调研公司和企业市场调研部提供各种统计方法的选择和使用等方面的咨询服务。

5. 其他机构组织

其他一些组织和个人虽然不一定真正处于市场调研行业，但他们仍为其做出了特殊贡献。包括各级政府机构、大学的调研组织和经济研究部门、作为市场调研顾问的大学教授、隶属于各种行业团体及其他机构的调研单位等。在所有这些机构和个人中，除大学教授以外，其他均是市场调研行业最有价值和最有用的数据来源。那些从事营销调研顾问工作的市场营销方面的教授，能够为企业的市场调研部门和没有营销调研能力的公司、定制调研企业等提供其所需要的专业意见。

2.4　市场调查客体

从本质上说，市场调研属于市场信息工作的范畴，它是收集、加工处理数据资料和提供市场信息的活动。那么，作为市场调查客体的市场信息是什么？市场信息与数据、资料是什么关系？市场信息包括哪些类型？具体内容是什么？

2.4.1　市场信息含义

市场信息是通过物质介质载体，对市场体系存在方式和运动状态的反应和描述。市场信息的信息源是市场体系，市场信息的内容是市场体系的存在方式和运动状态。市场信息的物质介质载体包括文字、语言、数据、图表、符号、色彩、声波、电磁波等。市场信息通常以各种数据、情报、资料、知识、报告、报表、规章制度、指令等形式表现出来。

对市场调研的狭义和广义理解，反映了人们对市场信息外延认识上的分歧。最初，人们对市场调研的理解是建立在对"市场（market）"和"调研（research）"这两个词的机械理解基础上的，认为市场调研就是对某个消费者群（这个消费者群对某种产品或劳务具有购买力）所作的调研，即通过对个人或用户进行调查，探讨商品购买、消费的各种事实、意见和动机。然而，从市场调研最终服务于营销决策这一根本目的出发，人们发现对市场调研应该做更广义的理解，市场调研的术语也由英文"market research"更正为"marketing research"。尽管中文名称没有变化（虽然也有不少学者使用"营销调研"一词，但不如"市场调研"一词使用普遍），但是内容表述变化了，即市场调研是指为某一特定的市场营销问题的决策，开发和提供其所需市场信息的一种系统的、有目的的活动或过程。广义的市场调研强调以市场营销的所有功能和作用为调研客体，市场调研的内容范围也因此得以极大扩展。

对市场信息外延的认识，历史上存在几种意见。一种意见认为，市场信息范围相当于交换信息或商品流通信息。第二种意见认为，市场信息范围相当于商品经济信息，即不仅包括商品流通信息，还包括商品生产、分配和消费信息。后来，随着对市场调研目的和功能方面认识的深化，人们相信市场信息范围应相当于商品经济信息再加上市场环境信息。因为政治、法律、经济、科技、文化以及自然地理等环境因素及其变化，直接影响和制约着市场状况和运行状态，可能对企业经营形成至关重要的战略机会或生存威胁。毫无疑问，今天应该以更宽广的视角来看待作为市场调研客体的市场信息。

2.4.2 信息的特性

1. 信息及其特性

从一般意义上讲，信息是宇宙中除了物质和能量以外的第三个要素。物质、能量、信息都极为重要。如果没有物质，那么宇宙就会变得虚无缥缈；如果没有能量，宇宙就会失去演化的动力；如果没有信息，宇宙就会变得杂乱无章、不可理喻。信息是宇宙中除物质和能量之外的一种客观存在。随着社会的发展和科学技术的进步，人类对信息的认识和利用日趋深入和广泛，信息资源的地位与作用日益凸显，信息已成为人类社会发展中的一个主导因素，是人类活动不可或缺的重要资源。

人类社会已进入信息时代，信息同资本、劳动力、原材料等生产要素一样，已成为社会再生产过程不可缺少的资源。企业经营管理要求比过去更有效地拥有各种市场信息资源，即经常地收集市场信息，加以整理、存储或加工，并以恰当形式提供给管理者使用。市场调研就是一种重要的市场信息组织活动。

在文献资料中，关于信息的认识可以区分为广义的信息和狭义的信息两种。广义的信息是指一个事物的运动状态以及状态发生变化的方式。从这个意义上讲，信息是一种客观存在，与我们主观是否感觉到它的存在没有关系，所以广义的信息又叫"本体论信息"，是一种纯客观的信息概念。

狭义的信息概念强调，只有那些认识主体所能感受到的"某个事物的状态及状态的变化方式"才叫信息。那些感受主体感觉不出来的或者是感觉到了但不能理解的东西，都不叫信息。例如，一些至今仍未能破译的古代文字和符号，还不能被我们所理解，因而就不能将其称为信息。正是从这个意义上，信息论创始人香农（C. Shannon）在他的奠基作《通信的数学理论》中将信息定义为："信息是能够用来消除不确定性的东西。"从一般意义上讲，通过信息消除那些不确定性的东西，人类将自身对物质以及物质运动的感知和认识不断推向新的高度，进而帮助人们及时地做出正确的决策。从企业经营管理的角度讲，高质量的调研信息可以有效消除管理决策中的不确定性因素，将企业对市场以及市场的运行状态的感知和认识不断推向新的高度，进而帮助管理者及时地做出正确的决策。

通过上面的分析，可以将信息的特点概括如下。

① 信息与物质密切相连，但不是物质本身。信息是依附于物质之上的，没有物质和物质的运动，就没有与物质相联系的信息。

② 信息与能量相辅相成。没有能量，就没有事物的运动，也就没有信息。

③ 信息与精神密切相关，人类思维活动基本是跟信息相关的。

④ 信息具有知识的秉性。信息能够改变人们的知识状态，使人们对某些事物从不知到知之，从知之甚少到知之甚多。

⑤ 信息普遍存在，而且永不枯竭，不断更新。因此，人们必须持续地收集信息、及时更新信息，对事物变化及时做出判断并进行正确决策。

⑥ 信息可以被感知、传递、处理和共享。信息可以被主体直接或间接地感知，被感知的运动状态和状态变化方式可以被存储、转换和加工处理。

2. 信息与数据

信息是数据、资料的内涵，数据、资料等是信息的表现形式。数据与信息的关系是如此密切，以至于人们通常并不去细致地区分它们，很多时候随意地互换使用它们。但是，营销管理人员还是有必要细致地区分数据和信息。数据（data）是简单的事实或者对某些现象的记录；而信息（information）是事实的主题部分，是以适合决策的格式或者确定两个数据之间关系的上下文所表述的事实。为理解两者之间的差异，来看一下玩具反斗城公司（Toys "Я" Us）的例子，该公司经常记录几千条未经总结、提炼的事实。仓库职员在向现金出纳员提供交易情况前，每次都要往计算机系统输入大量数据，这些数据同时还会进入一个计算机化的存货系统。直到管理人员利用信息系统把这些数据转换成每个商店、每个县、每个州的产品销售量，或者将这些系统转化为预测未来时期的销售前景之前，这些数据是没有什么意义的。

2.4.3 市场信息的分类

1. 原始信息和加工信息

从信息产生过程看，市场信息可以分为原始信息和加工信息两大类。原始信息是指那些没有经过人类任何加工、处理的市场信息，即一次信息或第一手资料。加工信息是指人们按照一定的目标和要求进行加工、处理后形成的市场信息，所以也称二次信息或第二手资料。

2. 历史信息、现时信息和未来信息

从市场信息的时间看，市场信息可以分为历史信息、现时信息和未来信息三类。历史信息反映的是过去的已经发生的市场状况。现时信息反映的是那些正在发生的各种市场状况。未来信息又称预测性信息，是指那些能预计和揭示未来发展趋势的市场信息。未来信息存在的理由在于事物发展的继承性和规律性。

3. 定性信息和定量信息

从市场信息的特性看，市场信息分为定性信息和定量信息。定性信息，是指那些采取非计量形式的、市场上各种客观事物的质的反映。定量信息，则是指那些采取计量形式的、市场上各种客观事物的量的反映。

4. 外源市场信息和内源市场信息

从信息的来源看，市场信息包括外源市场信息和内源市场信息两大类。外源市场信息，是指那些产生于或取之于企业以外的市场信息。内源市场信息则是指那些产生于或取之于企业内部的市场信息。

5. 标准化信息和定制信息

标准化信息是由少数辛迪加调研企业或政府的有关统计调查机构为很多企业收集、整理和提供的同样的一般性调研数据，这些数据就像标准化产品，并非针对特定企业特定营销决策问题的需要。定制信息刚好相反，它是由特定用户定制的，用于满足特定用户在特定时期所面对的特定营销决策问题的需要。

2.4.4 市场信息的内容

按照对市场信息外延的认识，可以将市场信息的内容范围进行理论上的划分，将市场信息划分为 13 类：消费需求信息、消费者及其行为信息、顾客以及用户信息、商品生产信息、商品供应信息、供求关系信息、竞争信息、产品信息、价格信息、渠道信息、促销信息、市场宏观环境信息、公众信息。

1. 按照调查实务划分市场信息内容

按照企业用户的需求，或者说按照市场调查行业调查实务标准划分，市场调查内容可以划分为几十个具体种类（参见表 2-3）。

2. 几个重要主题的调研内容体系

每一类别的调研活动都可能包含许多主题，涉及众多不同层次的内容。在特定调研主题下面，才会有相对稳定的调研内容，并构成特定调研主题的调研内容体系或调研测评体系。下面通过对几个重要调研主题的调研内容体系的分析，将我们对调研内容的理解引向更深层次，并与第 4 章、第 7 章的有关分析内容建立起联系。

表 2-3　关于美国 599 家公司调研活动的调查资料*

调研活动的种类	公司/%	调研活动的种类	公司/%
Ⅰ 广告研究：		Ⅳ 产品研究：	
动机研究	47	新产品接受性和潜力研究	76
广告文稿研究	61	竞争产品研究	87
媒体研究	68	现存产品试验	80
广告效果研究	76	包装研究（设计或物质特点）	65
竞争广告研究	67		
Ⅱ 商业经济和公司研究：		Ⅴ 销售和市场研究：	
短期预测（最多一年）	89	市场潜量估计	97
长期预测（超过一年）	87	市场占有率分析	97
商业趋势研究	91	市场特征的确定	97
定价研究	83	销售分析	92
工厂和仓库位置研究	68	建立分区的销售配额	78
资产购置研究	73	配销渠道研究	71
出口和国际研究	49	市场测试，商店审计	59
管理信息系统	80	消费者典型调查样本的行动	63
运筹学	65	销售报酬研究	60
公司内部员工研究	76	赠品、减价等促销研究	58
Ⅲ 公司职责研究：			
消费者"应知事项"研究	18		
生态影响研究	23		
广告和促销的法律限制研究	46		
社会价值和政策研究	39		

资料来源：科特勒.市场营销管理.6 版.北京：科技文献出版社，1991. 经作者整理、制表。

1）市场需求研究

在市场需求研究中，需要通过调查和分析，估计某类产品（或服务）市场的现有规模和潜在规模；预测该市场的近期（有时需要预测中期或远期）需求；估计该类产品（或服务）各品牌的市场占有率；对目标市场进行进一步的细分；了解消费者对该类产品（或服务）的消费形态及变化趋势；掌握有关该市场的促销和销售渠道方面的信息；等等。

2）消费者行为研究

消费者行为研究主要是指对消费者的购买行为进行调查和分析，一般首先需要了解八个方面的信息，即所谓的 6W 加 2H：购买什么（what）？为什么要购买（why）？购买者是谁（who）？何时购买（when）？何处购买（where）？购买多少（how much）？如何决策购买（how）？信息渠道来自何处（where）？同时还需要进一步了解有关消费心理和消费观念方面的信息；等等。

3）品牌或企业形象研究

品牌或企业形象研究主要包括以下几方面的内容：品牌或企业的知名度；品牌或企业的

美誉度；对品牌或企业的认知程度及认知途径；品牌或企业的基本形象和具体形象；评价品牌或企业的指标及指标的相对重要性；对品牌或企业的名称、标志或商标的联想和印象；品牌的管理和品牌的忠诚度等。这类研究除了针对品牌形象和企业形象外，有时还会涉及产品类别形象和品牌使用者形象，等等。

4）消费者满意度研究

在消费者满意度研究中，需要调查消费者对有关产品或服务的整体满意度；对产品或服务的各个方面的具体满意度；满意的原因或不满意的原因；对改进产品或服务质量的具体建议；对各竞争对手的满意度评价的比较；此外，还往往需要了解有关消费者的生活方式和消费观念方面的信息；等等。

5）产品研究

产品研究主要指新产品的开发研究，也叫产品测试，包括对现有产品的开拓或改造。首先需要调查了解消费者对产品的概念理解；对产品的各个属性的重要性评价；对各种属性水平组合所形成的产品的偏好；在此基础上作进一步的定量分析，以寻找产品属性水平的最佳组合；估计产品的预期市场占有率。产品研究还包括产品的概念测试、定价研究、名称研究、包装研究、家庭产品测试，等等。

6）广告研究

广告研究包括：为广告创作而作的广告主题调查和广告文案测试；为选择广告媒体而作的广告媒体调查、电视收视率调查、广播收听率调查、报纸或杂志阅读率调查；为评价广告效果而作的广告前消费者的态度和行为调查、广告中接触效果和接受效果调查、广告后消费者的态度和行为跟踪调查；为了解同行竞争对手的广告投放情况而作的电视、广播、报纸、杂志的广告媒介监测；等等。

思考与训练题

1. 试着概括什么是大数据，给出你判断某个数据是否属于大数据的主要标准。

2. 关于大数据的价值，请你试着列表说明它可以/不能解决哪些问题？

3. 关于大数据的局限性，请你试着列表说明你赞成/不赞成的理由？

4. 对大数据与市场调研的关系，你的观点是什么？

5. 列举并比较企业市场调研部与外部专业调研机构的功能。

6. 比较定制调研和辛迪加调研在提供调研信息服务功能上的异同。

7. 调研行业中专门服务公司有哪些类型？它们的功能价值在哪里？

8. 从你可接近的公司/机构处调查了解其做过的最重要的调研活动是什么，它具体服务于什么样的内部用户？该项市场调研的主要价值体现是什么？

9. 目前世界上著名的辛迪加调研组织可以提供哪些"产品"？这些产品可能适合工商企业哪些方面的信息需求？

10. 如何理解信息的特性以及市场信息的内涵和外延？

11. 在消费者行为调研、满意度调研以及产品调研等重要调研主题中选择一个，尝试构造调研的内容体系或调研测评体系。

第3章

调查误差及其控制

【本章要点】

(1) 建立对调研结果——数据的深入认识

(2) 了解调研结果评估所涉及的数据质量属性

(3) 理解调查误差的构成及其成因

(4) 理解非抽样误差的构成

(5) 理解各类非抽样误差的含义、形成原因及影响性质

(6) 理解调查误差控制的思想及措施体系

开篇案例

可口可乐"堪萨斯工程"为何会南辕北辙？

1985 年 4 月 23 日，可口可乐公司董事长罗伯特·戈伊朱塔宣布：可口可乐公司放弃它一成不变的传统配方（Coke Classic），推出口味更甜的新一代可口可乐——我们称为"新可乐"（New Coke）。

可口可乐为什么突然做出这种战略举动？原来，"新可乐"问世事出有因。

直到 20 世纪 70 年代中期，可口可乐一直是美国饮料市场上无可争议的领导者。然而，1976—1979 年间，可口可乐的销售额从每年递增 13％ 猛跌到 2％。与此相反，"百事新一代"系列广告将促销锋芒直接指向年轻人，百事可乐异常红火。

其后，百事可乐公司继续强化"青春形象"，展开"百事挑战"第二轮广告攻势。在这轮广告中，百事可乐公司对顾客口感测试进行了现场直播：在不告知参与者是在拍广告的情况下，请他们品尝各种没有品牌标志的饮料，然后说出哪一种口感最好。几乎每一个品尝者都选择了百事可乐。这次广告使百事可乐在美国饮料市场所占份额从 6％ 上升到 14％。

在这种背景下，可口可乐公司于 1982 年实施了代号为"堪萨斯工程"的市场调查活动。2 000 名调查员在十个主要城市调查顾客是否愿意接受一种全新配方的可乐。其问题包括：如果可口可乐增加一种新成分，使它喝起来更柔和，你愿意吗？如果可口可乐将与百事可乐口味相仿，你会感到不安吗？你想试一试新饮料吗？调查结果显示：只有约 10％ 的顾客对新口味表示不安，而超过 50％ 的人认为可以接受并适应新配方的可口可乐。

1984年9月，可口可乐公司拿出了全新口感的样品。在接下来的第一次口味测试中，品尝者对新可乐的满意度竟然超过了百事可乐。调查人员认为，新配方可乐至少可以将市场占有率提升一个百分点，即增加2亿美元的销售额。

面对这一重大抉择，为确保万无一失，可口可乐公司再投资400万美元进行了一次由13个城市的19.1万名消费者参加的口味测试。在众多未标明品牌的饮料中，参与测试者中55%对新配方的可乐青睐有加，新可乐以61%的压倒性大多数战胜传统可乐。

正是这次耗资巨大的口味测试，促使可口可乐下决心推陈出新，应对百事挑战。

1985年4月23日，行销了99年的可口可乐在纽约市林肯中心举行了盛大的新闻发布会，主题为"公司百年历史中最有意义的饮料营销新动向"。可口可乐公司决定以新配方可乐取代古典可乐，停止古典可乐的生产和销售。新配方可乐上市初期，市场反应良好。1.5亿人在新可乐问世当天，品尝了它。

不料，风云突变。新配方可乐上市四小时内，公司接到650个抗议电话；第二个月，每天的批评电话多达5 000个，更多的则是雪片般飞来的抗议信。有的顾客称可口可乐是美国的象征、美国人的老朋友，而如今它被抛弃了。

公司立刻对市场进行紧急调查，发现在5月30日前还有53%的顾客声称喜欢新配方可乐，到6月，这一数字降为50%以下，七月份，就只剩下30%了。

结果，"新可乐"惨败，可口可乐公司决定恢复传统配方产品的生产。消费者的抱怨导致"古典可乐"在消失仅仅3个月后又重新回到市场上来。

回顾"新可乐"上市前，不能不说可口可乐公司是格外慎重地做了大量的准备工作，为什么结果会出乎意料呢？也许我们可以从营销调研专业角度进行很多有益的思考和探索：

例如，这次大规模市场调研活动在调研假设等设计上是否存在严重漏洞；可口可乐公司所推出的新品是否适应社会消费需求的发展潮流；参与测试的样本对总体而言是否有很好的代表性；调查活动的其他方面是否还存在着某些重要问题，等等。

（案例材料来自《中国经济时报》"企业周刊"1998年7月23日，并经作者整理。）

本章将全面解析市场调查误差的类型和来源，警惕在市场调研活动中特别是市场调研设计环节的可能陷阱，实施对市场调研活动过程的质量控制。

3.1 对调查结果的认识与评估

3.1.1 对调研结果的认识

市场调研是市场信息工作的范畴，它通过收集、记录、整理和分析市场数据，为管理决策提供有价值的信息。显然，数据是市场调研活动的结果，有价值的信息是市场调研活动追求的目标。那么，什么样的数据才能成为有价值的信息？什么样的数据可能完全没有价值甚至有害？深层次的决定因素是什么？

下面通过几个在调查统计圈子里流传甚广的真实案例来认识一下市场调研结果。

案例1. 宠物食品的消费行为调研数据

在上海开办宠物食品公司的柴远森先生出差来北京的时候，在西单买了一本市场调查书籍。3个月以后，他为这本书付出了三十几万元的代价。更可怕的是，这种损失还在继续，除非公司关张，否则那本书可能会如同魔咒般伴随着他的商业生涯。

在2005年北京民间统计调查论坛上，柴先生对《中国财富》的记者描述了他当初的想法："最近两年，宠物食品市场空间增加了两三倍，竞争把很多国内企业逼到了死角。""渠道相近，谁开发出好的产品，谁就有前途。以前做生意靠经验，我觉得产品设计要建立在科学的调研基础上。去年底，决定开始为产品设计做消费调查。"

为了能够了解更多的消费信息，柴先生设计了精细的问卷，在上海选择了1 000个样本，并且保证所有的抽样都在超市的宠物组购物人群中产生，调查内容涉及价格、包装、食量、周期、口味、配料等6大方面，覆盖了所能想到的全部因素。沉甸甸的问卷让柴氏企业的高层着实振奋了一段时间。

2005年初，上海柴氏的新配方、新包装狗粮产品上市了，短暂的旺销持续了一星期，随后就是全面萧条，后来产品在一些渠道甚至遭到了抵制。过低的销量让企业高层不知所措，当时远在美国的柴先生更是惊讶："科学的调研为什么还不如以前我们凭感觉定位来得准确？"到2005年2月初，新产品被迫从终端撤回，产品革新宣布失败。

柴先生告诉《中国财富》："我回国以后，请了十多个新产品的购买者回来座谈，他们拒绝再次购买的原因是宠物不喜欢吃。"

案例2. 冰红茶中国市场调研数据

一间宽大的单边镜访谈室里，桌子上摆满了没有标签的杯子，有几个被访问者逐一品尝着不知名的饮料，并且把口感描述出来写在面前的卡片上……这个场景发生在1999年，时任北华饮业调研总监的刘强组织了5场这样的双盲口味测试，他想知道，公司试图推出的新口味饮料能不能被消费者认同。

此前问卷调查显示：超过60％的被访问者认为不能接受"凉茶"，他们认为中国人忌讳喝隔夜茶，冰茶更是不能被接受。刘强领导的调查小组认为，只有进行了实际的口味测试才能判别这种新产品的可行性。

等到拿到口味测试的结论，刘强的信心被彻底动摇了，被测试的消费者表现出对冰茶的抵抗，一致否定了装有冰茶的测试标本。新产品在调研中被否定。

直到2000年、2001年，以旭日升为代表的冰茶在中国全面旺销，北华饮业再想迎头赶上为时已晚，一个明星产品就这样穿过详尽的市场调查与刘强擦肩而过。

事后刘强给出了他自己的反思："我们举行口味测试的时候是在冬天，被访问者从寒冷的室外来到现场，没等取暖就进入测试，寒冷的状态、匆忙的进程都影响了访问者对味觉的反应。测试者对口感温和浓烈的口味表现出了更多的认同，而对清凉淡爽的冰茶则表示排斥。测试状态与实际消费状态的偏差让结果走向了反面。"

北华并没有从此怀疑调研本身的价值。"去年，我们成功组织了对饮料包装瓶的改革，通过测试，我们发现如果在塑料瓶装的外形上增加弧形的凹凸不仅可以改善瓶子的表面应力，增加硬度，更重要的是可以强化消费者对饮料功能性的心理认同。"同时，刘强强调："驾驭数据需要系统谋划。"

案例 3. 电视机品牌选择的两组调研数据

2004 年初国内某知名的电视机生产企业设立了一个由 20 多人组成的市场研究部门。该部门组织了这样一次调查——同样的调研问卷，完全相同结构的抽样，两组数据结论却差异巨大。因为这次调查，该部门被注销、人员被全部裁减。

该次调查涉及的一个主要问题是：列举您会选择的电视机品牌？其中一组的结论是：有15％的消费者选择本企业的电视机；而另一组得出的结论是：36％的消费者表示本企业的产品将成为其购买的首选。两组数据的巨大差异让公司高层非常恼火：为什么完全相同的调研抽样，会有如此矛盾的结果呢？公司决定聘请专业调研公司来进行调研诊断，找出问题的真相。

普瑞辛格调研公司的执行小组受聘和参与调查执行的访问员进行交流，并很快提交了简短的诊断结论：第二组在进行调查执行过程中存在误导行为。调研期间，第二组的成员佩戴了公司统一发放的领带，而在领带上有本公司的标志，其尺寸足以让被访问者猜测出调研的主办方；其次，第二组在调查过程中，把选项的记录板（无提示问题）向被访问者出示，而本企业的名字处在候选题板的第一位。以上两个细节，向被访问者泄露了调研的主办方信息，影响了消费者的客观选择。

这家企业的老总训斥调研部门的主管：“如果按照你的数据，我要增加一倍的生产计划，最后的损失恐怕不止千万。”

3.1.2　对调研结果的评估

很显然，并非什么样的调研数据都可以有效消除或减少不确定性，为决策提供支持。市场调研并非有些人所认为的那样，只是一个简单的过程：问一些问题，把问题答案编排一下就可以得到调研数据了。一项市场调研的结果如果要可用，就必须达到适当的质量标准。

作为一个特定门类的服务产品，调研数据的质量是指数据满足调研目的（特别是有效消除决策的不确定性、支持管理者做出科学决策）的能力，包括性能水平和一贯性，表现为能够满足用户信息需要的数据属性的总和。适用性是调研数据的质量的根本属性，准确性、时效性、可获得性、可解释性和连贯性是适用性这一调研数据质量根本属性的派生属性。

评估调研数据的质量，就是分别评估调研数据的上述派生属性，并在此基础上综合评估调研数据的适用性。

关于调研数据质量的这些属性解释如下。

1. 适用性

调研数据的适用性是指这些数据满足客户实际需要的程度。满足客户决策目标需要的程度越高，调研数据的适用性越好，调研数据的质量也就越高。即使准确性和时效性都很好，如果调研数据不能很好地满足客户企业决策目标的需要，调研数据的质量也不会高，调研数据也没有什么管理价值。

2. 准确性

调研数据的准确性是指这些数据准确刻画目标现象的程度，即调研数据的客观性。在适合决策需要的大前提下，客观性和准确性是市场调研数据质量的核心属性。市场调研必须要准确反映客观事实，任何带有主观性或片面性的数据，都会损害调研数据的准确性，降低数据的质量。在大多数情况下，市场调查误差正是针对调研数据的客观性和准确性而言的。

3. 时效性

调研数据的时效性是指数据从发出到接收和利用的时间间隔及其效率。时效性是调研数据的重要特征，与调研数据的价值密不可分。任何有价值的数据，都是在一定的条件下起作用的，如时间、地点、事件等，一旦时过境迁，调研数据将会失去应有的价值。

4. 可获得性

调研数据的可获得性是指获取这些数据的难易程度。作为一项特定门类的服务产品，数据能否获得以及能否容易获得，也是评判数据质量的一个相对标准，不太容易获得或者需要付出极大代价才能获得的数据，相对质量要低。

5. 可解释性

调研数据的可解释性是指用来正确解释和使用这些数据的辅助数据的可用性。辅助数据的可用性越好，调研数据的可解释性就越高，数据的质量就越好。在调研设计和开发活动中，标准化定义、分类、框架和方法工具的开发和维持等都与数据的可解释性密切相关。

6. 连贯性

调研数据的连贯性是指数据在一段时间内，可以与其他调研数据一起在较为广泛的分析框架内成功使用的程度。当一个企业能够站在战略层次上规划和管理企业的持续性调研活动时，调研数据就会形成很好的连贯性，调研数据的质量也因此得以提升。

从对调研数据质量属性的分析中，可以发现，市场调研活动任何环节的疏漏或错误，都可能导致调查误差产生，进而影响调查数据的质量。要获取高质量、有意义的市场数据，市场调研活动就必须进行科学设计，并依据正确的程序和规则有逻辑地、严密地组织和实施市场调研计划。

3.2 调查误差及其构成

调研数据的质量是调查误差的函数，调查误差越小，调查质量越高；调查误差越大，调查质量越低。这里的调查误差，不应仅仅理解为调查所得结果与总体真实数据之间的差异，这是一种狭义的概念。广义的调查误差，应该是指调查所得结果与满足调研目的需要的特定质量水平的数据之间的差异。尽管这种差异不一定都能量化测量，但是对于正确理解调查误差以及科学解释调查误差的构成却是至关重要的。

无论是市场普查还是抽样调查，调查中总是存在误差的。除非目标总体比较小，我们可以毫不犹豫地选择市场普查方式，否则在其他绝大多数情况下，我们只能而且完全可以通过抽样调查获取所需要的资料。

对于具有普遍应用性的抽样调查而言，调查误差可能来自许多不同的方面，但是归纳起来可以分为两大类，即抽样误差与非抽样误差。

3.2.1 抽样误差

抽样误差又称随机误差，是样本调查结果与使用相同程序进行普查的结果之间的差异，换言之，抽样误差是指仅根据对目标总体的一部分而不是全部进行调查来估计总体特征所引起的误差。随机抽样误差是由于抽样单位科学选择中的偶然变异所导致的。抽样单位，即使是根据抽样理论适当选择的，也不可能完美地代表总体，但它们通常还是可以作出可靠的估计。因为随机抽样误差遵循偶然变异的统计规律，误差的大小或正负的出现完全由概率决定，随着测量次数的增加，随机误差的算术平均值趋近于零，所以多次测量结果的算术平均值将更接近于真值。这就意味着经过适当设计和选择的样本通常与总体非常近似。在真正的总体值和样本值之间总是会有轻微的差异——因此就会有很小的随机抽样误差。对于概率抽样调查，抽样误差无法控制，但是可以计算。计算方法直接取决于所用的抽样方法与估计方法（有关内容参见第5章抽样设计）。

抽样误差的大小还取决于下列因素：

◇ 样本量；

◇ 总体大小；

◇ 总体指标的变异程度；

◇ 抽样设计；

◇ 估计方法。

一般来说，随机抽样误差是样本大小的一个函数。当样本大小增加时，随机抽样误差就减少了。如果样本足够大的话，这类误差的影响可以忽略。当然，调查中所抽取样本的大小实际上总是会受到各种资源的制约，调研设计者可以根据不同的样本大小，对随机抽样误差进行估计。对于不太大的目标总体而言，总体大小也会影响抽样误差的大小。同时，总体指标变异程度越大，抽样误差可能就越大。而在相同样本量的前提下，一个抽样设计可能比另一个抽样设计有更小的抽样误差，从而这种设计更为有效。对不同的估计方法也是如此。

3.2.2 非抽样误差

非抽样误差，是指除抽样之外的几乎所有调查活动过程中所产生的误差。非抽样误差主要是由于研究设计及调研执行中的缺憾而导致的。这样的错误并不是由于偶然波动而产生的，主要是由某些固定不变的因素引起的，这些因素影响导致的误差倾向于朝一个方向偏移，并可能导致最终调查结果的系统性偏倚。例如，受过高等教育的应答者更有可能与邮寄调查进行合作，相反，对于教育水平不高的应答者而言，填写表格是一项更加困难而且具有胁迫性的任务。所以，非抽样误差通常又称为系统性偏差。在设计和组织不够严密的一些市场调研项目中，这样的系统性偏差往往占调查误差的很大一部分。因此，系统误差也成为影响数据质量的主要因素之一。

除系统性偏差以外，在非抽样误差中还有性质不同的另外一类误差，可以称之为偶然性误差。偶然性误差是一种所收集数据与客观事实明显不符的误差，这类误差的出现与参与现场调查的访员、应答者的状态及调查实施环境有关，误差大小和方向不好确定，没有一定的规律性。例如，访员或应答者由于操作不当或粗心大意造成读错或记错数据。在调查测量活动中，只要有关人员诚实认真，这类误差是可以避免的。

在抽样调查中，非抽样误差种类繁多，具体分类标准五花八门。在这里试着按照市场调研过程来梳理一番非抽样误差的基本类型，然后在此基础上再根据非抽样误差的来源进行更深一个层次的分类，分析各种类型的非抽样误差的性质和形成机制。非抽样误差的分类体系如图 3-1 所示。

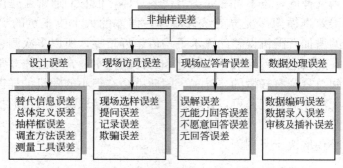

图 3-1　按调研过程展开的非抽样误差分类体系

1. 设计误差

设计误差主要是指由于调研设计不周密或者所开发调研技术不适当所引起的一类非抽样误差。由于调研设计是对调研活动的总体规划和部署，所以设计误差最有可能造成调研结果的系统性偏差，设计误差对整个调研数据质量的影响也最为深远。

设计误差按照来源大致可以分为如下几类：

◇ 替代信息误差；

◇ 总体定义误差；

◇ 抽样框误差；

◇ 调查方法误差；

◇ 测量工具误差。

1）替代信息误差

替代信息误差是指研究问题所需信息与调研设计者所计划收集的信息之间的差异。当调研设计者对决策问题把握不准确、对调研问题界定不清楚或对调研目标陈述不系统时，调研设计者所计划收集的信息与研究问题所需要的信息之间就会存在差异。些许的差异也许不会妨碍调研信息满足决策的需要，但是明显的差异可能从根本上损害调研信息的质量，使调研信息根本不适用。替代信息误差关乎调研测量的有效性或效度问题，也是方向性的根本问题。有关测量有效性或效度问题，我们将在"测量与问卷设计"一章作详细讨论。

2）总体定义误差

总体定义误差指真正的目标总体与研究者所定义的目标总体之间的差异。这种差异取决于人们对真正的目标总体的认识和把握，也取决于调研设计者对目标总体的定义。调研设计者也许可以将"所有能够提供市场调研者所寻求的、与调研问题相关的信息的对象集合"从理论上界定清楚，但是，在实际操作中，调研设计者总是会受到各种现实条件的限制，结果导致真正的目标总体与研究者所定义的目标总体之间的差异，于是就形成了总体定义误差。总体定义误差与下面即将谈到的抽样框误差有密切联系，它们共同影响调查的估计值，导致估计的偏倚。

3）抽样框误差

抽样框误差表示在抽样框或者样本中出现了单元的遗漏、错误的包含、重复及错误的分类。由于它能影响调查的估计值，可以导致估计的偏倚，所以抽样框误差是一种很严重的误差。导致抽样框误差的具体情形有以下几种。

① 不完全抽样框。它是指目标总体中的某些单元被排除在抽样框之外。通常，从构造抽样框到具体实施调查之间是有一段时间间隔的，在这段时间内，目标总体中可能会有一些新的单元"出生"，而它们却被排除在抽样框之外，没有机会接受调查，这将导致低估目标总体大小并使估计值出现偏倚。

② 抽样框过载。与不完全抽样框正好相反，抽样框过载是指抽样框中包含了本来不属于目标总体的单元。这往往是由于在抽样框完成到开始实施调查的这段时间里，目标总体中有些单元会"消亡"，不再属于目标总体。除非这些已经"消亡"的单元能被排除于总体范围之外，否则将导致抽样效率的降低，并且引起调查结果的偏倚。

③ 单元重复。单元重复是指抽样框中某个单元出现不止一次，这是因为在构造抽样框时使用了有重叠的名录，如使用多重抽样框。举个例子，在一个商业抽样框中，一个公司既以它的正式名称又以另一个缩写名称重复出现在同一张名录中。单元的重复将导致对目标总体数量的高估及估计的偏倚。通常，只有在调查的数据收集阶段中才能发现重复的单元。

④ 误分类。误分类是指抽样框中的分类变量取值的错误。例如，一个男性被错误地归类为女性，或者一个零售商被归类为批发商，这会导致抽样策略效率的降低。误分类也会同时造成不完全抽样框或过抽样框，例如，当我们仅对零售商进行调查时，那些被错误划分为批发商的零售商就不可能被抽到。

4）调查方法误差

调查方法误差主要是指在调查设计阶段，调查方法设计不当而导致所收集数据信息的不实。虽然调查方法的选择与设计不可避免地受到资金、时间及其他现实条件的制约，但是选择与设计什么样的调查方法来收集数据从根本上讲还是应当服从于调查数据质量的要求。当人们更多地从资金、时间等现实条件考虑调查方法的选择与设计时，出现调查方法误差也就不可避免了。例如，由应答者自我完成的调查比由访员辅助的访问调查通常会有较大的误差，因为应答者自我填答问卷时没有经过良好训练的访员在旁协助。

5）测量工具误差

测量工具误差是调研设计误差的重要组成部分。测量工具泛指在调查中用来测量和记录数据资料的各种手段和工具，如调查问卷、观察人员及观察或实验仪器等。测量工具误差是指在调查设计阶段所设计或开发的测量工具缺乏精准性可能导致的误差。例如，调查问卷设计粗糙，应该使用七等量表时却使用了三等量表，应该使用非平衡量表时却设计了平衡量表，等等。

测量工具误差与现场测量误差是不同的，应该注意区分。现场测量误差可能由于访员或观察人员准备不充分或工作疲劳等造成偶然疏忽而导致测量误差，一般不具有系统性。例如，在测量人的体重时，用于测量体重的台秤可能因校准有误而显示为不正确的数值。测量工具误差通常具有系统性，也就是说它所导致的测量误差将系统地偏向某个方向，这样就会产生估计的偏倚，对调查结果造成误导。例如，要求调查员测量学生的身高，结果在测量时学生都穿着鞋，这样就会产生测量的系统误差——所有同学的身高都被高估了。

2. 现场访员误差

现场访员误差是指在调查访问现场由于访员过失或主观故意而没有完全遵照调研设计要求执行调查而产生的误差。访员是在现场执行调查作业的主体，调查设计中涉及的内容大部分都要通过访员来落实，即使是经过良好培训的访员，在具体执行访问调查作业时也可能与调研设计的要求存在这样或那样的差距，从而导致各式各样的访员误差的出现。访员误差主要包括：

◇ 现场选样误差；
◇ 提问误差；
◇ 记录误差；
◇ 欺骗误差。

1）现场选样误差

现场选样误差指访员在实地选取样本时处于便利考虑或操作不当而与抽样设计要求不一致时产生的误差。偶尔的操作不当，通常不会造成很大的问题。但是，如果很多访问在监管不力的情况下都本着便利原则随意选取样本，就可能导致抽样调查结果的系统性偏差。例如，访员本该严格按照抽样设计要求选择各个年龄段的调查对象进行调查，结果在最初的一些访问调查中访员发现这样的调查费时费力，于是自行调整选样原则，专门选择那些愿意合作并且有时间填写问卷的老年人。

2）提问误差

提问误差是指访员在调查现场提问或追问调查对象不当时可能产生的误差。提问或追问不当不仅可能是口头语言措辞不当，也包括节奏上压迫及身体语言给出的某些似乎关于答案对错的暗示。访员在执行访问时是很讲究技巧的，提问或追问不当不仅可能影响应答者给出的答案，还会影响应答者能否或是否愿意完成整个访问调查，进而影响调查数据的质量。

3）记录误差

记录误差指访员在倾听和记录调查对象的答案时所产生的误差。由于环境因素、时间关系及访员自身精力分散，访员在长问卷的访问调查中很容易出现记录差错。在调查实施计划中事先考虑这些因素并作出妥善安排，在选择和培训现场访员时严格标准，就可以基本保证将这类误差降至最低，而不至于对调研数据的质量形成大的影响。

4）欺骗误差

欺骗误差指在现场访问调查过程中访员编造部分或者全部的访谈数据所引起的误差。显然，这是很严重的误差，如果在访员中普遍存在这种欺骗行为，那么调查结果将毫无用处。

当然，在组织严密、控制有力的市场调研活动中，这类误差通常是极为罕见的，个别的欺骗行为总是有办法识别的，在调查活动执行中也容易采取措施予以纠正和弥补。

3. 现场应答者误差

现场应答者误差是指由于应答者误解、不愿回答、不能回答或不在现场等原因而不能客观、真实地回答调查问卷的部分或全部问题而导致的误差。应答者误差主要包括误解误差、无能力回答误差、不愿意回答误差和无回答误差。

1）误解误差

误解误差是指应答者因为访员交代不清或错误引导或调查问卷中概念模糊、措辞不当等导致的对调查问题理解上的偏差，进而导致应答者不能正确地回答问题。除非调查问卷设计上存在明显问题，否则误解偏差可能只是一些偶然性的偏差，不会对调研数据的质量产生重要影响。

2）无能力回答误差

无能力回答误差是指应答者可以正确理解问题但由于应答者缺乏相关知识或能力而不能准确回答问题所导致的误差。无能力回答不意味着无回答，相反，它意味着无能力回答却勉强回答。例如，当调查要求应答者要通过回忆给出某个问题的真实答案时，应答者不能清楚、准确地回忆起来，最终凭着朦胧的印象给出了问题的答案，但不一定是真实的答案。

3）不愿意回答误差

不愿意回答误差是指应答者可以给出问题的真实答案，但由于社会期望、避免遭受惩罚或保护隐私等考虑而不愿意给出真实答案所导致的误差。与上面讨论的无能力回答误差一样，不愿意回答并不意味着无回答，相反，它意味着不愿意给出真实答案但还是要给出某个答案。

例如，当调查涉及个人收入和所属社会阶层的判断时，就可能发生社会期望偏差。当某个应答者自我认为属于社会中上层人士后，他有可能在内心修正自己的真实收入、高估自己的学历，最终给出一些不真实但与社会期望一致的比较体面的答案。

再比如，在一项由全国计划生育委员会执行的人口控制调查中，应答者由于受到执行调查活动的组织单位或调查目的的影响，对问题完全有可能故意曲解或下意识曲解，并给出非真实的答案。这就产生了调查主体偏差或目的偏差。

另外，对诸如职业、收入、年龄、婚姻等个人问题寻求答案时，应答者可能出于保护个人隐私的考虑而不愿意回答，或者在给出上述问题的答案时故意或下意识地加以掩饰，从而导致隐私偏差。

在很多调研项目中都可能涉及这些类型的误差，做好调研设计、对调查方法作某些特殊的设计、消除应答者的顾虑等措施，应该可以在最大限度内消除不愿意回答误差，提高调研数据的质量。

4）无回答误差

无回答分两种情况：全部无回答和部分无回答。全部无回答是指被调查单元没有提供任何信息，所以又称为单元无回答。部分无回答是指应答者对问卷中某些问题的回答空缺，所以又称为项目无回答。

无回答可能会对调研信息的质量产生严重影响。最主要的问题是，无回答的被调查者与回答的被调查者是否具有不同的特征。如果无回答者与回答者确实具有不同的特征，无论我们是否对无回答问卷予以处理和纠正，都可能引起调查估计的偏倚。如果无回答率很高，偏倚将会严重到使调查失败。另一个问题是，由于比预期要少的单元进行了回答，有效样本的数量减少，从而使抽样误差增大。如果可以事先预知无回答的比例，就可以在调研设计阶段通过增大最初的样本量，来解决由于无回答导致的方差增大这个问题。虽然增大样本量有助于减少抽样方差，但是必须清醒地认识到，由无回答所造成的偏倚不会因此而减少。

单元无回答可能产生于以下情形：所选中调查单元无人在家或者拒绝访问；有关辨别单元的资料错误使访员找不到所要调查的单元等。

项目无回答发生在以下场合：被调查者不知道答案，拒绝回答某个问题，忘了回答，或者错误地跟随问卷的进程漏了回答；或由于语言障碍而不能回答。

无回答误差表面看是出现在应答者身上，实际上造成无回答的原因既可能来自调研设计也可能来自现场访员。低劣的问卷或访问设计可能引起项目无回答误差，例如，问卷中或者访问过程中涉及的概念模糊或者定义不清；访谈耗时太长或者问卷中某些问题的排列不符合逻辑，都有可能使被调查者失去兴趣和耐心，中途终止访问或仅完成部分问题的填答以敷衍访员。另外，现场访员行为不当也是引起无回答误差的常见原因。有些访员对调查目的及其计划用途解释不到位或根本没有解释，有些访员没有按要求全部读出问题，这些不当行为都可能导致无回答。另外，低劣的访问技术也妨碍访员与被调查者建立良好关系，使被调查者很快就失去对调查的兴趣。

4. 数据处理误差

所谓数据处理是指将收集的调查结果转化为适合于列表及进行进一步数据分析所需要的形式。它包含数据收集以后到作出估计以前所有对数据处理的工作。数据处理包括自动和手工形式，既费时、费钱、费力，也是潜在的误差来源。

数据处理误差可能发生在数据编码、数据录入、审核及插补的任何步骤之中。如果误差是随机的，就会使抽样方差增大；如果误差是系统的，就会引起结果的偏倚。

1）数据编码误差

数据编码误差是在将回答结果转化为数值代码，以便于录入及进行一般处理的过程中由编码错误引起的误差。对于开放式问题（被调查者可用自己的语言表述答案），一般采取手工编码。对开放式问题进行手工编码时，首先需要调查人员对回答结果进行分类与判断，所以容易产生误差。例如，对于同一种答案可能赋予两个不同的代码。缺乏经验或没有受过正规训练的编码员特别容易犯编码错误。

2）数据录入误差

数据录入误差指原始问卷中的数据没能准确地录入到计算机里所引起的误差。这可能是因为由字母与数字符号组合造成的数据的复杂结构及所录入信息的含糊不清造成的。调查问卷本身的结构和编码文件也会导致录入误差。与其他误差一样，数据录入误差会对抽样方差和偏倚产生影响。

3）审核及插补误差

审核是指对数据记录进行检验，以识别出那些有可能导致错误的缺失数据、无效数据和不一致数据的过程。插补则是对在审核过程中检查出来的缺失数据、无效数据和不一致数据的处理过程。审核与插补两个过程实际上是密切联系在一起的，因此，审核误差与插补误差被视为同时发生，归属于处理误差的一个类别中。

审核及插补误差是由于原始数据质量的低劣或者过于复杂的数据结构造成的。当审核和插补由计算机自动进行时，未经充分测试的程序会导致错误，插补方法不恰当也会导致偏倚。另外，把本来正确的数据改错或对数据进行了错误转换也会导致误差。

3.3　调查误差的控制

在抽样调查中，随机抽样误差是可以计量的，非抽样误差的计量则极为困难。通过对抽样调查的周密设计完全可以将随机误差控制在允许的范围内，随机抽样误差的影响可以忽略不计，因此，非抽样误差就成为影响数据质量的主要因素。与抽样误差不同的是，非抽样误差主要是系统性误差，非抽样误差所导致的调研结果的偏倚不会随样本量的增大而减少，相反，会随着样本量的增大而增大。因此，在抽样调查数据质量管理活动中，非抽样误差成为调查误差控制的主要对象。

在一个完美的世界里，挑选一个完美的抽样框并设计一个完美的调查问卷是可能的，雇用完美的访员从完美的被访者那里获得完美的信息也是可能的。在进行数据的录入及将数据转化为计算机可以处理的形式时，也没有出现丝毫的错误。显然，不存在这样完美的世界，事实上即使最简单的调查也会遇到问题。如果事先未曾料到并加以控制的话，这些问题都会引起误差，甚至会严重到使调查结果变得无效。因此在调查设计和开发阶段，应尽力预测可能发生的调查误差并采取适当措施加以避免。在调查实施阶段，应该使用质量控制技术对调查误差加以控制，使其达到最小。这正是接下来要探讨的问题的核心主题，即调研数据的质量控制和质量保证。

3.3.1　质量控制与质量保证的概念

如果在调查实施阶段没有预计到并加以控制，有许多问题将会引起非抽样误差，严重的非抽样误差甚至会导致调查失效。为了尽量减少并控制市场调研各阶段可能引入的误差，比较好的一种做法是从调查预算经费中拨出一部分，用于质量控制和质量保证。

质量控制是通过对实际操作性能的测量（或验证）并与某一标准相比较，一旦没有达到标准就采取相应的调整措施，从而确保质量超过预定水平的技术。

质量保证则包括了以保证质量为目标的一切活动。质量保证的目标是防止、减少或限制调查中错误的发生，并在第一时间就予以纠正。它是确保质量的一种整体性方法，可以对所有的过程和系统进行计划、测试和监督，以保证它们发挥预期功能。

因此，质量控制是对已经确认的问题进行相应处理，而质量保证则是预先采取措施防范问题的出现。

3.3.2 质量控制

质量控制是通过对实际操作性能的测量并与标准相比较，一旦出现偏离就采取相应措施的调整过程。质量控制广泛地应用于调查的数据处理阶段，因为参与这项工作的人员素质参差不齐、需要不断的重复性活动且常常采用手工操作方式。因此它经常应用于编码、数据录入、手工纠错（数据收集过程中或收集结束后）和审核阶段。

一般来说，市场调研的不同活动之间，以及从事同一活动的不同个人之间，错误发生的性质和数量都是大不相同的。质量控制可以用来识别显著的变化，并保证最后获得的产品质量水平是可接受的。

调研质量控制是应用统计技术来测量质量，并与标准相比较，衡量质量是否达到规定水平。调研质量控制程序可以用最少的检查量，保证将调查操作中发生的错误控制在既定的范围之内。

调研工作/活动的产出可以用两种不同的质量观点来看待：一方面，产出反映的是单独的产品或服务，这些产品或服务要么达到了标准（合格），要么没有达到标准（不合格）；另一方面，产出也可以看成是在相对稳定的状态下制造出来的产品，这是一种过程观点。两种不同的观点都是有效的，都需要依赖于过程假定和质量控制程序的目标，因此产生了两种不同的质量控制方法：调研产品控制和调研过程控制。

1. 调研产品控制

调研产品控制是指通过抽样检查来决定哪个批次的工作可以接受，哪个批次的工作不能被接受。调研产品控制的对象是独立的一批工作（在市场调研中简称批），而不是过程（过程可能处在控制状态，也可能不处在控制状态）。在这种情形下，质量控制的目标是判断哪些个体或哪个批次的工作达到了既定的质量要求。调研产品控制是矫正性的，因为被判定为不合格的批次，要么通过返工改进了质量，要么被剔除；而不合格的原因则不必追究，也不必改正。验收抽样是调研产品控制中采用的主要方法。

验收抽样是一种质量控制技术，它通过抽样及一套判定规则来确定哪个批次的产品质量是可接受的，哪个批次不可接受。验收抽样需要将工作分解为不同批次，从每个批次中抽取一个概率样本进行检验，再根据计算样本中的错误个数来确定是否接受该批次。对被拒绝的批次则进行全数检查。

具体地说，验收抽样的过程如下：

① 将产品分为由 N 个单元组成的若干个批次；

② 从每个批次中抽取一个样本量为 n 的样本；

③ 检查样本中的所有工作单元；

④ 将样本中的错误数记为 d，与预先确定的某个界限 c 相比较，c 称为接受数；

⑤ 如果 $d>c$，那么该批次就被拒绝，通常对这样的批次应进行全部检查；如果 $d \leqslant c$，那么该批次就可以被接受。

上述抽样验收方案取决于样本量 n 和可接受的错误数 c，这两个数根据以下条件确定：

◇ 输入（检查前）质量；

◇ 要求的输出（检查后）质量；

◇ 批量 N；

◇ 不合格批次被接受的风险（概率）。

其他影响质量控制方法的因素包括：

◇ 对抽样单元的定义（如问卷中的一部分或整份问卷）；

◇ 批次的组成（如一天的工作量）；

◇ 质量的计量；

◇ 样本抽取的方法（如简单随机抽样、系统抽样和整群抽样）；

◇ 反馈程序。

不管在何处采用一个正式的质量控制程序，反馈通常都是该程序不可分割的一个组成部分。在检查过程中形成的质量结果及评价的报告、表格和图表等，通常都通过口头或书面形式反馈。这些结论随后又向与调查操作有关的各级人员定期反馈。许多调研项目根据反馈的结果修改验收抽样方案。例如，作为验收抽样的一个反馈结果，如果输入或输出质量随着时间的推移有了提高，那么，n 和 c 的值也应相应发生变化。这可以减少误差，从而降低抽样比。反之，如果质量随着时间的推移有所恶化，那么就需要提高抽样比。

反馈的一些例子如下所述。

◇ 为操作者提供有关各群体性能和其中个体性能的信息（现期的和历史的信息），以及错误产生的常见原因的信息。操作员就可以根据这些信息，追踪他们各自的过程，将他们的性能与其同伴的性能相比较，最后明确他们发生错误的环节。这种反馈能够提高操作者的能力、士气和工作效率。

◇ 为监督者提供有关操作者性能的信息，包括错误发生率、检查率、拒绝率和输出（检查后）质量的估计。这些信息可以使监督者有效地管理操作者，高效地分配工作和配置资源，判定发生问题的操作者及其发生问题的环节，并且决定该操作者是否有必要接受进一步的培训。

◇ 为管理者提供重要质量指标的简要信息，这有助于管理者根据质量和费用来追踪使用过程，提出改变操作目标的建议，也有助于获得调查过程的质量保证。经过一段时期后，可以改变控制方法和程序，修改抽样方案以降低检查量。

2. 调研过程控制

过程（或称工序）就是以预定结果或目标为导向的各种活动的一个既定顺序。调研设计和实施的每一个步骤都可以看成是一个过程，例如，抽样框的选择、样本的抽取、数据的收集和处理等。每一个过程都有输入和输出，输入可能包括人员、材料、方法、设备、环境和管理，而输出则是产品或服务。

就调研过程控制而言，假定工作输出是一个确定且稳定的过程，对于这一过程的产出来说，其结果具有相当大的可预测性。根据调研过程控制的方法，质量控制的目的就是从运行良好的过程中进行系统抽样（即每隔一定的时间间隔），以判断过程中的情况是否都未发生变化（即是否恶化）。

调研过程控制是应用调研技术测定和分析调研过程的重要变化。由于一个过程所生产的产品总是有所差异，所以变化始终是存在的。过程控制可以通过对产品采样（包括判断规则）来实施。当有证据表明过程发生重大变化（即表明过程失控）时，控制系统就会及时报警；对由于抽样的正常变异引起的测量结果的微小波动则不会发出示警信号。一旦控制系统显示测量结果发生显著差异，调研过程就会中断，直至检查出导致变化的原因后才恢复过程。

调研过程控制只是一种预防性措施，因为当调研过程出现失控时过程就会中断，这就防止了大量不合格产品的出现。过程控制的一个潜在问题，是它假定引起失控的原因能够被发现并能够进行纠正。

与产品控制一样，过程控制的反馈信息应该提供给操作者、监督者和管理者。

控制图是调研过程控制的重要工具。一张控制图画出了从一个过程中定期抽取连续样本的测量结果，由此判断这些结果是否保持在过程变动范围所确定的合理界限内，这些界限就称为控制限。控制限的上限（UCL）和下限（LCL）与中心线（CL）的距离一般为标准差的2倍（即所谓2σ）。而中心线则代表了均值，即过程平均值。所谓的控制限就是那些超过了被认为过程失控的界限。纵轴表示的是每个样本中的不合格数目，而横轴则表示不同时间所抽取的样本。图3-2就是一个控制图的例子（在这个例子中，连续抽取了22个样本，不合格样本单元数依次为9，2，6，5，3，3，7，3，3，10，3，2，1，5，8，1，3，7，13，11，2，7；平均值为5.18，标准差为3.41；UCL或LCL与CL的距离为标准差的2倍）。

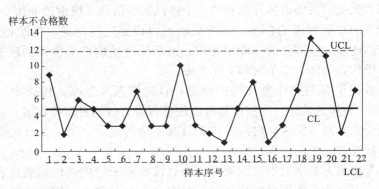

图3-2　调查过程控制的控制图示例

如果所有的样本观测值都落在控制限以内，那么过程处于受控状态，即表明调研过程处于正常运行状态。如果有一个或更多的观测值落在控制限之外，那么过程就会中断，应立即对其进行调查，以找出问题的根源。在上面的控制图中，第19个样本的观测值落在了控制限的外面，因而需要进行调查。

3.3.3　质量保证

由于非抽样误差带来的损失非常大，而且要测量也很困难，所以应该将重点放在调查早期阶段对误差的防范上。质量保证的目的就是从调研活动的准备和规划设计阶段就防止误差发生。

1. 质量保证策略

控制非抽样误差的一般质量保证策略是：

◇ 在问题发生之前就应预见；

◇ 最好在调查计划和设计阶段采取措施防止误差发生，以使误差最小。

2. 质量保证的内容

质量保证的内容包括：

◇ 严谨的计划；

◇ 进行可行性研究；

◇ 进行试调查（即以较小的规模对调查全过程进行检验）；

◇ 对访员、督导、数据录入操作员和编码员等进行培训；

◇ 进行细致的练习；

◇ 改进抽样框；

◇ 改进样本设计；

◇ 改进问卷设计；

◇ 调整数据收集方法（如用计算机辅助收集代替纸张收集）；

◇ 优化追踪回访方法；

◇ 改善数据处理程序；

◇ 在所有的处理系统得到实际使用前进行全面测试；

◇ 对调查活动的重要数据收集和结果进行即时核查。

3. 质量保证措施

1）质量保证措施

在调查的设计和实施阶段采取措施防止误差发生，是质量保证最重要的策略之一。这里引用加拿大统计局的"质量指导方针"（1998）所推荐的质量保证措施，如下所述。

◇ 采用项目管理和指导委员会的方式，以确保调研项目按他们的要求得到实施。这是一种对调查的进度、出现的问题和结果进行复核、监督和报告的机制，可以保证目标和指令能够得到正确的理解，还可以保证决策的适宜性。

◇ 采用跨学科的项目小组或项目管理的方式进行调查的设计和实施，以保证在这些过程中能够适当考虑到质量要求。

◇ 无论何时用到一些特定的方法，它们都应该是在特定环境中所能普遍接受的具有保护性的方法。为了提高效率、改进质量，鼓励采用一些新技术和新方法，但是需要对其进行严格的测试，以将风险降到最低水平。问卷也应该得到检测，以保证被调查者能够理解问题，并给出在可接受的质量水平之上符合要求的回答。对质量进行监督、对意外问题进行有效处理、验证或支持结论的可信度和了解结论的局限性，这些都是非常重要的环节。

◇ 在设计或重新设计阶段及不间断复核的过程中，应该对推荐的方法或实际使用的方法进行技术评估，对操作效果、费用和性能也应该进行评估。这样的评估可以用来对技术建议或技术惯例进行合适性检验，也可以用来指导和改进某些特定方法和特定操作的实施，不管是在一个项目内，还是在几个项目之间。

◇ 数据分析不仅可以用来获取调研现象的信息、描述这些调研现象和确定信息的差距，而且还可以用来评估或测量数据的准确性和一致性。因此，分析的结果可能会导致审核程序的修改或增加，问卷设计的变动，数据收集程序的补充，人员培训的强化，新技术、新程序或新系统的采用，以及设计的重新进行。

2）创造良好工作环境的途径

其次，创造一个良好的工作环境非常重要，因为有利的环境和氛围能提高调查人员的质量意识，可以在操作和预算的限制范围内，尽可能实现最高的质量水平。创造良好工作环境的途径包括：

◇ 优秀人才的招募和质量意识的培养；
◇ 开放高效的内部沟通网络；
◇ 尽力发展与其他合作伙伴的协作；
◇ 标准化定义、分类、框架和方法工具的开发和维持，其目的是支持可解释性和一致性。

3）建立质量控制和质量保证程序的档案

最后，所有质量控制和质量保证程序都应记录在案，包括如下内容。

◇ 可选方案、最终选择及其理由：任何操作的质量控制和质量保证程序的选择并不是一件显而易见的事情，其中涉及的所有因素都应该得到充分论证。
◇ 程序：应该为督导和执行核查工作的人员制定一系列指令或一本使用手册。
◇ 报告：应该撰写有关质量控制程序结果和各个操作者表现情况的阶段性报告，以便汇报质量情况及判定需要接受重新培训的操作者。

思考与 训练题

1. 查阅文献资料回答问题：什么是信息？信息的本质是什么？信息的价值如何体现？

2. 调研信息质量包括哪些属性？请分别就一项一手数据和一项二手数据结合特定研究主题进行质量评估。

3. 以学习小组为单位，在 Internet 上搜索一份相对完整的市场调研方案，然后从调查误差角度对调研方案作出评估，并提出改进意见。

4. 区别非抽样误差中的系统误差与非系统误差。

5. 调研设计误差分为哪几类？请提出你控制这些设计误差的建议。

6. 现场访员误差分为哪几类？请提出你控制这几类访员误差的建议。

7. 现场应答者误差分为哪几类？就如何控制这些误差提出你的建议。

8. 在下列情况中，存在哪些误差的潜在来源？

（1）在一项对 50 岁及以上飞机乘客的调查中，调研人员发现机票价格对于乘客来说并不是旅途中最重要的因素，因为只有 25％的应答者选择票价是决定旅行地点及方式的决定因素，而35％的人认为机票价格并不是很重要；

（2）对投票者的调查显示，大部分应答者不喜欢负面政治宣传，即某政治候选人在媒体中揭露竞选对手的"污点"；

（3）调研人员必须执行一次长达 45 分钟的个人访问，他们决定向每位应答者支付 10 美元的报酬，因为他们相信人们可能会"出售"自己的观点，但一般不喜欢与陌生人交谈 45 分钟；

（4）当某企业的销售代表被问及他们各花费多少时间来准备陈述、电话讨论、参与会议、使用计算机及其他在职活动时。

9. 国家艺术协会的调查中问道："你在过去一年中，有没有读过一本书？"这种问题可能含有哪种应答偏差？

10. 比较调查产品控制与调查过程控制的异同。

第4章

调查设计概论

【本章要点】

(1) 了解市场调研的管理过程，并注意它与市场调研一般过程的区别

(2) 理解调研设计及其步骤

(3) 了解营销问题与调研问题的联系与区别

(4) 了解并领会确认调研问题的逻辑过程

(5) 掌握将决策问题科学地转化为市场调研问题的精神实质

开篇案例 ● ● ●

第三次国家卫生服务调查设计方案

一、前言

卫生部于1993年和1998年在全国范围内开展的两次国家卫生服务调查，对于各级卫生行政部门提升科学管理水平、合理配置卫生资源、有效调控卫生服务供求关系、提高卫生服务的社会效益和经济效益产生了重要影响。

十年来，我国社会经济迅速发展，卫生服务供给、利用、服务费用以及卫生管理体制也发生了很大的变化。为进一步深化卫生改革，全面贯彻落实党的十六大提出的提高全民族健康素质，全面建设小康的奋斗目标，了解我国居民健康状况及卫生服务需求，特开展第三次国家卫生服务调查，以求将准确而丰富的信息提供给各级管理部门及全社会。第三次国家卫生服务调查将在认真总结1993年和1998年两次国家卫生服务调查经验，注意保持前两次调查核心内容的连续性和可比性的基础上，围绕当前卫生改革与发展目标及工作重点，注意引入新的调查方法和调查工具，通过家庭居民健康询问调查和小规模定性调查，对全国城乡及不同类型地区居民健康水平、卫生服务需要和需求量、医疗保障制度改革、医疗保健费用、居民对卫生服务的反应性以及城乡不同阶层居民对我国城镇和农村卫生改革的认识和想法等内容进行深入了解和系统分析，探讨在当前形势下卫生服务供需之间的特点及其影响因素，预测今后卫生服务供需变化的趋势，为推进城镇和农村卫生改革和发展、合理制定我国卫生发展政策和战略提供客观依据。

二、调查目的

第三次国家卫生服务调查的基本目的是提供人群健康状况、卫生服务需求量、卫生服务费用、居民对卫生服务的反应性等信息，为制定政策和开展评价提供客观依据。具体目的如下：

1. 通过对样本地区居民各类疾病患病率、伤残率、疾病严重程度及其丧失劳动能力程度等健康状况的调查，掌握我国不同类型地区居民和特殊人群卫生服务需要量以及存在的主要健康问题，分析居民卫生服务需要的变化及其影响因素。

2. 通过对样本地区居民卫生服务利用的调查，探讨居民卫生服务需要向需求转化的程度、卫生服务需求与供给之间的关系及其影响因素，为合理制定卫生发展计划和战略提供客观依据。

3. 通过对样本地区居民医疗保障制度和医疗保健费用的调查，了解城乡和不同类型地区医疗保障制度改革进展、各种医疗保障制度覆盖范围、居民医疗保健负担能力和负担水平，以及医疗保障制度改革对居民卫生服务需求和利用的影响等，为我国建立健全城乡居民的医疗保障制度，完善国家卫生筹资政策提供有关信息。

三、调查对象和调查时间

第三次国家卫生服务调查包括两部分调查：家庭健康询问调查和小规模定性调查，家庭健康询问调查的对象为全国抽中样本住户的实际人口（凡居住并生活在一起的家庭成员和其他人，或单身居住、生活的，均作为一个住户）。小规模定性调查的对象包括所抽中样本地区及卫生服务相关的主要人群，包括城镇和农村居民、各级卫生服务提供者包括个体和民营卫生服务提供人员、卫生管理人员、相关弱势人群（包括贫困人口和流动人口等）。

第三次国家卫生服务调查住户健康询问调查的现场时间从 2003 年 9 月 18 日开始至 10 月 20 日结束。

四、抽样设计

国家卫生服务调查遵循经济而有效的原则，采用多阶段分层整群随机抽样的方法，通过样本估计总体。通过前两次国家卫生服务调查的实践证明，调查所抽取的样本对全国及不同类型地区有较好的代表性。本次调查设计过程中利用 2000 年人口普查资料对前两次所采用的抽样框架进行了代表性检验，检验结果表明：原有抽样框架仍对国家整体经济、教育等多方面具有较好的代表性。同时，考虑调查资料的可比性，第三次国家卫生服务调查仍沿用前两次调查的样本，除部分地区由于行政区划变化进行调整，以及住户在样本村重新随机抽取外，样本县（市、区）、样本乡镇（街道）和样本村（居委会）原则不变。

本次调查的全国样本地区为：95 个县（市、区）、475 个乡镇（街道）、950 个村（居委会）。家庭健康询问调查最终的抽样单位是户，在每个样本村（居委会）中随机抽取 60 户，全国共抽取 57 000 户（约 21 万人口）。全国平均每户被抽取的概率为 1：5 800。西部省、自治区、直辖市扩大调查：每省抽取 30 个乡镇和 30 个街道、每个乡镇和街道分别抽 2 个行政村和 2 个居委会、每个村和居委会随机抽 33 户。

五、调查内容

（一）家庭健康询问调查的内容

1. 调查家庭成员的社会人口学特征，如性别、年龄、婚姻、教育、就业等；

2. 家庭经济状况、居住条件、生活环境和生活方式、卫生服务可得性及家庭成员的医疗保健制度等；

3. 调查前两周内患病、调查前半年慢性病患病名称、频次、持续时间，因病伤活动受限及丧失劳动能力情况（残疾和失能）；

4. 调查前两周内因病伤就诊人次数、就诊费用、就诊机构种类，患者未就诊原因、采取自我医疗的方法和药品来源；

5. 调查前一年因病伤住院的人次数、住院日数、住院机构种类、住院费用、需要住院未能住院的原因等情况；

6. 居民对卫生服务的反应性：包括居民对利用卫生服务时所需要的时间、服务提供者是否对病人给予尊重、病人的隐私是否得到适宜的保护等情况；

7. 已婚育龄妇女及 5 岁以下儿童保健情况，包括生育史、最后一次妊娠的结局、分娩的地点、接生方式及接生者、产前检查和产后访视、婴儿出生体重、母乳喂养、健康状况、接受系统保健等情况。

（二）小规模定性调查内容

1. 城镇居民对我国城镇卫生改革所关注的重点和看法；

2. 农村居民对我国农村卫生改革所关注的重点和看法；

3. 卫生管理人员、卫生服务提供人员、基层卫生工作人员、个体和私营卫生机构人员对我国卫生体制改革和城镇、农村卫生改革的认识和看法；

4. 弱势人口如贫困人口、城市流动人口等的卫生服务需求、利用、费用以及保障状况，及其所关注的卫生问题。

六、调查方法和技术路线

（一）资料收集的方法

家庭健康询问调查采用入户询问的方法收集数据。经培训合格的调查员在对调查户进行摸底调查后深入样本户按调查表的项目对该户所有成员逐一进行询问调查。

小规模定性调查将采用访谈、专题小组讨论、快速评估等社会学评估方法。有经验的研究人员（将组织相关大学和中央级研究机构开展）将根据研究内容和调查对象采取不同的研究方法，了解不同社会群体对我国城镇和农村卫生改革的关注重点和要求，以及社会弱势人群的卫生服务需求和问题。小规模定性研究将在 2003 年下半年展开，主要发现将与住户健康询问调查结果相结合，使国家卫生服务调查信息收集内容更加全面。各样本县（市或市区）卫生局、被调查卫生机构的人员将配合定性调查的开展。

（二）收集资料的人员

家庭健康询问调查设调查员和调查指导员。调查员负责入户调查。调查员以选当地的医务人员承担为宜，在农村挑选乡镇卫生院的医生及部分乡村医生，在城市挑选地段医院医生。非医务人员由于他们在疾病诊断方面存在困难，一般不予考虑。一般一个样本乡镇（街道）组织两个调查组，一个调查组应有 2 名调查员（建议男性和女性各一人），具体负责一个村。

调查指导员负责调查的组织、指导、检查及验收工作。调查指导员应是乡镇卫生院及以上卫生机构的医生，由县（市、区）卫生局指定。

小规模定性调查的调查人员将主要由所确定的大学和中央研究机构中经过良好培训和具有定性调查实践经验的人员开展，调查时需要有关业务部门的同志配合与协助。

（三）资料收集的工具

家庭健康询问调查采用家庭健康询问调查表。包括家庭一般情况调查表、家庭成员健康询问调查表、卫生服务利用调查表（包括两周病伤调查表；调查前一年住院调查表）。

小规模定性调查将根据所调查内容和调查对象的不同，由主要调查负责人有针对性地制定相应的访谈提纲、专题小组讨论提纲、快速评估调查问卷等特定的调查工具。

七、调查实施和质量控制

为了保证调查的顺利展开和调查的质量，必须对调查的每一个环节实行严格的质量控制。现场调查质量控制的目的，是要通过采取一系列的措施，使调查获得的数据与真实情况之间的差距（偏差）控制到最小程度。质量控制应贯穿于现场调查的全过程，包括设计阶段（含调查表的设计）的质量控制、调查员的质量控制、现场调查阶段的质量控制和资料整理阶段的质量控制，其中，抓好家庭健康询问的现场调查阶段的质量控制尤为重要。

（一）调查方案设计、论证和试调查

调查方案的设计必须要科学可行，指标筛选要慎重，指标解释要清楚，各项标准要统一；在正式确定调查方案前必须经过反复的论证和试调查，其目的是检验调查设计的科学合理性及可行性；正式调查前，国家卫生服务调查中央领导小组办公室要组织试调查，目的是进一步修改完善调查表，并积累现场调查组织实施的经验；样本地区通过试调查使调查员熟悉调查内容，做到准确、完整地填写调查表格。

（二）调查人员的选择与培训

调查人员的严格挑选和培训是取得准确、可靠资料的不可缺少的前提。由于本次调查内容涉及不少健康、疾病与卫生服务问题，故应选择愿意从事调查工作、有责任心、工作认真负责、耐心细致、有一定社会交往能力的医务人员为调查员。每位调查员都要经过正规培训。培训的要求是：明确调查的目的和意义，了解调查设计的原则和方法，统一指标的含义及填写要求，了解调查员可能导致什么样的调查质量问题，掌握访问的程序，明确现场调查工作纪律，以保证调查工作的质量和进程。人员培训按统一的培训计划、统一培训内容和教材分两级培训。卫生部负责培训省级调查管理人员和师资人员，省级管理人员负责组织和培训样本县（市或市区）负责人及师资人员，并负责督促各样本县（市或市区）培训乡镇（街道）调查指导员和调查员。培训结束后，应对培训效果进行考查，考查合格后才能参加正式调查。

（三）明确调查人员工作职责，建立调查质量核查制度

明确调查人员任务与职责分工是保证调查质量的重要因素之一，提高调查人员的责任心和积极性，防止由于分工不清和责任不明造成的扯皮现象。调查指导员和调查员必须按照"国家卫生服务调查调查人员职责及现场工作准则"的要求进行工作。

（四）调查质量的核查制度

1. 现场调查中，在每户询问并记录完毕后，调查员都要对填写的内容进行全面的检查，如有疑问应重新询问核实，如有错误要及时改正，有遗漏项目要及时补填。

2. 每个乡镇（街道）的调查指导员要对每户的调查表逐项进行审核，从正式调查开始后的当晚就应逐日检查每份调查表的准确性和完整性，发现错漏项时，要求调查员应在第二天重新询问予以补充更正，认真核实无误后，方可签字验收。

3. 每个县（市、区）设立质量考核小组，在调查过程中抽查调查质量，调查完成后进

行复查考核，家庭健康询问调查的复查考核应在已完成户数中随机抽取5%，通过电话或再入户的方式对复核调查表的内容进行询问，复核调查结果录入计算机后，观察复核调查与原调查结果的符合率；在现场调查过程中，各省（区、市）要组织专人进行现场督导。

4. 卫生部将组织国家卫生服务调查质量督导组，分赴各地进行质量考核。

5. 定性调查采用有经验的定性研究人员，由各定性调查负责人总体负责不同调查的调查进度和质量监督，共同对不同调查开展过程和调查结果进行评价等，控制各调查的质量。

（五）质量要求

1. 调查员、调查技术一致性考核的百分比：用来衡量调查人员调查技术的一致性。要求经过培训后，调查人员调查技术的一致性达到95%以上。

2. 调查完成率：在三次上门未调查成功而放弃该户时，应从候选户中按顺序递补。调查完成率应控制在98%以上。

3. 本人回答率：回答应以本人为主，本人不在场时可由熟悉其情况的人代替回答；婴幼儿一般应由直接抚养者回答，育龄妇女应由本人回答；要求成年的本人回答率不低于70%。

4. 复查的符合率：复查考核中，同户复查项目与原调查结果的符合率要求在97%以上。

八、数据处理及上报方式

采取分省录入、集中汇总的方式。为了保证数据录入质量，采取调查数据2次录入的方式。各调查县（市、区）如期将调查表收齐审核无误后，在规定的时间内上报给各省（区、市）卫生厅（局），各省（区、市）卫生厅（局）验收合格后按卫生部统一编制的程序组织人员按要求集中录入，经检查数据无错误、无遗漏后，在2003年11月15日之前将软盘报至卫生部卫生统计信息中心。

九、组织领导

国家卫生服务调查由卫生部统一组织，卫生部成立国家卫生服务调查领导小组，部长任领导小组组长，办公厅、规划财务司、统计信息中心领导为副组长，有关业务司局领导为领导小组成员。领导小组下设办公室，以规划财务司和统计信息中心人员为主，人事司、医政司、疾病控制司、卫生法制与监督司、基层卫生妇幼保健司等业务司局派人员参加。具体负责国家卫生服务调查的方案设计和论证、组织全国省和县级师资培训、组织调查实施、质量控制、技术指导和咨询等项工作。

各省、自治区、直辖市卫生厅局相应成立领导小组，负责本省样本地区的卫生服务调查的领导、组织调查实施、质量控制和资料验收、技术指导和咨询等项工作，有条件的地区可根据需要扩大省的样本量。

样本地区的卫生局应成立相应领导小组，负责领导、组织调查指导员和调查员的培训、组织实施本地区卫生服务的调查和调查表的质量控制工作。

全国范围内开展综合性的卫生服务抽样调查的任务是艰巨的，但也是一次意义重大的工作。各地卫生行政部门要给予高度重视，精心组织、认真实施，做好群众的宣传和发动工作，以取得群众的理解和密切的配合，以及当地政府及各界人士的支持。

卫生部

二〇〇三年七月十四日

资料来源：http：//www. nhc. gov. cn/mohwsbwstjxxzx/s8211/200809/37891. shtml.

4.1　市场调研的管理过程

市场调研作为一种社会经济活动，从确定调研问题和目标陈述到最终报告调研结果，是一个按照逻辑逐步展开的过程。然而，站在管理的角度，我们应该而且可以将市场调研过程概括为如下几项管理活动，这些管理活动因为在时间上具有基本的先后关系，因而也就构成市场调研管理过程的几个基本阶段：

　　◇　确认信息需要；
　　◇　拟订调研计划；
　　◇　调研技术与方法的设计和开发；
　　◇　调研计划的操作与实施；
　　◇　调研活动的评估。

4.1.1　确认信息需要

市场调研管理过程的第一个阶段是确认信息需要。在具体着手制订正式的调研计划之前，往往有一个调研建议或准备阶段，主要任务就是评估企业组织的信息需求。

基于管理决策的需要或其他动因，客户企业会首先提出信息需求，但是一般而言，客户企业仅能够对调研项目提出一个大致框架，对数据和信息需要提出相当笼统的要求。仅凭客户企业的笼统要求就开始拟订正式的调研计划是远远不够的，调研设计者必须对客户企业提出的信息需求进行评估，包括必要的调研背景分析、与客户决策层的充分交流和讨论及明确管理决策问题等。也就是说，调研设计者必须能够完全站在客户企业决策者的角度上思考问题，同时充分调动和运用专业的调研知识和技能，以确认客户企业的市场调研问题及调研目标。

一旦确定了调研问题和大致内容，调研设计者才能提出关于调研项目的论证意见。即从客户要求和调查机构的条件、费用等多个方面考虑是否真有必要进行一项新的调查？是否可以从政府部门、研究组织和其他机构的现有文件中获得所需信息的一部分或全部？当确认其他方式的数据资料不能满足信息需要时，调研设计者就应对调查目标进行归纳与系统陈述，并准备拟订调研计划。

4.1.2　拟订调研计划

在确认客户企业的信息需求之后，市场调研管理进入关键阶段，即拟订调研计划阶段。

一旦确定了调研问题和目标，调研设计者就应从客户要求出发，综合考虑费用、时间、数据的精度要求，调研的难易程度，以及调查机构的资源条件等多个方面的因素，着手拟订正式的调研计划。调研计划主要内容包括：对调研问题和目标的确认，对所需数据及来源的分析，选择合适的抽样框，确定样本量及精度要求，选择确定数据收集方法，设计调查问卷，调研活动的实施计划，数据处理与分析计划，时间规划与经费预算等。

同时，调研计划仅仅列出纲要是不够的，计划应周全而详尽，与调研计划内容密切相关的一些项目也应在计划考虑之内。

4.1.3 调研技术与方法的设计和开发

这个阶段的总目标是找到或开发一系列方法和程序，使调查在有限的资源条件下达到最佳的目标和质量。

调研技术与方法的设计和开发是市场调研计划的延伸和具体化，又是调研计划实施前的必要准备。这个阶段的工作包括：为评估抽样框的适用性和完善调查问卷，在完成问卷设计之后进行预调查或试点调查是必要的；所有的现场材料（如访员培训与指导手册、样本控制文件等）都要在调研计划实施前准备好；抽样设计中的样本抽取和估计方法都应完全确定并以书面形式给出；在数据处理阶段所要使用的所有方法和程序都要以书面文件规定下来，等等。

为使调研计划得以有效执行，在此阶段还必须设计好保证和控制统计过程质量的方法及评估调查结果质量的方法。

4.1.4 调研计划的操作与实施

各项准备工作就绪之后，就可以开始着手数据的实际收集工作了，市场调研管理也就进入操作与实施阶段。经过良好培训的访员带着调查问卷和调查控制表等到达调查现场，按照计划规定的抽样方案和具体的抽样方法抽取样本、访问被调查者、填写调查问卷，总之一切都是按照事先计划和设计的方式方法进行的。在数据收集上来之后，便开始对数据进行处理，并最终形成一个结构良好、完整的数据库。当然，数据处理不是目的，我们的目的是在数据处理的基础上对获得的各类数据进行汇总列表和统计分析。最后，向客户决策层报告调研结果。

4.1.5 调研活动的评估

调研评估贯穿在整个市场调研过程中。在市场调研的每一步骤，都必须对其效率、有效性及其费用进行评估，特别是在一项重复性调查中尤其如此。调研评估包括对所采用方法、操作实施的效率及支出费用的效能的评价。调研活动评估的目的，一是用来检验调查中所使用的方法是否适用，二是在调研前后及整个调研过程中指导与改进有关概念和所使用的方法。

调研评估对已经完成的调研或试点调查提出反馈信息，对计划新的调研活动十分重要，它为设计新的调研项目、形成现实的质量目标、问题的识别及数据处理的要求提供了基本信息。

4.2 调研设计框架

4.2.1 市场调研设计的含义

市场调研设计，又称市场调研方案设计，是市场调研人员对整个市场调研活动方案的规划，它包括为处理和解决市场调研问题而收集、处理各种必要数据资料的整体规划和详细步骤。市场调研设计是市场调研管理的核心环节，内容涵盖市场调研管理过程的前三个阶段，即不仅包括市场调研计划这一主体内容，还包括确认信息需求及调研技术和方法的设计。

关于市场调研设计的含义，应把握这样几个要点：

① 市场调研设计完全围绕着所确认的信息需要而展开；

② 几乎涉及市场调研程序的每一步骤，而且按照逻辑顺序展开；

③ 实质上是一种数据质量保证系统，保证市场调研有目的、系统地收集所需要的数据，保证为管理决策提供必要而充分的有效信息；

④ 一个实际的调研项目的设计目标，必须在考虑成本费用的条件下形成最有价值的信息，而不是无条件追求最精确的信息；

⑤ 针对同一市场调研项目，可以形成不同精度的信息。

4.2.2 市场调研设计的步骤

市场调研设计作为正式开展调研工作的方案和蓝图，涉及调研活动的各个环节。完整的市场调研设计应包括下面九个步骤。

1. 明确调研问题，系统陈述调研目标

包括确认客户企业的信息需要，将信息需要落实为具体的调研问题，并对调研目标进行系统陈述，以便为市场调研设计提供根本性的依据和方向。

2. 建立调研问题的理论架构，确定调研内容框架

在这一步骤，调研设计应根据调研问题和所要实现的目标确定市场调研的内容框架，或者说确定到底需要哪些方面的数据资料，如消费者/用户的人口统计特征，产品使用和处置方式，购买决策过程，或者对产品/服务的满意度等。从根本上讲，市场调研的内容框架是由调研问题和目标决定的，然而在一些较为复杂的调研问题中则直接由研究者所感兴趣的核心概念和架构决定。除了上述决定因素外，确定调研的内容框架还要兼顾时间和费用的可能。调研的内容框架既是调研问题和调研目标的必然延伸，也是规划调查测量和设计调查问卷至关重要的工作，具体内容将在本章和第 8 章作深入讨论。

3. 选择抽样框，设计抽样方式方法

遵循"先近后远、先易后难、先二手资料后一手资料"的原则，逐项考虑数据资料的可能来源，并确定调查研究对象的总体。应该认识到，除非是市场普查，否则资料来源并不等于实际的调研对象。从一般意义上讲，调研对象可能是研究总体的全部对象，也可能是重点对象或典型对象，但是大多数情况下则是样本对象。所以，在界定调研对象总体之后，调研设计者必须考虑如何选择或建立抽样框架，选择或设计什么样的抽样方式和方法，为满足估计的精度要求应确定多大的样本量，等等。这些问题都是抽样设计要面对和解答的问题，有关内容将在第5章作专门讨论。

4. 确定资料的收集方法

对不同的资料来源、不同的调研对象，考虑信息精度要求、时间限制及费用预算，选用不同的资料收集方法。对于第二手资料，在确定内部来源还是外部来源后，还要确定是采用查找、查询、交换还是购买的具体收集方式。对第一手资料的收集，要具体确定是采用定性调查方法还是定量调查方法，在定量调查中具体是采用访问调查、观察调查还是实验调查方法，等等。这部分内容放在第6章和第7章作专门讨论。

5. 设计调查问卷

在大多数情况下，调查问卷设计总是必要的。但是调查问卷设计得好坏很难通过判断得出结论，而且即使是专家设计的高水准的调查问卷，也可能存在着这样或那样的问题。所以在正式启用调查问卷之前，在小范围内测试调查问卷是必要的。测试的目的是检验调查问卷设计的合理性，发现问题，及时改进。当然，设计调查问卷涉及大量的提问和测量技术，因此，这个步骤的设计包括规定变量的测量方法和选择使用适当的量表。这部分内容放在第7章作专门讨论。

6. 制订调查实施的具体计划和质量控制方法

按照调研工作量大小和调研工作要求，确定实施调查人员的规模和人选，在确定人选后进行分工、配备和培训。组织和监控市场调查活动实施，一直是市场调研工作中的一个薄弱环节，应制订切实的具体计划和质量控制方法，保证市场调研工作顺利进行。

7. 确定数据处理和分析方案

对数据分析和表示方式的详细计划被称为分析方案。主要包括确定资料处理和分析的基本目标和要求、选择资料分析的具体方法、分析结果的详细程度和形式、调研报告的形式等。

例如，各个项目的调查结果是需要计量数据、计数数据还是指数？客户需要将调查结果按调查对象的哪些属性（如年龄、收入、行为等）分组？分组数据中应该使用连续数据还是分类数据（如收入的确切数据或收入档次）？

在数据分析方案中，确定调查结果的表示形式通常需要制作生成表。生成表是一种以数据汇总表格方式给出的数值表或频数表，它将每个调查项目的调查结果按被调查者的类别分类列出而生成。制作生成表，目的是保证调查结果直接用于研究的目的。

在设计阶段提出数据分析方案，对于问卷设计、调研活动实施、日程规划和经费预算等都有重要影响，当然也是保证实现调研目标的有力措施。

8. 调研项目的费用预算

调研项目的费用预算是刚性很强的一个条件，对市场调研设计上述各步骤都有现实性的重要影响。虽然在委托调查时，客户企业一般都会对市场调研项目的经费投入给出一个大致框架，但是，调研设计者还是要按照调研设计的逻辑认真做好调研项目的费用预算。

9. 调研活动进度安排

与调研项目的费用预算类似，调研活动进度安排同样是刚性很强的一个条件，而且也对市场调研设计上述各步骤有现实性的重要影响，是调研过程各步骤在时间顺序上的衔接与落实。所以，调研活动进度安排与调研费用预算一样，是市场调研设计中不可遗漏的、十分必要的步骤和内容。

市场调研设计最终是以市场调研方案或调研计划书的形式表现出来的。市场调研方案或调研计划书首先是调研设计者对特定调研项目设计的结晶，同时也是客户企业批准开展特定调研项目并对调研项目实施管理的主要依据。当然，交付客户企业的调研方案或计划书一般要求简要明确，通常按照调研背景和目的、调研内容和范围、调研方针和方法、调研经费预算和进度安排、其他说明等几个标题来撰写就可以了。

▌ 4.3 明确调研问题

如果说市场调研过程第一阶段已经确认了客户的信息需求，那么市场调研设计的第一个步骤就是要明确调研问题，并系统陈述调研目标。细心的读者可能会发现，市场调研管理过程的第一阶段"确认信息需求"，与市场调研设计程序的第一步骤"明确调研问题，系统陈述调研目标"，这两种表述之间其实有着内在的密切联系。尽管如此，两种表述还是有其不同的侧重点。在调研管理过程中"确认信息需要"阶段，主要任务还是站在客户企业的管理决策角度，对所提出的信息需要进行评估，对可能涉及的调研问题进行摸底和可行性分析，以决定该调研项目要不要搞，搞起来难易程度如何。而在市场调研设计程序中，明确"调研问题和调研目标陈述"则主要是站在市场调研项目的设计和组织实施的角度，将信息需要落实为具体的调研问题，并对调研目标进行系统陈述，目的是为调研设计提供依据和方向。一旦市场调研设计失去了依据和方向，你可能陷在路上的任何地方，就像下面故事中的小海马一样，稀里糊涂地成了鲨鱼的一顿美餐。

失败案例：关于海马的故事

很久以前，一只小海马带好自己的钱，跑着去寻找自己的未来。没走多远，就碰到一条鳗鱼，鳗鱼就问他："嘿，小家伙，去哪里啊？"

"我去寻找自己的未来。"小海马骄傲地回答。

"你很幸运。"鳗鱼说，"我可以把这个橡皮脚蹼卖给你，这样你就会跑得更快了。"

"嗯，不错。"海马说着就付了钱，然后穿上脚蹼，果然速度快了一倍。

不久，小海马又碰到了一条海绵。海绵问他："嘿，小家伙，去哪里啊？"

"我出去寻找自己的未来。"小海马骄傲地回答。

"你很幸运，"海绵说，"我可以把这个喷气式小帆船便宜地卖给你，这样你就可以跑得更快些了。"

海马用剩下的钱买下了帆船，果然速度比以前快了5倍多。

没过多久，小海马又碰到了一条鲨鱼。鲨鱼问小海马："嘿，小家伙，去哪里啊？"

"我出去寻找自己的未来。"小海马依然很骄傲地回答。

"你很幸运。如果你选择捷径的话，"鲨鱼说着指了指自己的那张大嘴，"你将节省很多时间。"

"嗯，谢谢。"海马说着就钻进了鲨鱼的口中，成了鲨鱼的一顿美餐。

4.3.1 管理-调研问题分层

大量研究经验表明，调研过程通常始于管理困境，管理困境激发了管理人员对决策的需要。所以，探讨研究过程的一个有用的方法是关注并研究企业所面临的管理困境，然后辨识管理决策问题并不断把决策问题逐层分解成更为具体的问题，我们将这一过程称为管理-调研问题分层。图 4-1 列出了管理-调研问题分层框架以及各个层次可能对应的问题。SalePro 公司是一家全国性的销售机构，正面临不能解释区域对销售差异影响的管理困境。图 4-2 提供了 SalePro 公司管理-调研问题分层过程的一个实例。

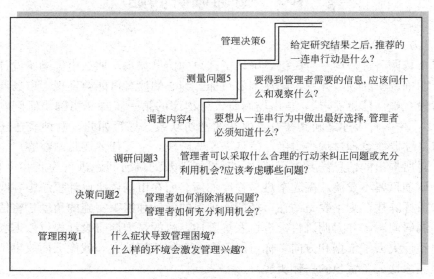

图 4-1　管理-调研问题分层框架

1. 管理困境

调研过程始于管理困境（management dilemma）。管理困境通常是通过考察企业的绩效因素而发现的一些实际问题的轮廓或症状，如公司进口奶粉的销售额几个月以来持续下滑；餐馆员工流动率不断上升；越来越多的租户搬出公寓住宅群；等等。

2. 决策问题

管理决策问题是管理者所面临的决策问题，属于行动导向，它考虑的是决策者可能采取什么行动，以摆脱管理困境或充分利用市场机会。

管理决策问题数目众多，无法一一列举，但是可以将其大致归类。

第一种类型与目的或目标的选择有关，一般的问题是："我们想完成什么？"在企业里，问题可能是："因为这些分销商选择关系公司的公众形象，公司是否应该重新审视基本的公司目标？"或者，"在下一轮的劳务谈判中，XYZ公司应该尽量达到什么样的目标？"

第二种类型与解决方法的产生和评估有关。一般的问题是："我们怎样才能达到我们追求的目标？"有关这种问题的研究项目通常用于处理那些管理者认为有用的具体问题。例如，我们怎样能够实现销售额和利润翻番的5年计划？或者应该采取什么样的措施来减少售后服务投诉？

第三类类型与故障检修或控制情形有关。问题经常涉及监督和诊断组织不能达到既定目标的不同方式。这种问题经常包括"为什么我们部门的成本最高？"或"我们的计划能够怎样满足其目标？"，等等。

管理决策问题的定义规定了研究的任务，所以没有充分定义的决策问题会误导研究人员的努力方向。

3. 调研问题

市场调研根本上是为管理决策服务的，所以调研问题（research question）必须回应管理者所面临的决策问题，为管理者提供作出决策所必需的信息。市场调研问题涉及"什么信息是需要的""如何获取这些信息"等问题，属于事实和信息导向。由于管理决策问题涉及的是采取什么行动、如何行动等选择问题，所以，确定调研问题的过程实际上是对解决管理决策问题的各种可能途径进行分析论证，并建立某种解决途径及达到预期结果的假设的过程。

对于调研问题的更具体和深入解释，请参看图4-2 SalePro公司实例分析以及"4.3.3 从明确决策问题到定义调研问题"的有关分析。

4. 调查内容

一旦确定了调研问题，研究人员的思维就上升到一个更加具体的水平。

调查内容（investigative questions）是由保证有关调研问题得到满意解答的一系列问题构成，或称调查的内容框架。也就是说，通过对构成调查内容框架的一系列问题的回答，收集相关数据，应该能使前面所确定的调研问题得到满意解答。

例如，BankChoice银行近几年利润停滞不前。银行总经理关心银行利润率的丧失，想改变这种状况。总经理和咨询人员探讨了组织面临的问题，并选择确认了"我们怎样才能增加存款（假设双方一致认为这是改善利润状况的合理行动）"和"公众如何评价金融服务以及本银行的竞争地位"为BankChoice银行面临的管理决策问题和调研问题。

⊙1. 为什么我们在南部和东北部地区的销售额在下降，而在西南部、西部和中西部地区的销售额却在增长？

⊙2. 我们怎样才能提高南部和东北部地区的销售额？

⊙3. 我们要不要对在南部和东北部的销售人员超过定额部分的销售额采取 2% 的刺激性的佣金补偿制度，或对那些超过区域定额 10% 的地区给予 5% 的区域利润作为奖励（销售人员按比例分配）？我们要不要改变南部和东北部地区的产品分销方式？我们要不要通过南部和东北部的行业杂志加大广告力度？

⊙4. 如果我们实施这种补偿变化，在南部和东北部地区优秀销售人员流动性有多大？这些地区现有的顾客满意度下降的可能性有多大？现有顾客流动性有多大？

⊙5. 如果管理层将把现有的薪酬制度变变成佣金基础上的补偿制度，请给出你对以下各种结果的关心程度，并用 1~7 之间的任一数字来表示每个结果，其中，7 表示"极度关心"，4 表示"中间状态"，1 表示"根本不关心"：

——月薪不可预测；

——由于销售前景的原因，内部竞争更加激烈；

——更少的时间来提供顾客需要的。

图 4-2　SalePro 公司的管理-调研问题分层框架

为了研究市场，参与 BankChoice 银行计划的研究人员提出了包含两组问题的调查内容，这些问题洞察了存款增长的不足：

G1. 公众对金融服务和其用处的立场是什么？

a. 使用了什么具体的金融服务？

b. 不同服务的吸引力如何？

c. 什么具体的银行因素和环境因素影响了个人使用一项特殊的服务？

G2. 银行的竞争地位是什么？

a. 我们的顾客和竞争对手的顾客的地区类型分别是什么？

b. 我们的顾客和竞争对手的顾客人口统计差异是什么？

c. 公众（包括顾客和非顾客）用什么言语来形容 BankChoice 银行及其竞争者？

d. 公众对于银行促销活动了解多少？

e. 公众对于 BankChoice 银行及其竞争对手的评价如何？

f. 与竞争对手比较，BankChoice 银行服务增加的情况如何？

5. 测量问题

测量问题构成了分层框架的第五层。测量问题是按照测量要求对调查内容的进一步分解和落实，是问卷调查中那些直接呈现于调查问卷上用于实际询问应答者的问题，或者观察研究中那些观察者必须记录的有关研究主题的观察线索。一份调查问卷通常包括很多测量问题，以便搜集能够回答调查内容的信息。

使用管理-调研问题分层框架是系统地思考调研设计方向的一个很好的工具和方法。这个分层框架包括 6 个层次，按照一般到具体顺序排列。虽然分层方法包括 6 个不连续的层次（以管理决策结束），但是前 5 个层次更容易被看作是"问题"的一个连续体。

但是，当你实际使用这个分层框架时，你可能发现这个分层框架仍嫌抽象、简单，如从管理困境到管理决策问题的分解（或探究）过程，经常很难做到一步到位，即你可能无法确定是否找到了真正的决策问题，从管理决策问题到调研问题以及从调研问题到调查内容的分解过程也是一样。这些也正是我们接下来要展开讨论的问题。

4.3.2 从发现管理困境到明确决策问题

无论管理者和研究人员面对什么样的调研或咨询项目，彻底理解管理决策问题都是研究项目成功的基础。图4-3对如何彻底理解管理决策问题提供了基本思路。

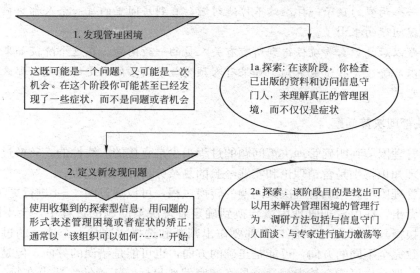

图4-3 从管理困境到管理决策问题

1. 发现管理困境之所在

研究过程始于管理困境普通的水平，通常是一些实际问题的症状。除非企业不能考察其绩效因素，如销售额、利润、员工流动率、产量和制造缺陷、准时交货和消费者满意度等，否则确认管理困境其实并不困难。但是，找到造成管理困境的根源可能并不容易。错误的选择可能使有价值的资源不能提供对决策有益的关键信息。

找到造成管理困境的根源之所以并不容易，根本原因在于管理者所面对的管理困境的复杂性。有人将决策者所面对的管理困境比如为一座冰山，真正露出水面的仅仅是冰山的一角，也许就是冰山的10%，另外90%则沉在水下。很多管理困境的根源就像冰山的水下部分，很难被决策者看到或了解。如果把造成管理困境根源的沉浸部分从管理决策问题考虑范围中去除，随后又从市场调研设计中去除，那么根据调研结果所做管理决策最终能在多大程度上使公司摆脱管理困境，恐怕是连神仙也说不清楚了。

所以，如何深挖对管理困境的解释，深入探寻形成某种管理困境的真正原因，并找到解决问题和摆脱困境的有效途径，是实现由发现管理困境到明确管理决策问题正确转换的根本，是企业管理者和研究者共同面临的一项重要而艰巨的任务。

成功案例：他们可能想掐死你！

休杜伯里是美国 Netscape 公司富有创造性的董事，他提倡采用下面这个循序渐进的过程，来确定那些有待解决的问题：

"我们怎样确定问题？集合房间里所有的工作人员，要求他们说出没被满足的需求，换句话说，就是要求他们指出那些问题的原因。记录下每一个提议，这对一个项目来说是最重要的。根据每个提议，挨个查找原因，接着查问这些原因的原因，然后再查问原因的原因的原因。就像一个两岁的孩子一样继续不停地纠缠，直到房间里的每一个人都想掐死你，你就可能真正发现问题的根由了。

确定问题以后，你需要确保得到所有有关人员的一致同意。在这个阶段如果不能说服所有人员，在以后阶段势必造成麻烦。如果有人预先就不同意所确定的问题，那么他很可能想在日后改变它。"

2. 确认管理决策问题

由发现管理困境到明确管理决策问题的过程很少是直接的、线性的，转换过程通常涉及一些基于管理知识特别是营销理论和实践经验的复杂分析和判断过程。

由发现管理困境到明确管理决策问题的转换过程，可以通过图 4-4 进行更深入的解释。在图中可以看出，在由发现管理困境转换到确定管理决策问题的过程中，会不断遇到一些"路口"（或抉择），在每一个"路口"都要作出判断和选择。这是一个连续的过程，不同的选择可能导致完全不同的方向，可能是正确的方向，也可能是错误的方向。但是如果开始就选错了方向，那么你可能会越走越远，最终彻底偏离目标。正确转换要求在每一个"路口"的判断和选择都不能错。

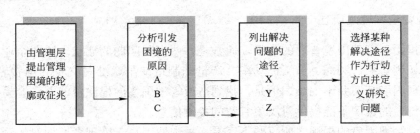

图 4-4　由发现管理困境向明确管理决策问题转换的选择过程

中国 Deli 公司的决策问题选择过程

中国 Deli 公司是一家全国著名的低温肉食品加工企业。该公司发现，进入 1994 年 5 月份以来该公司的火腿系列产品在省城济南这个最大的市场上出现了明显的销售滑坡迹象。公司决策层几次讨论销售滑坡问题，对于滑坡原因的分析大致如下。

从内部看，公司的销售政策没有什么变化，产品品质、零售价格以及促销服务等重要营销因子也完全没有变化，公司管理层的基本判断是，问题可能不是出自企业内部。

从企业外部情况看，确实有一些重要变化，其一是农贸市场上的猪肉价格有所下调，降价幅度大概在 10%；其二，省城一家实力较雄厚的副食品企业开始向市场推出同类肉食产品，品种相对较少，产品品质较低，零售价格大约比本公司产品便宜 20%。

经过初步分析，公司管理层判断，销售滑坡可能与竞争对手的出现有直接关系。

基于上述认识和判断，公司总经理认为公司应该在价格上对竞争者和市场做出回应。尽管公司其他经理人员也有一些不同看法，但是最终总经理的意见占了上风。于是，公司管理层初步决定，选定一个日期准备将价格向下进行一定幅度的调整，并且希望通过价格下调回应猪肉价格的走低，吸引更多的潜在消费者；更重要的目标则是希望借此打压新上市的竞争对手，将消费者抢夺回来，最终实现在省城低温肉食品市场上将公司销售推向一个新的高度的目标。

上述选择后确定的最后决策问题只是什么时候调整价格、价格下调幅度多少，实质性的决策已经做出。实际上，Deli 公司的管理决策问题除了在价格上对竞争者和市场做出回应这一选项外，还包括其他重要的可能选项：推出低端产品品牌与竞争对手的主导产品相抗衡；或者加强广告促销力度，让质优价好的品牌概念深入消费者心中，等等。但是，在没有公司外部独立咨询意见存在的环境中，公司总经理轻易地排除了其他可能选项，这样的选择过程充满风险。

很不幸，公司管理层并没有意识到利用市场调研来消除决策不确定性可能带来的巨大风险，而且事后结果证实，轻率地将调低产品价格作为决策问题的唯一选项简直就是一场灾难！

上述案例实际上是图 4-4 所示"由发现管理困境向明确管理决策问题转换的选择过程"的生动写照。

4.3.3 从明确决策问题到定义调研问题

一旦发现了管理困境所在并明确了管理决策问题，市场调研人员就可以比较准确地说明该决策问题的信息需要，确认调研问题。

在明确管理决策问题之后，如何将管理决策的这种信息需要转换为市场调研问题，就成为调研初始阶段的一项关键任务。图 4-5 对如何理解管理决策问题向市场调研问题的转换提供了基本思路。

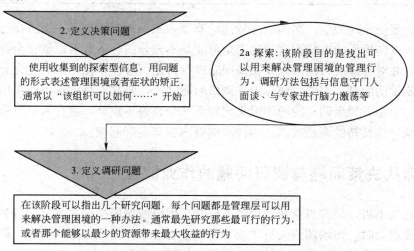

图 4-5 理解管理决策问题向市场调研问题的转换

正像由发现管理困境到明确管理决策问题的过程很少是直接的、线性的情况一样，由管理决策问题向市场调研问题的转换过程很少是简单、直接的。通常情况下，无论我们怎样定义管理决策问题，可以采取的研究方向和问题都可能是多维的，如针对某公司对其形象问题的担心（管理困境及其引发的决策问题），可采取的研究方向包括：在不同的群体中开展调查，找出他们对该公司的看法；调查其他公司是如何完善他们公司形象的；等等。

在界定市场调研问题阶段，可能有几个可供研究的问题，每个调研问题都是管理层可以用来摆脱管理困境、作出管理决策的一种办法。这时，调研机构需要与企业管理者沟通，并根据自己的专业知识和实践经验进行分析和判断，或者选择能够最大化满足管理决策问题所需信息的调研问题，或者优先选择研究那些最可行的行为，或者优先选择那个能够以最少的资源带来最大收益的研究活动。

虽然不同企业面对的管理决策问题可能很不相同，但是由管理决策问题向市场调研问题转换的基本思路是一致的，那就是市场调研问题根本是服务于管理决策的，具体来说就是通过对调研问题的回答收集尽可能充分的数据信息，对管理决策问题作出充分回答，以保证决策行动付诸实施后企业可以有效解决管理困境，或者抓住发展机遇。当然，不同的管理决策问题向市场调研问题转换时，具体情形和内容各不相同。

表 4-1 给出了一些决策问题向市场调研问题转化的案例，这是一些相对比较抽象的案例，但是所涉及的问题具有一定代表性。

表 4-1 将管理决策问题转换为市场调研问题举例

管理决策问题	相应的市场调研问题
1）是否向市场推出新产品 2）为新产品开发包装设计 3）通过开设新商店加强市场渗透 4）提高商店的顾客流量 5）是否应该增加广告开支 6）是否要调低产品的价格 7）发展更多平等竞争的销售区域	1）确定潜在消费者对新产品可能的偏好程度以及购买意向 2）评估各种包装设计的有效性 3）评估预期的店址 4）测量评估商店目前的形象 5）确定现行广告运动效果 6）确定需求弹性以及不同价格水平对销售额和盈利的影响 7）评估现有以及拟议中的销售区域各自的销售潜力与工作量

因为这些案例比较抽象，案例信息量比较有限，决策问题都带有一定的理论概括性质，不够具体，所以转换出的市场调研问题完全可能是不充分的。读者可以结合企业实际案例进行深入思考，并对管理决策问题以及调研问题进行讨论、补充，使之尽可能充分。

最后需要说明的是，当清楚地界定了调研问题之后，研究人员就有可能提出更为详细的调查内容了。但是，如果调研问题的定义比较不充分或很不充分，研究人员将需要进一步地探索和修正来精炼最初的调研问题，为构造调查内容奠定好基础。

4.3.4　确认决策问题与调研问题的作业流程

从一般意义上讲，只有当企业管理者发现管理困境或发展机会并需要通过某些数据资料来辨明问题或机会时，市场调研人员才会被邀请参与进来。但是考虑到管理—调研问题分层框架中调研问题与决策问题的紧密关系，以及"管理决策"（分层框架的最后一层）乃问题分层的最终目的，调研人员在更早的明确决策问题阶段就参与进来是必要的。不仅如此，正像 Deli 公司决策问题选择过程案例所昭示的那样，如果有外部独立的调研机构参与其决策问题选择过程，它不仅可以利用自己的专业知识帮助管理者评估所有可能行动选项，而且也可以起到平衡企业内部权力结构的作用，使其他经理人员的意见不会被轻易排除掉。如果有外部独立的调研机构参与其决策问题选择过程，也许 Deli 公司那次决策问题选择过程的巨大风险就会消弭于无形。

外部调研机构在明确决策问题阶段就参与进来是完全必要的。正是基于上述认识，确认管理决策问题的作业流程才成为一个很值得探讨的题目。在对确认管理决策问题作业流程的探讨中，企业管理者和调研机构研究人员共同参与管理决策问题的选择过程，并直接影响对后续市场调研问题的定义。

明确管理决策问题的过程是从分析管理困境的背景入手的，经过探索性研究确认企业所面临的经营决策问题，然后明确相应的市场调研问题。确认管理决策问题和调研问题的过程是一个系统的分析问题和确认问题的过程，作业流程如图 4 - 6 所示。

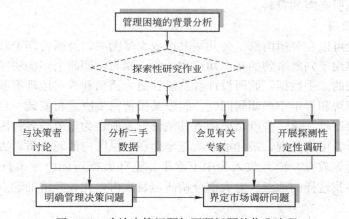

图 4 - 6　确认决策问题与调研问题的作业流程

1. 分析管理困境的背景

（1）掌握与客户企业及所属行业相关的各种历史资料和发展趋势。包括销售额、市场份额、盈利性、技术、人口统计资料以及生活方式等。对历史状况和发展趋势的分析，应在行业层面和企业层面分别进行。

（2）分析客户企业的各种资源和面临的制约因素，如资金、时间、研究能力以及委托企业的人员素质、组织结构、决策风格等。

（3）了解和分析决策者的目标，而且要将这种目标具体化和清晰化。

（4）掌握有关消费者购买行为、法律环境、经济环境、文化环境以及企业开展市场营销的技术等背景资料。

2. 运用探索性研究理解和把握决策问题

现代管理及组织理论要求，决策者应该向调研人员传达可以测量的目标。但不幸的是，情况往往并非如此。相反，决策者可能用一种模糊的形式表述自己的目标，让调研人员自己考虑这些目标的真正含义。为此，调研者必须努力通过各种探索性研究方法探寻决策目标的真实含义，以理解和把握决策者的信息要求。

探索性调研的目的就是把模糊问题转变为条理清晰的问题，加深对概念的理解，调研活动通常是非正式和不精确的。针对管理决策问题开展的探索性调研作业，则是在深刻理解企业所面临管理困境及其根源的基础上，分析论证管理决策问题的可能选项，并且将管理决策问题精炼成具体明确的信息需求。下面将对这些探索性调研技巧作扼要分析。

1）与决策者讨论

这种讨论的重要性和必要性来自两方面，首先决策者需要了解市场调研的功能和局限；其次受委托的外部调研机构需要了解决策者所面临的管理问题的特征，了解决策者和组织的目标。最理想的交谈讨论应具有下列七个特征，即沟通、合作、信任、坦率、亲密、持续性和创造性，这七个特征的英文单词是：communication，cooperation，confidence，candor，closeness，continuity，creativity，所以又称"7C"特征。如果交谈讨论达到上述理想状态，企业决策者与调研机构就能够对企业所面对的管理决策问题形成深刻和一致的认识，并获得确定市场调研问题所必需的资料。

2）分析二手数据

二手数据一般可以在公司内部、公共图书馆或大学图书馆及因特网上获得。积累二手数据实际上也是积累用于判断事物的基本知识和经验，是专业调研公司的一项重要优势。

通过分析有关的二手数据，调研设计者总能够更为透彻和准确地理解和把握管理决策问题，并更清楚地理解和界定市场调研问题。假设某银行需要决定再安装一台自动取款机的最佳地点。按照一般逻辑，第一步就是要调查其他银行家所认为重要的各种因素，通过查阅相关专业期刊，调研者可能发现，最佳地点就是坐落在居民区内的超市里，因为那里的人比较年轻，一般受过高等教育，而且收入为中上水平。这些数据可能引导银行寻找人口调查信息，以便在本市寻找这样的地点。对大部分调研项目来讲，比较经济的起点就是查阅其他人编辑的有关资料。

3）会见有关专家

寻找一些与管理决策问题相关的行业、产品或技术方面的专家以及熟悉市场调研问题相关情况的专家，并与之交谈，将有助于对企业所面临管理决策问题以及市场调研问题的认识和把握。对于某些全新产品或全新市场上的市场调研问题的把握，会见有关专家也许是最有帮助的一条途径。

4）开展探测性定性调研

上述几项探索性调研工作并不总是充分的，这时就有必要进行探测性的定性调研，以取得认识和把握管理决策问题以及市场调研问题所必需的信息。探测性调研在不大的样本范围内进行，以定性调研为主，获取数据资料的具体方法包括个人访谈、小组座谈等。这类探测性调研方法在后面的有关章节中会有专门讨论，这里就不再赘述了。

上面已经讨论过几种探索性研究方法，这类研究方法通常并没有遵循某种标准模式。因为探索性研究的目的是提高洞察力，并发现新的想法，调研人员可以大量运用自己的创造力和灵活性。一般来讲，研究者可以同时使用几种技巧，因为比较而言它们的花费都比较低，而且，使用不同的探索性研究技巧往往非常有助于全面而深刻地理解和把握管理决策问题，并直接为定义市场调研问题提供帮助。

4.4 调研目标的系统陈述

从根本上讲，调研问题与调研目标是一致的，但是从操作层面看，两者又有区别。调研目标是调研设计者对调研问题的系统陈述。调研问题或假设一旦确立，调研目标就可以从问题定义中引申出来。这些目标以可以衡量的标准，系统地、逐步解释决策所需要的有关信息，并确定调研需要达到的程度。确认这些信息，要求调研设计者对工作极度准确，包括列示调查中问题的准确措辞，以及解释实验中哪些行为将会被观察或记录，强调信息或信息来源的精确描述，等等。

调研目标系统陈述是按照一个系统过程展开的，如图 4-7 所示。

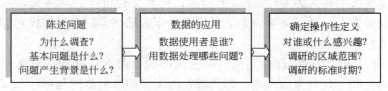

陈述问题	数据的应用	确定操作性定义
为什么调查？	数据使用者是谁？	对谁或什么感兴趣？
基本问题是什么？	用数据处理哪些问题？	调研的区域范围？
问题产生背景是什么？		调研的标准时期？

图 4-7 进行调研目标系统陈述的程序

进行调研目标系统陈述包括几个主要步骤，这是调研机构与客户企业反复商讨、修正的过程。

4.4.1 陈述问题

第一步是使用一般术语来描述客户对调查的信息需求。接受任务的调查机构应从了解问题开始，并将问题用通用术语进行表述。这些问题包括：为什么要作这项调查？调查的基本问题是什么？这些问题的产生有什么样的背景？

在明确了调研的信息需求之后，重要的是在调研设计的每一个步骤中都时时记住这个陈述，来确保调查目标得到满足。

4.4.2 数据的应用

调研目标系统陈述的第二步，就是清楚说明数据的使用者和数据的用途。调研设计者需要知道谁是数据的主要使用者，数据要用来处理哪些主要问题？调研数据是否将被用于对一些状况的描述或对一些关系的分析？需要用这些数据作出何种类型的决策？数据应用的范围应适当控制，不宜过大，以保证信息需求得到具体且精确的表述。

4.4.3 确定操作性定义

为了明确用于满足调查目标的数据，调研机构需要清楚、精确的操作性定义。尽可能地使用已形成共识的标准定义，从而方便数据使用者和被调查者的交流及确保调查的一致性。此外，调研机构也可规定一些标准定义，如年龄与收入的档次、用户规模类型，等等。

例如，在住户调查中一个重要概念是住所，它常作为抽样单元。住所通常定义为"已被人居住或可被人居住的场所"。为了便于操作，需要对这个定义进行进一步澄清。例如，"居住场所"应具备三个必需条件：可供电或取暖，整年都有饮水来源，能抵御风雨的封闭空间。

住户调查中另外一个重要的概念就是"住户"。一个住户可定义为"一个人或几个人占据了同一住所，并且没有其他常住的场所"。一个住户可能由一个人单独构成，或者由一个家庭或几个家庭构成，或者由几个无关联的个体组成。

为确定操作性定义，调研设计者通常需要清楚地说明三个问题。

① 涉及调研对象及其观念或行为等有关概念的操作性定义。假如客户企业对老年人的公共交通需求及使用情况感兴趣。要求对"老年人""公共交通""使用"等都有确切定义。例如，我们可能定义老年人为 60 岁或以上的人；公共交通仅指公共汽车，不包括轻轨、地铁等其他公共交通方式；而且，客户企业对所有老年人感兴趣，而不仅仅对那些现在使用公共汽车的老年人感兴趣。

② 关于调研区域范围的操作性定义。以上面的例子而言，就是客户企业对什么地域范围内的"老年人"和"公共交通需求"感兴趣？所定义的区域范围包括什么或不包括什么？

③ 关于调查的标准时期的操作性定义。数据是针对哪个时期？如果是"现在"，究竟意味着最近一周还是一个月的情况？是否需要了解在多个或不同时期的情况？因为毕竟一些行为与年/月/星期内的不同时期有关，针对一个特定时期背景下所得的结论可能对其他时期不适用。

通过对上述三个步骤一系列问题的解答，调研设计者最终可以对一个特定调研项目的目标作出系统化的、严密的陈述。注意，调研目标不应该太多、太过复杂，以避免造成管理操作的困难，无法确保每个目标都能够完全实现。

下面是某国税局（IRS）一个调研项目的目标陈述案例。

调研的主要问题就是要了解纳税人对 IRS 管理税法职能的看法。为限制该研究的范围，IRS 确定了调研区域和对象范围。根据对这些区域的认真观察，他们确定了以下具体的调研目标。

1. 确认纳税人虚报申请表的程度、原因，以及防止这种行为的措施。
2. 确定纳税人对 IRS 服务的满意程度。
3. 确认纳税人需要的服务。
4. 制定一种准确的纳税人行为标准，主要是与准备所得税申请表相关的。
5. 估定纳税人对各种税法和程序的了解及看法。

4.5 确定调研问题与目标陈述综合案例

某市人大常委会责成地方交通局（以下简称交通局），采取措施方便老年居民（以下简称老年人）使用公共交通。因为交通局并没有关于老年人需求及其出行习惯的最新信息，于是他们向调研机构求助，要求帮助收集新数据。下面这段文字是他们对问题的最初陈述：

为更方便城市老年人对公共交通的使用，交通局正考虑改善目前的服务。可能采取的措施包括：购置特殊类型的公共汽车，对现有的公共汽车进行改装，增加新线路，可能的话还将考虑对车费实行优惠。在作出这些耗资巨大的决定与改变前，交通局需要有关老年人对交通需求的信息，以便根据预算情况最大程度地满足老年人的要求。

在涉及"采取措施方便老年人使用公共交通"这一决策时，交通局将决策目标阐释为需要调整现有的服务来"方便城市老年人对公共交通的使用"，但是什么样的调研问题才能帮助交通局达成决策目标呢？

交通局需要了解老年人对公共交通的需求，以及这些需求是否和如何得到满足。这就是明确了该调研项目的总的信息需求。

对于调研设计来说，明确了调研问题确实意味着设计工作迈出了一大步，但是还不够，调研目标必须得到系统陈述。调研设计者首先要确切地了解：谁是数据的主要使用者？调查获得的信息主要用在什么地方？

根据交通局的内部分工，这项事关全局的工作具体由交通规划部来承担。具体来说，交通局的交通规划人员将把获得的信息用于：

◇ 购置特殊类型的公共汽车；

◇ 改装现有的公共汽车；

◇ 增加新线路；

◇ 对车费实行优惠。

其次，调研设计者还要确定操作性定义，包括这样一些问题：①客户对谁或对什么感兴趣？在这里，客户仅对老年人的公共交通需求及使用感兴趣。要求对"老年人""公共交通""使用"等都有确切定义。②所关心的调查单元在哪里？客户对什么地域感兴趣？仅对在大都市运行公共汽车的市区范围感兴趣，或者是对被现有所有公共汽车网络所覆盖的地域感兴趣？也许他们最后决定需调查居住于整个都市范围内的所有老年人。③什么是调查的标准时期？在交通局的陈述中指的是现在的需求，这就意味着要了解老年人最近时期（星期、月等）内乘公共汽车的情况。我们需要了解他们在多个或不同时期的情况吗？

在明确了调研问题并对调研目标作过系统陈述后，调研机构在一个相对较粗的水平上列出了调研的内容框架。

对于老年人，客户也许希望确定他们不同的特征：

◇ 年龄；

◇ 性别；

◇ 残疾；

◇ 家庭收入；

◇ 地理位置；

◇ 住所类型（养老院、公寓、独立住宅）；

◇ 家庭构成（与谁共同生活）。

为了确定交通需求，客户也许需要以下信息：

◇ 上星期出行次数；

◇ 出行频率（每天次数；区分每星期中的工作日及周末）；

◇ 使用的交通工具；

◇ 乘坐公共汽车遇到的问题；

◇ 在本地旅行的次数。

要得到出行特征的信息，还应该问：

◇ 出行目的；

◇ 出行的起点与目的地；

◇ 出行途中受到的限制；

◇ 需要的帮助；

◇ 因为缺少交通工具而取消出行的次数。

为了确定需求在目前是否得到满足，还应该了解交通模式方面的问题：

◇ 可用性（他们是否拥有自己的轿车、自行车等）；

◇ 公共汽车的使用；

◇ 乘公共汽车的花费；

◇ 服务在哪些方面可以改善；

◇ 什么可以促使老年人使用（或更经常使用）公共汽车。

思考与 训练题

1. 描述市场调研的管理过程，识别调研管理的主要功能活动。

2. 描述调研设计的框架，分析说明各步骤之间的关系。

3. 试描述决策—调研问题分层框架，建议你使用自己的语言和案例材料。

4. 解释并比较管理决策问题的确认过程以及市场调研问题的确认过程，分析说明管理决策问题与市场调研问题的联系与区别。

5. 分析说明探索决策问题以及调研问题的作业流程。

6. SWEET 蛋糕店是一家区域性经营的连锁店，连锁店分布于华北七个省市的大城市。全面质量管理（TQM）已被确立为公司管理的导向。作为这一导向的一部分，该公司致力于市场驱动质量的思想。也就是说，它打算到顾客中去发现这些顾客在质量方面有何期望。公司已决定实施一项调研计划来提出其顾客怎样定义质量的问题。试根据 SWEET 蛋糕店的管理需要和调研问题意向，提出 SWEET 蛋糕店此项调研的目标。

7. 某外资培训机构拟进入中国市场，为在中国开展经营活动的外资企业提供培训服务。在最终决定作出之前，它希望展开一项"外资企业人才需求状况调查"。请你以该项调查为例，陈述调研问题和调研目标，并讨论相关的操作性定义。

第 5 章

抽 样 设 计

【本章要点】

（1）了解抽样调查的优势和劣势

（2）掌握抽样设计的程序

（3）了解抽样框架的含义及信息内容

（4）熟悉实践中常见的各种抽样框架

（5）了解抽样框架的问题和评估标准

（6）了解随机抽样各类方法的特点和要求

（7）了解非随机抽样各种方法的特点和操作要求

（8）了解抽样方法选择需要综合考虑的因素

开篇案例

防弹钢板应焊在哪里？

第二次世界大战后期，美军对德国和日本本土展开了大规模战略轰炸，每天都有成千架轰炸机呼啸而去，返回时则往往伤亡惨重。美国空军对此十分头痛：如果要降低损失，就要往飞机上焊防弹钢板；但是飞机焊上防弹钢板后，速度、航程、载弹量都会受影响，同样也会影响轰炸机安全返航。是的，这是一个两难选择。怎么办？美国空军请来数学家亚伯拉罕·沃尔德。沃尔德的方法十分简单。他把统计表发给地勤技师，让他们把飞机上中弹弹孔的位置报上来。他自己铺开一张大纸，画出轰炸机的轮廓，再把那些小窟窿一个个地填上去。画完后大家一看，飞机浑身上下都是窟窿，只有飞行员座舱和尾翼两个地方几乎是空白。

为什么是这样？防弹钢板应该焊在哪里呢？

沃尔德告诉大家，从数学家的眼光来看，这张图明显不符合概率分布的规律，而明显违反规律的地方往往就是问题的关键。

飞行员们最终明白了数学家沃尔德这套做法的意义。如果飞行员座舱中弹，飞行员就完了；如果飞机尾翼中弹，飞机失去平衡就会坠落——这两处中弹，轰炸机多半就会掉下来了，难怪顺利返航的轰炸机只有这两处几乎没有弹孔。

结论很简单，只需给这两个部位焊上防弹钢板就可以了，一个两难的难题就这样解决了。

（资料来源：《读者》2006 年第 14 期，转摘自《中国国防报》）

《文学摘要》的厄运

为使电话访问获得成功，必须有一个包含所有总体单位的有效电话号码清单。如果目标总体中的很大一部分个体没有电话，抽样框架对总体涵盖不全，以此为基础所做的抽样调查就可能导致结果出现严重的偏倚。

在 1936 年美国总统选举中，由《文学摘要》杂志组织了一项民意调查，该调查当时预测共和党候选人阿尔夫·伦敦将击败在任总统富兰克林·罗斯福，预测与实际结果如表 5-1 所示。

表 5-1 预测结果与实际结果对照表

预 测 结 果		实 际 结 果	
阿尔夫·伦敦	55%	阿尔夫·伦敦	37%
富兰克林·罗斯福	41%	富兰克林·罗斯福	61%

是的，这项全国瞩目的民意调查得出了完全错误的结论，《文学摘要》也因此关门倒闭。为什么会出现这样严重的错误？一个原因是抽样框架主要是根据电话号码簿和汽车登记册建立的。在 1936 年，拥有汽车或电话的这些人显然是富裕的美国人，这些人大多是共和党的坚定支持者；而大多数投票选民既不拥有电话，也不拥有汽车。另一个问题可能是由于无回答引起的偏倚——总共寄出了一千多万份的问卷，但是返回的问卷不足 25%。

上述两个案例都涉及同一个重要问题——抽样问题。但是，处理方式不同，导致两种完全不同的结果：一个有效地解决了问题；另一个则被问题所拖累，破产倒闭了。

5.1 抽样调查与抽样设计

当我们确定了市场调研所要收集的数据之后，接下来的关键步骤就是要明确数据存在于哪里，应该向谁及如何去获取这些数据。普查和抽样调查也许都能满足我们的数据收集需要。但是，为什么最终会选择抽样调查？如何进行调查的抽样设计？这些是首先要讨论的问题。

5.1.1 为什么选择抽样调查

在调研设计阶段，与调研对象有关的最重要的决策就是确定应该采用普查形式还是抽样调查形式。普查和抽样调查是两种不同的调查。普查则需要调查总体中的所有个体（或称单元，以下同），而抽样调查只调查总体中的一部分个体。换言之，在普查中，我们是从总体的所有个体中收集信息；而在抽样调查中仅仅从总体中的一部分（通常是很小的一部分）个体中收集数据。这些收集上来的数据用于对总体或总体中的子总体（域）的总量、比例、平均值等进行估计。

两种调查方式各有利弊，适用于不同的情况。然而，在大多数情况下，我们选择抽样调查方式而不是普查方式。因为综合起来看，抽样调查相对于普查而言更有优势，即抽样调查能在充分满足客户所需数据质量要求的前提下，提供一种更快、更节省的方法。

在下面展开的对抽样调查和普查的比较分析中，可以对抽样调查和普查两种形式的特点有更深入的理解，并有助于我们作出正确抉择。

1. 抽样调查的相对优势

1）适合大总体

如果被调查的总体很小，最好用普查代替抽样调查。因为对于一个较小的总体而言，为获得较小抽样误差的估计量所需的样本量可能会占总体相当大的比例。与此相反，对一个大总体进行普查会很昂贵。而且，大多数市场调研项目通常面对的都是一些大而复杂的总体，抽样调查显然是更为可取的方式。

2）费用更低

由于普查需要对总体的所有个体进行调查，因而它所需的费用远远大于抽样调查。对于大型总体来说，可以从相对较小的样本中获得所需的精确结果。例如，1995 年中国人口抽样调查只调查全国人口的 1%，如果每个个体的费用是固定的，那么做一次人口普查所需的费用可能是人口抽样调查费用的 100 倍。

3）时效更好

通常情况下，必须在相当短的时间内完成数据收集、处理和结果发布。由于普查是对整个总体而言的，所以要比抽样调查花费更多的时间来完成全部工作。所以，比较而言，抽样调查能够更好地满足客户对调查数据时效性的要求。

4）满足特殊要求

在有些场合，调查所需的信息不能简单地直接从被调查者的回答中得到。举例说，一项健康调查需要关于血压、血型及被调查者健康状况的其他数据，只有经过专业卫生人员的测量才能精确地得出结果。如果只有那些受过专门训练的人员或者使用昂贵的计量仪器才能收集到所需的数据，大规模的普查是不可能的。在一些特殊领域里（如生产过程中的质量控制），某些测试是破坏性的，此时抽样调查是唯一可能的选择。

2. 抽样调查的相对劣势

1）不支持小区域估计

调查目标可能需要许多小的地理区域的估计结果。例如，中国城市劳动力调查不仅需要可靠的全国汇总结果，而且需要每个城市和乡镇的汇总结果。抽样调查能够以很小的抽样误差得到全国汇总数；但是由于样本量太小，通常不能得到有关城市和乡镇等小区域的可靠估计。由于普查是调查所有个体，所以它可以提供任何层次的估计，且没有抽样误差。

2）不支持稀少个体的特征估计

如果要测量总体中具有某一特征的个体时，必须大致了解个体在总体中所占比例。如果总体中具有这个特征的个体很少，则抽样调查方式是不能被接受的，而必须进行普查。

例如，如果客户想要测定总体中私人资产超过千万的少数富裕人群的有关行为特征，因为具有某种属性的个体很少，在总体中也许远远占不到 1%，那么普查或个案研究都可能比较合适。在普查中，分辨出所有具有这个特征的稀少个体是可能的。但是，对于抽样调查来说，样本中这样的个体太少（或根本就没有），于是在估计时就会有麻烦。

当然，如果掌握的抽样框架在抽样前能够对这样的个体进行辨别，或者在抽样调查之前通过初步调研能够对这类个体进行辨别，我们就可以采用抽样调查方式了。

3）调查误差

正如在第 3 章中所分析的那样，市场调查中存在两类误差，一类是抽样误差，另一类是非抽样误差。

抽样误差是所有抽样调查所固有的。抽样误差是由于只用总体的一部分而不是全部来估计总体特征所产生的误差。对于普查，由于计算是基于整个总体的，所以不存在抽样误差。抽样误差能够被度量和控制，但是不能被消除。

非抽样误差对于普查和抽样调查则是普遍存在的，没有多大差别。从这个意义上讲，普查得到的结果看起来似乎比抽样调查更为可靠。

然而，上述结论并不总是可靠的。尽管所有调查都会存在非抽样误差，但是普查由于受其自身规模的影响，调查涉及面更大更广，调查持续时间更长，调查访员队伍更大，访问管理工作更为复杂，因而非抽样误差也可能更大。当非抽样误差成为调查质量控制的主要对象时，抽样调查比普查更有优势。

4）其他考虑

与抽样调查相比，普查数据具有更高的权威性，可以为以后的抽样调查提供抽样框架；还可以提供一些标准信息（或辅助信息），如总体中男性和女性的数目与比例，帮助改进抽样调查所获得的估计量。

5.1.2　抽样设计的程序

抽样设计过程可以总结为五个步骤，如图 5-1 所示。

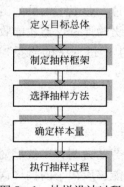

图 5-1　抽样设计过程

1. 定义目标总体

进行抽样设计的第一步，就是定义目标总体。目标总体就是希望从中获取信息的总体，它是客户感兴趣的所有个体的集合。根据调查的目的和性质，这些个体可以是个人、家庭、学校、医院、农场、公司等。

目标总体必须被精确定义，不精确的目标总体定义将会导致抽样调研无效。目标总体定义源于调研设计开始阶段对调研问题和目标的系统陈述，涉及调研将从哪里获取数据信息，哪些人的观点、态度或反应对调研问题至关重要，涉及谁应该或谁不应该被包括进样本当中的准确说明。

定义目标总体的四个因素是：

◇ 总体中个体的类型，是个人、家庭还是企业单位或其他什么类型；

◇ 个体的特征，包括人口统计特征、行为甚至心理特征等；

◇ 个体的地理位置，即区域范围；

◇ 调查的标准时点或时期。

下面可能是目标总体的一个最简单的例子：1999 年 12 月 31 日前，所有居住在中国境内，且年龄在 15 岁以上的个人。然而，许多情况下定义目标总体则要复杂得多。

个体类型也许并不像看起来那么简单，例如，"农场主"可能是一项抽样调研所面对的总体，但是，什么样的人才算"农场主"？

个体特征更是一个复杂因素。例如，单从人口统计特征考虑，目标对象是 24 岁以上的妇女，24～35 岁的妇女，还是 24～35 岁、有学龄前儿童且个人年收入超过 24 000 元的职业女性？哪个才是调研者真正感兴趣的信息来源？

不仅如此，定义目标总体时，还需要经常借助诸如广告认知度、产品使用情况等行为特征，来补充说明总体中个体的特征。可能这样补充定义目标个体：在一周内喝 5 瓶或 5 瓶以上软饮料的用户；或者，近两年内到国外去度假或经商 1 次以上者。

在定义目标总体工作中，调研者有时还必须区分目标总体与调查总体。正如上面所分析的那样，目标总体通常只是概念性的、理论上的；但是，调查总体则是实际调查所覆盖的总体，在抽样调查中也称为抽样总体。调查总体可能与目标总体不完全一致，两者之间的差别主要是由于实际操作层面的问题引起的。例如，在某些偏远荒凉地区收集数据很困难而且费用很高，从而导致目标总体中的某些个体单元不能进入调查总体。需要说明的是，依据调查总体得出的结论仅适用于调查总体，而不能简单推及目标总体。有时，为使调查结论可以推及目标总体，调研者需要根据实际操作的总体，重新定义目标总体。

下面是"中国城镇居民收入及消费调查"中的目标总体和调查总体，读者可以注意到它们是有区别的。

目标总体：中国 1996 年 12 月 31 日的非农业城镇人口。

调查总体：1996 年 12 月 31 日户籍在城市或在县政府所在的城镇家庭户中非农业常住人口，包括单身人员，但是不包括登记在集体户的单身人员，也不包括流动人口及在非县政府所在镇居住的个人或家庭。

将这些人员排除在外的理由是：所调查问题并不适合于调查那些住在集体户中的人员；流动人口由于没有常住家庭登记证明，因而很难识别；调查非县政府所在镇的非农业人口或家庭（它们的数目相对少）费用很高。

2. 制定抽样框架

一旦客户和统计调查机构都对目标总体的定义感到满意之后，就需要决定辨别和接触总体中个体的手段或途径。目标总体只是概念性的，并不是一个实际存在的名录。抽样框架是供抽样使用的所有调查单位的名单，提供了一条辨别和联系调查总体中个体的有效途径。

前面我们提到调查总体会受到实际操作层面的问题的影响，实际上抽样框架就是影响因素之一。如前所述，抽样框架中的个体与目标总体中的个体可能是不同的。例如，目标总体是那些年龄在 15 岁及以上的所有人，而抽样框架中仅包括其中那些具有固定住址的人。于是，调查总体将排除那些没有固定住址的人——客户及数据使用者都应该意识到这个限制。

作为抽样直接依据的抽样框架（清单）与目标总体不一致，可能遗漏了总体中的某些个体，或者包含了不属于这个总体的个体，都可能导致抽样框误差。有时目标总体和抽样框架之间的差异比较小，可以忽略；但是大多数情况下，研究人员应该重视抽样框误差问题并进行处理。

有关抽样框架的问题比较复杂，我们将作专门讨论。

3. 选择抽样方法

在选择抽样方法时，需要决定用放回抽样还是不放回抽样，用概率抽样还是非概率抽样。在放回抽样中，从抽样框架中选出一个个体并获得数据后，再把这个个体放回抽样框架中，所以个体可能会不止一次被抽中。在非放回抽样中，一旦一个个体被抽中进入样本，它就会从抽样框架中被剔除，不会被再次选中。在放回和不放回两种抽样方式中，抽样估计值的计算方法有所不同。如果抽样总体相对于最终样本量很大的话，放回抽样下的抽样估计值与不放回抽样下的抽样估计值差别不大。但是，如果抽样总体相对于最终样本量比较小时，放回抽样与不放回抽样对抽样估计的不同影响就不能忽略了。

选择概率抽样还是非概率抽样方法，选择概率抽样或非概率抽样中的哪一种方法，都是抽样设计中非常重要和复杂的问题，我们将稍后作专门讨论。

4. 确定样本量

样本量指的是包含在样本中的个体的数目。确定样本量需要考虑一系列的定性和定量因素。定量的考虑将在有关的概率抽样方法中详细讨论，定性的考虑主要有决策的重要性、研究性质、变量数目、分析的性质、发生率、完成率及资源约束。

◇ 一般来讲，决策越重要，需要的数据信息越多，所获取的信息就应该越精确，也就要求有较大的样本量。

◇ 研究的性质也会对样本量产生影响，对于探索性的研究样本量通常较小，而对于归纳性研究则要求有较大的样本。

◇ 如果要对大量变量进行数据收集，就要求有较大的样本；如果要求使用多变量的复杂数据分析方法，样本量应该较大。

◇ 如果需要详细分析数据，样本量也应该较大。

◇ 发生率是指符合研究条件的人的百分率。发生率决定对于一个给定的样本量，需要对多少潜在对象进行接触和筛选。发生率越低，需要接触的潜在对象就越多。

◇ 不是所有合格的调查对象都会接受调查，完成率是指完成调查的合格对象的百分率。同样的道理，完成率越低，需要接触的潜在对象越多。

◇ 最后，样本量决策受资源约束，在任何一个市场调研项目中，资金和时间都是有限的，其他约束条件包括合格的数据收集人员的人数等。

有关样本量确定方法的详细讨论，请参见第 10 章的内容。

5. 执行抽样过程

抽样过程的执行要求详细指定关于总体、抽样框架、抽样单位、抽样方法及样本量的抽样设计决策如何履行。如果抽样单位是家庭，就需要对家庭有一个操作化的定义，对于空缺的家庭单位及无人在家情况下的复查应该指定相应方法，对所有抽样设计决策应该提供详细的信息。

5.2 制定抽样框架

5.2.1 抽样框架的内容

一旦客户和调研机构对目标总体的定义感到满意之后，接下来就要考虑安排调查者与总体中的个体接触的手段或途径。抽样框架被定义为：供抽样使用的所有调查单位的名单。这份名单为调查者提供了辨别和联系调查总体中个体的有效途径。

一个抽样框架应该包括下述部分或全部内容。

◇ 识别资料：是帮助我们识别抽样框架中每个个体的项目，如姓名、家庭住址、身份证号码等。

◇ 联系资料：指那些在调查时用来确定个体所在位置的项目，如通信地址或电话号码。

◇ 分类资料：在抽样中是有用的。例如，如果对住公寓和有独立住所的对象使用不同的调查方法，能够提供分类资料的抽样框架就提供区分调查对象的有用信息。

◇ 维护资料：当调查项目需要重复进行时，维护资料就是必需的。像加入日期及抽样框架中任何资料的变更都属于这类资料。

◇ 连接资料：将抽样框架中的个体和其他的最新资料来源结合起来，由此更新抽样框架。

对于一个抽样框架，识别资料和联系资料是不可少的，而分类资料、维护资料和连接资料有助于提高抽样的效率。

总之，抽样框架是一组信息，我们把它作为一种直接或间接从抽样总体中抽取个体并与之接触的工具。在后面的章节中，还将了解到抽样框架中的数据还可用于审核和数据插补，从而改善抽样和估计。

抽样方法的详细内容将在5.3节讨论，关于数据的审核和插补参见第9章，估计将在第10章中讨论。

5.2.2 抽样框架的类型

通常有两种类型的抽样框架最为适用，那就是名录框和区域框。如果没有一个合适的抽样框架，也可以选择使用多重抽样框架。

1. 名录框

名录框被定义为：一份涵盖所有总体中个体的实际的或概念的名录清单。

概念名录框的一个例子是：某天早上9点至晚上8点之间进入某购物中心停车场的所有

车辆的名录。一份概念名录框常常是基于调查正在进行时才存在的总体。

实际名录框可取自各种不同的来源。各级政府机构因各自的管理需要都保存着一些名录，这些名录也是对抽样框架进行维护的最有效的资料来源。这类名录框的例子如下所述。

◇ 生命统计登记：总体中所有关于出生和死亡的记录（由当地公安局收集）。

◇ 商业注册：所有正在经营的公司及企业的名录（由工商行管部门收集）。

◇ 地址和邮政编码册：所有城市地区的住址和邮政编码册（由邮政局收集）。

◇ 电话号码簿：所有电话号码公开的家庭的电话号码簿（由电信局收集）。

如果准备使用这些行政数据构造抽样框架，调研设计者必须考虑和评估以下重要因素。

◇ 所需费用：利用行政数据资源建立与更新抽样框架所需费用通常较为低廉。

◇ 涵盖范围：上述来源的数据是否能够充分地覆盖目标总体。

◇ 更新频率：更新信息的频率、更新所耗费的时间及调查机构使用的滞后时间，都是应该考虑的因素，这是判断是否使用一个特定名录框的准则。

◇ 信息来源的稳定性：这些资源所提供统计指标的口径应尽可能稳定，因为概念、分类或者内容上的任何变更都会导致抽样框架维护时出现严重问题。

◇ 定义一致性：行政来源所使用的定义应尽量与调查中的概念相对应，否则调查就不能得到预想的结果。例如，不同的调查对住所的定义可能不同。

◇ 合法且正式的关系：调查机构和数据来源机构之间应该保持一定形式的稳定关系（如契约），这对于确保数据的稳定、更新和保密性都至关重要。

◇ 建立文档：应该记录数据文件中涉及的变量指标及其形式。当数据文件由不同人员掌管时，这一点尤其重要。

2. 区域框

区域框是指个体由地理区域构造的一种特殊的名录框，调查总体则由这些地理区域组成。区域框适用于以下所述的两种情况：当调查本质就是地理性质的（如通过每平方公里的野生动物数来估计野生动物的总数）；或者调查机构不能获得一个适当的名录框。

当没有合适的名录框时，可以考虑借助区域框来构造名录框。调查机构通过一个区域框抽取地理区域，并列出被抽中区域内的个体清单。如某项调查需在某个城市抽取住户，但没有该城市最新的住户名录。此时，调查机构可以用区域框抽取地理区域，如街区，然后由调查员列出每个被抽中街区中的全部住户名单。这种方法将对住户的抽样集中于数量有限的被抽中的区域，从而可以较为经济地进行个人面访调查。

区域框也并非总是处在"后备"的位置上。由于一些总体会随时变化，如有人出生，有人死亡，有人迁移等，所以有些名录框会很快过时，我们也总是遇到各种不完整的名录框。比较而言，由于地理边界相对稳定，维护一个区域框也就更为容易。更重要的是，用于抽样的地理个体在地图上的边界清楚，访员很容易辨别，不会与其他个体混淆。城市里的街区、主要街道和河流常常用于标注区域框中地理个体的边界，因为它们容易辨认。

区域框中的个体可以分为不同的层次，上一级个体可以细分成许多下一级个体。大的地理区域如省，是由地、市组成的；而地、市又可再划分为区、县等。我们只需对被抽中的那些最小的地理区域建立名录。多阶抽样经常使用区域抽样框架就是这个道理。

区域框抽样将在整群抽样和多阶抽样中进一步讨论。

3. 多重抽样框架

多重抽样框架是两个或两个以上的抽样框架的组合，如名录框和区域框的组合，或者两个或两个以上名录框的组合。

当没有一个抽样框架（名录或区域）能够全部覆盖总体时，就需要使用多重抽样框架。多重抽样框架的主要优点是对总体覆盖更好。

多重抽样框架的主要缺点是会导致同一个个体在几个抽样框架中重复出现。所以，使用多重抽样框架时极其重要的一个问题就是，找出各个抽样框架之间重复的个体并将其消除。理想情况是每个个体只能存在于一个抽样框架中，然而实际上，一个个体经常出现在多个抽样框架里。调查机构必须能够判定使用哪些抽样框架作为多重抽样框架，其中每个个体只出现一次。例如，当调查机构将一个电话名录框和一个区域框联合使用时，他们需要弄清楚样本区域中被抽中的个体的电话号码是否列在电话名录里。清除抽样框架中的重复个体是一项费用很高的操作，需要动用较多的人力。但是，其重要性却不容忽视，无视重复个体将导致有偏的估计。

5.2.3 抽样框架的评估

1. 抽样框架的可能缺陷

当抽样框架可能存在以下缺陷时，它就不是一份合格的抽样框架。

◇ 不完全涵盖：是指目标总体中的某些个体被排除在抽样框架之外。通常，这是因构造抽样框架所需的处理数据过程引起的时间滞后造成的。在抽样框架完成到开始实施调查这段时间内，有一些新的个体会"出生"，而它们却没有任何机会接受调查，这将导致低估目标总体大小并使估计出现偏差。调研者需要对不完全涵盖的程度进行计量，有可能的话设法予以纠正。

◇ 过涵盖：与不完全涵盖正好相反，它是指抽样框架中包含了本来不属于目标总体的个体。导致过涵盖的原因与导致不完全涵盖的原因是一样的。在抽样框架完成到开始实施调查的这段时间里，有些个体会从目标总体中"消亡"，但是它们在抽样框架中却依然"存活"。除非这些实际已经"消亡"的个体能被正确分类，将它们排斥于抽样框架之外，否则将导致抽样效率的降低且会引起调查结果的偏倚。

◇ 重复：是指抽样框架中某个个体出现不止一次。这常常是因为在构造抽样框架时使用了有重叠的名录（如使用多重抽样框架）。例如，在一个商业抽样框架中，某公司既以它的正式名称又以另外一个缩写名称重复出现在同一张名录中。重复将导致对目标总体数量的高估及估计的偏倚。通常，只有在调查的数据收集阶段中才能发现重复的个体。

◇ 分类错误：分类错误是指抽样框架中分类变量取值的错误。例如，一个男性被错误地归类为女性，或者一个零售商被归类为批发商，都会导致抽样效率的降低。错误分类也会同时造成不完全涵盖或过涵盖，如当我们仅对零售商进行调查时，那些被错误划分为批发商的零售商就不可能被抽到。

2. 合格抽样框架的标准

什么样的抽样框架称得上是一个合格的抽样框架？评价抽样框架的质量应该依据以下四个标准。

◇ 关联性：关联性是对抽样框架与目标总体对应的程度和据此与目标总体的个体接触难易程度的一种度量。抽样框架与目标总体之间的差别越大，调查总体和目标总体之间的差别就越大。应该允许对采用同一抽样框架的不同调查项目的结果进行比较。另外，抽样框架在涵盖同一目标总体的其他调查中的效用也是度量实用性的一个标准。

◇ 精确性：抽样框架的精确性应该用不同指标来评估。首先，应该评估涵盖（覆盖）误差。抽样框架中个体的缺失、超范围及重复达到什么程度？其次，应该研究分类误差，是否所有个体都已经分类？如果已经分类，分类是否正确？最后，应密切注意联系资料，联系资料完整吗？如果完整的话，这些联系资料是否精确？在调查资料收集和处理阶段，我们将体会到资料精确性的影响。抽样框架中资料的精确性将影响调查最终结果的质量。

◇ 时效性：时效应该用抽样框架的更新日期与调查标准日期的接近程度来计量。若抽样框架中的信息大部分已经过时（由于构造抽样框架的数据来源或者构造的时间长短等原因），那么为了提高抽样框架的时效就必须采取一些措施。

◇ 费用大小：可以用多种方式计量费用的大小。首先，衡量为建立抽样框架花费的总费用。其次，应将建立抽样框架的费用与本次调查的总费用进行比较。为了提高抽样框架的使用效率，通常一个抽样框架将用于多项调查。

除了上述重要特征外，一份合格的抽样框架同时应具有以下特征。①抽样框架所提供的信息应该使用标准的概念、定义、方法和分类，使客户都能够理解。如果这些概念、定义、方法和分类等还将同时用于其他调查项目，就尤为必要。②应该很容易地获得来自行政等机构的资源对抽样框架进行更新，以保证其时效性和完整性。

3. 建立合格抽样框架的建议与措施

大多数情况下，现成可用的抽样框架不能很好满足上述所有要求。为此，有必要采用一些建议和措施，保证选择并最大限度地利用抽样框架。

◇ 在调查的计划阶段，若有几个抽样框架可供选择，对它们的适用性和质量进行评估，由此确定使用哪个抽样框架。

◇ 尽量避免使用多重抽样框架，但是，当所有单独抽样框架都不合适时，可以考虑使用多重抽样框架。

◇ 对同一个目标总体或子总体进行多次调查时，应使用同一个抽样框架，这样可以避免口径不一致的情况，同时降低与抽样框架维护及评估有关的费用。

◇ 采用各种方法消除抽样框架中的重复，并更新新生、消亡、范围之外的个体及任何变化了的抽样框架信息，以改善和维护抽样框架的质量。

◇ 严格地训练工作人员。强调抽样框架涵盖的重要性，对与抽样框架相关的活动实施有效的质量监督程序，将抽样框架误差减少到最低限度。

◇ 通过实地考察或者使用其他地图对作为区域框的地图进行核对，确保抽样设计所使用的地理区域划分清楚且没有交叉重叠。

◇ 通过和资源管理者联系，判定和监控行政管理部门资源的涵盖范围，特别是对于超出调查控制的范围进行判定和监控。

◇ 在调查的文档中记录有关目标总体、调查总体、抽样框架、涵盖范围方面的内容。

◇ 在数据收集阶段通过匹配可相互替换的数据资源并对信息进行核实，定期对抽样框架的涵盖质量进行监督检查。

5.3 抽样方法

5.3.1 抽样方法分类及特点

1. 抽样方法的分类

抽样是根据数学上的或然率发展出来的，或然率又称为概率或可能率。抽样技术应合乎"概率法则"。

所谓"概率法则"，要求根据样本理论设计出来的一些抽样方法原则上必须是"任意的"，而非"立意的"，也就是说根据概率原则，无论用什么方法抽取样本，所获得的样本都应该是处于机遇，没有任何人为因素如态度、倾向、情感、知识等的影响。

按照是否严格遵循概率法则，抽样方法可以分为概率抽样和非概率抽样（见图5-2）。其中，概率抽样也称随机抽样，强调在抽取样本时排除主观上有意识的挑选，总体中的每个单位都有一定被抽中的机会。如果每个个体入样机会相同，就称为等概率抽样；如果每个单位入样机会不同，则称为不等概率抽样。无论等概率抽样还是不等概率抽样，样本抽取时都要通过一定的随机化程序来实现，每个个体的入样概率也通过抽样的随机化程序得到认定。

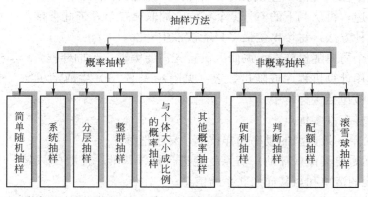

图5-2 抽样方法的分类

非概率抽样是相对于概率抽样而言的，是指样本的抽取并不遵循随机原则，而是根据主观判断或便捷的原则抽取，研究人员可以有意识地决定将哪些个体包括进样本中，哪些个体不包括在样本中。因此，非概率抽样效果的好坏在很大程度上依赖于抽样者的主观判断能力和经验。常用的非概率抽样技术包括便利抽样、判断抽样、配额抽样及滚雪球抽样等。

2. 两类抽样方式的特点

概率抽样的最大特点是，因为样本个体是随机选择的，所以可以确定样本估计值的精确度，计算包含给定确定程度的真实总体值的置信区间，而且可以对样本所在的目标总体作出推论。但是，概率抽样不仅要求对目标总体有一个精确的定义，而且要求对抽样框有一个全面的详述。同时，概率抽样技术本身操作起来相对复杂，概率抽样的成本较高，对抽样设计人员和现场抽调人员的专业技术要求也较高。

与概率抽样相比，非概率抽样的最大特点是操作简便、时效快、成本低。非概率样本可以产生对总体特征很好的估计，但是，无法对样本结果的精确度作出客观评价。也就是说，由于无法确定将任一特定个体选入样本的概率，非概率抽样所获得的估计在统计上不能推断到总体。

尽管如此，非概率抽样方法还是有重要应用价值的。当我们对调查的总体没有足够了解，或者因为调查总体过于庞大、复杂而不适宜采用概率方法抽样时，就要采用非随机抽样方法抽选样本。更为重要的是，当客户企业认识到市场调研必须是经常性的作业时，我们更有理由相信市场调研更倾向于采用非随机抽样方法，因为它省时、省钱并且方便。

5.3.2 概率抽样方法

1. 简单随机抽样

简单随机抽样（SRS）是从总体 N 个个体中随机抽取 n 个单位作为样本，有放回抽样和不放回抽样两种方法。放回的简单随机抽样是指从总体中随机抽出一个样本单位，记录观测结果后，将其放回到总体中去，再抽取第二个，依此类推，一直到抽满 n 个单位为止。采用这种方法，单位有可能被重复抽中。不放回简单随机抽样中，在抽取第一个样本单位后，将其放置一边，再从剩下的 $N-1$ 个单位中抽取第二个，依此类推，一直到抽满 n 个单位为止。采用这种方法，每个单位最多只能被抽中一次。

为了抽出一个简单随机样本，调研人员首先需要编辑一个抽样框，给其中每个个体分配一个号码，然后用计算机程序或随机数表（见附录表 B-1）生成随机数，根据这些随机数来确定哪些个体被包括进样本中。

简单随机抽样有许多优点：

◇ 它是最简单、最典型的概率抽样技术，易于理解；

◇ 抽样框不需要其他（辅助）信息就能进行抽样，唯一需要的只是一个关于调查总体所有单元的清单和与其如何联系的信息；

◇ 由于简单随机抽样已建立了很好的理论，样本的结果可以推论到目标总体上，大多数统计推论的方法都假定数据是由简单随机抽样方法收集的。

简单随机抽样也存在一些明显的不足：

◇ 构建一个可以供简单随机抽样用的抽样框通常很难；

◇ 简单随机抽样可能导致样本很大或者在地理区域上很分散，增加了数据收集的时间和成本；

◇ 简单随机抽样通常比其他概率抽样方法的精确度低，有较大的标准差；

◇ 简单随机抽样所产生的样本不一定具有很好的代表性，虽然平均来说，所抽出的样本可以很好地代表总体，但是一个给定的简单随机样本可能会非常错误地代表目标总体，如果样本量很小，这种情况就更可能发生。

简单随机抽样被用作评估其他抽样策略的效率的基准。这里所谓抽样策略，是指抽样方法与所用估计量的结合。一个估计量就是一个用来计算估计值的公式。估计量的抽样误差是通过其抽样方差来测量的，而抽样方差定义为对采用这种抽样设计的所有可能样本，估计值距离其平均值的差（称为离差）的平方的平均。如果一种抽样策略的抽样方差比另一种抽样策略的抽样方差小，我们就称这种抽样策略更有效率（准确来讲是统计效率）。关于抽样估计的进一步讨论，请参见第 10 章。

2. 系统抽样

系统抽样（SYS）也叫等距抽样或机械抽样，它是指将调查总体单位按照一定标志进行顺序排列，然后根据总体单位数和样本单位数计算出抽样间距（k），并从抽样框中每隔 k 个单位抽选一个个体，组成样本。

$$抽样间距(k) ＝ 总体单位数(N)/样本单位数(n)$$

例如，总体中有 50 000 个单位，想要抽取一个样本量为 500 的样本，此时抽样间距 k 为 100。在 1～100 之间选出一个随机数如 36，该样本就由个体 36、136、236、336、436 和 536 等组成。

排列调查总体单位，可以根据与调查单位有关的标志（如购买力调查中按收入排列），也可以依据与调查项目无关的标志（如户口簿和门牌号码）。但是，排列调查总体单位必须慎重再慎重。

在系统抽样中，总体单位的排列顺序决定着按抽样间距所抽取样本的代表性，并决定系统抽样调查结果的统计效率。可以分三种情况来说明。①如果总体单位排列顺序与需要研究的特征无关，则系统抽样将产生与简单随机抽样非常相似的结果。②当总体单位的排列顺序与需要研究的特征有关时，系统抽样能够增加样本的代表性。举例来说，如果在某行业中按照年销售额的增序排列公司，那么一个系统抽样的样本将包括一些小公司和一些大公司，通常会比一个简单随机样本具有更好的代表性。③如果总体单位的排列顺序呈现循环形式，抽样间距又与循环周期相同时，系统抽样会降低样本的代表性。例如，想对商场的零售额进行抽样调查，以 7 天为抽样间隔。因为每周 7 天中商场零售额的情况实际是不同的，而且有一定规律，那就是周末和假日零售额较多，平日较少。若抽中周末为系统样本的起点，估计结果会偏高；反之，若抽中平日为样本起点，估计结果就会偏低。

根据调查目的与具体情况，系统抽样有以下优点：

◇ 在没有抽样框时，可代替简单随机抽样；

◇ 与简单随机抽样一样，系统抽样不需要辅助的抽样框信息；

◇ 与简单随机抽样相比，系统抽样样本的分布较好（这还取决于抽样间隔及抽样框架是如何排列的）；

◇ 与简单随机抽样一样，有较好的理论支持，估计值容易计算；

◇ 只需要一个随机起点，系统抽样更简单，成本低，更容易实现。

系统抽样的主要缺点包括：

◇ 如果抽样间距正好碰上总体变化的某种周期性，就会得到一个差的系统样本；

◇ 与简单随机相同，由于不使用抽样框中的辅助信息，抽样策略的效率不高；

◇ 系统抽样的抽样方差没有一个无偏的估计量，为了进行方差估计，必须把系统样本看作简单随机样本，而且在名录中的单元确实是随机排列的。

3. 分层抽样

分层随机抽样又称分类随机抽样，是指将调查总体中的所有单位按照一定的属性或特征分成不相重叠的若干层次（或类别），然后在每一个层次（或类别）中进行简单随机抽样或等距抽样。

据以对总体单位进行分层的标志，一定是总体的某种重要属性或特征，而且与调查主题内容之间联系越密切越好。例如，进行消费者调查时，可以按照年龄、收入、职业、居住位置等标志将调查总体进行分类或分层；对企业情况进行调查时，则可以按照企业所属行业、所有制性质、规模等标志分层。

分层的目的是使样本单位在各层、各类中分布比较均匀，具有更好的代表性。因此，分层后各层之间应有明显差异，不至于发生混淆；而每一层内部的各个个体之间则应保持类似性。做到上述两点，就可以使所抽取的样本反映所在层的特征，提高样本的代表性，减少抽样误差。

在具体操作上，分层抽样方法分为四种：分层比例抽样、纽曼分层抽样、德明分层抽样和多次分层抽样。

1）分层比例抽样

分层比例抽样，也叫等比例抽样，是指各层中所抽取的样本数量在样本总量中所占比例与各层总体单位数占总体单位数的比例相等。或者说，各层所要抽取的样本数量都是按照样本总数占调查总体单位数的比例确定的。

设 n 为样本总数，n_i 为第 i 层应抽取的样本单位数，N 为调查总体单位数，N_i 为第 i 层总体单位数，则分层比例为 n/N，等比例意味着 $n_i/n = N_i/N$。

所以，第 i 层应抽取的样本数量：$n_i = n(N_i/N)$

例如，某街道有居民 20 000 户，按经济收入分为三层，分布情况如表 5-2 所示。假定样本数为 200，通过等比例分层抽样进行购买力调查。各层应抽取的样本数量可以按上述公式计算出来，结果见表 5-2 第四行。

表 5-2 等比例分层抽样法例表

高 收 入 层		中 收 入 层		低 收 入 层	
户　　数	比例/%	户　　数	比例/%	户　　数	比例/%
2 000	10	12 000	60	6 000	30
20		120		60	

2）纽曼分层抽样

它不是简单按照各层单位数占总体单位数的比例分配样本数量，而是结合考虑其他因素调整各层的样本单位数。

之所以进行纽曼分层抽样，主要基于以下一种或几种理由：

① 保证占总体比例小的类别（或层）有足够的样本单位数，使这些样本单位能够比较好地反映该层的属性和特征；

② 增加异质性较大的类的样本单位数，使该类样本有较小的抽样误差；

③ 多抽那些对分析来讲非常重要的类（或层）的样本单位。

通常，可以按照分层标准差大小，调整各层的样本单位数。计算公式为：

$$n_i = n \left[\frac{N_i S_i}{\sum N_i S_i} \right]$$

其中，S_i——各层样本的标准差。

假定上例各层样本标准差分别为：高收入层 300 元，中收入层 200 元，低收入层 100 元。根据样本标准差计算调整的样本单位数如表 5-3 所示。

表 5-3 纽曼分层抽样法例表

收入层次	各层单位数	标准差	$N_i \cdot S_i$	样本数量
高收入层	2 000	300	600 000	33.3
中收入层	12 000	200	2 400 000	133.3
低收入层	6 000	100	600 000	33.3
合　计	20 000		3 600 000	200.0

3）德明分层抽样

这是根据抽样费用支出的高低来调整各层应抽取样本数量的一种分层抽样方法，所以又称为最低成本抽样。前两种分层抽样方法主要考虑统计效果，而最低成本抽样则是在考虑统计效果的基础上，同时考虑经济效果。即根据各层抽样在调查费用方面的明显差异，适当调整各层应抽取的样本数量，从而将调查费用降至最低。

最低成本抽样中各层样本量分配的计算公式为：

$$n_i = n \left[\frac{N_i S_i / \sqrt{C_i}}{\sum (N_i S_i / \sqrt{C_i})} \right]$$

其中，C_i——第 i 层每个样本单元调查费用的估计值。

4）多次分层抽样

多次分层抽样是指在对调查总体进行初次分层后，再对某些层进行第二次甚至第三次分层，以便可以在每层内按照简单随机抽样方法抽取样本。

分层抽样方法有一些重要优点，包括：

◇ 分层抽样能提高对总体估计值的精度，从而使抽样策略的效率更高；

◇ 能保证样本对于各层子总体的代表性，从而得到有效的统计估计；

◇ 操作与管理方便；

◇ 能避免得到一个"差的"样本；

◇ 在不同的层中可以使用不同的抽样框和不同的抽样方法。

分层抽样的缺点主要有：

◇ 要求抽样框中的所有单元，而不仅仅是抽入样本的那些单元，都必须有高质量的、能用于分层的辅助信息；

◇ 由于需要辅助信息，抽样框架的创建比简单随机抽样和系统抽样都需要更多的费用，也更为复杂；

◇ 如果调查变量与分层变量不相关，统计效率有可能比简单随机抽样低；

◇ 估计值的计算比简单随机抽样和系统抽样稍为复杂。

4. 整群抽样

所谓整群随机抽样，是指首先将调查总体区分为若干群，然后采用简单随机抽样方法抽出一部分群作样本，最后对这些样本群进行全面调查。这就是通常所说的两段整群抽样。在两段整群抽样中，如果不对所抽取的样本群进行全面调查，而是进一步将这些群划分为若干小群，然后按照随机原则抽出一部分群进行全面调查，这就形成了所谓的三段整群抽样。根据实际需要，整群抽样方法往往还会出现四段、五段分群。我们将三段以上包括三段整群抽样，统称为多段整群抽样。

1995 年 10 月 1 日中国进行了一次 1‰人口的抽样调查。调查采取分层、多阶段、整群抽样的方法，在全国 30 个省、自治区、直辖市（未含港澳台地区，下同）共抽取了 1 558 个县级行政单位、47 471 个调查小区（居委会或村），共调查登记了 12 565 584 人（含现役军人），占全国人口总数的 1.04‰。

虽然都属于随机抽样方法，但是整群抽样与分层抽样不同。

在分层抽样法中，分层标准是与调查主题内容密切相关的总体属性或特征；整群抽样的标准则往往是一些调查总体的外部标志，与调查主题内容基本无关，如区域标准。

在分层抽样中，各层内部各单位之间差异较小，因而在各层中采用简单随机抽样方法抽取样本；而在整群抽样中，群与群之间差异小，所以简单随机抽样是在群中进行的，选取一部分群作为样本群，然后对样本群进行全面调查。

从适用性上看，分层抽样法适用于抽样框中的所有单元都有高质量的、能用于分层的辅助信息的总体；但是，如果总体单元是自然分组或分群的，而且调研设计者缺少对总体单位进行分层的辅助信息，那么，依据外观或地域标准创建一个群组的抽样框并对它们进行抽样就更为容易。

整群抽样有以下主要优点：

◇ 由于样本不像简单随机样本那样分散，整群抽样能大大降低数据收集的费用，这一点在总体单位分布很广而且使用面访调查方法时特别重要；

◇ 当总体单位自然聚合成群（如住户、学校）时，依据外观或地域标准创建一个群组的抽样框比简单随机或系统抽样创建一个名录框更容易；

◇ 对于调查变量而言，如果群内单元差异较大，而不同群的差异较小，则整群抽样策略比简单随机抽样的统计效率更高。

整群抽样的缺点主要包括：

◇ 如果群内单元对调查变量有趋同性，则整群抽样的统计效率比简单随机抽样低，而这正是通常遇到的情况；

◇ 无法提前知道调查的总样本量，因为不知道群内到底有多少个单位；

◇ 调查的组织比其他方法复杂；

◇ 方差估计可能比简单随机抽样更为复杂。

5. 与个体大小成比例的概率抽样

与个体大小成比例的概率抽样（PPS）是一种使用辅助信息从而使入样概率不相等的抽样技术。如果总体单位的大小或规模变化很大，且这些大小是已知的，这样的信息就可以用在抽样中，以提高统计效率。如果大小的度量是准确的，而且所研究的变量与总体单位的大小相关，与个体大小成比例的概率抽样就能极大地提高精度。如果大小的度量不大准确，则最好按大小分组并使用分层抽样。

与个体大小成比例的概率抽样中，一个很好的例子是面积。农场调查经常使用 PPS 抽样，用以公顷计的农场规模作为大小度量。当然，如果农场主买进或卖出一些土地，农场的规模会增加或减少，但是对大多数农场来说，农场的规模在各个年份都是常量。此外，农场调查中的典型问题，如收入、农作物产量、牲畜拥有量和农场支出等，都与土地拥有量相关。在市场调研中可使用的其他度量大小的指标包括雇员数、年销售额、经营场所数，等等。

PPS 抽样的主要优点是它使用了辅助信息，提高了抽样策略的统计效率，与简单随机抽样甚至与分层抽样相比，都能显著地减少抽样误差。

PPS 抽样有以下缺点：

◇ 抽样框中的所有单位，都要有高质量的、能用作大小度量的辅助信息；

◇ 抽样框的创建比简单随机抽样和系统抽样成本高，更复杂，因为需要度量和存储总体中每一个单位的大小；

◇ 并非在任何情况下都能使用，因为并不是每一个总体都有稳定且与主要调查变量相关的有关大小或规模的度量；

◇ 对于那些与大小变量不相关的调查变量，会导致抽样策略的统计效率比简单随机抽样低；

◇ 估计量的抽样方差的估计较复杂；

◇ 当总体单位大小度量不准确或不稳定时，PPS 抽样不再适用。

6. 其他概率抽样

除了以上几种基本的概率抽样方法外，还有其他抽样应用技术，如多阶抽样和多相抽样。

1）多阶抽样

多阶抽样是用两个或更多个连续的阶段抽取样本的过程。第一阶段抽取的单位称为初级抽样单位，第二阶段抽取的单位称为次级抽样单位，依次类推。每个阶段抽取的单位在结构上是不同的。在二阶抽样中，次级抽样单位通常就是总体的个体，即基本单位。

常见的多阶抽样是二阶抽样：第一阶抽样用地域框随机抽取小的地理区域；第二阶用系

统抽样抽取小区内的住所。在前面介绍的整群抽样中，样本群中的所有单位都入样。而两阶抽样调查，则是从每个被抽中的群中再抽一部分单位进行调查。

需要注意的是，在第一阶抽样中所使用的并非都是地域框。多阶抽样可以用其他形式的抽样框，如在机场进行的旅客调查，它使用的初级抽样单位是时间单位——一个月中的各天，第二级抽样单位是乘客。对更复杂的调查，第二级抽样单位可以是到达的客机，第三级抽样单位则是飞机上的实际座位。

多阶抽样的优点包括：

◇ 当群对于调查变量是同质时，多阶抽样比整群抽样的统计效率高；

◇ 样本的分布比简单随机抽样集中，因此面访调查所需时间和费用都更低；

◇ 不需要有整个总体的名录框，所需的只是在每阶抽样都有一个好的抽样框；换言之，只要有关于初级抽样单位的好抽样框及在日后各阶抽样中有被抽中单位的完整名录即可。

多阶抽样的主要缺点有：

◇ 虽然多阶抽样的效率比整群抽样高，但是没有简单随机抽样的效率高；

◇ 与整群抽样一样，通常不能提前知道多阶抽样的样本量；

◇ 调查的组织较为复杂（比整群抽样还要复杂）；

◇ 估计值与抽样方差的计算较为复杂。

2）多相抽样

多相抽样与多阶抽样虽然名称相近，但是内涵迥异。虽然多相抽样也要抽两个或更多的样本，但所有样本都是从同一个抽样框中抽出的，而且每一相的单位在结构上是相同的。多相抽样先抽一个有很多单位的大样本，收集基本信息，然后在这个大样本中抽一个子样本，收集更详细的信息。第一相收集的数据能够用作分层及筛选信息，同时也可以用来提高估计的效率。多相抽样最常见的形式是二相抽样（或称二重抽样），三相或更多相也是可以的。然而，使用多相抽样时，相数越多，抽样设计与估计就越复杂。

多相抽样能用在抽样框缺乏辅助信息，而又想对总体进行分层或筛选部分总体的情况。例如，假定需要养牛场的信息，而抽样框只列出了农场，没有所需的辅助信息。我们可以进行一个简单的调查，只问一个问题："你的农场的部分或全部都是用来养牛的吗？"由于只有一个问题，该调查的单位调查成本会很低（特别是用电话调查时），因此能抽一个大的样本。一旦这个大样本被抽取，就能从养牛的农场中抽取第二个较小的样本，并询问更详细的问题。这种方法能避免调查那些不在范围内（即不是养牛场）的单位的调查费用。

当没有充足的预算收集整个样本的信息，或这样做会导致额外的回答负担，或在一项调查中不同问题的数据收集费用差异很大时，都可以考虑使用多相抽样抽取子样本的方法来收集更详细的信息。考虑这样一个健康调查：它要问很多基本问题，涉及饮食、吸烟、运动、饮酒。此外，该调查还要求被调查者能参加一些直接测量，如在踏车上跑步并测量血压和胆固醇指标。相对而言，问几个问题不需花太多的费用，但医学测量却需要占用一个经过良好训练的保健工作者的时间，还要使用有相应设备的实验室，因而相对来说费用较高。这个调查就可以使用二相抽样，对第一相样本单位只问一些基本问题，而较小的第二相样本单位则需接受直接测量。

5.3.3　非概率抽样方法

1. 便利抽样

顾名思义，便利抽样就是依据方便原则抽取样本，对抽样单位的选择主要是由调查人员完成的，通常被访者由于碰巧在适当的时间出现在适当的地点而被选中。最典型的方式就是"拦截式调查"，即在街边或居民小区内拦住行人进行调查。想要了解消费者对某商场服务状况的看法，在该商场门口向出来的顾客询问调查的问题；想要调查外地居民在本市的购物状况，则机场、火车站、长途汽车站、宾馆等地都是可供选择的调查场所。

便利抽样在所有抽样技术当中成本最低、耗时最少，抽样单位易于接近、易于测量且乐于合作。尽管有这些优点，这种抽样方法仍有严重的局限性，它的样本信息无法代表总体，不能根据样本信息对总体进行任何推论。因而便利样本不适合描述性研究和因果关系研究，它比较适合探索性研究，通过调查发现问题，产生想法和假设。便利抽样也可以用于正式调查前的预调查。

2. 判断抽样

判断抽样也叫立意抽样或者目的抽样，它是按照调研设计者的主观判断选取调查单位组成样本的一种抽样方法。应用判断抽样方法的前提是，调研设计者必须以对调查总体的有关特征相当了解，或者可以依靠专家判断来决定样本。

在判断抽样时，样本单位的选取通常可以分为两种情况。

第一种情况是，选择最能代表普遍情况的调查对象，即选取"多数型"或"平均型"的样本作为调查对象。选取"多数型"样本，就是挑选在调查总体中占多数的单位作样本，通过抽样调查来推断总体特征。例如，调查工业企业亏损原因，单纯从所有制角度看，应该选取国有企业为样本。调查城镇居民家庭的收支结构，就应该选取三口之家作为样本，避免选取大家庭或者单亲家庭作为样本。选取"平均型"样本，就是在调查总体中选择那些能够代表平均水平的单位作样本进行调查。例如，研究城市市场时，应尽量挑选"中等城市"作为样本，而不是上海或者威海这种极端样本。

第二种情况是，选择那些异乎寻常的个案，目的是调查造成异常的原因。

在判断抽样中，样本代表性如何完全由调研设计者本身的知识、经验和判断能力决定，所以判断抽样不支持对一个特定总体的直接推论。但是，如果调查总体单位比较少，调研设计者对总体特征比较了解，那么利用判断抽样方法选择的样本会有较好的代表性。在精确度要求不很高的情况下，客户为了迅速获得解决日常经营决策问题所需要的客观依据，也常常使用判断抽样方法。

3. 配额抽样

所谓配额抽样，是指首先将总体单位按照一定的属性或者特征分成若干类，然后在每类中按照方便抽样或者判断抽样的方法选取样本单位。

配额抽样是与分层随机抽样相对的一种非随机抽样方式。两种方法都是按照一定的属性或者特征将总体的所有单位进行分类或者分层，而且样本单位在各类别之间的分配通常采用等比例方式。但是在分类之后，配额抽样不是按照随机原则，而是由调查人员根据方便或者主观判断随意抽取样本，所以配额抽样属于一种非随机抽样方法。

虽然如此，配额抽样与判断抽样也不同。具体表现为：

① 配额抽样是分别从总体的各个层次中各抽取若干样本，而判断抽样通常只从总体的某一个层次中抽取若干典型样本；

② 配额抽样注重量的分配，而判断抽样注重质的分配；

③ 配额抽样方法复杂精密，判断抽样方法相对比较简便。

配额抽样的核心内容是建立独立控制样本配额表和交叉控制样本配额表。

独立控制样本配额表，是根据调查总体的不同特征，对样本单独规定分配数额。例如，假定某市经贸管理部门要在一部分行业中组织一次零售店经济效益状况的调查，确定分类标志为行业、所有制和商店规模三项，确定样本规模为100%，我们可以建立独立控制样本配额表，如表5-4所示。

表5-4　独立控制样本配额表

行　业	比　例	所有制	比　例	商店规模	比　例
饮食业	40%	国营	25%	大型	10%
烟酒糖业	26%	集体	50%	中型	30%
百货业	34%	个体	25%	小型	60%
合　计	100%	合计	100%	合计	100%

虽然独立控制表列有行业、所有制和规模三个特征，但是各个特征是独立控制样本的配额，不规定三种特征的配额之间有任何关系。

交叉控制样本配额表，是指对调查对象的各个控制特征的样本配额进行交叉分配。如此抽样，可以兼顾各个控制特征的样本分配，使所抽取的样本在总体上有较高的代表性，因而可以大大提高抽样结果的可信度。

交叉控制表要在独立控制表的基础上来完成，参照表5-4，将三个独立控制表建立交叉控制样本配额表，如表5-5所示。

表5-5　交叉控制样本配额表

	大　型			中　型			小　型			合　计
	国营	集体	个体	国营	集体	个体	国营	集体	个体	
饮食业	X_{11}	X_{12}	X_{13}	X_{14}	X_{15}	X_{16}	X_{17}	X_{18}	X_{19}	40%
烟酒糖业	X_{21}	X_{22}	X_{23}	X_{24}	X_{25}	X_{26}	X_{27}	X_{28}	X_{29}	26%
百货业	X_{31}	X_{32}	X_{33}	X_{34}	X_{35}	X_{36}	X_{37}	X_{38}	X_{39}	34%
小　计										100%
合　计	10%			30%			60%			

根据交叉控制表，调查人员可以清楚地知道自己应抽取多个特征交叉控制的样本数，应切实按照规定在总体中抽取符合条件的样本进行调查。

最后，总结一下配额抽样的具体步骤。

第一步，选定控制特征。所谓"控制特征"，是据以对总体单位进行分类分层的属性和特征。在消费者调查中，性别、年龄、收入、职业及文化程度等，经常被选作控制特征；在工业用户调查中，行业、所有制、规模等经常被选作控制特征。选定调查对象的控制特征作为对总体的分类标准，要根据调查目的和调查总体各单位的差异情况而定。

第二步，确定调查总体中各个控制特征的比例。即分别按不同控制特征将调查总体细分成若干子体。这种过程既包括建立独立控制样本配额表，也包括建立交叉控制的样本配额表。

第三步，按照分层比例表确定各层次、各类别的样本数目，建立样本配额表。

第四步，确定抽样单位。调查人员根据样本配额表所分配的样本数，采用方便抽样、判断抽样等方式抽取样本单位进行调查。

配额抽样如果操作、控制得比较好，实际上就成为一种修正的概率抽样，可以保证总体的各个类别在样本中都有代表，使样本具有较高的代表性。另外，配额抽样方法由于实施简单，所以在市场调查中被广泛应用。

4. 滚雪球抽样

滚雪球抽样是指一种抽样程序，最初的应答者是通过概率方法进行选择的，另外的应答者则是通过最初应答者所提供的信息而获得的。这一过程可以通过一轮接一轮的推荐进行下去，因而导致了一个"滚雪球"的效应。即使在选择最初的被访者时使用了概率抽样，最终的样本还是一个非概率样本。这个技术用于通过推举找到那些罕见的总体单位。

假设一个运动器材的生产商，正在考虑向严肃的成年游戏者营销一种桃木槌球装置。在这个很小的市场上，必须找到一个大样本，如 100 名严肃的成年槌球游戏者。假如最初的抽样从 300 个人中找到 5 个槌球游戏者，那么接下来调研者就会要求这 5 个槌球游戏者提供其他游戏者的姓名。

很显然，这种抽样程序可以有效减低样本的大小，并且降低抽样成本，因而是一种很经济的方法。然而，研究中还是很可能出现误差，因为由一个样本单位推荐的人，与前面的样本单位相似的概率是很大的。如果在这些为别人所广泛认识及那些不被别人所认识的人之间存在着重大差异，那么这种技术就会产生严重问题。然而，滚雪球抽样可以用于找出并吸收重度用户作为中心小组，如那些每年购买 CD 超过 50 盘的消费者。所以，滚雪球抽样可能就是非常合适的。

5.3.4 抽样方法的选择

选择概率抽样还是非概率抽样方法，选择概率抽样或非概率抽样中的哪种方法，需要综合考虑很多因素，涉及对很多重要问题的思考。现将这些因素和问题扼要列举如下。

1）是否要以样本结果对总体进行推断

研究的性质对抽样方法的选择有重要影响。在探索性研究中，调查的结论往往只是初步的，而且可能没有充分的基础使用概率抽样；在结论性研究中，研究人员希望用抽样结果来推断总体，则概率抽样是适合的。

2）非抽样误差相对于抽样误差是大还是小

概率抽样并不总是能够得到更为精确的结果，如果非抽样误差是一个重要的因素，那么非概率抽样可能更好，因为通过判断可能会更好地控制抽样过程。

3）总体的差异化程度如何

总体中需要研究的变量的同质性如何？一个较为异质的总体适宜用概率抽样，因为确保一个有代表性的样本更为重要。

4）有没有或是否有可能建立一个包含总体所有单位的名录

如果没有抽样名录，则应考虑使用整群或多阶抽样；如果有或有可能建立这样一个抽样名录，则可考虑使用简单随机抽样，不过做此选择时还要考虑一些其他方面，如数据收集方法，是否有其他辅助信息可以利用等。

5）调查是否要求对一个相当大的地理区域进行面访

如是，则应考虑样本单位相对集中，如采用整群抽样。

6）总体单位是否自然形成群体，或是否有此类群体的名录

若总体单位自然形成群体，有关群体的名录（如住户、学校）也有现成的，或建立这样的名录比建立一个总体个体名录要便宜得多，或者可以用地域抽样框，则应考虑使用整群抽样。

7）抽样框是否有能用作分层或度量大小等的辅助信息

如果抽样框有重要的辅助信息，而且这些变量与主要调查变量相关，则考虑使用分层抽样。如果有准确的辅助信息且有与主要调查指标相关的大小度量，则考虑使用 PPS 抽样。如果大小度量不太准确，或与主要调查指标的相关性不太大，则考虑按大小度量分组并以此分层。

8）是否需要进行域估计，域能否在抽样框中确定

估计既可以针对整个调查总体进行，也可以针对特定的子总体或域（如性别、年龄、收入水平等域）进行。针对特定子总体的估计就是域估计。如果调研目的要求进行域估计，则应考虑将域作为层进行分层抽样；如果不是，则可以考虑采用多相抽样。

9）抽样框是否缺乏用来分层或对总体单元进行筛选的辅助信息

如果缺乏这类辅助信息，则考虑进行多相抽样，取一个相当大的第一相样本用来收集在第二相所需使用的分层信息。

10）部分信息收集起来是否费用较高

如果所需要的一部分数据与另一部分数据相比，收集成本差别很大，则应考虑使用多相抽样，只用较小的第二相样本来收集那些费用较高的数据。

思考与 训练题

1. 在哪种情况下进行普查比抽样调查更加合适？在哪些情况下抽样调查比普查更加合适？
2. 描述概率抽样和非概率抽样之间的差异。
3. 说出下面这些可能的抽样框架：
（1）羽毛球运动爱好者；

（2）养狗的人；

（3）重型摩托车的拥有者；

（4）假发及护发产品零售商；

（5）社会团体法人。

4. 对下面的抽样设计进行评论。

（1）某个百货商店想要检验它是否正在失去或者赢得顾客，从其信用卡拥有者的名单中每隔10个名字抽取一个组成样本。

（2）某个广告代理商建议要在真实世界里对广告效果进行测试。在一个杂志上投放了一页广告。一半的空间用于广告本身，另一半则是一个简短的问卷，要求读者对广告进行评价。对最先的1 000个回应将会给予奖励。

（3）一位调研人员建议，将一个消费者研究小组替换为那些经常在使用光学扫描仪的超市进行购物的消费者样本。人工记录购买物品的负担将会被计算机化的数据所替代。

5. 调研人员在什么时候会使用判断、目的性抽样？举例说明。

6. 调研人员在什么条件下会使用配额抽样？举例说明。

7. 如果调研人员知道不同地理区域的消费者会对某类产品，如海鲜酱油，反应非常不同，那么地区抽样还合适吗？为什么是或者为什么不是？

8. 分层抽样与整群抽样的区别是什么？各自适用于什么条件？

9. 营销人员经常会对一个销售贡献很大的市场子集（如重度啤酒饮用者或者销售量很多的零售商）尤其感兴趣。对于这样一个子集最好使用哪一种抽样方法？为什么？

第 ⑥ 章

数据收集方法（上）

【本章要点】

(1) 了解数据收集方法的分类体系

(2) 了解文案调研的特点及优势

(3) 了解文案调研资料评估的必要性，掌握评估的方法体系

(4) 了解二手数据应用的主要目标

(5) 了解二手数据的主要来源

(6) 了解定性数据调研的特点和分类

(7) 掌握焦点小组访谈的原理和实施要点

(8) 理解投身技术的分类和应用要点

开篇案例

速溶咖啡消费动机调研的方法选择

消费者动机研究，是消费者心理学的一个重要领域。如果不了解消费者的购买动机，就无法解释他的消费行为。以美国关于速溶咖啡的销售为例。

20 世纪 40 年代，当速溶咖啡这个新产品刚刚投放市场时，厂家自信它会很快取代传统的豆制咖啡而获得成功。因为它的味道和营养成分与豆制咖啡相同而饮用方便，不必再花长时间去煮，也不要再为刷洗煮咖啡的器具而费很大的力气。厂家为了推销速溶咖啡，就在广告上着力宣传它的这些优点。出乎意料的是，购买者寥寥无几。心理学家们对消费者进行了问卷调查，请被试者回答不喜欢速溶咖啡的原因和理由。很多人一致回答是因为不喜欢它的味道，这显然不是真正的原因。为了深入了解消费者拒绝使用速溶咖啡的潜在动机，心理学家们改用了间接方法对消费者真实的动机进行了调查和研究。他们编制了两种购物单（见表6-1），这两种购物单上的项目，除一张上写的是速溶咖啡，另一张上写的是新鲜咖啡这一项不同之外，其他各项均相同。把两种购物单分别发给两组妇女，请她们描写按购物单买东西的家庭主妇是什么样的妇女。结果表明，两组妇女所描写的想象中的两个家庭主妇的形象是截然不同的。看速溶咖啡购货单的那组妇女几乎有一半人说，按这张购货单购物的家庭主妇是个懒惰的、邋遢的、生活没有计划的女人；有 12% 的人把她说成是个挥霍浪费的女人；

还有10%的人说她不是一位好妻子。另一组妇女则把按新鲜咖啡购货的妇女，描写成勤俭的、讲究生活的、有经验的和喜欢烹调的主妇。这说明，当时的美国妇女有一种带有偏见的自我意识：作为家庭主妇，担负繁重的家务劳动乃是一种天职，而逃避这种劳动则是偷懒的、值得谴责的行为。

表6-1　速溶咖啡消费动机调查使用的购物单

购物单1		购物单2	
1听发酵粉	1.5磅碎牛肉	1听发酵粉	1.5磅碎牛肉
2块面包、1串胡萝卜	2听桃子	2块面包、1串胡萝卜	2听桃子
1磅速溶咖啡	5磅土豆	1磅新鲜咖啡	5磅土豆

速溶咖啡的广告强调的正是速溶咖啡省时、省力的特点，因而并没有给人以好的印象，反而被理解为它帮助了懒人。由此可见，速溶咖啡开始投放市场时被人们拒绝，并不是由于它的本身，而是由于人们的动机，即都希望做一名勤劳的、称职的家庭主妇，而不愿做被人和自己所谴责的懒惰、失职的主妇。这就是当时人们的一种潜在的购买动机，这也正是速溶咖啡被拒绝的真正原因。

谜底揭开之后，厂家对产品的包装作了相应的修改，除去了使人产生消极心理的因素。广告不再宣传又快又方便的特点，而是宣传它具有新鲜咖啡所具有的美味、芳香和质地醇厚等特点；在包装上，使产品密封十分牢固，开启时十分费力，这就在一定程度上打消了顾客因用新产品省力而造成的心理压力。结果，速溶咖啡的销路大增，很快成了西方世界最受欢迎的咖啡。

尽管人的消费行为受多种因素的影响，但购买动机，即购买行为产生的原因和动力，无疑是重要的因素，对它的研究自然是消费者心理学的一个重要领域。这从速溶咖啡的例子里已得到了充分的证明。

（案例材料选自《中央电大营销案例》材料，并经作者改编）

在营销调研中，数据收集方法的选择与设计是关乎调研信息质量的关键一环。只有所选择的数据收集方法适当，并有精心设计的调查表配合，调研活动才可能采集到客观、真实的数据，才能为客户提供真正有价值的信息。

6.1　数据收集方法分类

按照数据资料来源的不同，数据收集方法可以分为文案调查（desk research）和实地调查（fields research）两大类。文案调查又称二手数据调研，是指通过收集已有数据资料，并加以整理和分析的一种数据收集方法，经常在探索性研究阶段使用。实地调查则强调向原始数据源直接收集第一手资料，并加以整理和分析。按照数据资料的性质不同，实地调查又可以分为定性调查法和定量调查法两类。其中，定量调查按照数据收集方式又进一步分为询问调查、观测调查和试验调查三类方法。上述调查方法分类构成数据收集方法分类体系的基本框架，也是安排本章内容体系的基本思路。数据收集方法分类的基本框架如图 6-1 所示。

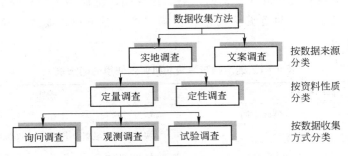

图 6-1　数据收集方法分类的基本框架

本章将重点分析讨论文案调查和定性调查，即二手数据的收集方法和定性数据的收集方法，定量调研的有关方法将在第 7 章分析。

6.2　二手数据的收集——文案调研

案 例

2020 年中国互联网发展状况简明报告

2020 年 4 月 CNNIC 第 45 次发布了中国互联网发展状况统计报告，报告展现了截至 2020 年 3 月的调查数据。通过这些数据，我们可以了解中国互联网络基础资源情况以及整体发展态势、互联网用户上网行为特征以及未来发展趋势等。下面是报告的部分基础数据。

◇ 中国互联网基础资源状况，见表 6-2。

表 6-2　2018.12—2019.12 互联网基础资源对比

	2018 年 12 月	2019 年 12 月	年增长量	年增长率
IPv4/个	385 843 968	387 508 224	1 664 256	0.4%
IPv6/（块/32）	43 985	50 877	6 892	15.7%
域名/个	37 927 527	50 942 295	—	—
其中.CN 域名/个	21 243 478	22 426 900	1 183 422	5.6%
国际出口带宽/Mbps	7 371 738	8 827 751	1 456 013	19.8%

◇ 截至 2019 年 12 月，我国国际出口带宽数为 8 827 751 Mbps，较 2018 年底增长 19.8%。2013 年以后历年国际出口带宽数及增长情况见图 6-2。

◇ 截至 2020 年 3 月，我国互联网用户规模达 9.04 亿，较 2018 年底增长 7508 万，互联网普及率达 64.5%，较 2018 年底提升 4.9 个百分点。2013 年以后历年互联网用户规模及普及率变化情况，见图 6-3。

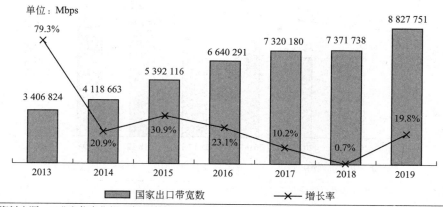

资料来源：工业和信息化部，中国科技网，中国教育和科研计算机网。　2019.12

图 6-2　2013—2019 年国际出口带宽数及增长率

资料来源：**CNNIC**中国互联网络发展状况统计调查。　2020.3

图 6-3　2013—2020 年互联网用户规模及普及率变化

◇ 截至 2020 年 3 月，我国手机互联网用户规模达 8.97 亿，较 2018 年底增长 7992 万，我国互联网用户使用手机上网的比例达 99.3%，较 2018 年底提升 0.7 个百分点。2013 年以后历年手机互联网用户规模及其占比变化情况，见图 6-4。

◇ 截至 2019 年 12 月，我国网站数量为 497 万个，较 2018 年底下降 5.1%。其中，".CN"下网站数量为 341 万个，较 2018 年底增长 4.6%。

◇ 截至 2019 年 12 月，我国网页数量为 2 978 亿个，较 2018 年底增长 5.8%（见图 6-5）。其中，静态网页数量为 2 063 亿，占网页总数量的 69.3%；动态网页数量为 916 亿，占网页总数量的 30.7%。

资料来源：CNNIC中国互联网络发展状况统计调查。 2020.3

图 6-4 2013—2020 年手机互联网用户规模及其占比变化

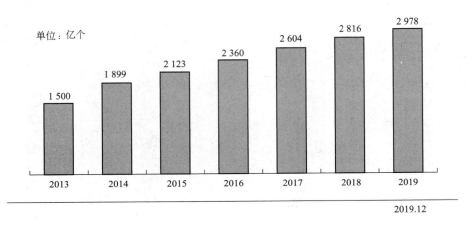

2019.12

图 6-5 2013—2019 年我国网页数量变化

◇ 2019 年 1 至 12 月，移动互联网接入流量消费达 1 220.0 亿 GB。实际上，2013 年以来移动互联网接入流量一直呈高速增长态势（见图 6-6）。

◇ 截至 2019 年 12 月，我国国内市场上监测到的 App（Application，移动互联网应用）数量为 367 万款，比 2018 年减少 85 万款，下降 18.8%。

◇ 截至 2020 年 3 月，我国即时通信用户规模达 8.96 亿，较 2018 年底增长 1.04 亿，占互联网用户整体的 99.2%；手机即时通信用户规模达 8.90 亿，较 2018 年底增长 1.10 亿，占手机互联网用户的 99.2%。

◇ 截至 2020 年 3 月，我国网络新闻用户规模达 7.31 亿，较 2018 年底增长 5598 万，占互联网用户整体的 80.9%；手机网络新闻用户规模达 7.26 亿，较 2018 年底增长 7356 万，占手机互联网用户的 81.0%。

◇ 截至 2020 年 3 月，我国网络购物用户规模达 7.10 亿，较 2018 年底增长 1.00 亿，占互联网用户整体的 78.6%；手机网络购物用户规模达 7.07 亿，较 2018 年底增长 1.16 亿，占手机互联网用户的 78.9%。

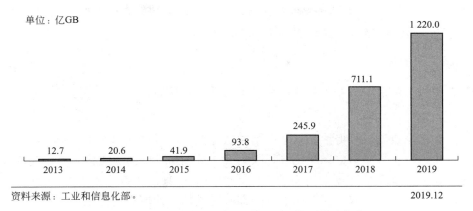

单位：亿GB

资料来源：工业和信息化部。   2019.12

图6-6　2013—2019年移动互联网接入流量变化

◇ 截至 2020 年 3 月，我国网络支付用户规模达 7.68 亿，较 2018 年底增长 1.68 亿，占互联网用户整体的 85.0%；手机网络支付用户规模达 7.65 亿，较 2018 年底增长 1.82 亿，占手机互联网用户的 85.3%。

◇ 截至 2020 年 3 月，我国网络视频（含短视频）用户规模达 8.50 亿，较 2018 年底增长 1.26 亿，占互联网用户整体的 94.1%；其中，短视频用户规模为 7.73 亿，占互联网用户整体的 85.6%。

◇ 截至 2020 年 3 月，我国在线政务服务用户规模达 6.94 亿，占互联网用户整体的 76.8%。

（上述案例材料节选自 CNNIC 发布的《第 45 次中国互联网络发展状况统计报告》，内容经作者整理编辑。）

上述有关中国互联网发展状况调查统计报告显示，二手数据的来源非常丰富，而且极具调研价值；同时还表明分析和解释数据也是相当重要的工作。二手数据的来源、收集、分析、评估和应用都是本节文案调研所要讨论的内容。

6.2.1　文案调研的特点、优势和局限

二手数据是和原始数据相对的一个概念。原始数据是研究人员为了解决面临的问题而专门收集的数据。二手数据是在调研人员开展手头上的项目之前，由其他人为了其他目的而收集并记录下来的有关数据。

1. 文案调研的特点

文案调研，就是指通过收集已有的资料、数据、报告、文献资料等二手数据，并加以整理和分析的一种市场调查方法。与收集原始数据的实地调查方法相比，文案调研具有以下特点：

◇ 调研所收集的是已经加工过的第二手资料，以收集文献性数据资料为主；

◇ 偏重于从动态角度收集那些反映市场变化趋势的历史及现实资料；

◇ 数据收集看重数据来源，而不是应答者或调研对象；

◇ 文案调研不受时空限制，可以获得实地调研难以取得的大量数据；

◇ 二手数据的整理和分析是文案调研的重要内容。

2. 文案调研的优势

如果我比别人看得远一些，那是因为我站在巨人的肩膀上。

——艾萨克·牛顿（Issac Newton）

基本优点来自数据的可得性。二手数据大量存在，而且现在很多二手数据都是以数位形式储存，因此，与获得原始数据相比较，收集二手数据通常要简单得多，特别是随着电子检索技术的发展，获取二手数据变得更容易了。同时，收集二手数据所需成本费用也相对低廉，而且，二手数据的获取很多情况下都是即时完成的，即所需时间很短。

在另外一些情况下，如果使用原始数据收集程序不能得到想要的数据，那么文案调研就成为收集这类数据的唯一可行方法。例如，任何公司也无法复制中国国家统计局关于经济单位普查的有关行为，但是可以通过文案调研来收集、整理和分析你所感兴趣的某一个方面的普查信息。

鉴于上述优点，文案调查常常是市场调查的首选方法，几乎所有的市场调查都可以始于收集二手资料；只有当二手资料不足以解决问题时，才进行实地调查。

虽然文案调查往往不能为非常规的研究问题提供所有答案，但可以在调研设计方法上提供多方面的价值：有助于确定管理决策问题，更好地定义市场调研问题，拟定问题的研究框架，阐述恰当的研究设计，回答特定的研究问题，更深刻地解释原始数据。

文案调研还经常用于解决市场研究中下列实际问题：市场供求趋势分析；相关和回归分析；市场占有率分析；市场覆盖率分析。

3. 文案调研的局限性

同时更应注意到，文案调研方式也存在很多局限。文案调研方式的局限性主要表现在以下方面。

◇ 主要依赖历史资料，难以适应和反映现实中正在发生的新情况、新问题。

◇ 所收集的二手数据对于满足当前调研问题和调研目标需要的适用性可能不高。二手数据与当前调查目的往往不能很好地吻合，对解决当前调研问题不完全适用。

◇ 难以把握文案调研所收集数据资料的准确程度。一般而言，由专业人员采用科学方法收集和加工的数据，准确度较高；而有些二手数据可能只是某些机构或人员的粗略估算和推测，准确度较低。问题是，我们经常无法获取有助于判断数据准确程度的相关辅助信息。

◇ 要查找最初的数据源可能面临不小难度，而且方法使用也对人员的专业知识和技能提出了较高要求，这样都可能推高文案调查的成本，或者影响所收集数据的质量。

在准备应用文案调研方法前，调研机构和人员首先应该对文案调查的这些局限性有清醒认识，并在计划与实施过程采取适当措施突破这些局限；同时，在运用文案调研数据进行分析研究前，要对所收集的二手数据的质量进行评估。

6.2.2 二手数据的来源

从大的方面讲，二手数据的来源分为两个：企业内部数据来源和企业外部数据来源。

1. 企业内部数据来源

企业内部数据是那些源自企业内部的数据，或者是由公司最先记录的数据，属于企业专有数据。企业内部数据包括企业经营、管理活动的各种记录，包括以下主要来源。

业务资料：指与企业业务经营活动有关的各种资料，如订货单、进货单、发货单、合同文本、发票、销售记录、业务员访问报告等。

统计资料：包括各类统计报表和统计分析资料等。

会计资料：指由企业财会部门提供的各种财务、会计核算和分析资料，包括生产成本、销售成本、各种商品价格及经营利润等。

企业积累的其他资料：包括日常简报、经验总结、顾客建议和意见、各种调研报告、同业卷宗及有关照片和录像等。

很多公司定期收集、记录并储存内部数据，以便用于解决未来的某些问题。销售信息可以根据账目、产品或地区进行分类，然后确认各种订单、延期交货及未履行订单的有关信息，并在这些历史数据的基础上预测未来的销售情况。

调研人员经常需要聚集或分解内部数据。例如，调研人员使用内部二手数据来分析过去3年的销售情况，将销售按照行业、产品、购买水平等标准分类，结果发现，60%的顾客只代表其销售业务总量的2%。对内部数据的上述简单调研表明，公司营销工作的方向存在某些严重问题，公司所服务的目标市场有待重新界定。

2. 企业外部数据来源

外部数据是由调研人员所在企业以外的机构记录或收集的数据。政府、报刊、商业协会及其他组织都可以产生这类信息，这些机构构成企业外部数据的原始来源。这些信息传统上是以出版物的形式存放在公共图书馆等机构，这里的公共图书馆实际上是二手数据的分发机构，而不是原始来源。

1）二手数据的分发机构

在分析企业外部数据来源之前将原始数据来源与分发机构区分开来是有益的。因为随着现代信息技术的发展以及信息商品化趋势的推动，二手数据的分发渠道现在正变得越来越发达，人们可以从很多渠道得到同一份数据。例如，大量的中小企业可以直接向政府购买某些计算机化的普查数据，也可以通过图书馆或其他媒介获得，还可以向二手数据销售商购买。但是在这里，原始数据源只有一个，那就是政府。

图书馆是二手数据的传统分发渠道。图书馆的信息仓库一直发挥着连接二手数据使用者和生产者的桥梁作用。一方面，图书馆直接同信息生产商打交道，购买和存储各种数据资料；另一方面，图书馆也组织编写各种索引，吸引使用者在图书馆的书架上寻找自己需要的二手数据，甚至还提供一些延伸服务。

因特网是二手数据的现代分发渠道。因特网的诞生与使用增加了获得二手数据的国际化程度。它不仅能够提供图书馆这种传统渠道的各项功能，同时增加了很多新功能，大大方便了二手数据查找、存储和使用的效率。

2）二手数据的原始来源

根据信息生产商的性质分类，外部二手数据有五个基本来源：书籍与期刊出版商、政府来源、媒介来源、行业协会来源及商业性来源。

（1）书籍与期刊：书籍与期刊是最主要的二手数据来源。调研人员如果能找到关于自己调研主题的各类书籍，就等于自己的调研工作成功了一半。

（2）政府来源：政府机构有自己的统计调查机构，每年都提供大量的数据资料。大部分数据是具有权威性的，如人口普查数据、经济单位普查数据、第三产业普查数据等。这些数据在实地调研过程中可以直接运用。

地方政府也是特定区域市场二手数据资料的主要来源，有时更适合特定区域市场实地调研的需要。

（3）大众媒介来源：各种大众传播媒介在市场化、产业化浪潮的推动下，专业化发展趋势越来越明显。在广播电视专栏节目里或各种专业出版物中，调研人员可以很容易地找到关于各种主题的信息资料，不仅丰富而且深入。

（4）行业协会来源：很多行业协会都会收集行业内企业的各种数据，行业协会逐步成为行业性的信息中心。如汽车行业协会就会收集汽车行业的供求数据以及其他各种数据，为行业内企业以及其他相关行业企业提供信息服务。

（5）商业性来源：有些专业调研企业选择某些专门领域建立调研网络，将信息作为标准化产品来生产。通常，这些调研公司不接受或较少接受定制调研委托，它们的业务就是生产信息，然后出售或出版这些信息资料。因此，这些专业调研企业就构成企业外部二手数据的重要来源。

6.2.3　网上二手数据的收集

正如前述对二手数据分发机构所作分析，计算机以及因特网的发展给二手数据的存储、分发乃至使用等带来了革命性的变化。因特网的普及大大方便了二手数据的存储、查找和使用方式，而且也改变了二手数据的收集方式。

因特网存在着海量的二手数据，但是要找到自己所需要的信息，必须首先了解有关查找方法，特别是搜索引擎技术，当然也要了解专题性网络信息资源的分布。这里主要讨论在因特网上查找二手数据资料的一些主要方法。

1. 利用搜索引擎查找资料

网上不仅有海量的英文数据资料，而且中文数据资料也迅猛增加。不仅政府的经济政策信息和各种统计调查数据纷纷上网，甚至连数量庞大的中小企业使用互联网的比例也大幅提升。面对网上海量的二手数据资料，搜索引擎成为使用最普遍的检索工具。

搜索引擎检索方法主要分为主题分类检索和关键词检索。

主题分类检索，即通过各搜索引擎的主题分类目录（web directory）查找信息。

关键词检索，则是指用户通过输入关键词来查找所需信息的方法。使用关键词法查找资料，通常分为三个步骤：

（1）明确检索目标，分析检索课题，确定几个能反映课题主题的核心词作为关键词，包括它的同义词、近义词、缩写或全称等；

（2）采用一定的逻辑关系组配关键词，输入搜索引擎检索框，点击检索（或 search）按钮，即可获得想要的结果；

（3）如果检索效果不理想，可调整检索策略：结果太多的，可进行适当的限制；结果太少的，可扩大检索的范围，取消某些限制；直到获得满意的结果。

2. 访问相关的网站收集资料

对一些搜索引擎优化水平不高的机构网站，搜索引擎难以进入其深层页面，处于网站较低层次的数据资料就不可能被搜索引擎检索出来。因此，当使用搜索引擎找不到理想结果时，也可以选择登录其官方网站进行浏览、查找。

实际上，即使搜索引擎优化水平不断提高，搜索结果仍然可能是海量的，要查找深层次、专业的数据资料仍然会面临巨大困难。但是，如果我们知道某一专题的信息主要集中在哪些网站，可直接访问这些网站，获得所需数据资料。这时，了解、掌握专题性网络信息资源的分布就十分重要了。

3. 利用相关的网上数据库查找资料

在因特网上，除了借助搜索引擎和直接访问有关网站外，收集二手数据资料的第三种方法就是利用相关的网上数据库（即 Web 版的数据库）。

Dialog 系统（www. dialog. com）和 ORBIT 系统是国外最大的两个网络数据库系统。其中，美国 DIALOG 系统是目前世界上最强大的国际联机检索系统，也是目前运作最成功的联机商业数据库系统之一，它拥有 80 多个国家约 10 万多个终端用户，主机系统位于美国加利福尼亚州的 PALO ALTO 市。DIALOG 拥有近 600 个联机数据库，其内容涉及 40 多个语种和占世界发行总量的 60％的 6 万多种期刊。DIALOG 是世界最著名的商用联机数据库系统之一，它的服务是收费服务。

维普数据库系统、CNKI 中国期刊网数据库和万方数据资源系统则是国内著名的三个网络数据库系统。以维普数据库为例，该数据库是科学技术部西南信息中心下属的重庆维普资讯有限公司的产品，它收录有中文报纸 1 000 余种，中文期刊 12 000 余种，外文期刊 4 000 余种，拥有固定客户 2 000 余家。目前，已成为中国最有影响力的数据库建设者之一。该数据库可在维普资讯网（http：//www. cqvip. com）上使用，该库中主要有《中文科技期刊数据库》《中国科技经济新闻数据库》《外文科技期刊数据库》《维普医药信息资源系统》等。

4. 利用公告栏/新闻组等方法收集相关数据

公告栏（BBS）就是在网上提供一公开"场地"，任何人都可以在上面进行留言回答问题或发表意见和问题，也可以查看其他人的留言，好比在一个公共场所进行讨论一样，你可以随意参加也可以随意离开。目前流行的网络论坛，也有类似性质。目前许多 ICP 都提供有免费的公告栏，你只需要申请使用即可。

早期的 BBS 由教育机构或研究机构管理，现在多数网站上都建立了自己的 BBS 系统。

目前国内的 BBS 已经十分普遍，大致分类如校园 BBS、商业 BBS 站、专业 BBS 站、情感 BBS 等。利用 BBS 收集资料主要是到主题相关的 BBS 网站上去了解情况。

新闻组就是一个基于网络的计算机组合，这些计算机可以交换以一个或多个可识别标签标识的文章（或称之为消息），一般称作 Usenet 或 Newsgroup。由于新闻组使用方便，内容广泛，并且可以按兴趣爱好及类别精确地对使用者进行分类，其中包含的各种不同类别的主题已经涵盖了人类社会所能涉及的所有内容，如科学技术、人文社会、地理历史、休闲娱乐等。通过使用新闻组，可以从中获得免费信息，或相互交换信息。

6.2.4　二手数据的评估

请读者首先考虑下面几种情况，然后替调研者考虑一下这些资料适合使用：

◇ 调研人员在调查大型铲车的资料时发现，该主题的二手数据包含于一个大类别中，该类别包括所有的工业卡车和拖拉机等，而且数据是 5 年以前收集的；

◇ 调研人员希望研究年收入超过 12 万元的个人，但发现在所能收集到的二手数据的分类中只有关于年收入在 10 万元及以上的报告；

◇ 某酒厂希望同其主要的竞争者比较一下每桶酒分摊的广告成本，但是从收集到的数据发现各自的测量标准不同，有些酒厂还报告销售现场的广告费用，但是另外一些酒厂则没有把此项费用计算在内。

也许你能够做出判断，也许你不能。对于市场调研者来讲，关键是要掌握判断的标准，或者说评估的依据。简单而言，对二手数据的评估要掌握"三性"标准，即有效性、可靠性和可行性。

1. 二手数据的有效性评估

二手数据的固有特点在于它不是为满足调研人员的当前需求而专门设计的，所以，数据与特定项目的相关程度如何，或者说二手数据满足当前调研问题和调研目标需要的适用性如何，就成为调研人员最关心的问题，也是文案调研资料评估要解答的关键问题。评估二手数据满足当前调研问题和调研目标需要的适用性程度，涉及下列一组具体问题：

◇ 数据主题是否与我们调研问题的范畴相一致？

◇ 数据是否适用于调研对象的范围？

◇ 数据是否适用于调研时间的范围？

◇ 数据所使用的术语和变量分类是否适用于当前的调研项目？

◇ 数据的测量单位是否是可比较的？

（1）数据主题是否与我们调研问题的范畴相一致？

对二手数据有效性的评估，首要标准就是二手数据是否有助于回答问题定义中提出的问题。如果回答是否定的，那么二手数据就根本不适用，应当终止二手数据的收集工作。

（2）数据是否适用于调研对象的范围？

对于每个严格执行的市场调研项目而言，为满足调查设计的需要，严格定义调研对象是必需的。这就可能意味着，不同调研项目的调研对象都是特定的，不可以将调研数据随便拿过来就用或者轻率地进行比较。例如，在某个品牌的满意度调研中，收集了相当丰富的数据。其中，调研对象被定义为在某一个特定地理市场范围内、曾经拥有和使用过该品牌的用户，不管使用次数和使用量大小。这样一个经过相对严格界定的调研对象，与你目前面临问题的调查对象范围是否一致肯定是一个问题，也直接关乎这份数据的适用性。

（3）数据是否适用于调研时间的范围？

在当今瞬息万变的环境中，信息资料很容易过时。因为大部分调研的目标是预测未来，二手数据必须是适时的，这样对调研人员才是有用的。

（4）数据所使用的术语和变量分类是否适用于当前的调研项目？

对于每个严格执行的市场调研项目而言，为满足调查设计的需要，定义调研对象和有关概念都是必需的。这就可能意味着，不同调研项目的调研对象都是特定的，不可以将调研数据随便拿过来就用或者轻率地进行比较。

比如，曾经有一篇《质疑 CNNIC》的文章挂在 CNNIC 的网站上，引起网络媒体、门户网站以及中国市场调研行业内人士的广泛关注和争论。其中一个标题"IDC 抑或 CNNIC，240 万网民挑战 890 万，孰真孰假？"甚至被各种传媒直接作为文章的大标题大肆渲染。个中原委比较复杂，但是从调研专业角度看，根本是该文作者不能区分不同项目的调研对象、轻率引用二手数据所致。

实际上，IDC 对网民的定义直接受客户商业目的之左右。IDC 将中国互联网用户分为两大部分：商业用户和家庭用户。商业用户包括专网用户、机构用户以及机构用户内部有权访问互联网的员工。专网用户指教育和科研单位等，机构用户指公司、政府等单位。家庭用户以最终用户为准，即实际上网人数。IDC 所定义中国互联网的用户必须符合的条件包括：每月上网时间不低于 10 小时；至少在一家 ISP 或 ICP 注册为会员并定期访问；拥有固定的上网场所和设备，上网场所指家庭或者单位，上网设备指个人电脑或非电脑接入设备。同时满足以上三个条件者，才被 IDC 公司视为中国互联网用户。

而 CNNIC 对网民的定义则是，拥有独立的或者共享的上网计算机或者上网账户的中国公民。这意味着无论经常还是偶尔上网的人，在 CNNIC 的定义里均可算作网民。譬如一个办公室，或者一间学生宿舍，哪怕 5 人共用一个拨号账户，这 5 人均可算作网民。

很显然，前者所定义的中国网民的外延明显窄于后者。对"中国网民"的定义不同，不研究数据背后所蕴含的特殊内涵，简单引用数字并进行比较，是十分幼稚可笑的，这种比较本身也毫无意义。

又譬如，中国的 IT 市场究竟有多大，那么 IT 的定义是什么？是否包括通信产业市场，这意味着二者的数据将相距悬殊。再譬如，中国 2006 年的 PC 市场有多大？那么，PC 的定义是什么？是否包括兼容机市场，这同样意味着二者的数据必定南辕北辙。

（5）数据的测量单位是否是可比较的？

测量单位如果不完全符合调研人员的需要，也可能引起某些问题。例如，家庭人口平均收入就不能同家庭总收入相比较。

如果二手数据的格式不符合调研人员的需要，就有必要对这些数据进行变换。数据变换是将数据的原始形式转变为一个适合于达到调研目标的格式的过程。例如，食品销售可以按照销售量、次数或销售额进行报告，并根据这些数据估计每售出单位的平均价格以及其他相关格式。

2. 二手数据的可靠性评估

二手数据的另一个缺点是使用者无法控制数据的准确性。尽管适时的、相关的二手数据可能适合调研人员的需要，但这些数据也许是不准确的，因为这些数据毕竟是其他人搜集的，他们也许为了支持既定的假设而使数据结果有所偏差。例如，媒体为了确定其订阅者或阅读者的情况，经常发布通过调查得到的数据，但是他们很可能从报告中去除各种贬损的数据。如果确实存在偏见的可能性，就不应该使用这样的二手数据。

对二手数据的可靠性进行评估主要有两条途径。

1）评估数据来源

通过检验二手数据来源的专业水平、可信度和声誉，可以获得对数据可靠性的总体认识。调研人员倾向于从信誉好的来源获得数据，例如，政府的统计调查机构以及声誉卓著的专业调研公司。建立总体认识是必要的，但是在采集特定的二手数据之前，调研人员仍然需要评估相关的调研设计，以便确定调研是否得到正确执行。当然，如果文案调研者缺乏足够信息来了解实地调研当初的执行情况，那么数据来源评估就很难实现。

2）交叉检验

为了验证数据的准确性，调研人员还可以对不同来源的数据进行交叉检验，即将一种来源的数据与另一种来源的数据进行比较，以确定独立项目的相似性。如果数据之间相互不一致，调研人员应该努力确定这些差异的原因，并决定哪种数据最有可能是准确的。假设不能确定数据的准确性，调研人员必须决定是否值得冒风险来使用这些数据。

3. 二手数据的可行性评估

如果二手数据能够顺利通过有效性和可靠性评估，文案调研者有时还要考虑二手数据的收集成本是否会过高，是否物有所值？在文案调研的局限性分析中，我们已经指出，要查找最初的数据源可能并不容易，而且文案调研对调研人员的要求很高，通常只有那些具有较广泛和深厚专业理论知识和技能的调研者才能较有效地使用该方法。这些问题都涉及文案调研的可行性。

6.2.5 二手数据的应用

直接使用二手数据来达到特定调研项目的各种目标几乎是不可能的。不过，在面对非常规性调研问题时，二手数据调研仍然能为实地调研提供重要价值：它有助于确定问题、更好地定义问题、拟定问题的研究框架、阐述恰当的研究设计、回答特定的研究问题、更深刻地解释原始数据。表6-3展示了二手数据调研应用的三类常见目标：发现事实、构建模型和数据库营销。

表6-3 二手数据调研应用的一般目标

应用目标	具体的调研例子
发现事实	确认消费类型，预测消费倾向
构建模型	评估市场潜力，预测销售额，选择贸易地区和地点
数据库营销	建立顾客数据库，列示潜在顾客名单

1. 发现事实

二手数据调研应用的最简单目标就是发现事实，而且在发现事实的基础上还可以满足更复杂的调研目标。

1）确定消费者行为类型

二手数据研究的典型目标可能就是揭示所有关于消费类型的信息，以此来满足某个特定产品分类的需要，或者确认影响整个行业的人口趋向。例如，本节开头通过二手数据描述中国网民特征的例子，这个例子表明，关于消费者趋向及行为类型的真实信息可以通过收集并分析二手数据获得。

2）市场追踪

市场追踪就是对一段时间内的行业销量及品牌份额的观察和趋势分析。几乎所有的消费品企业都会利用二手数据，定期调查各种品牌和产品类别的销售量。这种类型的分析一般包括与竞争对手销售量的比较，或者企业在不同时期销售量之间的相互比较，此外还可能包括不同地理区域的行业比较。图6-7显示了过去几年中中国在线购物者占全部internet用户比例的变化趋势。

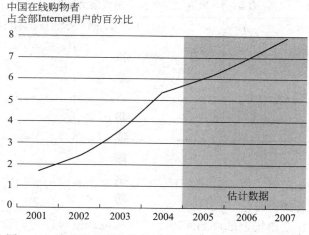

图6-7 中国在线购物者占全部internet用户比例的变化

3）环境检测

在很多情况下，发现事实的目标仅仅是为了研究环境，以便确定相关的市场趋势。环境检测是指为了检测调研初始阶段的环境变化而收集信息并且发现事实。举个例子，环境检测要搜集有关千禧一代的信息，结果显示他们对父母及祖父母一代的各种活动非常感兴趣，尤其是受到年长的上一代嘲笑的活动。具体来讲，现在的年轻人非常喜爱保龄球和爵士舞蹈。检测了有关环境变化以后，有家公司开始推出"宇宙保龄"，这种球可以在黑暗的球道里翻滚，周围只有昏暗的灯光和闪烁着的激光等。

2. 构建模型

构建模型是二手数据调研的另一个基本目标，比简单地发现事实要复杂得多。构建模型包括详细说明两个及以上变量之间的关系，还可以延伸到制定描述性或预测性数学公式。事实上，决策者更倾向于那些容易理解的简单模型。例如，企业销售与行业销售之比就是市场份额，它就是代表一种基本关系的数学模型。

为了更详细地介绍模型的构建，下面将讨论二手数据调研可以完成的三个常见目标：估计市场潜力、预测销售额和选择销售地点。

1) 估计不同地区的市场潜力

营销人员经常使用二手数据来估计市场潜力。很多情况下，准确数据是由行业协会或其他来源发布的，不过有些时候，调研人员则必须将其他来源的二手数据进行转换，以便用来估计市场潜力。例如，调研人员可能会找到关于一国或一些较大地区市场潜力的二手数据，但是这些数据可能没有细分到更小的地区，这时，调研人员就需要对某些较小区域的市场潜力进行个别推断。

例如，某饼干公司的管理人员打算在欧洲建立加工厂，管理者需要估计英国、德国、西班牙、意大利及法国的市场潜力。二手数据调研从两个来源分别收集到上述五国的二手数据：人均饼干消费量和2005年的人口预测数据。表6-4第2列和第3列列示了这两组数据。

每个国家2005年饼干市场潜力就等于其人均饼干消费量乘以2005年该国人口估计值，这就是这里所构建的模型。

表6-4　欧洲五国的饼干市场潜力数据

国家	人均饼干消费量/美元（1）	2005年人口预计/千人（2）	市场潜力评估/千美元(3)＝(1)×(2)
英国	9.84	58 408	553 708
德国	1.91	82 399	157 382
意大利	4.33	56 264	243 623
法国	3.56	59 612	212 219
西班牙	0.62	39 225	24 320

2) 预测销售额

营销管理人员往往需要了解本公司在下一年度或未来时期内的销售情况。销售预测就是预计某一特定时期内的销售总量。

对处于成熟期或稳定市场上的产品而言，二手数据调研可以帮助管理者在掌握当前状况和过去业绩的基础上推断未来的形势，由此而产生准确的销售预测。最简单的模型就是将过去的销售量乘以一个预测增长率。其中，销售量数据是来自公司内部的销售记录，而预测增长率则往往要通过收集外部的二手数据资料，首先掌握行业销售增长率的预测数据，并根据行业销售增长率数据确定本公司销售增长率。

当然，并非所有的销售预测都适用上述简单模型。根据历史上销售数据的特征，调研预测者可能会选择构建一些更为复杂但合用的模型，如移动平均模型、龚珀兹曲线模型等。关于预测模型的广泛和深入讨论，读者可以参见本书第13章、第14章和第15章的内容。

3) 分析贸易区域及地点

营销管理人员检测各种贸易区域，并使用地点分析技术（site analysis techniques）来选择最佳的零售或批发经营地点。二手数据调研帮助管理人员作出这种决策。

零售饱和度指数就是分析和选择贸易区域或地点的一种具体模型。零售饱和度指数可以用来调查零售地点，并描述某产品零售业态的供求之间的关系。零售饱和度指数计算模型如下：

$$零售饱和度指数＝当地市场潜力/零售空间的面积$$

只要能获得正确的二手数据，计算过程非常简单。调研人员需要注意的是，计算出来的零售饱和度指数只是某类产品单位零售面积的销售额，要了解这个数字的真正含义，还需要将它与其他区域或地点的零售饱和度指数进行比较，以决定哪个销售点的市场潜力最大，而零售竞争压力最小。

3. 数据库营销及顾客关系管理

顾客关系管理（CRM）系统是一种决策支持系统，用以管理企业及其顾客之间的相互关系。CRM 持有顾客数据库，包括顾客姓名、地址、电话号码、购物记录、对过去广告宣传的回应及其他相关数据。数据库营销就是使用 CRM 的数据库，来促进与顾客的一对一的关系，并且精确地实施针对个别顾客的促销方式。

因为数据库营销需要大批量不同来源的 CRM 数据，二手数据经常需要用于制定或增加数据库的内容。交易记录一般会列示购买产品的类别、价值、顾客姓名、地址及邮政编码等，这种记录可以作为建立数据库的基础，还可以由顾客直接提供的数据加以补充，如保修卡数据等。此外，从第三方手中购买的二手数据也是建立数据库的重要条件。例如，信用调查公司可以出售各种内容的数据库，如贷款申请书、信用卡支付记录或其他经济数据。

6.3 定性数据的收集——定性调研

案 例

对 Chrysler 漫步者早期样本的感受

某位妇女讲述了自己小时候的一则故事。在一个圣诞节的傍晚，她觉得异常兴奋，期待着能知道树底下那个最大的盒子里装着什么礼物。这个盒子的包装纸最漂亮，她几乎不能想象里面到底装有什么。但是当她打开盒子的时候，发现竟然是一件非常普通的礼物，以至于她都不记得那是什么了，只记得自己当时极度失望，因为那件礼物实在与包装不相称。

这则小故事是由一名妇女写的，她刚刚看过克莱斯勒（Chrysler）漫步者（PT Cruiser）的早期样本，然后就写出自己的感受。故事虽然简短，但寓意深刻，激励着设计师们再次审查内部问题。他们把原先标准的固定座位改为令人意想不到的灵活座位。

克莱斯勒漫步者的设计研究团队曾经读过几百则类似的故事，努力寻找可以采用的任何线索。但他们没有采用以往的集中讨论技巧，而是使用了另一种不同的定性调研。消费者可以用 3 小时来观察克莱斯勒，然后进行讨论，继而写出自己的故事。这种情况要比集中讨论轻松很多，而且其目标不是要人们推荐有关变革，而是要求他们通过自己的创造性写作，来表达自己内心的感受。"有时候，人们无法说出自己对一种交通工具的看法。"而创造性写作可以把自己的想法描述出来。

6.3.1 定性数据调研的特点与分类

1. 定性数据调研的特点

定性调研提供了关于问题背景的看法与理解，定量调研则通过高度结构化的调研手段和测量工具收集数据，并经过统计分析将数据量化，以求对问题作深入认识。表 6-5 通过两类实地调研方法的比较概括了定性数据调研的主要特点。

表 6-5 定性调研与定量调研的特点比较

比 较 项 目	定 性 调 研	定 量 调 研
调研目标	提供关于动机与潜在原因的定性理解，属于探测性研究	量化数据并从感兴趣的目标总体中概括结果，建议最终的行动方案
样本	少量无代表性的样本	大量有代表性的样本
数据收集	低度或非结构化	高度结构化
数据分析	定性分析与判断	统计分析

资料显示，在定制调研的全部调研费用中，大约 27% 用于定性调查，其余 73% 用于定量研究。每当一个新的问题出现时，定量研究都必须在正确的定性研究之后进行。在市场调研中，应该把定性研究和定量研究结合起来使用，使它们互相补充。

很多客户甚至调研人员都很看重定量研究，对定性研究的必要性和价值则认识不够，这是非常危险的。下面的案例也许对解决这方面的认识问题有所启发。

案 例

定性研究与定量研究，哪一个更重要？

在蒙大拿州一个偏远的山谷，一位牧民正在放养他的牧群，突然，一辆崭新的高级轿车出现在他的面前，开车的人穿着非常考究，他放下车窗探出头来对牧民说："我敢打赌，我能非常准确地知道你的牛群有多少头牛，如果我的判断正确，你就送一头小牛给我，干不干？"

牧民看着这个一身名牌的家伙，又看了看漫山遍野的牧群，静静地说："当然，为什么不呢？"

开车人停好自己的车，取出他的戴尔笔记本电脑，连接上摩托罗拉移动电话，登录美国航天局的主页，在那里他申请了一个 GPS 定位卫星系统的服务，明确自己现在所处的位置，然后他要求另一颗卫星为他提供所在位置的高清晰照片，他用 Adobe Photoshop 打开得到的数字照片，将这些照片发给德国汉堡的数字图像处理中心处理。片刻之后，他收到了电子邮件，图片已经得到处理，数据也被储存起来，然后他访问了微软数据库系统，将电子邮件上的数据输入电子表格系统，几分钟后他得到了回复。

最后他用微型高精度惠普激光打印机打印出一份150页的全彩报告，他拿着报告微笑地看着牧民："哈哈，1 586头，怎么样？""完全正确，好吧，你自己可以挑选一头带回去了。"牧民答道。

牧民平静地看着开车人进入牧群，笑嘻嘻地看着他挑选了一头放进自己的车里。然后他走向车子："嗨！如果我能准确地猜出你的职业，你能把它还给我吗？"

开车人看着这个乡下人想了想，点点头："当然，为什么不呢？"

"你一定是个国会议员。"牧民毫不犹豫地说。

"哇！太准确了！"开车人惊道："你怎么猜得这么准？"

"根本就用不着猜，"牧民说道，"你们总是这样，第一，没有人请你们来可你还是来了；第二，你们愿意花大量的时间和金钱去研究一个问题，其实你想要的答案我早就知道了；第三，我没有向你提出任何问题可你却能自己制造出问题；第四，你们总是夸夸其谈，显得非常能干，你们总喜欢拿所谓准确的数据说话，但你们并不了解那些数据背后的实际情况。比如，你知道我牧群的数字，可是我要告诉你我放牧的是羊群而不是牛群……"

议员目瞪口呆地看着牧民。

牧民伸出双手："好了，现在把我的牧羊犬还我吧。"

（资料来自《读者》杂志，云弓编译，原文摘自《大河报》2007 - 07 - 27）

2. 定性调研方法的分类

图6 - 8展示了定性调研方法的基本分类。根据调查对象是否了解项目的真正目的分为直接方法和间接方法两大类。直接的定性调研方法对研究项目的目的不加掩饰，项目的目的对调查对象是公开的，或者从所提问问题中可以明显看出。焦点小组访谈法与深层访谈法是两种主要的直接方法。与之相对应，间接的定性调研方法则掩饰项目的真正目的，投射技术是间接的定性调研中最常用的方法，具体包括联想法、完成法、构筑法及表达法。

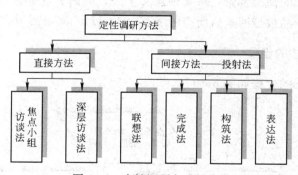

图6 - 8　定性调研方法的分类

6.3.2　焦点小组访谈法

1. 焦点小组访谈法的特点与价值

焦点小组访谈法又称为小组座谈法，就是采用小型座谈会的形式，挑选一组有代表性的消费者或客户，在一个装有单面镜和录音录像设备的房间内，在训练有素的主持人的组织下，就某个专题进行讨论，从而获得对有关问题的了解。

焦点小组访谈法是定性数据调研中最重要的一种方法，使用很普遍，它甚至已经成为定性数据研究的代名词。焦点小组访谈之所以备受调研企业和客户的推崇，主要是由其访谈的特点决定的。焦点小组访谈法巧妙运用心理学的有关知识和激励原理，将若干个被访者同时置于一个访谈室内，由主持人同时访问多人，而不是一问一答式的面谈。在访谈过程中，一个人的发言会点燃其他人的许多思想火花，从而可以观察到受访者的相互作用，从而比同样数量的人作单独陈述能提供更多的信息。

关于焦点小组访谈法的价值，让我们来看看高露洁棕榄公司的案例，看看该公司如何通过焦点小组访谈来体察消费者。

高露洁棕榄公司（Colgate-Palmolive）调研与发展部的前任经理刘易斯·斯通（Lewis Stone）认为：如果没有焦点小组，高露洁棕榄公司也许永远都不知道有些妇女小心地挤出洗洁精，有的非常小心地挤，还有的非常非常小心地挤出所需的剂量。然而，也有人使用"纯粹"的洗洁精。也就是说，她们将洗洁精直接倒在海绵或洗碗布上，然后在水龙头下冲洗碗碟，直到没有泡沫了。这样，她们就需要更多的洗洁精。

刘易斯还解释了在焦点小组中所表现出来的肢体语言是如何帮助调研者对产品进行洞察的，而这是通过阅读关于习惯和实践的问卷所不能获得的。焦点小组访谈法可以最有效地了解一种产品实际上是如何在家庭中使用的。通过让小组成员详细描述他们从事某项活动的过程，你可以了解大量的潜在的供需差距，从而相应提供新产品或改进产品；还可以了解一种新产品的受欢迎程度。

这种亲身经历的方法为调研者提供了一个面对有血有肉的消费者的机会。在厨房和超级市场中的实际情况与在大多数办公室内的情况有着戏剧性的不同。通过这种方法，调研者能够感受产品使用过程中的情感背景。从某种意义上说，调研者能够借以进入一个人的生活，同他或她一起重现当产品被带回家后所有的满意、不满意、兴奋或沮丧。

2. 焦点小组访谈法的步骤

筹划焦点小组访谈的过程如图 6-9 所示。

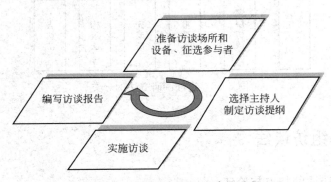

图 6-9　筹划焦点小组访谈的过程

步骤一：准备焦点小组访谈

◇ 确定访谈进行的场所和时间。焦点小组访谈通常在一个焦点小组测试室中进行。焦点小组访谈进行的时间一般为 90～180 分钟。

◇ 征选小组成员。参加访谈人员需要预先筛选，满足一定的条件。一般而言，一个焦点小组的成员在人口统计特征与社会特征方面应当保持同质性，以避免产生枝节问题的冲突。一个焦点小组一般由 8～12 人构成为宜。

◇ 确定访谈组数或次数。这主要取决于问题的性质、细分市场的数量、访谈产生新想法的数量、时间与经费等。一个项目的焦点访谈通常需要数个小组。

步骤二：选择主持人，编写访谈提纲

主持人对于小组访谈的成功与否起关键作用。主持人必须能够与参与者和睦相处，并推动讨论的进程，在分析和解释数据时起重要作用。对主持人素质的要求包括：倾听能力、观察能力、客观性、专业知识、鼓动性和控制大局的能力。

调研设计者往往要和主持人一道准备访谈提纲。访谈提纲包括依次展开的如下几项内容：首先，建立友好关系，解释小组规则，并提出讨论的客体；其次，由主持人激发深入的讨论；最后，总结重要的结论。

步骤三：实施焦点小组访谈

在实施焦点小组访谈的过程中，主要应做好三方面的工作。

◇ 要善于把握访谈的主题，避免访谈的讨论离题太远。

◇ 做好小组成员之间的协调工作。解决冷场、跑题、某个成员控制整个谈话等问题。

◇ 做好访谈记录。

步骤四：编写访谈报告

◇ 回顾和分析访谈情况，检查记录是否准确、完整，有没有差错和遗漏。

◇ 做必要的补充调查，对一些关键事实和重要数据要进一步查证核实。

◇ 编写焦点小组访谈报告。包括解释调研目的，申明所调查的主要问题，描述访谈过程，总结调研发现，并提出建议。

3. 焦点小组访谈法的优缺点

1）焦点小组访谈的优点

◇ 资料收集快、效率高；

◇ 取得的资料较为广泛和深入；

◇ 能将调查与讨论相结合，能探讨问题的原因和解决问题的途径；

◇ 可进行科学监测，通过单向镜及录音录像设备，达到科学检测的目的；

◇ 结构灵活，焦点小组访谈在覆盖的主题及其深度方面都可以是灵活的。

2）焦点小组访谈的局限性

◇ 对主持人的要求较高，而挑选理想的主持人往往比较困难；

◇ 容易造成判断错误，更具有主观性，其结果更容易被错误地判断；

◇ 小组成员选择不当会影响调查结果的准确性和客观性；

◇ 访谈结果散乱，使后期对资料的分析和说明都比较困难；

◇ 有些涉及隐私、保密的问题，很难在会上讨论；

◇ 结果对于整个总体不具有代表性，也不可进行推论。

4. 焦点小组访谈法的应用

焦点小组访谈法能够用来说明以下实际问题：

◇ 了解消费者关于某一产品种类的认知、偏好与行为；

◇ 获得新产品概念的印象；

◇ 产生关于旧产品的新观点；

◇ 为广告提出有创意的概念与文案素材；

◇ 获得有关价格的印象；

◇ 得到关于特定项目的消费者的初步反应。

在调研设计方法上，焦点小组访谈法通常用来完成以下目标：

◇ 更准确地定义问题；

◇ 提出备选的行动方案；

◇ 提出问题的研究框架；

◇ 得到有助于构思消费者调查问卷的消息；

◇ 得出可以定量检验的假设；

◇ 解释以前得到的定量结果。

6.3.3　深层访谈法

1. 深层访谈法的定义和特点

所谓深层访谈，是指访员与一名受访者在轻松自然的气氛中围绕某一问题进行深入讨论，目的是让受访者自由发言，充分表达自己的观点和情感。所以，深层访谈法主要用于详细探究受访者的想法，详细了解一些复杂行为，讨论一些保密的、敏感的话题，调查某些比较特殊的商品购买和使用情况等。

深层访谈法的特点在于它是无结构的、直接的、一对一的访问。因深层访谈是无结构的访问，它的走向依据受访者的回答而定。深层访谈是一对一的访问，所以受访者有很多说话机会，能够把自己的观点淋漓尽致地表达出来。

2. 深层访谈的实施

首先，应做好深层访谈的准备工作。主要包括以下几个方面。

选择受访者：深层访谈的对象通常不是一般消费者，他/她可能是客户企业的高层领导、专业人士或其他重要角色。所以，能否选择适当的受访者，对深层访谈的结果有重要影响。

选择访员：由于深层访谈是一对一的访问，所以，特别要求访员掌握高级访谈技巧，善于挖掘受访者的内心感受。

同时，还要做好其他准备工作。这些工作包括预约访谈时间、准备访谈计划及准备访谈用品等。

其次，顺利实施深层访谈。进入实施阶段后，访员应该注意：

◇ 正面接近受访者，即先介绍自己身份，说明调查意图；

◇ 打消受访者可能的回答顾虑，营造一种热情、友好、轻松的气氛；

◇ 使用访谈提纲，从受访者关心的话题开始，把握或调整访谈方向，防止偏离访谈目标；

◇ 访谈中始终保持中立的态度，避免诱导和偏见；

◇ 当受访者回答问题或陈述观点时，认真倾听；

◇ 当访谈出现误解、回答顾虑或谈话漫无边际时，巧妙引导。

3. 深层访谈法的优缺点

相对于焦点小组访谈法来讲，深层访谈法具有以下优点。

◇ 消除了群体压力。受访者能更自由地交换信息，提供更真实的信息。

◇ 一对一交流使受访者感到自己是注意的焦点，会使受访者更乐于表达自己的观点、态度和内心想法。

◇ 便于对一些保密性、敏感性问题进行调查。

◇ 容易将受访者的谈话与其生理反应相联系，评估所获资料的可信度。

与焦点小组访谈法相比，深层访谈的缺点在于：

◇ 由于只有一个受访者，无法产生受访者之间观点的相互刺激和碰撞；

◇ 深层访谈一般要比焦点小组访谈成本高，实际使用受到一定限制；

◇ 调查的无结构性使这种方法受受访员素质的影响更大；

◇ 深层访谈的结果和数据常难以解释和分析。

6.3.4　投射技术

1. 投射技术的原理

投射技术（projection technique）是一种无结构、非直接的定性调研技术，来源于临床心理学。简言之，投射测试的目的就是通过激励被访者对他们所关心的话题作出反应，来探究隐藏在表面反应下的真实心理，以获知真实的情感、意图和动机。

投射技术的基本原理来自对人们经常难以或者不能说出自己内心深处的感觉的认识，或者说，他们受心理防御机制的影响而感觉不到那些情感。

投射测试就是要穿透人的心理防御机制，使真正的情感和态度浮现出来。通常，对受试者给出一种无限制的并且模糊的情景，要求他作出反应。由于这种情景说得很模糊，也没有什么真实意义，受试者必须根据自己的偏好作出回答。在理论上，受试者将他的情感"投射"在无规定的刺激上。因为受试者并不是在直接谈论自己，所以就绕过了防御机制。受访者在谈论其他人或其他事情的时候，实际上却透露了自己的内在情感。

2. 投射技术的调研应用

大多数的投射技术都不难操作，它的问题像其他无规定答案的问题一样被列成表格，通常与非投射的封闭性问题或开放性问题连用。投射测试收集的资料比一般提问方法所收集的资料更丰富，而且可能更有揭示性。投射技术经常与印象调查问卷、观念测试甚至广告效果预先测试混用。在深度访谈中也经常运用多种投射技术。

常用的投射技术有联想法、完成法、构筑法和表达法。

1）联想法

所谓联想法，是指由访谈者给受访者提供某一刺激物，要求他即刻说出脑海中出现的第一种事物，借此来了解受访者真实感受的一种方法。由于"词语"是最经常被用到的刺激物，"所联想事物"通常是所提供刺激物的一个同义词或反义词，因此，该方法通常又称为词语联想法。研究者所感兴趣的词语成为测试词语，分布在词语列单中。词语列单中还包括一些中立的或过滤的词语，用来掩饰研究目的。根据受试者的不同反应，分析他们的情感或态度。

使用词语联想法一般要求快速地念出一连串词语，不让心理防御机制有时间发挥作用。如果受试者不能在 3 秒钟内作出回答，那么可以断定他已经受到了其他因素的干扰。

词语联想测试法对市场调研者来说是非常实用和有效的投射方法。词语联想法常用于选择品牌名称、广告主题和标语。例如，一家化妆品生产商为了替一种新香水命名，可能会测试消费者对以下候选名称的反应：

无限　　激情　　珍宝　　遭遇　　渴望　　欲望

其中的一个词语或消费者建议的一个同义词可能会被选作新的品牌名。

在实际应用中，词语联想法又有一些具体形式。

① 自由联想法。自由联想法不限制联想性质和范围，被调查者可充分发挥其想象力。例如，请您写出（或说出）由"酒"这个词所引发的联想。

② 控制联想法。控制联想法把联想控制在一定的范围之内。例如，请您写出（或说出）由"电视"这个词所联想到的食品。

③ 引导联想法。在提出刺激词语的同时，也提供相关联想词语作为引导。例如，请您就"自行车"一词按提示写出（或说出）所引发的相关联想。提示词如代步、健身、娱乐、载物。

2）完成法

在完成法中，访谈者给出一种不完全的刺激情景，要求被试者来完成。常用方法有句子完成法和故事完成法两种。这类方法被一些调研者认为是所有投射技术中最有用和最可靠的一种。

① 句子完成法。就是给出一些不完整的句子，让被调查者去完成。

例如，拥有一套住房……

再如，在大润发超市购物的人是……

我不明白大润发超市为什么不……

不同的受试者面对上述不完全的刺激情景，都会结合各自的经验、背景和情感将句子没有表达出来的意思表达完整。因而，受试者将句子完成的过程，也将它本人对特定事物的认识、态度与情感表现出来。

② 故事完成法。这是句子完成法的延伸版本。调研者提出一个能引起人们兴趣但未完成的故事，由受试者来完成，从中了解其态度和情感。与句子完成法不同的是，故事完成法给受访者提供了一个更有限制和较详细的剧情，以方便受访者将自己投射到剧情中假设的人

物上。例如，某位消费者在一家商场花了很长时间才选中一组价格便宜、造型新颖的家具，在他即将下决心购买时，却遭到售货员的怠慢，这位消费者将作出何种反应？

3）构筑法

该方法要求受试者以故事、对话或绘图的形式来构造一个回答。漫画测试法、消费者绘图法及照片归类法都是构筑法的典型形式。

① 漫画测试法。漫画测试法通过使用漫画图像或连环画，创造出高度的投射机制。典型的漫画测试包含两个人物——一个人的话框中写有对话，而另一个的则是空白的，留待受试者完成。例如，一个人的话框中写道："嗨！伙计，我刚拿到 500 元奖金，因为我的建议被公司采用在生产线上了。我想把这钱存在信用卡上。"你将如何完成对话？注意在漫画测试中，图像是模糊的而且没有任何解释。这么做是为了使受试者不会得到任何暗示某种规定答案的"线索"，受试者可以更随意地表现自己。

漫画测试法可以适用于多种用途。可以用来了解对两种类型的商业机构的态度，了解这些商业机构与特定产品之间是否协调，也可以测试对于某种产品或品牌的态度强度，还可以确定特定态度的作用。

② 消费者绘图法。调研者有时也要求消费者画出他们的感受，或者是他们对一个事物的感知。尽管有些消费者画的图形可能不比幼儿园的小朋友强到哪里，但是所画人物的年龄、性别、生活状态等重要特征通常是明显的，可以用来揭示某些消费动机，表达消费者的理解。例如，某广告代理公司为了更深入了解客户产品——P 品牌蛋糕粉的消费者反应，决定进行一次定性研究。它邀请了 50 名消费者来到广告公司，请她们简略画出分别购买两种品牌（一种是 P 品牌，另外一种是 D 品牌）蛋糕粉的消费者形象。消费者绘图测试的结果显示，在两个品牌蛋糕粉之间消费者形象最突出的区别就是，P 品牌蛋糕粉的消费者清一色全是扎着围裙的老奶奶，而 D 品牌蛋糕粉的消费者则是苗条的当代女性。

③ 照片归类法。这是由美国著名的广告代理商——环球 BBDO 公司开发的一种技术。照片归类法已被注册成商标。消费者通过一组特殊安排的照片来表述他们对品牌的感受，这组照片展示的是不同类型的人群，从高级白领到大学生。受试者将照片与他所认为的这个人应该使用的品牌联系在一起。为通用电气公司进行的照片归类调查发现，消费者认为受这个品牌吸引的是保守而年长的商界人士。为维萨信用卡所作的照片归类调查发现，在消费者心目中维萨卡的形象是健康、女性、中庸。于是公司针对高收入的男性市场开展了名为"随心所欲"的宣传促销活动。

4）表达法

表达法是指给受试者提供一个语言或视觉场景，要求将场景与别人的感受和态度联系起来。受试者表达的不是他们自己的而是别人的感受或态度。角色扮演法与第三人称法是表达法的两种主要形式。

① 角色扮演法。角色扮演法要求受试者扮演某一角色或者采取某人的行为，研究人员假设受试者会把他们自己的感受投射在角色中，通过分析回答来揭示他们的感受。

② 第三人称法。这种方法不是直接问一个人的感受，而是用"你的邻居""大多数人"或其他的第三人称来表述问题。不是直接问一个人为什么他做的早餐的营养总不均衡，而是问"为什么许多人给家人准备的早餐营养总不均衡？"第三人称法是为了避免由于直接回答可能使受试者感到尴尬甚至是激怒受试者的情况。与词语联想法一样，第三人称法也是很容

易使用的一种投射技术。

3. 投射技术的优缺点

投射技术最主要的优点是有助于揭示受试者真实的意见和情感。

投射技术通常存在如下问题：

◇ 需要专门的、训练有素的访员；

◇ 通常调研费用较高；

◇ 调研结果的分析和判断会遇到困难，并可能存在严重的解释偏差。

思考与 训练题

1. 二手数据一直是调研人员最先考虑到的调研数据，你认为为什么？

2. 请列举下列数据的最佳来源：

(1) 山东省的人口、平均收入和就业率；

(2) 中国各县市的地图；

(3) 汽车所有者方面的信息；

(4) 中国家庭的离婚状况；

(5) 中国十大快餐公司的年度销售额；

(6) 按照访问量排出的全球十大网站。

3. 请列出几个有关葡萄酒销售情况、成长模式及品牌市场份额方面的二手数据来源，比较这些数据来源，结合具体调研问题评估这些数据的有效性和可靠性。

4. 对于以下情况，你将建议采用哪种/哪些定性调研方法？并作出解释。

(1) 调研项目希望评估一种新型杀虫剂品牌；

(2) 管理人员想在城区确定建立高档自助商店的最佳地点；

(3) 广告人员希望确定吸烟的象征意义。

5. 焦点小组访谈法的主要作用是什么？有什么优点和缺点？

6. 包装产品生产商在一年内会收到很多顾客信件，包括各种抱怨和意见等。这些信件能用于探测性调研吗？解释你的理由。

7. 怎样利用定性调研方法检测各种电视广告的构思？举例说明。

8. 你认为投射技术能够为解决哪些方面的信息需求提供强有力的帮助，举例说明。

9. 案例分析

2001年年初，帕克公司CEO兰塞姆约见了公司营销部副总裁洛特丽。帕克公司是旅行汽车市场的主要制造商。所谓旅行汽车市场，实际上是由带生活设施的家用汽车、由汽车或卡车拖拉生活设施的旅行挂车、车厢中配备有床位及生活用品的野营用车辆，以及为旅行汽车所购置的各种各样的汽车附件等四个市场区段组成。兰塞姆对旅行汽车市场的持续发展十分敏感，非常关心帕克公司重点发展家用旅行汽车市场的战略是否仍然得体有效。

鉴于公司雄厚的现金实力，兰塞姆告诉洛特丽，让她从市场营销前景的角度分析帕克公司是否应该扩大其经营范围，挤进其他旅行汽车市场，同时在旅行汽车的供应商、制造商和中间商这一环链中形成前后垂直一体化网络。如果此举可行，兰塞姆则准备购进两家公司，第一家公司名为"游世"，是一家受人尊敬的中型旅行挂车制造公司；第二家公司叫作"茂盛"，是一家规模较小、专为旅游汽车、船舶和飞机生产抽水马桶的地区性制造公司。

洛特丽意识到，解决这些战略性问题之前需要进行一番营销研究。从某著名商学院 MBA 毕业的洛特丽刚好可以施展自己的才华。洛特丽决定分两个阶段考虑这个问题，第一阶段首先收集二手数据，对帕克公司是否要实行扩大经营范围、挤进其他旅行汽车市场的垂直一体化战略进行论证。

假设战略方向和战略举措都顺利通过论证，并且可以确立如下管理目标：进入旅游汽车市场的新市场区段、形成旅游汽车行业前后垂直一体化网络，从而扩大帕克公司的长期利益。洛特丽就可以进入第二个阶段的工作，即从市场营销前景的角度评估公司扩展方向事宜。

鉴于目前既可购进"游世"，也可购买"茂盛"，洛特丽决定首先将研究精力集中在旅行挂车区段，即先考虑购进"游世"，而后再考虑与"茂盛"形成一体化的问题。洛特丽计划在 3 天之内写出旨在评估这一事宜的书面研究建议。

首先，进行探索性研究，以更好地了解旅行挂车拥有者的情况及其对旅游汽车抽水马桶的反映。购买旅行挂车的原因是否不同于购买家用汽车？旅行挂车有什么问题？购买旅行挂车时所考虑的要点是什么？购买旅游汽车时，抽水马桶是否应为重要特征？产品是否有改进的机会？在制定一项更为正式的研究项目前了解这类问题，似乎十分重要。其次，对旅游汽车的拥有者进行范围广泛的电话询问或面对面访谈。

与焦点小组的人们进行交谈，似乎是探索性研究阶段的最佳选择。目前迫切需要解决的问题是设计焦点小组研究方案所涉及的许多细节问题。例如，应怎样来选择回答者？性别、年龄特征是什么？是选择家庭还是选择个人？回答者应有多少经验？一批回答者应有多少人？应有几批回答者？询问应在何处进行？应由谁来进行这些会晤？会晤时间应有多长？会晤过程是否应该录音？在会晤者的引导性问题中需要包括一些什么内容？

案例问题：

（1）第一阶段工作的目标是对帕克公司的垂直一体化扩展战略进行论证。如果你是洛特丽，你会考虑收集哪些二手数据？从哪里（具体来源）来收集这些二手数据？

（2）设计焦点小组研究方案并制定会晤者的引导性问题。

第 7 章

数据收集方法（下）

【本章要点】

(1) 了解定量调研的分类及分类依据

(2) 了解面访调查的实施方法、主要优点和局限

(3) 了解电话调查的实施方法、主要优点和局限

(4) 了解自我管理的书面问卷调查的实施方法、主要优点和局限

(5) 了解自我管理的电子问卷调查的实施方法、主要优点和局限

(6) 理解观测调查方法的实质及其优缺点

(7) 了解观测调查方法的理论分类

(8) 了解观测调查几种典型应用方法的原理和适用情形

(9) 理解实验调查法的特性

(10) 理解实验有效性概念和外生变量对实验有效性的可能威胁

(11) 了解几种基本而重要的实验设计

开篇案例

海尔奔风系列手机陷入市场沙漠带

2000 年前后，国产手机大规模上市，市场份额节节上升。于是，很多具备一定资金实力的企业开始进入这个朝阳行业。是的，一个年市场容量达千亿的手机市场怎能没有国内企业的旗帜呢？

海尔有着一贯的品牌影响力，掌控着丰富的市场资源，而且执行能力一流，看到手机市场有如此前景自然要高调入市。海尔绝对不会做一般的产品，要做就要做国内领先，要在国内市场掀起一股旋风。于是海尔开始了大规模的市场调研，决定通过最科学的市场分析来帮助开发系列产品。海尔手机调研的主要内容包括：你希望手机有什么功能？你希望自己拥有第二部手机吗？如果你拥有第二部手机，你希望它是什么形状（笔形、名片盒形还是棒槌形）？带着这些问题，海尔在 Internet 网上及人群中进行了大量走访和调查。调查结果使海尔非常兴奋，竟然有 95% 以上的群体希望自己拥有第二部手机，而且其中又有超过一半的人群希望自己的第二部手机是笔形。

海尔认为自己找到了市场的蓝海，认为笔形手机将使中国手机市场改变格局，认为每个拥有手机者都会在口袋里再放一部笔形手机，因为这都是市场调研的结果。所以经过精心筹备，海尔奔风5笔形手机全面上市，"奔风时代 风格一派"在当时大肆宣传，意图掀起中国手机发展的新一轮高潮。

然而，奔风系列手机在投放市场之后，甚至连水花都没有惊起。如今几年时间过去了，市场上再也难寻海尔奔风系列手机的踪影了。现在很多人都有第二部手机，但不是笔形，也不是稀奇古怪形。

是的，购买意愿是一回事，购买行为则是另一回事！当海尔询问人们是否希望拥有第二部手机、是否希望拥有笔形手机时，人们回答"是"，它仅仅表明意愿，或者只能算作一种虚拟行为。当市场上真正出现了这款手机，消费者未必真的去买。消费者错了吗？不！恐怕是海尔错了。海尔用一个错误的调查换来了入市的大失败，使本来有些声色的手机（如较早的防火墙手机）变得被动起来。

（案例原始资料来源于 EMKT. com. cn，后经作者编辑整理）

显然，企业管理决策离不开市场调研，但是，有了市场调研并不能保证企业就能作出正确的决策。市场调研必须建立在科学的基础上，大到各类调研方法的选择，小到对具体方法和操作细节的安排，都必须科学设计、严谨执行。否则，市场调研就无法提供真正有价值的信息，无法为科学决策提供支持。

7.1 定量调研方法概述

在很多调研项目开始阶段，收集二手数据并进行定性调研都是必要的，但往往又是不充分的，对解决所面临的问题也不是根本有效的。如何为解决所面临的问题提供充分的、切实有效的信息呢？解决办法就是启用第一手定量数据的调研。

在二手数据收集和定性调研的基础上，调研人员有把握通过第一手定量数据调研获取充分、有效的信息，有效解决所面临的问题。第一手定量数据调研在数据收集难度、调研花费时间及所投入的人力、财力和物力上，都要比定性调研大得多，因此，第一手定量数据调研构成数据收集方法的主体。资料显示，在定制调研的全部调研费用中，大约72％用于定量研究，其余则用于定性调研。

按照数据收集的具体方式不同，第一手定量数据的调研方法可以归纳为三大类，即询问调查法、观测调查和实验调查法。上述每一类调研方法和每一种操作方法各有特点及自身的适用性。从理论上认识和把握每一类调研方法及其具体操作方法的特点和适用性（本章稍后将展开深入分析），是正确使用这些方法、获得所需的真实数据的必要前提，但是还不充分。调研设计者还必须了解调研实践，对调研方法应用实践中可能出现的问题和障碍保持警惕，汲取以往的经验教训。下面的例子中就提供了消费者调研遇到的一些典型障碍。

调研实例：消费者调研的阻碍

很多管理人员认为，消费者调研是推出新产品之前的必要步骤。但不幸的是，有些创新型产品与当前产品之间没什么共性，在这种情况下，关于创新型产品的构思/概念就有可能被证明是错误的。护发乳剂现在是一种非常流行的产品，但当初在美国市场进行测试的时候却失败了。人们称之为"黏黏糊糊的"，而且他们不喜欢将它涂在头发上的那种感觉。类似的情况还有，当对消费者测试电话应答机的时候，几乎遭到普遍的反对回应，因为很多人认为使用机器设置来回答电话是粗鲁、不礼貌的。而在今天，很多人士认为应答机是不可缺少的，如果没有电话应答机，每天的日程不知道怎么来安排。计算机鼠标也有过这样的经历，最初的调查显示，很多潜在顾客认为鼠标是笨拙的，而且根本没有必要安装。

对新型食品类产品的调查可能面临更严重的问题。例如，一个人的食欲受到很多因素的影响，如就餐环境、就餐同伴及最近的饮食状况等，所有这些都可能改变真实的调查结果。对儿童食品的调查中，孩子们的反应受到各种外界因素的强烈影响，如他们对测试人员的感觉，以及能否得到玩具等。更为糟糕的是，孩子们可能很快就改变自己的观点。

营销调研人员在决定哪种调研设计将最有效地解决问题时，应该认真考虑这些潜在的重要问题。

7.2 询问调查方法

询问调查法是调研人员以口头或书面形式，向具有代表性的调查对象询问各种涉及其行为、意向、态度、感知、动机及生活方式的问题，从而来收集数据资料的一种定量研究方法。

自营销观念被普遍接受以来，市场调研发展非常迅速。发现消费者需求的最佳办法就是直接询问他们，询问调查正是在这一理念基础上发展起来的。

在询问调查中，典型的提问是结构化的，即数据收集过程是按照标准化的测量工具和手段进行的。进行结构化数据收集前，要准备好一份正式的调查问卷。从这个意义上讲，询问调查方法又可以称为问卷调查。有关调查测量和问卷设计的专门内容，将在第7章进行具体讨论。

询问调查是一种复杂的信息收集行为，如果询问调查能够恰当设计和执行，那么其准确性相当高。但是，调研设计和执行中任何环节出现疏漏，都会影响所收集数据的质量，严重的疏漏甚至还不如根本不执行该项调查，因为客户企业可能被调查结果误导而作出错误的决策。因此，在下面即将展开的对各种询问调查方法的讨论中，调查过程和调查数据的质量保证和质量控制一直是需要思考的重要内容，避免肤浅地就方法论方法。

7.2.1 询问调查法分类

根据调查问卷管理方式，询问调查可以分为访问调查和自我管理式问卷调查两大类；根据调查员与被调查者接触交流方式，询问调查分为面访调查、电话调查和自我管理式问卷调查；根据调查问卷的呈现方式，询问调查又可以分为书面问卷调查和电子问卷调查，等等。综合考虑上述分类标准，将询问调查法归为四个基本类别，即面访调查、电话调查、自我管理的书面问卷调查及自我管理的电子问卷调查，每类下面还包括一些具体方法（见图7-1）。

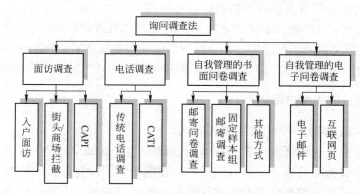

图7-1　询问调查法分类

面访调查可入户进行，在街头/商场进行拦截调查，或是采用计算机辅助个人面访调查（CAPI）；

电话调查可进一步分为传统电话调查和计算机辅助电话调查（CATI）；

自我管理的书面问卷调查则包括邮寄问卷调查、固定样本组邮寄调查、亲自递送问卷调查、包装或杂志插页递送问卷调查及传真问卷调查等多种方式；

自我管理的电子问卷调查则主要包括通过电子邮件或互联网页呈现问卷两种调查方式。

7.2.2　面访调查

1. 入户面访调查

所谓入户面访调查，就是调查员按照抽样方案的要求，到抽中的家庭或单位中，按事先规定的方法选取适当的被访者，再依照问卷或调查提纲进行面对面的直接访问。

在入户面访调查中，被访单元和访问对象的确定至关重要。如果抽样方案中已经具体地给出了被访单元的具体地址或名单，调查员必须按方案中指定的地址去访问。但是在许多情况下，抽样方案无法给出具体的被访单元名单，而只是给出若干个抽样点（如居委会）和如何抽取被访单元的具体规定，这样，调查员就有一定的确定被访单元的主动权。不仅如此，在被访单元确定后，调查员还面临入户以后决定访问家庭中的哪一位成员的问题。应该注意的是，在确定被访单元和访问对象的时候，调查员的抽样权利必须得到约束，否则，必然出现现场选样误差的问题。

在入户面访调查中，回访程序的安排也是必不可少的。如果有人愿意作为调查样本，但是第一次到访时却不能联系到，调查员就需要根据回访程序在其他时间重新联络这个调查样本。入户面访中的回访非常重要，因为不在家的应答者同那些在家的应答者可能存在很大差异。因此，回访程序的安排不仅必要而且重要，是减少不应答误差的重要保证措施。

由于访员亲自到应答者家里，可以增加完成面访调查的可能性，也可以访问到那些电话不易联系到的人，帮助解决不应答问题，由此可能提供一个更具有代表性的总体样本。但是，在工作日，那些在家而且愿意接受访问的人，一般都是老人、家庭主妇或退休人员等，可能与抽样方案中确定的调查对象不符。另外，入户访问可能漏掉某些潜在的应答者，如那些工作在外的人或住在装有安全设置的高级住宅里的人。

由于面访调查要到选定的样本户中寻找适当的调查对象进行访问，一次访问成功率较低，而调查成本较高。严格的回访程序安排在为减少不应答误差提供保证的同时，又进一步提高了调查成本。较低的一次访问成功率和较高的调查成本，致使入户面访调查的使用越来越少。

2. 街头/商场拦截式面访调查

街头/商场拦截式面访调查主要有两种方式。

第一种方式是由受过培训的调查员在事先选定的地点（如交通路口、商场等），按照一定的程序和要求选取访问对象，征得其同意后，在现场按照问卷进行简短的面访调查。这种方式常用于需要快速完成的小样本的探索性研究，如对某种新上市商品的反应。

第二种方式又称厅堂调查或中心地调查，是在事先选定的场所按照一定程序和要求拦截访问对象，征得其同意后，将其带至该场所附近事先租借好的房间或厅堂内进行面访调查。这种方式常用于需要进行实物显示或特别要求有现场控制的探索性研究。

商场拦截式面访调查的优点在于，将调查对象带到访问中心比访员去样本户家中拜访调查对象更为便利。因而，在街头/商场执行个人访问的频率要比入户面访调查要高得多。

但是，街头/商场拦截式访问也存在很多问题，最主要就是行人或购物者一般都很匆忙，所以拒绝接受访问的概率比较高，平均在50％左右。另外一个问题，就是在街头/商场访问中，应答者可能并不是总体的代表性样本，因为并非目标总体中的每一个个体都喜欢逛街或逛商场，也并非目标总体中的每一个个体都恰恰是某一个商场的忠实顾客。

3. 计算机辅助个人面访调查

计算机辅助个人面访调查（CAPI）在一些发达国家使用比较广泛。计算机辅助个人面访调查可以是入户的 CAPI，也可以是街头/商场拦截式的 CAPI。

计算机辅助个人面访调查的一种常见形式，是由经过培训的调查员手持普通的笔记本电脑，或手持新近发展起来的面访专用计算机（无键盘，重约 1.5 kg），向被访对象进行面访调查。调查问卷事先已经存放在计算机内，调查员按照屏幕上所显示问题的顺序和指导语逐题提问，并及时地将答案通过键盘或专用计算机笔输入计算机内。目前 CAPI 使用的计算机可以十分方便地处理开放式问题，利用计算机笔可将被访者的回答输入计算机。借助调制解调器，调查员可以在当天将调查数据直接传回公司的计算中心。例如，荷兰的 NIPO 公司在 1996 年所建立的计算中心，可以处理 800 台访问用计算机的数据。

计算机辅助个人面访调查的另一种形式，是通过对被访者进行简单指导后，由被访者自己面对计算机屏幕，通过输入设备亲自将答案输入计算机。这种方式与第一种方式有两个细微但重要的区别，一是调查员仅提供必要的指导和帮助，不知道被访者输入的答案；二是被访者更多地参与调查过程，分享与计算机交互操作的感受与乐趣。

4. 面访调查的优缺点

1）面访调查的优点

① 入户面访可望取得较有代表性的样本。另外，利用经过严格培训的经验丰富的调查

员，可以大大提高访问的回答率，可望得到质量较高的样本。

② 适合完成长而复杂的问卷的调查。如果调研目标需要很长的问卷，面访调查可能是唯一的选择。同时，当访问调查需要向应答者展示新产品样本、推荐的广告草图、电影剪辑或其他视觉教具时，面访调查几乎也是不可替代的方法。

③ 可望获取内容较多、问题较深、质量较高的数据。在面访调查中，调查员可以现场解释、澄清某些模糊问题，减少不回答或不完全回答的现象。

④ 面访本身具有激励作用。由于被访者有机会面对面地向他人发表自己的见解，或与他人讨论某些自己所熟悉的产品或关心的问题，因此有可能达到情绪上或知识上的满足。

2）面访调查的缺点

① 费用较高。在几种调查方法中，面访调查的费用是最高的。

② 时间较长。大量的时间会花费在路途和寻找中，因此调查速度慢，持续时间长。

③ 某些群体的访问成功率低。例如，有些高收入或高地位的特殊阶层。

④ 实施质量控制较困难，对调查员的管理监督难度较大。

7.2.3 电话调查

1. 传统的电话调查

传统的电话调查所使用的工具是普通的电话、普通的印刷问卷和普通的书写用笔。经过培训的调查员在电话室内按照调查设计所规定的随机拨号方法，首先确定拨打的号码，再在拨通后按照准备好的问卷和培训要求筛选被访对象，然后对合格的调查对象对照问卷逐题逐字地提问，并迅速及时地记录下答案。

随机拨号的方法是根据随机抽样的原理设计的，常用的有以下两种做法：

① 利用现成的电话号码簿作为抽样框，借助随机数字表，随机地选取要拨的电话号码，或采用等距抽样的方法从电话号码簿中抽取拨打号码；

② 按照所调查地区的具体情况和抽样方案先确定拨打号码的前几位，再按照随机的原则确定后几位。

为了保证样本的随机性，一般要求当被抽中的对象不在时，应该记住号码换时间再打；并且同一对象要求连续追打 3～5 次电话才能放弃。

传统的电话调查对于小样本的简单访谈虽然简便易行，但也存在不少问题。例如，当访员在一般的办公室或自己家中执行电话访问时，对访问调查过程实施统一监管将相当困难；另外，它难以处理一些复杂问卷的调查，如涉及许多跳答问题的问卷。

2. 计算机辅助电话调查

随着计算机技术的飞速发展，电话访员可以直接把各种应答数据输入计算机系统，这个过程就是计算机辅助电话调查（CATI）。在一个装备有计算机辅助电话调查设备的中心，电话访员坐在计算机终端旁边，监控器展示有关的问卷，每次一道题目，并附有已经编码过的各种可能回答。访问人员认真阅读荧屏上的每个问题及备选答案，并将应答者的回应数据直接输入计算机系统，计算机自动储存这些数据。计算机辅助电话访问需要应答者的答案结构严谨，如果答案不被接受，如未经编码或编程，则计算机将拒绝存储。

整套 CATI 系统的硬件包括：一台起总控作用的计算机主机、若干台与主机相连接的 CRT 终端、耳机式或耳塞式电话、若干台起监视作用的计算机和配套的音响设备。

CATI 系统的软件包括：问卷设计系统、自动随机拨号系统、自动数据录入系统、简单统计系统和自动访问管理系统。经过培训的调查员戴上耳机或耳塞，坐在 CRT 屏幕前，按照屏幕上显示的问题进行访问，并通过计算机的键盘或鼠标将数据及时录入计算机。

CATI 系统的主要优势表现为以下几个方面。

◇ 计算机系统地引导调查员完成调查；计算机检查答案的恰当性和一致性并根据答案产生个性化问卷；数据收集自然而顺利地进行；访谈的时间缩减了，数据质量提高了；削减了数据收集、问卷编码和输入过程中费力的步骤。

◇ 在 CATI 系统下，督导员可在现场检查和指导调查员的工作；计算机主机可以随时提供整个调查的进展、阶段性的调查结果；研究人员可以根据阶段性的调查结果及时地调整方案，使调查更有效。

◇ 对于被调查者不在家需要追访或被调查者没有空需要另约时间的情况，CATI 系统也会自动地储存下次访问的号码和时间，届时该号码会自动地出现在拨号系统中。

调研实例：Levi 使用 CATI 技术进行儿童访谈

经过一段时间对青年市场流行趋势的调查，Levi Strauss（莱维·施特劳斯）公司的青年服装部感到其调研越来越耗时，涉及面也越来越大。现在的问题是如何实施一项保证数据的准确性、一致性，能使 9 岁到 14 岁男孩专心参加的 30～45 分钟的访谈。同时，公司还要在全国的超市进行调研。

通过联系 Touchstone 调研公司和 ACS（计算机分析软件公司）等，Levi 设计了一项由一个访谈员和一个孩子进行的调研。访谈模型分两部分，分别为访谈员录入数据和孩子与计算机交流。该系统还配有指导解释录像。颜色、声音和实践操作都使其受到孩子们的欢迎。同时，调查问卷中还有一些小的娱乐成分供孩子们在回答问题的间隙休息时间使用。

这次 CATI 的成功有如下几个原因：男孩们看上去与计算机交流更为自然，而且容易表达个人的真实感情。当访谈调研在不同的市场进行时，影响调研质量的一个很大风险便是在不同地方进行访谈，其数据准确性不同，而 CATI 则保证了调研的连续性。

该系统也为访谈员简化了访谈程序。为访谈员准备了专门的使用手册，使其减少失误，相应的软件减少了很多任务和访谈员必须处理的书面工作。

3. 电话调查的优缺点

1）电话调查的主要优点

① 节约费用。在几种调查方法中，电话调查的费用是比较低的。特别是局限于某个区域性的调查，费用就更低了。

② 节约时间。在几种调查方法中，电话调查的速度最快。特别是对于一些需要尽快得到结果的调查，如想知道前一天播出的某个新广告的到达率，采用电话调查最为快速。

③ 可能访问到不易接触的调查对象。例如，有些高收入或高地位的特殊阶层，面访调

查是很难接触到的，但是利用随机拨号的方法，则有可能访问成功；又比如有些被访者拒绝陌生人入户访问，有些人工作太忙拒绝面访，但却有可能接受短暂的电话调查。

④ 可能在某些问题上得到更为坦诚的回答。例如，对于涉及个人隐私或某些个人用品的看法等问题，面访调查时的回答可能不自然或不真实，但是在电话调查中则有可能得到比较坦诚的回答。

⑤ 易于控制实施的质量。由于访问员基本上是在同一个中心位置进行电话访问，督导员或研究人员可以在实施的现场随时纠正访问员不正确的操作，例如，没有严格按问答题提问、说话太快、吐字不清晰、声调不亲切或语气太生硬等。

2) 电话调查的主要缺点

① 抽样总体与目标总体不一致。抽样总体是全体电话用户，而目标总体可能既包括有电话的消费者，也包括很多没有电话的消费者。在我国，电话的普及率还没有达到一个满意的水平，特别是在边远地区和农村，而发达国家电话普及率已经达到 95％以上。因此，样本的代表性问题是目前在我国实施电话调查的最大缺点。

② 在调查时间和内容上适应性差。电话调查的问卷一般都比较简短，很少采用复杂的态度量表，很难适应较长和较深入问题的调查需要。

③ 访问的成功率可能较低。随机拨打的电话可能是空号或错号；被访对象可能不在或正忙不能接电话；被访对象不愿意接受调查；等等。

7.2.4 自我管理的书面问卷调查

很多问卷调查不需要调研人员亲自到现场。调研人员可以通过邮件或其他方式传送书面问卷给消费者。他们可以把书面问卷夹在包装或杂志里，或者放在购物地点或商场客流量大的地方，甚至可以把问卷传真给消费者。不论这种自我管理式的书面问卷是怎样分发的，它们与面访调查及电话调查有着很大的区别，因为应答者需要自己来阅读问卷、理解问题并独自作出回答。它不再依赖调研人员的调查技巧，而是依赖设计明了、书写清楚的调查问卷。

自我管理的书面问卷调查包括邮寄问卷调查、固定样本组邮寄调查及其他多种方式。

1. 邮寄问卷调查

1) 邮寄问卷调查及其步骤

邮寄问卷调查就是将问卷装入信封内，通过邮寄方式递送给选定的调查对象，并要求他们在规定时间内按要求填写问卷，然后寄回调查机构。

邮寄问卷调查的一般步骤如下：

◇ 根据研究目的收集调查对象名单、地址或电话，抽样确定调查对象；

◇ 通过电话、明信片与简短的信件，与调查对象进行事先接触；

◇ 向调查对象寄出调查邮件，注意检查典型调查邮件应包括的几项内容；

◇ 通过电话或简短的提示信，与调查对象再次接触，询问是否收到了问卷；

◇ 对回收问卷及时登记编码，统计回收数量，决定是否需要再打电话或寄提示信；

◇ 如果回收率还达不到研究的要求，应考虑采取措施修正低回收率所造成的误差。

2）邮寄问卷调查的优点

与面访和电话调查相比，邮寄问卷调查主要有如下优点。

① 应答者匿名，保密性强。在邮寄的调查问卷或附函中，调研人员一般会指出应答者的回答将是保密的。如果应答者是匿名的，他们就很有可能会提供一些敏感性或令人尴尬的信息。匿名调查还可以减少社会期望偏差，当人们在完成自我管理式问卷时，更容易同意某些具有争议的问题，如激进的政治候选人等，而在电话访问或面访调查中，人们一般表现得很谨慎。

② 应答者便利。应答者可以根据自己的日程安排，抽空填写邮件调查和其他自我管理式的问卷，而且应答者有时间认真考虑自己的答案。很多难以取得联系的应答者非常重视访问时间的便利问题，所以邮件调查是一种较好的选择。例如，某目录零售商可能将仿制目录作为问卷的一部分，通过邮寄问卷进行调查，以便预测目录系列的销售量。邮寄问卷调查方式使应答者有机会与其他家庭成员进行协商，然后在一个合理的时间范围内作出决定。

③ 地理灵活性。从原则上讲，凡是通邮的地方都可以进行邮寄调查，因此可以获得很多地区、各个阶层的样本，如居住在偏远地区的应答者及某些难以访问到的人员，如高层管理人士等。

④ 成本相对较低。一般情况下，邮寄调查的费用比面访和电话调查都低。但是也应该注意，很多邮件调查需要多次邮寄；同时，为避免用劣质纸张影印的问卷直接被人扔进垃圾桶，调查人员更倾向于使用那些昂贵的、高质量的影印版问卷。

⑤ 无调查员偏差。面访调查和电话调查的质量与调查员自身的素质有很大的关系，而邮寄调查可以完全避免由于调查员的原因而产生偏差。

3）邮寄调查的缺点

① 回应比率低。在几种调查方法中，邮寄调查的回应比率是最低的，因此在邮寄调查中要特别注意采取有效的措施提高回应比率，同时对由于回应比率低所造成的偏差要进行必要的处理。

② 花费的时间长。在几种调查方法中，邮寄调查所需的时间是最长的，因此该方法只适用于那些时效性要求不高的项目。

③ 填答问卷的质量难以控制。调查对象可能会找他人代为回答，或没有填完全部问题就停止了，这些都将影响数据的质量。

④ 调查对象的限制。邮寄调查的最大限制之一是被调查者必须有较高的文化程度。

4）提高邮寄问卷调查的回应比率

如果问卷令人感到乏味、表述不清楚或者过于复杂，就很容易被应答者丢进垃圾桶。邮件问卷如果设计不够合理，可能仅有 15% 的人会回复，也就是说只有 15% 的回应比率。回应比率低并不仅仅是回收问卷的数量达不到要求那样简单，更重要的问题可能是，回应者与那些未回应者是否存在某些重要的系统性的差别。如果两者存在系统性差别，那么完成问卷的应答者就很难代表样本中的未作出应答者，那么依据回收问卷所作的统计推断就可能出现系统性偏差。

为了减少上述偏差，调研人员需要采取一系列措施来保证和提高邮寄问卷调查的回应比率。

有些措施是基本的，构成重要的保证体系。例如，提供已付邮资的回复信封；设计并排版具有吸引力的问卷和措辞，令其简单易懂，等等。

有些邮寄问卷调查还需要格外的激励措施，以保证和提高回应比率，包括以下几种方式。

◇ 附函：附函是伴随问卷的信件，劝导读者完成并且返回问卷，一般印制在问卷的第一页上。图7-2列示了一封调查附函的内容要点，以供参考。

> 正式的信笺抬头
> 邮寄日期
> 收件人姓名及地址
> 调查内容，社会效用
> 应答者的重要性(如果需要，列出问卷填写人)
> 保证机密性
> 调查的效用
> 参与的象征性奖励
> 问题解决办法
> 感谢
> 签字笔署名
> 头衔

图7-2 家居调查的附函范例

◇ 金钱激励：调研人员还可以通过提供金钱方面的刺激或奖赏，来促使应答者回复邮件问卷。尽管可以使用钢笔、彩票或其他奖励方式，但事实证明，金钱是最有效而且最没有偏见性的刺激物。为了提高回应比率，附函经常使用某些信息，如"我们知道附上的金钱不能弥补您的时间，这只是代表我们对您的感激"。

◇ 有趣的问题：在不改变调研问题的前提下，调研人员通常无法自由操作调研主题及问卷内容。不过，调研设计者仍然可以在问卷开头部分加入几道有趣的题目，以提高应答者的兴趣及合作的积极性。

◇ 后续行动：对大部分邮寄问卷调查来说，在问卷开始回复的前两周内，回应比率相对是很高的，随后便逐渐降低。在第一轮应答者回复之后，调研人员可以开始后续行动，如使用信件、电话或者明信片，提醒应答者返回问卷。后续行动可以包括另一份问卷，或仅仅提醒应答者填写最初邮寄的问卷。

◇ 提前通知：使用信件或电话提前通知应答者关于问卷的事宜，也是提高回应比率的一项额外措施。据业内人士分析，提前通知的最佳时间是在邮件调查到达之前3天左右。提前通知距离正式问卷到达的时间越短，产生的效果就越好。

◇ 选定公开的调查发起人：在邮寄问卷调查中，对应答者公布的调查发起人可能是影响回应比率和是否发生重要主体偏差的重要因素。有些调查发起者极可能引起调查的主体偏差，而选择另外一些调查发起者则可能完全避免主体偏差，并提高回应比率。例如，某企业营销人员希望调查自己的批发商，了解他们的存货政策及对其他竞争厂商的态度。印有该公司名称的邮件问卷也许只能收到很少的回复。但是，印有某些著名大学或政府机构名称的同一份邮寄问卷则可能得到较积极的响应等。

2. 固定样本组邮寄调查

固定样本组邮寄调查（mail panel），又称为日记调查法或消费者固定样本持续调查。它是指事先抽取一个地区性或全国性样本，样本中的家庭或个人都已同意参加某方面研究的定期的邮寄调查，然后由调查机构向这个固定样本组中的成员定期地邮寄调查问卷，样本组成员将问卷按要求填写后及时地寄回调查机构。

固定样本组邮寄调查常用于对电视收视率、广播收听率、报纸杂志阅读率的调查，以及家计调查或其他商业性的定期调查。

虽然属于邮寄问卷调查和询问调查的一种方法，但是与其他询问调查方法不同，固定样本组邮寄调查不是一次性调查，而是一种重复性或持续性调查，对同一个样本单元多次收集数据。在相同样本量的条件下，固定样本调查比抽取一系列独立的样本调查更为精确。

与一次性抽样调查相比，固定样本组邮寄调查有很多重要的优点：
◇ 能得到被调查者随时间变化的行为信息；
◇ 减少对变化估计的抽样误差；
◇ 能减少回答误差，因为被调查者对问卷有更好的理解；
◇ 费用会随时间增加而减少（一些固定费用在多次重复的调查上被摊薄）。

与一次性抽样调查相比，固定样本组邮寄调查的缺点在于：
◇ 使样本保持在长时间内的代表性更困难，因为总体将随时间发生变化；
◇ 估计与对无回答的处理等更复杂；
◇ 需要在较长时间内保证费用（只要固定样本组还存在就必须保证其预算）；
◇ 可能会增加回答误差，可能是因为回答者对问卷太过熟悉而加快填答进度，也可能因为样本回答负担太重，导致被调查者疲劳而增加无回答；
◇ 组织工作比一次性调查复杂得多，等等。

鉴于固定样本组调查可能造成样本回答负担过重、样本老化及增加回答偏差等问题，很多调研组织已经对固定样本组调查进行了改进。随着时间的推延，需要定期更新部分样本，使固定样本组不再完全固定，从而保证每段时间都有交叉的较好样本。例如，在条件允许的情况下，可以一个季度更新四分之一，一年内更换成全新的样本。有经验的调查机构会对样本中"新鲜"部分和"陈旧"部分所寄回的问卷进行比较，以避免因不熟悉调查或过分熟悉调查所可能带来的数据上的偏差。不管如何调整或更新样本，重要的是，保证所使用的样本组与所调查的目标总体在主要指标上始终保持一致。

3. 其他自我管理的书面问卷调查方式

很多自我管理式问卷的形式都类似于邮寄问卷调查。客机在飞行过程中经常分发问卷给乘客；餐馆、旅店及其他服务设施经常在小卡片上印有各种问题，以便顾客评价他们的服务；《读者》杂志等出版物经常附有各种问卷，以较低的成本调查当前的读者情况，而且调查结果可以作为杂志内容的素材。

很多制造商利用其保修单据或用户登记卡，来收集关于购买地点及原因的信息和数据，追踪消费者习惯的趋势。

1）亲自递送问卷调查

它是指调查人员将调查问卷送到被调查者手中，在详细说明填写事项后留给被调查者自行填写，最后由调查员定期收回问卷的一种调查方法。亲自递送问卷调查可以被认为是介于面谈访问调查和邮寄调查之间的一种调查方法。它取两种方法的优点，回收率高，被调查者不受调查人员素质的影响，同时又避免了被调查者对问题的误解，回答问题有时间上的保证。当然，亲自递送问卷调查的样本通常不是经过严格抽样程序抽取，更多是依据便利原则选出的，所以样本代表性是一个问题。

2）传真问卷调查

采用传真调查的方式，潜在的应答者可以通过传真机接收或回复有关问卷。夹在杂志里的问卷可以通知应答者，要求他们填写这份问卷，然后传真到某个电话号码。传真调查可以节省发送者的印刷和邮寄费用，而且发送和回复的速度要比传统邮件调查快很多。在需要调查某些紧急问题时，可以采用传真发送问卷的方式。但是，传真问卷调查不仅要求应答者必须有传真机，而且应答者还愿意支付这笔额外费用。所以，除非应答者对调查主题非常感兴趣，或该项调查与自己的业务有利益关系，否则，要得到主动回复可能比较困难。

7.2.5 自我管理的电子问卷调查

自我管理的电子问卷调查主要包括通过电子邮件或互联网页呈现问卷两种调查方式。

1. 电子邮件问卷调查

电子邮件调查实际上是通过电子邮件传送问卷、收集应答者信息的一种相对较新的调查方式。

使用电子邮件分发问卷有很多好处，如分发速度快、分发及处理成本较低、转交时间更短、灵活性更强等，而且不必处理问卷纸张问题。如果要调查时间性很强的问题，电子邮件问卷的分发及回复速度就是最主要的优势。

关于电子邮件调查的学术研究成果还不多，但是有关人士普遍认为，应答者回答电子邮件的问题时，要比面访或电话访问更率直，一般也会说出真实答案。

然而，由于受电子邮件使用的限制，电子邮件调查还仅局限在有些领域，如企业内部员工调查或网上零售购买者的满意程度调查等。

同时，应答者计算机及邮件软件的功能将限制问题的类型及电子邮件问卷的设计情况，很多应答者的计算机只能以文本文件显示调查问卷，只是通过电子邮件呈现的一种书面问卷。但是，应答者终端显示屏的差异，可能使这种问卷转变成难以阅读的形式。而且，使用电子邮件回复功能发送完成的问卷时，也会经常遇到一些难以解决的问题。

使用电子邮件传送问卷经常面临的另一个问题，就是这种不明来历的电子邮件可能被当成垃圾邮件，没有打开就直接被删除了。

2. 互联网页问卷调查

互联网页问卷调查是一种发布在网上的自我管理式电子问卷，应答者通过点击图标或键入答案，回答计算机屏幕上显示的问题。与电子邮件调查相比，互联网页调查所使用的是网络语言，即超文本链接标示语言（HTML）。调研人员可以从调查机构所持有的潜在调查对象数据库中在线招募，或者用常规的方法（邮寄、电话）招募调查对象。要求调查对象到一个特定的网址去完成调查。允许所有的网站浏览者或每隔若干个浏览者参加调查。很多调查研究领域的人士认为，因特网调查是未来的大势所趋。

互联网页调查的优点：

◇ 它可以用 HTML 而不是纯文本来构造按钮、选框和数据输入域；

◇ 跳跃格式可以编入程序自动执行；

◇ 可以在答案输入时确认其是否有效；

◇ 可以利用附加的调查刺激，如图表、图像、动画及与其他网页的链接等；

◇ 成本较低，传播迅速。

互联网页调查的局限表现在以下几个方面。

◇ 调查对象的局限性。网上调查只能在那些已联网的用户中进行，而联网用户只占总人口的小部分，用户结构与人口总体的结构也存在很大的区别。例如，2005 年 7 月 CNNIC 调查报告显示，截止到 2005 年 6 月 30 日，中国上网用户总人数为 10 300 万人，在将近 13 亿的总人口中仅占 7.9%，互联网络的普及程度目前还很低。在结构上，35 岁及以下的网民占全部网民的 81.3%，明显呈现低龄化的态势。

◇ 回应比率难以控制。只是某些收件人会作出回应，仍然可能存在回应者与未回应者的系统误差。

◇ 整个调查较难控制。首先是调查对象的选择较难；其次是样本量难以控制；再次是问卷回答质量难以控制；最后是调查的持续时间难以控制。

7.2.6　各种询问调查法的比较评价

通过上面的分析我们了解到，询问调查包括很多种具体形式，每一种都有其优点和缺点。没有最好的调查方法，但是有最适宜的调查方法。调研人员必须综合考虑特定调研项目的需要和调研机构的各种主客观条件，权衡利弊，选择最恰当的调查方法。

比较评价各种询问调查方法涉及的多种因素，对任何一个研究项目而言，这些因素的相对重要性会不同。这些因素包括数据收集的灵活性、问题的多样性、有形刺激的使用、样本控制、数据收集环境控制、现场工作人员控制、数据数量、回答率、调查对象感觉到的匿名程度、社会期望、敏感信息的获取、调查员潜在的偏差、速度和成本等（见表 7-1）。

表 7-1　各种询问调查方法的优缺点比较

项　目	面访调查	电话访问	邮寄调查	网页调查
数据收集速度	快	很快	慢	即时
地区灵活性	中等	高	高	高（全世界）
应答者合作	中等偏下	好	中等	依赖于网站
提问的功能	最多	中等	不多	最多
问卷长度	长	中等	根据奖励变化	中等
不应答比率	中等偏低	中等	高	最低
曲解可能性	低	中等	高	高
访员影响程度	高	中等	无	无
应答者匿名性	低	中等	高	高

续表

项　目	面访调查	电话访问	邮寄调查	网页调查
回访难易程度	难	易	易但需要时间	较难
成本	高	中等偏低	最低	低
主要特点	可使用样品、可视材料，进行探查式访问	简化实地收集数据，适用计算机技术	应答者随时回答问卷，有时间思考问题	利用流动式媒体软件；播放图片

7.3　观测调查方法

案　例

Texaco 公司通过观测调查与员工"一起构造明天"

当你汽车油箱里的油不够用时，除非当地加油站之间正在进行价格大战，否则你可能还是会光顾拥有友好出纳员和乐于检查你车胎里气压的那家加油站。为了确定它的职员确实在尽最大努力吸引顾客，Texaco 公司引进了一项名为"一起构造明天"的优秀工作计划，这个计划利用很多秘密顾客来评价 Texaco 的每个汽油批发和零售站及卡车站的工作情况。

在"一起构造明天"的计划中，评价过程被作为提高全国 14 000 家地方性 Texaco 加油站顾客满意程度的一种工具。所有的加油站经理、卡车车站管理员和雇员都有资格获得这项主要取决于秘密顾客评价情况的认可嘉奖。"我们将形象和顾客的满意程度视为公司招徕生意最重要的两个方面，"Texaco 零售市场营销部的经理说，"到目前为止，在实施'一起构造明天'工作计划的头两年中，我们在这些最易受到批评的方面已经取得了初步的成效。"

自此计划实施以来，并非只有形象和顾客满意程度这两个方面有所提高。"这项计划的结果已经显示出，形象和顾客满意程度的得分情况与每年的汽油销售量有着直接的关系。"Texaco 零售市场营销部的经理说。

上面这个例子描述了观测调查调研法的一种形式。什么是观测调查调研法？它有什么优点和局限？在观测调查调研法中需要使用其他机械设备吗？这些都是本节将要回答的一些问题。

7.3.1　观测调查的实质及适用性

一天，福尔摩斯问华生医生，一路通过贝克街大厦需要多少步。华生回答说不知道。福尔摩斯笑道："哈，华生，你经历过但你没有认真观测。"

1. 观测调查的实质

观测调查法就是按照所目睹的情况记录人、物体及事件行为模式的系统性过程。观测调查不会向人们提出问题，或者采用其他方式进行交流。观测调查主要依靠调研人员在现场直接观看、跟踪和记录，或者利用照相、摄像、录音等手段间接地从侧面观看、跟踪和记录。观测调查需要在事件发生时目击并记录有关信息，或者从对过去事件的记录中收集某些证据。

尽管我们在日常生活中经常观察周围的事物，但是如同华生医生一样，我们一般不会从科学角度进行观测。当观测用于达到某个明确的调研目标时，就变成一种科学调查工具。正像有人所指出的那样：涉及观测的问题，机会只光顾那些有准备的头脑！科学观测可以系统性地记录数据，然后把数据同某些假设联系起来，而不仅仅是反映某些有趣的事物。

2. 观测调查的适用性

人们可以观测有关人或物体行为的各种信息，下面是几种可观测现象的类别：身体动作，如购物模式或看电视的姿势等；口头行为，如销售时的对话等；表情行为，如声音语调或面部表情等；空间关系及位置，如交通模式；物体目标，如回收报纸的数量；以及语言和图示记录，如广告的内容等。

观测方法可用于描述各种行为，但不能观测某些感知现象，如态度、动机和偏好等。因此，观测调研无法解释行为的发生原因，或下一步要采取的行动。另外，对于那些发生在几天甚至几周内的行为模式，虽然可以观测，但是观测成本可能会很高。

7.3.2　观测调查法的分类

1. 结构化观测与非结构化观测

对于结构化观测而言，研究人员详细地指定观测调查的内容，记录测量结果的方式，这将减少观测调查者偏差的可能性，提高数据的可靠性。结构化观测适用于清楚地定义了调研问题并详细确定了所需信息的情况，在这种情况下，可以清楚地确认所观测现象的细节，因此结构化观测适用于结论性研究。

在非结构化观测中，观测调查者监控与手边问题可能有关的现象的所有方面。例如，观测正在玩新玩具的孩子。非结构化观测调查适用于问题尚未精确地阐明，且在观测调查中需要灵活地确认问题的关键成分，并展开假设的情况。在非结构化观测中，观测调查者偏差的可能性很高，因此，观测调查中的发现应该被看作是有待检验的假设，而不应该被看作是结论性的发现。非结构化观测适用于试探性研究。

2. 掩饰观测与非掩饰观测

调研对象并没有意识到正在进行的观测，这种观测称为掩饰观测。当调研对象没有意识到自己正在被观测时，观测人员不需要邀请他们参与观测调研。掩饰观测使调查对象可以自然地行动，可以最小化调查对象误差。掩饰可以通过使用单向镜、隐藏的照相机或不显眼的机械设备完成，也可以通过将观测者伪装成购物者、销售员或其他适当角色来完成。

调研对象知道观测人员的存在而进行的观测，就称为非掩饰观测。进行非掩饰的观测调查时，当调查对象意识到自己正在被观测时，他们的行为表现可能与往常不一样，从而导致调查误差。

3. 自然观测与实验观测

自然观测调查是指发生在自然环境中的观测调查行为，又称为非控制观测调查或直接观测调查。例如，观测者可以在快餐店观测调查对象吃快餐的行为。

在自然观测调查中，观测者担当被动的角色，即不必控制或操纵有关情形，他们只需要记录事件发生的情况，从而获得准确的数据资料。在很多情况下，自然观测是收集数据最简单的方式，也是唯一可行的方式。某杂货商店农产品部门经理定期在周边地区收集有关的竞争价格信息，就是一种自然观测。

尽管自然环境下的直接观测不涉及与调研对象之间的互动作用，该方法有时也会产生误差。因为观测调查不仅涉及观察，还涉及对观察对象特定的判断测量；另外，在自然环境中对现象进行测量可能有难度。例如，在某个调研项目中，观测者需要评估销售职员的态度（如粗鲁还是礼貌），这就要求实地观测人员的主观性判断和解释。自然观测的另一个缺点是，耗费在等待现象发生上的时间可能过长。

实验观测调查是指在一个人造的环境中观测调查对象的行为，所以又称为人为观测调查或有控制的观测调查。

实验观测可以提高某种行为模式的发生频率。例如，飞机乘客抱怨乘务员提供的食物和服务，也许是调研人员为了记录乘客的反应而故意布置的人为环境。如果没有人为的环境，可能需要无限期地等待事件的发生。又如，进入零售商店神秘的购物者（mystery shoppers），实际上是零售商聘请的观测者，他们可能假装对某种商品或服务感兴趣，也可能假装"刁蛮"专门难为售货员，这一切实际是为了评估销售人员的具体表现。

4. 人员观测与机器观测

人员观测调查是由调查人员实地观测调查受访对象以了解情况的一种常用观测方法。如果有些事件或行为在发生之前无法预测，人员观测就是最好的观测方法。例如，某调研公司为了解某种牌号的微波炉市场营销情况，就派员到销售现场，亲自观测和记录顾客的购买情况、购买情绪、踊跃程度、同类产品竞争程度等；同时派员进入使用现场，亲自观测用户使用本品牌产品的情况，包括用途、使用条件、使用时遇到的困难、顾客要求等。

机器观测调查就是通过机器观测受访对象，连续记录发生的行为。机械观测是通过专门的仪器完成的，如超级市场的扫描仪或交通监控器等，这种观测方式可以准确记录各种常规性、重复性或程序化的行为模式。

5. 行为观测与实物目标观测

观测研究主要强调非语言行为，并对此进行系统化的详细记录。行为科学家经过研究发现，人们在生活中相当普遍地借助非语言行为表达自己的观点或与他人交流。点头、微笑、皱眉头等面部表情或各种身体动作，都是公认的交流符号。与语言相比，这些非语言行为往往会更真实地反映人们的观点或态度。而在另外一些情景下，人们根本无法表达他们的某些真实感受，行为观测也就成为了解这些真实感受的唯一方法。例如，孩子们也许无法表达他们对某些玩具的感受，但是通过观测他们玩玩具时的表情或动作，调研人员可以确定设计成功产品所需要的有关要素。

实物目标观测是指调查者不直接观测调查受访对象的行为，而是通过检测实物的状况来追踪行为的痕迹。这类方法通常又称为实际痕迹观测调查。例如，通过对洗衣机售后保修点的观测调查，了解不同部件的损坏率。

7.3.3 几种重要观测法的典型应用

1. 神秘购物法

法国居伊·梅内戈点子公司采用的"神秘购物法"，是观测调查法在实际中的一种典型应用。神秘购物法是让观测调查人员扮成购物者深入购物现场，通过从旁观测或倾听或直接与销售人员交流，收集商店的有关观测数据及销售人员与顾客间交互的数据。

神秘购物法出现以后，被不同的机构用作各种不同用途。根据调研目的，调研人员可以设计和运用各种不同形式的神秘购物，收集不同深度和类型的信息。

◇ 神秘购物者打神秘电话。神秘购物者给其客户打电话，并根据电话内容估计所接受的服务水平，继而与其进行一番照本宣科式的谈话。

◇ 神秘购物者参观销售现场并快速购物，不需要过多甚至完全不需要与销售人员交流，神秘购物者通过购物对交易场所的形象和交易能力进行评估。

◇ 神秘购物者进入某个购物现场，假装对某个产品或服务感兴趣，并详细询问销售人员有关该产品或服务购买或使用的有关信息。通过这个过程，观测者对销售人员的态度和能力作出评估。

◇ 神秘购物者造访某企业，用事先准备好的方案与销售代表交流，并不包含真正的购买行为。例如，神秘购物者进入一家汽车专卖店，与销售代表详细讨论家庭贷款购买新车的过程等。

服务影响着销售、顾客满意程度，最终影响顾客对商店或品牌的忠诚度，继而决定公司的利润。神秘购物观测法可以告诉管理者一线销售人员是否一致地，并以一种符合公司标准的方式对待消费者。具体地说，神秘购物能够衡量员工的知识是否渊博、工作效率是否高、是否乐于助人并彬彬有礼。此外，神秘购物还可以识别出公司的优势和薄弱环节，为业务培训和策略修订提供指导。

2. 实物痕迹测量

实物痕迹就是某些过去发生事件的显著标记，也是调研人员可以收集和利用的重要证据和数据。例如，图书馆存书的破损程度可以间接表示出书籍的借阅情况。

实物痕迹证据是美国亚利桑那大学的核心科研项目，很多有抱负的考古学家认真审评现代的废弃物，他们检测香烟头、空的牛奶盒及其他各种废弃物。通过观察家庭废弃物，他们发现了很多有趣的现象。例如，在西班牙后裔的家庭里，最普遍的婴儿食品是南瓜，占他们所消费的去渣蔬菜总量的 38%。与此相反，在英国后裔家庭里，豌豆占婴儿蔬菜总量的

29%，南瓜食用量仅高于菠菜，列倒数第二位。南瓜曾经是墨西哥和中美洲最主要的食物。

废弃物调研最有趣的发现在于，可以将食物消费调查结果与应答者废弃物观测结果进行比较，而废弃物本身是不会撒谎的。有调研项目显示，人们经常会少报他们所吃的垃圾食品的数量，而多报其消费的水果或食物苏打的数量。但是最引人注意的是，调查结果显示有40%～60%的人少报了自己的酒精消费量。

调研人员也可以对零售商或批发商进行实物痕迹测量。根据对零售商或批发商的审计，测算和记录实际的存货情况，将之用于调查品牌销售的地区状况、市场份额、季节性购买模式等，进而提供在零售和批发层次上的审计数据。

观测者也可以通过记录某些实物痕迹数据，来发现应答者不能准确回忆的情况，有时也可以避免引起虚假应答或其他形式的应答偏差。例如，准确测量实验中使用的漂白液，可以不依赖应答者的记忆，而提供确切的实物证据。

3. 内容分析

内容分析是指通过观测和分析某些媒介信息的内容，如广告、报纸文章、电视节目、网站等，来获得各种有用的信息。内容分析涉及系统性分析和观测方法，主要来确认某些特定信息内容或信息的其他特点。此外，内容分析主要研究信息本身，但为了定量描述信息传达的显性内容，还需要设计系统性观测及相关的记录程序。这个技巧可以用来测量某给定分析类别的重要程度。例如，可以通过调查广告的内容，来评估其措辞、主题、人物或时间及空间的关系。

内容分析可以用来调查各种问题，如有些广告商是否更多地使用某种类型的主题、特色、措辞或欺骗性的手段。有线电视节目制作人可以执行内容分析，评估其竞争对手的网络节目情况。此外，有关机构还可以分析儿童电视广告的信息内容、广告中的公司形象及广告中的其他各个方面。

研究信息传达的内容是一项更复杂的工作，需要正式的分析系统，以便保证分析所需要的相关数据。

4. 电视收视监控

电视收视监控是机械观测的一种典型应用形式。A. C. 尼尔森公司的电视监控系统也许是机械观测中最知名的调研系统，它是用来估测全国的电视观众数量的。A. C. 尼尔森公司在所选定的一个消费者小组（5 000 个家庭）的电视机上安装一种电子扫描装置，实时获取节目选择、观看时间的长度及观众的基本情况等各种重要数据。

当消费者打开电视机的时候，荧屏上会出现一个问号，提示观众说明是谁在观看节目。然后这名观众就会使用一个电子设置，记录下观看电视节目的人群。安装在电视上的一种配置可以自动向尼尔森公司发送观测到的数据，即观众的性别、年龄及其所观看的节目。

随着数字电视的广泛使用，专业调研公司正在研制一种更高级的数字有线技术，主要是利用置顶盒解码系统，该系统将会"问"置顶盒在做什么，并确认荧屏上的频道或节目。这些数据将发送至中心处理地点，而观众是看不到也听不到这些数据的。

5. 网站访问量监控

很多企业会记录有多少人访问他们的网站，如果使用者点击网站的某个单页，系统就会立刻作出记录。如果访问者点击很多地方，来查阅图片等资料，网站可能作出更多的记录。如果公司的网站包括很多网页，将有助于追踪网页的点击率。网页点击率可以用于说明访问网站网页的人数，也可以用于追踪访问者的路径或访问网页的顺序。很多信息技术用于计量网站的访问比率。

Nielsen//NetRatings 是 A. C. 尼尔森与 NetRatings 公司联合成立的一家公司，是一家辛迪加信息服务提供商，主要向广告主、网址出版商及媒体计划人员提供因特网用户的信息。该公司推出全球第一项以网民样本为基础，覆盖全球的网络监测服务——Nielsen//NetRatings，专门追踪记录网民的上网频率、浏览的网站、停留时间及在线广告的出现频率和点击情况。

Nielsen//NetRatings 服务透过在样本户计算机上安装的先进软件，追踪和收取数据。数据透过互联网即时从样本户的计算机传输到公司的服务器端，样本户不直接参与数据收集过程，避免了任何人为的误差。这套软件不受平台限制，无论样本户使用哪种操作平台都一样适用，如果样本户改用移动电话或掌上电脑也可以安装该软件。目前，该公司已在 26 个国家的 22.5 万台计算机上安装了自己的软件，对这些用户使用因特网的情况执行实时监测。通过每天从样本户计算机上收集的数据，网民的立体形象浮出水面——谁在上网？他们浏览哪些网站？他们阅读或点击哪些广告？他们在网上逗留多长时间？他们是否在网上购物？

6. 以扫描仪为基础的调研

采用激光来执行光学符号识别或条形码技术，加速了市场调研中机械观测的广泛使用。某些联合机构利用扫描技术，提供关于零售店产品类别的二手数据。

调研人员利用扫描仪技术可以详细地调查某些具体问题。例如，扫描调研调查了消费者对价格促销的不同反应，以及这些反应差异如何影响促销活动的效果。执行这类调研的基本方法就是建立以扫描仪为基础的消费者研究小组。

在一个典型的扫描仪调研小组中，每户家庭都会分到一个代码条卡片，小组成员要在柜台处把卡片出示给店员。每户家庭的代码都会加上有扫描仪记录的购买信息。此外，通过问卷调查得出的关于每户家庭的背景信息也可以附加在家庭代码条上。

扫描仪测量的数据有一些重要特点，有助于保证数据质量：

◇ 数据测量的是观察到的购买行为，而不是报告中的某些行为；

◇ 利用机械代替人工记录，可以大幅度提高准确性；

◇ 测量过程不必访问应答者，减少了造成社会期望或其他偏差的可能性；

◇ 能够获得更广泛的购买数据，因为可以测量所有的 EAN-13 商品类别。

条形码技术的飞速发展引发了家庭扫描系统的应用，即消费者在家中利用手动电子棒来测试通用产品代码。消费者研究小组参加者在把产品拿回家以后，自己对产品进行扫描，以检测在商店所购买的商品。

7. 生理反应测量

调研人员使用各种机械装置来评估消费者对广告样本、包装等刺激物的生理反应。当调研人员认为消费者不会意识到自己对刺激物的反应，或者消费者不会提供真实应答时，他们就会使用生理反应测量来收集感兴趣的数据。

生理观测技术大都是建立在以下认识基础上：如果身体受到一定的刺激，就会产生肾上腺素，生理调研正是依赖于这个事实。当肾上腺素开始发生作用，心脏跳动就会加速、变强。血液主要流向神经末梢，指尖和耳垂部位的毛细血管迅速膨胀；皮肤表面温度开始上升，毛囊逐渐竖立起来，皮肤表面的毛孔开始排除汗液，而且皮肤的电导率也会受到影响，眼睛瞳孔开始放大，大脑的电波频率逐渐上升，呼吸变得急速且低沉，而且呼出气体的化学成分也有所改变。这个过程大概可以提供 50 多种不同的测量选择。

目前，已经开发出来用于测量生理反应的机械装置主要有以下几种。

① 眼部追踪监控器（eye-tracking monitor）。印刷广告客户希望通过视觉景色来抓住读者的注意力，然后使其注意到有关包装或优惠券。电视广告客户希望能确认卖点，然后加以强调突出。眼部追踪设备可以记录调研对象如何阅读印刷版广告或观看电视广告，以及他们在每一部分所花费的时间。调研人员使用眼部追踪监控器来测量潜意识的眼部动作（生理反应），进而了解读者或观众的凝视动作。传统上，这种眼部追踪装置要求把读者或观众的头部固定放置在某个位置，操作起来很麻烦。现在，眼部追踪技术主要是使用红外线光束来追踪眼部活动，然后由微型摄影机将眼部活动数据记录下来。这些数据经过计算机分析，便可以确认读者观看了广告中的哪些部分，以及忽略了哪些部分。

② 瞳孔计（pupillometer）。主要用于观测并记录调研对象的瞳孔变化情况。调研对象需要仔细观看屏幕上的一则广告或其他刺激物。当外界亮度及刺激物与眼睛之间的距离保持不变时，瞳孔大小的变化可以看作是由刺激物引起的认知活动的变化，而不是由于光线强度、与物体的距离或其他观测环境而引起的生理反应。这种观测方法假定增大的瞳孔反映了调研对象对产品的强烈感觉，或他们对广告等刺激物的兴趣。

③ 心理电流反应检测器（psychogalvanometer）。是测量由电流引起的皮肤反应，即皮肤抗拒电流时所产生的无意识变化。这个装置的使用原理假定，生理变化，如呼吸加速等，伴随着主体对广告、包装或标题的情绪变化。情绪兴奋可以增加身体的汗液排出量，这样就可以提高皮肤对电流的抗拒力度。这个测试是情绪激动或紧张的指示器。

④ 语调分析（voice pitch analysis）。主要是根据一个人的声音变化，来测量他的情绪反应情况。神经系统的变化可以引起声音的异常，这种情况可以通过一种高级计算机化的音频设备来进行测量。当应答者口头回答自己对电视广告等刺激物的主观评价时，计算机分析系统可以把这时的语调同他们平时对话的语调进行比较。这种技术不同于其他生理测试装置，调研人员不需要在调研对象身上缠绕各种电线等仪器。

上述所有的生理测试技术都假定，生理反应是同说服力联系在一起的。但是，能否根据生理反应预知某些认知反应，目前还没有有力的证据。另外，生理测量装置的标度也是一个问题。所有测量装置都是用来测量觉醒反应的，但是准确测量觉醒的程度则是另外一回事。此外，还有一个更现实的问题，就是这些装置大部分都相当昂贵，从而大大限制了它的使用。

7.3.4 观测调查法的优缺点

1. 观测调查法的优点

◇ 观测调查法直接记录事实和被调查者在现场的行为，所获得的数据不会由于记忆误差、社会期望偏差等原因而曲解，可以获得客观的第一手数据资料；

◇ 观测调查法基本上是调查者的单方面活动，有利于排除语言交流或人际交往中可能发生的种种误会和干扰；

◇ 可以避免许多由于访问员及询问法中的问题结构所产生的误差因素；

◇ 观测调查法简便、易行，灵活性强，可随时随地进行调查。

2. 观测调查法的缺点

◇ 观测调查法只能反映客观事实的发生经过，而不能说明发生的原因和动机；

◇ 只能观测调查到公开的行为，一些私下的行为则超出了观测调查的范围；

◇ 被观测调查到的公开行为并不能代表未来的行为；

◇ 观测调查法常需要大量观测人员到现场做长时间的观测调查，调查费用支出较大；

◇ 对观测调查者的业务技术水平要求较高。

7.4 实验调查方法

案 例

包装大小与使用量关系的实验研究

包装的大小会影响人们的消费量吗？一系列受到严格控制的实验室实验都发现，越大的包装越能够鼓励消费者提高对产品的使用量。某个实验的假设就是，包装越大，人们在某个特定场合使用的就越多。在产品的总供给保持恒定时，实验要求改变包装的大小。

实验程序如下：调研人员通过当地学校的家长会，招募了98个成年女性，并向每一个参与者支付6美元的酬劳。两种不同的产品——CS牌食用油和CM牌通心粉，包装大小不同，被选中用于研究。在这两种情况下，大包装的容量都是小包装的两倍。每一个品牌的供应都是恒定的，小包装是满的，而大包装则只是装了一半。每一种产品的容量都是由销售的包装大小决定的。

每一个对象都是随机分配使用相对小的还是相对大的包装，而且每一个对象拥有的产品都具有同等容量。两种产品都是大概使用，预计两种产品的使用结果的模式是相似的。

在个人会面中，每一个对象都被告知，调研人员正在收集一些关于这两种不同种类产品的"与家庭开支相关的"基本信息。然后就把这些对象分别带到四个独立小房间中，这些房间里都放有这两种产品其中一种的小包装或者大包装。分配给每一个小房间的调研助理也不知道这一研究的目的。当对象到达时，调研助理就向他们读出涉及产品使用的特定情境：使用CS牌食用油时，"你正在为你自己或其他的成年人炸鸡"，而使用CM牌通心粉时，"你正在为你自己及其他的成年人做通心粉"。要求对象展示她在这种情况下会使用多少产品，然后再询问使用这么多的产品将要付出多少钱。所谓展示是指，实验对象通过将油倒在锅里，来说明他们要使用的油量；通过将通心粉放在一个大罐子里，来说明他们所使用的通心粉的数量。在对象离开小房间后，调研人员对对象要使用的产品量进行度量。这一程序对于所有对象都重复进行。

因变量就是每个实验对象将要使用的产品量。他们所使用的油量，可以通过将其倒入一个窄口烧杯中进行度量。通心粉的使用量，可以通过将面条搓在一起，再用精确刻度的卷尺来测量其圆周进行度量；稍后会转换成个别计数的近似值。

正如先前假设的，在每种产品的供给保持恒定时，对包装大小进行操纵，说明了产品使用量的增加是与包装大小的增加相关联的。

相关实验显示，消费者在一个满满的容器中所使用的量要比在一个半空的容器中所使用的量更多。即使在包装上推荐了使用量，调研显示，70％的情况下，消费者会忽略这种提示。

7.4.1 实验调查法的特性

实验调查法又称为因果性调研。在实验调查法中，试验者控制一个或多个自变量（如价格、包装、广告），研究在其他因素（如质量、服务、销售环境等）都不变或相同的情况下，这些自变量对因变量（如销售量）的影响或效果。

调研人员进行实验调查的目标，是要确定实验处理是否是导致正在被度量的结果的原因。如果一个新的营销战略（如新的广告）正被运用于试销市场，而且该市场的销售量也得到了提高，但是其他没有运用新战略的市场的销售量并没有增长，那么实验人员就可以很有把握地认为，是新战略导致了销售量的增长。

实验调查与其他调研方法的不同之处在于对调研环境的控制程度。在一个实验中，一个变量（自变量）是受到操纵的，它对其他变量（因变量）的影响要受到度量，而其他所有可能会使这种关系变得复杂的变量都被清除或者是受到了控制。为达到上述要求，实验人员可以选择创造一个人为的实验环境，或者选择一个经由精心操纵的真实生活环境。

在市场实验中，如果其他未控制的因素果真保持不变，那么实验结果应该和自然科学实验一样准确，但是市场上未能控制而又可能在实验期间有所变动的外来因素太多，影响复杂。为此，应该充分做好实验设计，考虑尽可能地减少实验误差；正式的市场实验数据应该通过统计分析的方法进行检验。

7.4.2 实验设计的组成概念

实验调查能否达成预期目标根本取决于实验设计。实验设计是一组详细说明以下问题的程序：测试单位是什么及如何将这些单位分为均匀的子样本；处理或操纵哪些自变量；测量哪些因变量；如何控制外生变量。其中，自变量、因变量、测试单位及外生变量就构成了实验设计的核心概念。下面将逐一讨论这些概念及其基本问题。

1. 自变量

自变量是指可以被操纵的变量，这个变量是独立的。实验人员可以操纵或者改变它的值，使其成为他所希望的独立于其他变量的任何值。自变量被假设为具有因果关系的影响。对受到研究的自变量的选择性操纵被称为实验处理。例如，一个定价实验中的几个实验处理水平可能是 1.49 元、1.89 元和 1.99 元。几种不同的包装、不同的广告主题及饮料口味的不同表达等都是常见的处理。

在市场调研中，自变量通常是分类或类别变量，代表了营销战略的一些分类或定性的方面。例如，为了确定采购点陈列的效果，自变量的实验处理就是不同的陈列方式。各种广告文本是分类或类别变量的另一个例子。在另一种情况下，自变量可能是一个连续变量，例如，广告所花费的数量可能是具有不同值的任何数目。调研人员就需要选择变量的适当水平作为实验处理。

在一种最简单的实验中，通常只对自变量的两个值进行操纵。想想一个度量广告对销售量产生影响的实验。对实验组进行的处理，可以是增加广告预算 50 万元；作为对比，对控制组进行的处理可以是保持广告预算没有任何变化（或增加值为零）。通过保持控制组的状态恒定，调研人员就控制了实验中潜在的误差来源。在实验结束时，对两个处理组的销售量进行比较，就可以确定广告水平（自变量）是否具有任何影响。

在基本的实验设计中，只有一个自变量受到操纵，并观测其对因变量的影响。但是，复杂的营销因变量，如销售量、产品使用及品牌偏好，会受到多个因素的影响。自变量，如价格和广告的同时变化，与任何一个变量的单独变化相比，对销售量产生的影响可能更大。当涉及对一个以上的自变量的互动研究时，调研人员就需要选择更为复杂的实验设计，如因子实验设计，以便对这些自变量的影响作出评估。

2. 因变量

因变量是指衡量自变量对测试单位的影响的变量，如销售额、利润等。因变量之所以如此命名，是因为它的值是预计要依赖于实验人员对自变量的操纵的；它是判断结果的原则或标准。因变量的变化可以假设为自变量变化的结果。

对于因变量的选择是实验设计中至关重要的决策。例如，调研人员要对不同的广告文本形式进行实验，那么所要确定的因变量应该是什么？可能是广告认知度、回忆、品牌偏好的变化，或者是销售量，这恐怕要取决于广告的目的。

因变量的选择过程如同问题的确定过程一样，要求考虑得越细致越好。否则，可能导致实验结果与实际的营销结果不一致，甚至实验被证明是成功的，然而营销计划执行下来却是失败的。例如，在试验销售中，选择因变量必须考虑到效果变得明显所需的时间长度。在实验完成的几个月后再度量销售量，就可以确定是否有滞后影响。同时，除了考虑销售量在实验期间所产生的变化外，重复购买行为也是需要考虑的重要因变量。Crystal Pepsi 的推出就说明了确定因变量时需要超越消费者的最初反应，进行更长远和更复杂的考虑。当 Crystal Pepsi 推出时，曾获得了很高的最初试验比率，但是之后只有很小一部分消费者进行了重复购买。结果，这一品牌在其市场细分中从来都没有取得期望的业绩。品牌认知度、试验购买及重复购买也许是每一个实验都应考虑在内的可能的因变量。

3. 测试单位

测试单位就是一些对象或实体，其对实验处理的反应受到度量或观测。消费者个人、组织单位、商店或地理区域，或者其他的实体都有可能成为测试单位。在大多数的营销及消费者行为实验中，个人是最常见的测试单位。

正如市场调研的其他方法选择一样，实验调查中测试单位的选择不当可能导致抽样误差。例如，Dow 化学公司舷外马达的新型润滑剂的实验性测试，就出现过这种问题。这种润滑剂是在佛罗里达和密歇根进行测试的。之所以选择佛罗里达，是因为调研人员认为这个州气候温暖，而这种产品又必须经得起持续性使用，所以这是一个最苛刻的测试。在佛罗里达的实验测试显示，这种润滑油是很成功的。然而，在密歇根的情况就完全不同了。虽然润滑油在夏天里卖得很好而且用起来也很好，但是 Dow 公司发现，在寒冷的北方气候下，润滑油都凝结了，这就使得舷外马达在整个冬天都闲置下来，最后生锈了。这个生锈的问题在佛罗里达从来没有发生过，马达在那里整年都在运转。这样，一些样本选择误差可能就是由于用于分配对象的程序或者是实验或控制组的测试单位所导致的。

4. 外生变量

外生变量是指自变量以外的影响测试单位反应的所有变量，这些变量会削弱实验结果或使实验结果无效，从而对因变量的测量产生干扰。

例如，如果实验组中的对象总是在上午进行处理，而控制组中的对象总是在下午进行处理，那么该实验就可能存在一个系统性误差。其中，一天中的时间就可能是一个没有受到控制的外生变量。

假设 Z 品牌汽油的电视广告展示了一条高速公路上的两辆轿车。画外音介绍说有一辆车使用的是不含特殊添加剂的 Z 品牌的汽油，而另一辆使用的是含有添加剂的 Z 品牌。不含特殊添加剂的那辆车首先耗尽了汽油，而含有添加剂的那辆车多行驶了 10～15 英里。该广告要传达的概念是，这种特殊的添加剂（自变量）可以行驶更多的英里数（因变量）。这种广告说服效果如何，恐怕跟其中涉及的外生变量是否得到控制有密切关系。我们可能会问：

◇ 两辆车所使用的油量是相同的吗？
◇ 引擎是同样大小及同一型号的吗？引擎的状况也是相同的吗？
◇ 这两辆车具有同样的状况吗（齿轮齿数比、燃料喷射器装置、磨损等）？
◇ 两个司机在加速方面有所不同吗？司机的体重有所不同吗？

是的，这些都是可能影响因变量（行车里数）变化的外生变量。如果实验人员不希望结果受到外生变量的影响，那么它们就必须被考虑到并得到控制。

7.4.3　实验有效性与质量控制

1. 内部有效性与外部有效性

实验调查的结论是否有效一般通过两个量值来判断。首先是内部有效性，说明自变量是否是因变量变化的唯一原因；另一个是外部有效性，说明实验结果适用于真实世界的程度。

1）内部有效性

内部有效性是指实验处理是否是观测到的因变量变化的唯一原因。如果观测到的结果受到随机的外生变量的影响或混淆，调研人员将很难对实验处理和因变量之间的关系得出有效的结论。如果观测到的结果可以毫无疑问地归结于实验处理,那么实验就是内部有效的。

2)外部有效性

外部有效性表示将实验的结果推广到实验环境以外或更大总体的能力。确定外部有效性,实质上涉及一个抽样问题:在一个模拟的购物环境中实验得出的结果可以在多大程度上转换成真实世界的超市购物?在华中某个特定市场上的试销可以代表所研究产品的全国性推介吗?如果具体的实验环境没有现实地考虑到真实世界中其他相关变量的交互作用的话,外部有效性就会受到很大的影响。

有时,如果调研人员明确模拟测试会受到某些干扰,并且也知道如何让人工环境中的结果适应市场,那么实验结果仍然可能是外部有效的。调研者可以根据以前相类似的研究来建立比较标准,这样结果就可以超越实验而进行计划了。

3)内部有效性和外部有效性之间的平衡

一般而言,与现场实验相比,实验室实验由于提供了更多的控制,所以更容易做到内部有效。然而,自然主义的现场实验往往比人工实验室实验具有更好的外部有效性。调研人员经常面临的一个问题是,如何在内部有效性和外部有效性之间保持平衡。

逻辑上讲,在进行平衡之前,我们必须权衡内部有效性与外部有效性两者之间孰轻孰重。然而,这似乎是一个两难的选择:如果实验缺乏内部有效性,就不可能对其结果进行计划,这样内部有效性的威胁就可能危及外部有效性;相反,一个内部有效的实验结果,如果缺乏外部有效性,不能在实验环境以外或更大总体中推广,内部有效性似乎也就没有意义了。然而,外部有效性将最终决定实验结果能否进行市场应用,所以结论是,为了外部有效性而平衡内部有效性是必要的,因为实验室实验给调研人员提供了更多的操作空间。一个希望通过分离光缆实验来测试广告有效性的调研人员,可以担保将会在一个外部有效的环境中,也就是在应答者的家里收看广告,同时,调研人员应该尽可能对某些干扰实施控制。

2. 外生变量对实验有效性的威胁

外生变量对实验有效性的威胁通常直接作用于内部有效性上。但是,内部有效性的威胁可能进一步危及外部有效性,因为如果实验缺乏内部有效性,就不可能对其结果进行计划。

对外生变量进行识别和分类认识是有益的。外生变量对实验有效性的威胁主要来自历史事件、成熟、选样、样本磨损、测量过程及测量工具等几个方面。

1)历史事件效应

历史事件效应是指发生在实验期间的影响因变量数值的任何事件。如空调促销实验期间,银行大幅降息或天气持续高温,促销效果可能因此受到影响。

历史事件效应的一个特殊案例就是组群效应,即一个实验组的成员经历了与其他实验组成员不同的历史事件,而导致因变量发生变化。例如,作为实验对象的两组经理人员,可能处于不同的群体,一组经历了公司接管前的混乱时期,而另一组则在公司接管之后才被雇用,经历了不同的历史事件,因而在工作实验中可能表现不同。

2)成熟效应

成熟是指测试单位自身随着时间流逝而发生的变化,这些变化并不是由自变量引起的。它们是一种时间上的作用,而不是一个具体事件。在一项涉及人的实验中,当人变得更老、更有经验、疲倦、厌倦或不感兴趣时,就发生了成熟。历时几个月之久的跟踪和市场研究极易受到成熟的影响。例如，假设一个实验是为了测试一个新的薪酬计划对销售量的影响。在历时几个月甚至一年的测试实验中，有些销售人员可能因为有了更多的销售经验或者是补充了一些知识而变得成熟了。他们的销售量可能会提高，但原因可能不是薪酬计划。

3）选样偏差

当实验或测试群体与拟使用实验结果推测的总体或相比较的控制群体有系统差异时，就会产生选样偏差对实验有效性的威胁。

4）需求效应

需求效应是指当实验对象意识到实验人员的期望或需求或实验假设后，按照所期望的方向作出反应，向实验人员展示那些并不能代表他们市场行为的行为，从而引起因变量的变化。

在大多数实验中，最显著的需求效应可能是由管理实验程序的那个人引起的。如果实验人员的出现、表情或者评论会影响到对象的行为或者会让对象动摇而改变答案以迎合实验人员，那么这个实验就出现了需求效应。

5）失员效应

失员效应或称样本磨损效应，是指由于实验过程中实验单位的"丢失"而形成的外生变量对因变量变化的影响。若出现失员现象，实验群体可能变得不具代表性，实验结果也缺少外部有效性。如果很多对象从一个实验组而不是控制组中撤出，就可能出现严重的磨损效应。

6）测试效应

测试效应也被称为前测效应，因为最初的测试使得应答者适应了实验的特性，而且如果没有采取任何前测措施，则应答者行为可能会有所不同。在一个前后测量研究中，在自变量受到操纵之前进行前测，可能会使应答者在进行第二次测试时变得敏感。例如，那些第二次进行标准化成就及智力测验的学生，通常都会比第一次进行这种测验的学生做得更好一些。同样，前测也可能会提高实验对象的知识和技能，使实验对象变得更有经验。例如，计算机游戏的生产商让对象完成两个需要一些技能（也就是玩游戏）的实验任务。对象们可能会把第二个任务完成得更好一些，因为他们在完成第一个任务之后已经有了一些经验。

7）测量工具效应

对因变量进行度量就要使用问卷或者其他形式的测量工具，如果同样的测量工具使用了不止一次，就可能产生前测效应。为了避免前测效应，进行事后测量时理论上就要求使用等价但形式不同的测量工具。但是，这样做可能出现因为测量工具的变化而导致的测量工具效应。

问题的措辞、访员，或因变量测量程序的变化，都可能导致测量工具效应，危及内部有效性。例如，如果使用同样的访员同时在前测和后测中提问，就可能出现一些问题。经过前测，访员可能会提高其在访问方面的技能，或者他们可能会感觉无聊并且决定要用自己的话改写问卷。

不同种类的外生变量可以连带发生，相互影响。例如，测试—成熟—失员，是指因为预处理测试，被访者态度随时间而变化，并且不同处理组中有不同程度的被访者流失。

3. 外生变量的控制

外生变量的存在和影响将搅乱实验结果，严重威胁实验的内部有效性和外部有效性。实验调查结论是否有效，关键取决于实验中外生变量是否得到有效控制。所以，实验质量控制的关键就是控制外生变量，降低甚至消除外生变量对实验有效性的威胁。

对外生变量的控制应针对每一个外生变量威胁的来源展开，同时更需要考虑采取一些系统性的控制方法。常用的控制方法有以下几种。

1）随机化分组

随机化分组指的是借助随机数表或抽签等手段，将实验对象随机地分配到实验组（或处理组）和控制组（或对照组）；同时，处理条件也随机地分配到各个组。随机化分组是一种将外生变量对所有环境的影响平均分配或分散的策略，有助于保证参与实验的各组从一开始就基本是平等的，是确保实验组测试前质量的优先选择措施。

在很多实验中，特别是实验室实验中，各个实验组及控制组成员之间的人际交往必须被消除或者是最小化。在对象被分配到各组之后，每个人就应该保持隔离，这样在给定的处理环境中所进行的讨论才不会成为干扰实验的随机变量。

2）匹配分组

将对象随机分配到各个实验组，是为了防止测试单位在关键变量方面各不相同而最常使用的技术。然而，如果实验人员事先了解特定的随机变量可能影响到因变量，他就可能使用匹配分组，确保每一个组的对象都是根据这些属性进行匹配的。根据相关的背景资料对应答者进行匹配，是控制分配误差的另一个方法。例如，在一个狗食的品尝测试实验中，要根据狗的年龄或品种，把狗匹配到各个实验组，可能是非常重要的。类似地，如果预计年龄会影响到储蓄习惯，而且如果所有实验环境中的对象都是根据年龄进行匹配的，那么进行一个储蓄或贷款的实验，就可以更好地保证对象之间没有任何差异。

虽然匹配分组是控制分配误差的一个不错的方法，但是匹配分组仍有两个缺点。第一，测试单位只能就少数几个属性进行匹配，在其他属性上却不相当；第二，如果所匹配的属性与因变量无关，那么匹配工作是没有效果的。

3）实验设计

实验设计指通过精心设计实验方案，使实验环境中除自变量以外的外生变量的影响得到有效的控制。当外生变量不能消除时，实验人员就要争取环境的稳定性，即努力使得参与实验的每个组的所有对象都接触到完全相同的环境。例如，一个度量消费者对于棉纸柔软度的评价实验，已经显示了湿度的变化会影响反应。在这种情况下，要消除湿度这一外生变量的影响，就要保证实验场所内的所有实验是在恒定的温度和湿度条件下完成的。

如果实验要求同样的对象接触到两个或更多的实验处理，那么处理的次序就可能构成对因变量变化产生干扰的外生变量。例如，前面提到的计算机游戏厂商让对象完成两个需要一些技能的实验任务。由于存在前测效应，两款游戏中哪个稍候给出，那款游戏就可能更容易些，所需技能似乎更低一些。消除这种外生变量影响的较好的办法，就是在实验设计时注意平衡处理，即让对象中的一半先进行 A 处理，然后再进行 B 处理；而另一半却先进行 B 处理，然后再进行 A 处理。

另外，在实验室实验中，各组成员之间的人际交往也可能成为干扰实验的外生变量。在对象们被分配到各组之后，每个人就应该保持隔离，这样在给定的处理环境中所进行的讨论才不会成为干扰实验的因素。

4）统计控制

统计控制是指采用统计分析的方法去测量外生变量并修正其影响。例如，在研究店内广告对促成消费者冲动购买的效果时，可以对诸如性别、年龄或收入等外生变量加以控制，从而近似地排除这些无关变量的干扰。用于控制外来变量的统计方法包括多维列联表、多元回归分析、协方差分析等。

7.4.4　几种重要的实验设计

1. 实验设计的有关符号

为了便于对外生变量和特定实验设计进行讨论，我们对一些符号进行定义。

X——一组对于一个实验处理的接触。

O——因变量的观测或度量；如果进行的观测或度量超过一个，下标（O_1，O_2）就表示次序。

$[R]$——测试单位的随机分配；它标志着为实验而挑选出来作为对象的个人是随机分配到实验组的。

除此之外，还有下列惯例被采纳：

从左到右的顺序代表随时间方向的运动；

符号的水平排列表示这些符号涉及同一个特定的处理组；

符号的垂直排列表示这些符号涉及同时发生的活动或事件。

例如，符号排列如下：

X　　　　O_1　　　　O_2

表示一个给定的测试单位接触预处理变量（X），并且在两个不同时点 O_1 和 O_2 测量其反应。

同样，符号排列如下：

$[R]$　　　　X_1　　　　O_1
$[R]$　　　　X_2　　　　O_2

表示有两组测试单位被同时随机分派给两个不同的处理组，并且同时对两组的因变量进行事后测量。

实验设计可以分为预先实验设计、真实实验设计和统计设计。其中本书重点讨论前两类常用设计，至于更为复杂的统计设计，有兴趣的读者可以查阅相关书籍，这里就不做讨论了。

2. 预先实验设计

预先实验设计对外来因素的影响提供了少量控制或不提供控制，它没有利用随机化步骤来控制外部因素，这类设计包括一次性个案研究、单组前后对比设计及静态组设计。预先实验设计不能提供强有力的假设测试，即用来做因果推断的效果不好。尽管如此，预先实验设计还是被大量用于商业营销研究，因为其简单而且成本低，对于形成新假设很有用。

1）一次性个案研究

一次性个案研究也称单组实验后测量设计，是指把一组测试单位暴露在处理或实验变量下一段时间，然后对因变量进行单一测量（O_1）。用符号表示为：

X O_1

从这种类型实验中得出有效结论的危险是显而易见的，它并没有提供将 O_1 的程度与没有 X 时的情况作比较的基础，同时缺乏对外生变量的控制。因此，仅适用于探索性研究。

2）单组前后对比设计

单组前后对比设计是一种经常用来进行现有产品和营销战略变化情况下的市场测试的设计。设计可以用符号表示为：

O_1 X O_2

首先，进行一次实验前测量（O_1）；然后，实验组受到处理 X 的作用后，进行一次实验后测量（O_2）。处理的影响由（$O_2 - O_1$）估算。在这类设计中，因为没有控制组，时间效应和成熟效应都形成对实验有效性的威胁。

3）静态组设计

静态组设计是一个双组实验设计，一组为实验组，受到处理的作用；另一组为控制组，没有受到处理的作用。测试单位不是随机分派的，只在实验后对这两组进行测量。这一设计用符号描述如下。

实验组： X O_1

控制组： O_2

处理的影响可以用（$O_1 - O_2$）来衡量，注意这一差值可能由至少两个外生变量即选择偏差和失员效应引起。因为测试单位不是随机分派的，所以，除了选择偏差外还可能有失员效应的影响，因为从实验组退出的测试单位会比从控制组退出得多。

3. 真实实验设计

在真实实验设计中，研究人员随机地将测试单位和处理分派到各测试单元中。实验单位随机分配给实验处理时，用符号 [R] 表示。随机原则是一种重要机制，它使得真实实验设计的结果比预先实验设计的结果更有效。这类设计包括实验前后对照设计、所罗门四组设计及实验后对照设计。

1）实验前后对照设计

实验前后对照设计，又叫前后测量与控制组对比设计。在实验前后对照设计中，测试单位被随机地分派到实验组或控制组，实验前后对每组测试单位各测量一次，这种设计用符号表示如下。

实验组：   [R] O_1 X O_2

控制组：   [R] O_3 O_4

处理的作用按下式测量：（$O_2 - O_1$）$-$（$O_4 - O_3$）。这类设计控制了大部分外生变量，随机化消除了选择偏差，但是交互测试效应没有得到控制。

2）所罗门四组设计

所罗门四组设计与实验前后对照设计相似，只是为了控制所有外来变量对内在有效性和交互测试效应对外在有效性的威胁，第二个实验组和控制组才被加了进来。符号表示如下。

实验组1：   [R] O_1 X O_2

控制组1：   [R] O_3 O_4

实验组2：　　　　［R］　　　　　　X　　　　O_5

控制组2：　　　　［R］　　　　　　　　　　O_6

在这种设计中，第二个实验组不接受预先测量，第二个控制组也只接受一次后期测量。

该设计提供了对实验处理影响 X 的几种测量，它们分别是：［$(O_2-O_1)-(O_4-O_3)$］，(O_6-O_5) 和 (O_2-O_4)。如果在这些测量中具有一致性，那么对实验处理影响所作的推断将更加有力。另外，用这个设计还可以直接测量实验处理的交互作用和前期测量影响 ［$(O_2-O_4)-(O_5-O_6)$］。

当然，这种设计执行起来昂贵且费时，在实际应用方面受到很大限制。

3）实验后对照设计

实验后对照设计，仅为后期测量与控制组对比设计，不涉及任何预先测量，用符号表示如下。

实验组：　　　　［R］　　　　　　X　　　　O_1

控制组：　　　　［R］　　　　　　　　　　O_2

处理的影响由 (O_1-O_2) 得到。因为没有任何预先测量，测试效应被消除了，但是该设计对选择偏差和失员效应很敏感。由于测试单位的随机分派，设计中假设两组对因变量的预先测试结果相近，但这个假设无法核实。这种设计还受到失员效应的影响。

这种类型的设计执行起来相对简单，仅仅涉及两个组，而且每个组只有一次测量，在所需的时间、成本和样本容量方面占有重大优势，在实际中应用最普遍。

7.4.5　市场试销

1. 市场试销及其功能

市场试销又称小规模市场试验，它提供了在现实的市场环境中对新产品或新的营销计划进行测试的机会，以便能够测量销售量或利润潜力。

与实验室实验不同，市场试销的优势在于，在测试实际的购买行为及消费者对于一种产品的接受度方面，任何形式的调研都比不上真实世界。正如有人所指出的那样：你不可能创造出经验，你必须去经历。市场试销的另一个优势在于，在开发新产品或者涉及改变产品的规格、型号、款式、质量、包装、商标及广告宣传等营销手段的调整时，市场试销是极为便捷有效的调查方法。

小规模市场试验法的具体做法是：首先，选定一个小规模的试验市场，其条件、特性要与大规模市场有较强的相似性；其次，将新产品或变更了规格、款式、包装等的产品投放到小规模市场上，进行试用或者试验销售；最后，对试用或者试销效果作出分析判断，并进行决策。

市场试销为管理者提供了两个有用功能。

首先，它提供了对各种行动过程的结果进行评估的机会。调研人员可以预测具体营销变量如包装设计、价格或者赠券对销售量的影响，并且选择最佳的备选计划。在此基础上，市场试销就可以对所计划的全国性营销组合进行评估。

调研人员可能不仅仅通过研究产品的销售量而对结果进行评估，可能还会研究新产品对公司生产线中其他项目的影响。市场试销可以让一个公司了解一种新产品是否会从公司已经赢利的生产线中抢走销售量。例如，亨氏（H. J. Heinz）公司怀疑亨氏调味番茄酱的推出将会从亨氏普通番茄酱那里抢走销售量。市场试销提供了必要的信息，证实了亨氏公司管理者的疑虑，并使得亨氏管理层决定再也不在美国营销调味番茄酱了。

试销实验的第二个功能，就是它可以让管理层在努力进行全国性的销售投入之前，就辨识出产品或其营销计划中的任何缺点并且进行改正。因为如果到了全国性推广阶段再想对产品进行修正或改进，就已经太晚了。通过市场试销，管理层可以及时发现销售能否达到预期效果，如果不能，那么广告权重、包装大小等都可以进行调整。

2. 选择试销市场的考虑因素

获得一个具有代表性的试销市场，对于试销成功而言至关重要。选择试销市场需要考虑很多因素，这些因素主要包括以下几个方面。

◇ 人口规模：人口规模应该大到足以提供可靠的可以计划的结果，但是又要小到确保成本能够受到控制。上海也许就不是一个合适的试销市场，它的巨大规模使其无法被接受。

◇ 人口构成及生活方式：试销市场的收入水平、职业分布、生活方式及其他市场属性都应该考虑进来，以评估其对全国或目标市场的代表性。例如，中国东部沿海或西部的某个城市市场对全国市场而言，可能就没有多大代表性。

◇ 竞争状况：品牌市场份额、竞争性广告及分销模式都应该是正常的，这样的试销市场才能代表其他地理区域。如果试销市场的这些方面都不具有代表性，那么将很难作出计划。

◇ 媒体隔离：试销区域以外的广告可能会对试销产生干扰。另外，当广告所覆盖到的消费者因为生活在测试区域之外而不能购买到广告中的产品时，广告费用也等于是浪费了。

◇ 独立的贸易区：选择试销市场还必须考虑市场分销区域的划分。分销商应该在其专属的市场区域进行销售，跨区销售可能混淆试销数据。

当然，选择一个具有代表性的试销市场非常重要，但是对于试销过程的控制同样重要。

◇ 避免滥用试销市场：如果消费者或者零售商意识到正在进行销售测试，他们的反应与平常比起来将会有所不同。这样，一个很好的试销市场就不可能建立起来了。

◇ 避免泄密：如果一个公司由于试销而延迟了全国性的推广，那么竞争者就可能会发现这个实验并且"读出"试销的结果。公司因此将承担暴露给竞争对手新产品或营销计划的风险。如果竞争者发现产品很容易模仿，它就可能在全国性市场内抢先推出仿制品，使产品的原创公司遭受巨大损失。

◇ 试销的控制方法：试销的控制方法是在一个小城市进行"迷你试销"，控制商店分销或者是强制性分销。一个专门从事试销的营销调研公司负责完成整个试销任务，包括向零售商的最初的销售、仓储、分销及试销产品的货架摆放。调研公司向零售商支付货架占用费，以确保被选中的那些具有代表性的商店顺利进行分销。通过上述控制，将大大降低试销市场被各种竞争者探测到的概率。

7.4.6　实验调查法的优缺点

1. 实验调查法的优点

◇ 研究人员通过合理设计试验，有效控制试验环境，使实验结论有较强的说服力。通过试验调查所取得的资料客观实用，可以排除人们主观估计的偏差。

◇ 可以探索不明确的因果关系。

◇ 应用范围广。凡是某种商品改变其品质、设计、包装、商标、价格、广告及陈列方法等，均可以通过试验调查法在小规模实验市场上获取有用的信息资料，为是否调整或者变化及为推广决策提供依据。

2. 实验调查法的缺点

◇ 高昂的成本。实验调查法在费用和时间方面的成本都很高。

◇ 保密性差。市场试销较有可能暴露新产品或营销计划的某些关键部分。

◇ 管理控制困难。市场实验比较难以管理，要求中间商全面合作比较困难。

思考与 训练题

1. 执行下列调查，你将使用哪种接触交流方式？并解释原因。

（1）调查机械工程师的购买动机；

（2）调查汽车租赁使用者的满意程度；

（3）调查观众对电视广告的态度；

（4）调查高层管理人员。

2. 哪种类型的调研适合使用电子邮件调查？使用电子邮件执行调查有什么优点和缺点？

3. 试评估下面的调查设计：

（1）某商业中心希望测评自己在顾客心中的形象，便在商场内部放置了很多小盒子，其中含有调查问卷、附函、已付邮资的回复信封等，顾客可以自由使用这些资料；

（2）公司把一张附有调查问卷的软盘寄给很多计算机使用者，由其把软盘插入计算机，完成问卷后再把软盘寄回调查公司，每个应答者都可以得到一份物质奖励，更重要的是他们可以从软盘上复制最新型的游戏；

（3）《读者》杂志为了解其订阅者的组成特点及其购买行为，决定执行一次邮件调查，而不是电话访问调查。

4. 你怎样理解科学观测的含义？举例说明。

5. 与调查相比较，观测研究有哪些优点和缺点？

6. 观测研究最适合在哪些情况下使用？除了课堂和教材中提到的那些用途外，请你提出观测调研在日常生活或商业活动中的新用途，记住要富有创造性。

7. 为下列各种情况写出使用观测法的调研设计：

（1）某银行希望收集关于顾客服务项目的数量信息，以及顾客使用这些服务的频率；

（2）某政府部门希望了解开车人使用安全带的情况；

（3）某快餐连锁店希望知道顾客进来以后，需要等待多久才能点菜；

（4）某杂志出版商希望了解人们在阅读杂志时，会认真阅读和忽略掉哪些内容；

（5）食品生产商希望了解人们在家里吃快餐的情况。

8. 在市场上占有率居于第三位的某纸巾生产商，计划对 11 月份投入市场的 50 美分的赠券推广方式进行实验。它计划要使用超市的扫描仪来度量 11 月份的销售量，以确定赠券的有效性。请问：自变量是什么？因变量呢？你发现所确定的因变量可能有什么问题吗？

9. 你认为受试者偏差效果是实验中普遍存在的吗？为什么是或者为什么不是？

10. 实验能够如何控制随机变量？

11. 试销的好处是什么？试销最有可能和最不可能在什么时候进行？

12. 案例分析

在一次家庭聚会上，某杂货店的经理钟凯与其姐夫进行了交谈，他的姐夫是在一个公共设施公司里管理专门录入数据的员工。钟凯的姐夫提到他的公司最近已经开始在数据登记室里播放背景音乐。结果，产量提高了，错误的数量也减少了。

钟凯认为，在杂货店里播放音乐也可能会对消费者产生影响。具体来说，他认为如果播放的是舒缓而悦耳的音乐，消费者可能会在商店里逗留更长时间。在经过认真思考后，他决定雇请一位营销调研人员来设计一个实验，对音乐节拍对购物者行为的影响进行测试。

案例问题：

（1）具体指出对自变量进行度量的一些方法。

（2）你认为这个研究中重要的因变量是什么？

（3）为你的每一个因变量提出假设。

第 8 章

测量与问卷设计

【本章要点】

(1) 理解调查测量的概念

(2) 了解并掌握调查测量的程序

(3) 了解测量量表的四种水平

(4) 熟悉实践中常见的各种测量量表

(5) 了解测量量表选择和使用要点

(6) 了解测量可靠性和有效性的概念及评估方法

(7) 了解调查问卷的设计流程及问句的结构和形式

(8) 掌握调查问卷的措辞原则

(9) 了解问卷编排的原则

(10) 了解评估和测试调查问卷的方法

开篇案例

物质世界和精神世界的不同度量

——物质世界的时间量程

各种重要的事情都可能在一两飞秒之内发生，如果你的闪光灯太慢，你就会漏掉这些转瞬即逝的镜头。人们正学会利用原子和分子本身的特点，来观察由它们组成的微观世界。

"阿秒"是一种新发现的"时间切片"，它很微小但却有巨大的应用潜能。"它（阿秒）是物质真正的时间量程。"

我们人类的生理功能同时存在于并且取决于几个不同的时间量程。例如，普通人的心脏每秒跳动一次；闪电的持续时间是（1/100）秒；在日常摄影中，照相机的闪光灯能在（1/1 000）秒内"定格时间"；一台家用计算机能在 1 纳秒（即 10^{-9} 秒）内运行一个简单的软件指令；电路在 1 皮秒（即 10^{-12} 秒）内开关若干次。研究者们利用飞秒脉冲（1 飞秒即 10^{-15} 秒）研究出一种新方法，可以直接在眼角膜上进行激光眼外科手术，而不会损坏角膜上面的组织。对那些比原子核小得多、轻得多、速度也快得多的电子感兴趣的物理学家们来说，这种时间量程还是太慢了。于是人们就进入了阿秒（即 10^{-18} 秒）的研究领域。当你进入更微观的物质结构中，比如在原子核中，你就会发现一些粒子的运动速度会更快。更微小、更精确的时间量程将带领我们进入仄秒（即 10^{-21} 秒）的王国。

（资料来源于《读者》2004 - 01 - 18 Alan Burdick 张睿翻译）

——精神世界的情绪量程

BBDO 广告代理商已经研制出一个度量系统，可以评估消费者对广告的情绪反应。它的情绪度量系统是一种专有技术，这种技术使用一些脸部照片帮助测试参与者选择其对广告的反应。BBDO 的研究人员认为，这个过程从实质上消除了传统文本测试的固有偏差。在传统体系中，测试参与者通常会低估他们的情绪反应，因为他们感觉将情绪反应用语言表达出来会显得很傻，而且语言可以有不同的解释方法。这样，传统的文本测试就倾向于度量思想而不是感觉，因此也就不能充分度量情绪上的反应。

这家广告代理商设计了 53 张照片——从 1 800 张照片中挑选出来的，代表了 BBDO 所谓的"情绪世界"，而不只是让消费者从简单的列表中挑选或者是用自己的语言书写。每一组照片代表着 6 名参与者各自不同的表情，从高兴（顽皮）到厌恶（反感），共包含了 26 个类别的情绪。

该系统是如何工作的呢？正如大部分的文本测试一样，先向参与者展示某个单一的广告或者一组场景，然后再给出一份问卷，测试他们是否记住品牌名称或者文本要点。在这一过程中的任何一点，调研人员都要分发照片，并要求所有参与者都不要写下或者谈论广告场景，而是迅速地将照片进行分类，留下任何或者所有能够反映出他或她在看过广告之后的感受的照片。

正如阿秒这种时间量程引导我们进入和认识更微观的物质结构一样，像情绪度量系统这样的测量技术的创新，正不断改进对营销现象的测量，并引导营销管理者和调研人员更深入地认识消费者。

8.1　测量及其程序

8.1.1　测量的概念

测量是指通过制定规则并按照特定规则将数字或符号分配给目标、人、状态或事件，将其特性量化的过程。它是一个分配数字的过程，这些数字反映了事件、个人或物体所具有的特性。关于测量的概念，注意把握如下含义。

首先，测量的对象不是事件、个人或物体本身，而是他们的特性。例如，我们不是去测量某个消费者，而是测量消费者的年龄、收入、态度等相关因素。

其次，测量是按照一定规则进行的。规则是一种指南、方法或指令，它告诉调研者该做什么。例如："请您对家务事的处理作出评价，将数字 1～5 分配给它们。如果认为非常愿意做家务事，则将数字 1 分配给它；如果不愿意做任何家务事，则将数字 5 分配给它；按照相应标准，分配数字 2、3、4。"

最后，制定测量规则是测量的重要内涵。如果规则含糊不清，缺乏清晰性和操作性，测量活动就很难执行。一些事件容易测量是因为调研者很容易制定出规则并执行操作；另外一些事件难以测量，是因为调研者很难找到能够测量这些特性真实值的规则。

8.1.2 测量的程序

基本而完整的调查测量程序如图 8-1 所示。

图 8-1　测量程序

1. 第一步，识别核心概念

测量过程是从确定调研者所关心的调研问题及其核心概念开始的。概念是从特定问题或事实中提炼出来的抽象的想法。概念是一种思想或将感觉到"好像它们都是相同的"的数据组合在一起的类别。

例如，"现代化"是与"近代"及"古代"的做法、行为、观念有所区别的一个抽象概念。它可能是指政治现代化（如民主化和法制化）、经济现代化（如工业化、专业化和全球化）或社会观念现代化（如平等、自由）等，但是，它们一定又是"感觉是相同的"：成为现代的、适合现代需要；大约公元 1500 年以来出现的新特点、新变化。

2. 第二步，制定理论架构

架构是存在于较高抽象水平上的概念，是为理论应用而创造的。它不仅比日常的概念更抽象，而且似乎能跨越各种已存在的思想类别。换言之，架构是用其他概念来构造一个更高抽象层次的概念，对所研究的概念确立边界，表明所研究概念的中心思想。例如，态度是一种社会心理学架构，态度被定义为：由学习得来的，对有关特定对象的一种持续性的有利或不利反应举止的预存立场。

特定架构的价值有赖于它们在解释、预测和控制现象时的可用性有多大。科学的理论架构应该是组成性的，这就意味着它们必须具有能用于理论的能力。例如，质量是物理学家提出的关于物质世界的一个很好的架构。质量本身无法被看到或者听到，然而物体这种假设的属性很明显、很重要且可以测量的。

通常，架构并不是可直接观察到的，而是通过一些间接的方式如问卷中的发现推断出来的。品牌忠诚度、高参与性购买、社会阶层、个性和渠道力量等都是重要的营销架构，它们不能直接被观察，然而使用这些架构有助于理解、描述和预测市场行为，调研者借助这些架构可以将营销环境中发现的复杂现象简单化及进行整合。

3. 第三步，确定操作性定义

有了科学、精确的理论架构，制定操作性定义就有了依据和准绳。操作性定义通过详细列出调研者必须去测量什么来定义或给出概念的含义。换句话说，它根据具体情况下实施测量的目的和要求，赋予架构一定的操作意义。

在市场营销理论中存在很多重要而复杂的架构，测量它们对于理论应用来讲十分关键，但是，通常无法直接测量它们。例如，我们不可能对态度进行直接测量，因为态度是一种抽象概念，它是存在于人头脑中的事情。然而，研究者可以给态度一个操作性很强的定义：态度与某一特定对象有关；态度有其方向和强度；态度有其结构，通常认为由认知成分、感情成分和行为成分构成。

总之，操作性定义就好比桥梁，它将理论架构与现实世界的事件或因素联系在一起。诸如"态度"或"高参与性购买"等概念非常抽象，操作性定义将这类概念转化为可观测的事件。

需要引起调研者注意的是，无论理论架构如何科学、精确，任何一个概念都可能引出许多不同的操作性定义。调研者必须本着科学研究的精神，选择最科学、最适合调研目标要求的操作性定义。例如，在国际市场上，一些营销架构存在着明显不同的操作性定义。在中国、英国、德国及斯堪的纳维亚半岛国家，酒精饮料包括啤酒；而在地中海沿海国家，啤酒却被视为软饮料，所以在意大利、西班牙或希腊等国进行有关啤酒竞争调查时，啤酒应与软饮料做比较。在法国，人们用冷热连续谱来测量香味；而在世界其他许多国家，这不是香味所指定的属性。

4. 第四步，制定测量量表

量表是一系列结构化的符号和数字，这些符号和数字按照一定规则分配给适合的目标、人、状态或事件。符号和数字的"结构化"，实际涉及产生一个将被测物体某种特性定位的连续统一体。这些符号和数字的分配代表了由量表所要测量内容的个人判断。由调研设计者使用的具体提问方式及填答说明给出分配符号和数字的规则。

表8-1给出了一个有关理论架构及其相关的操作性定义与测量量表的例子。读者可以从中了解理论架构、操作性定义与测量量表三者之间的关系。在这个例子中，营销专家将开发出的角色模糊的操作性定义用于销售管理。理论上讲，"角色模糊"将导致工作压力、阻碍员工提高绩效的能力和获取工资报酬的能力，并且还导致对工作的不满。

制定测量量表实际上是一个选择的过程。正像一个理论架构可能有很多操作性定义一样，通常也有很多种测量的方法可以用来度量某个操作性概念。有关量表分类和使用的详细内容，请参见本章稍后展开的深入讨论。

5. 第五步，评估测量量表

测量量表及由若干量表组成的整份问卷设计完成后，研究者或客户通常会存有以下一些疑问：这些量表及问卷是否能准确反映所要研究现象的属性？如果使用多份性质相同的量表或问卷，被访者的回答是否会一致？如果使用同一份问卷重新再做一次调查，被访者的回答

表 8-1   "角色模糊"架构的操作性定义和测量量表

理论架构	角色模糊是由个人所获信息与角色所要求的适当绩效不符而直接引起的，它是个人的实际知识水平和个人需要与价值达到满意之间的差距
操作性定义	个人从其他员工和顾客处感受到的对工作角色的责任和期望的总的不确定性（范围从非常不确定到非常确定的五级量表）
测量量表	测量量表由 45 个项目组成，所有项目统一使用五级量表。评分标准是：1＝非常确定，2＝确定，3＝中等，4＝不确定，5＝非常不确定。部分问题如下： 　＊公司给予我自由行动的空间有多大； 　＊公司期望我怎样处理工作中非正常的活动； 　＊公司期望我完成的工作量； 　＊老板在多大程度上会倾听我的看法； 　＊老板对我的满意度是多少； 　＊其他部门的经理希望我怎样与他们共事； 　＊其他部门的经理会如何看待我所从事的工作； 　＊公司期望我如何与顾客打交道； 　＊在工作中我应如何行动（与顾客）； 　＊公司是否希望我用小的谎言来赢得顾客的信任； 　＊公司是否希望我向顾客隐瞒公司的混乱状况； 　＊家人认为我应在工作上花费多少时间； 　＊我的家庭会在多大程度上分担我的工作问题； 　＊同事们希望我在工作中如何表现； 　＊同事们期望我将多少信息传递给老板

是否还会相同等。要消除调研者和客户心中的疑问，就需要评估量表的有效性（或效度）和可靠性（或信度）。

有关评估量表有效性和可靠性的详细讨论，我们放在调查量表和问卷设计之后，即本章的最后部分。

6. 第六步，量表的整合应用

经过有效性和可靠性评估的量表要放到整份调查问卷中，在内容、逻辑、措辞等方面进行统一考虑和适当调整，形成一份内容严密、逻辑合理、措辞得当的完整的调查问卷。将各种量表在整份问卷中进行整合以后，问卷就可以用来实际测量和收集数据了。

8.2   测量量表的分类及应用

制定测量量表实际上是一个选择的过程。正像一个理论架构可能有很多操作性定义一样，通常度量某个操作性概念也有多种测量的方法。

假如，现在的任务是要度量一个叫迈克的十岁男孩的身高。我们有很多测量方法：
方法一：我们可以确定两种类别的身高：①好的身高；②不太好的身高。根据判断，迈克的身高是一种好的身高，所以他的身高指数是1。

方法二：我们可以将年龄与其身高综合起来考虑创造五个类别：①就其年龄而言相当高；②就其年龄而言有点高；③就其年龄而言一般高；④就其年龄而言有点矮；⑤就其年龄而言相当矮。

然后，我们可以通过以下说法来度量迈克的身高：因为就其年龄而言他有点高，所以，迈克的身高指标是2。

方法三：我们也可以将迈克与其邻居的 10 个孩子相比较。我们将最高的孩子作为等级1，而最矮的就是11；如果迈克的身高在这 11 个孩子中排第四，那么按照这个标准，迈克的身高指标就是4。

方法四：当然，我们还使用传统的长度度量单位，如厘米，并且量出与迈克身高最接近的厘米数，结果显示其身为 137。

在上述四种测量方法中，我们已经分别为迈克的身高分配了一个分数：1、2、4 和 137。显然，这些分数值都是对迈克身高测量的结果。

那么，为什么会有这么多种测量？这些不同的测量哪一种最好，或者说哪一种最为精确呢？这里涉及量表的测量水平，四种测量恰恰代表了测量的四种水平。理论上讲，测量水平当然有高低之分；但是，并不是说测量水平越高越好。决定测量水平的高低，首先应考虑所要测量变量的特性，其次还要考虑你的研究问题和测量目的是什么。根据所要测量变量的特性，选择相适宜的测量水平，就可以获得对研究对象特性的精确测量，并很好地满足研究目的的需要。

8.2.1 量表的基本分类

1. 四类水平量表

为了更好地理解量表的测量水平，首先需要引进"变量"的概念，区分变量的类别。所谓变量，是指包含一个以上亚概念或取值的概念。这里的"取值"，可以指一个变量的类别，如性别；也可以指变量的不同等级，如态度；或者是指变量的具体数值，如收入多少等。所以，上述提及的性别、态度、收入等均可以看作是变量。但是，应该注意的是，它们属于不同的变量类别，决定着对事物可能的测量水平和测量量表的选择。

根据描述和测量的社会与市场现象的水平不同，量表分为四种基本的测量水平：类别量表、顺序量表、等距量表和等比量表。四种量表的基本特性通过表8-2列出，以便比较。

表 8-2 四种主要的测量水平

测量水平	量表描述	涉及的典型变量	描述性统计
类 别	用数字识别对象类别，判断属于/不属于	归类，如男性/女性、用户/非用户	频数、百分比/众数
顺 序	除识别外，数字还用于确定顺序，判断更大/更小	排序，如对酒店或银行的偏爱、对食品口味打分	均值/中位数、方差矩阵
等 距	除类别和顺序外，数字还用于判断距离，判断间距的相等性	复杂架构的偏好，如温度、有关品牌的认知水平	均值/全距、方差

续表

测量水平	量表描述	涉及的典型变量	描述性统计
等 比	综合上面三种性质，再加上绝对零点，判断比例的相等性	可获得精确测量时，如销售数额、年龄、收入	几何平均数、调和平均数

它们测量社会现象的层次由低到高，从类别量表开始，后一类量表总比前一类量表测量层次要高，即后一类量表总是包括了前一类量表的特性，此外还具有自己的特性。因为高水平的测量包括了所有低水平测量的特性，因此，我们可以将高水平的量表转换成低水平的量表，例如，将等比量表转换为等距量表、顺序量表或类别量表。但是，不能将低水平的量表转换成高水平的量表，例如，将类别量表转换为顺序量表、等距量表或等比量表。有关量表分类和使用的详细内容，请参见本章稍后展开的深入讨论。

1）类别量表

类别量表是市场调研中最普通的量表之一，它将数据分成各种互相排斥、互不相容的类别。这意味着，任何一个数字都将适合于一类而且是唯一的一类，在量表中所有的数据都有适合的类别。

类别测量意味着赋予目标或现象不同的数字是用来命名或分类的，这些数字没有真实的意义。这些数字不能排序或进行加减乘除运算，它们只是一种标签或识别数字。类别量表的例子如下：

性别　　　　　（1）男　　　　（2）女
地理区域　　　（1）城市　　　（2）农村　　　（3）郊区

类别量表中唯一的量化是对每一类别的客体进行频次和百分比计算。例如，有 50 位男性（占 48.5%）和 53 位女性（占 51.5%）。对类别测量而言，计算众数（出现频率最多的数）是适当的，计算平均数（如对地理区域求平均数为 2.4）则毫无意义。

2）顺序量表

顺序量表除了测量类别特性外，还增加了对数据排序的能力。顺序测量是基于可传递假设的应用。可传递性假设可以这样加以描述："如果 a 大于 b，而 b 大于 c，则 a 大于 c。"还有一些其他可代替的词语：更喜欢、比……强或在……之前。下面是顺序量表的一个例子。

请对下列品牌的传真机按 1 到 5 进行排序，1 表示最喜欢的，5 表示最不喜欢的。

松下＿＿＿　　　东芝＿＿＿　　　夏普＿＿＿　　　Savin＿＿＿　　　理光＿＿＿

顺序量表的目的是排序，任何可以代表顺序关系的系列数字都可以接受。换句话说，松下可以被指定为 30 分，夏普 40 分，东芝 27 分，理光 32 分，Savin 42 分，或者使用其他数字，只要其顺序不改变即可。

顺序数字严格地用于表示等级的顺序，它既不表明绝对数量，也不表明两个数字之间的差距相等。例如，对传真机进行排序的应答者也许认为东芝比 Savin 略好些，而理光则是完全不可接受的。但是，这样的信息不可能从一个顺序量表中获得。

加、减、乘、除等普通的算术运算都不能用于顺序量表，对中心趋势的适当量度是众数、中位数，百分位数或四分位数可以用来测量离散程度。

值得注意的是，在实际应用中，很多调研人员指定数字来反映一系列陈述的相应等级，然后又用这些数字来表示相应的距离。如果调研人员能判断在量表范围内间距是相等的话，我们就能运用更有利的统计参数检验。但是，调研人员必须注意到，研究总体内部时常是不等距的。因此，调研人员必须小心地应用这种量表工具，以免产生严重误导。

3）等距量表

等距量表除包含顺序量表的所有特征之外，还增加了量表范围内各点之间的间距相等这一维度。温度的概念就是基于相同的间隔。相对顺序量表而言，市场调研人员更喜欢用等距量表，因为它能表示某一消费者所具有的特性超过另一消费者多少。使用等距量表，调研人员能够研究两个目标对象之间的差距。

等距量表具有顺序和差距的特性，但是零点是任意的。以温度表示法为例，在华氏量表中水的结冰点为华氏 32 ℉，而在摄氏量表中则是 0 ℃。等距量表中的任意零点限定了调研人员对量表值的表述。你可以说 64 ℉比 32 ℉热，然而，你不能说 64 ℉是 32 ℉两倍热。为了证明上述观点，使用公式 $C＝（5/9）（F－32）$ 对两种温度表示法进行换算。这样，32 ℉＝0 ℃，64 ℉＝17.8 ℃。很明显，若得出"64 ℉是32 ℉的两倍"，则根据公式是不成立的。同理，在上述评估传真机的例子中，如果东芝得 20 分而夏普 10 分，我们也不能得出结论说东芝受喜爱程度是夏普的 2 倍，因为在量表中没有给出表示不喜欢的零点。

使用等距量表得到的数据可以求算术平均值、标准差和相关系数，也可以利用 t 检验、F 检验等参数统计分析法。当然，如果调研者较保守，对"相等间隔"这一点存在异议，则也可以使用非参数检验。

4）等比量表

等比量表除了具备上面三种量表的功能之外，还有一个绝对零点或原点。由于大家对零点的确定有一致的意见，所以可以对等比量表的数值进行比较。等比量表反映了变量的实际数量。应答者的物理特征，诸如体重、年龄、高度之类都是等比量表的例子。其他的等比量表还有：面积、距离、货币单位、回报率、人口统计、时间间隔等数据。

因为一些事物不具备要测量的特性，等比量表起源于零，因而有一个绝对的实证含义。例如，投资可能没有回报，或者西藏某个地区的人口为零。绝对零点的存在意味着可以进行所有的算术运算。量表上的数值表明了被测事物特性的实际值。

2. 两类维度量表

量表除了考虑不同的测量水平外，还应考虑对于应答者或物体测量的维度。按测量维度区分，测量表可以分为一维量表和多维量表。

一维量表用于测量应答者或物体的单一特性。例如，可以设计一种量表来测量消费者对价格的敏感性。虽然可能会设计好几个条款来测量它，但这些条款都可以结合为单一的测量，并把所有消费者一起放在一条称为价格敏感程度的线谱上。

多维量表是指某一概念或客体需要用多个维度来描述。例如，美洲虎汽车通过富裕程度、价格敏感性、对汽车的欣赏水平等三个方面来测量其目标消费者的特性。又如，快速比萨店则可能需要从食品的整体质量、菜单项目的多样性、雇员的服务态度、物有所值及服务速度等几方面属性对顾客满意度进行测量。

一维量表是多维量表的基础，多维量表是一维量表的集成。

8.2.2　市场调研中的常用量表

市场研究中常用的量表技术分为比较量表和非比较量表两类（见图8-2）。

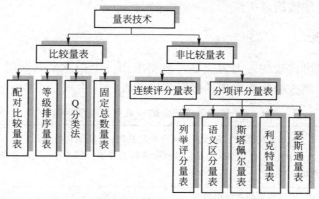

图8-2　量表技术的分类

比较量表涉及对刺激物体的直接比较。比较量表的数据必须以相对的关系来解释，并且只有定序或等级顺序的性质。比较量表的主要优点是可以发现刺激物体间的微小差别，当调查对象比较刺激物体时，他们被迫从中选择。主要缺点是数据属于定序性质，另外测量结果无法推广到被测量的刺激物体之外。

在非比较量表中，每个物体被独立于刺激物背景中的其他物体而计量，结果数据通常被假定为定距的或定比的。非比较量表可以是连续评分量表或者分项评分量表，分项评分量表又进一步分为列举评分量表、利克特量表、语义区分量表和斯塔佩尔量表等。非比较量表是市场研究中使用最为广泛的量表技术。

1. 配对比较量表

配对比较量表要求被访者按照一定要求从一组的两个客体中选出一个。被访者在多个客体之间进行一系列的成对比较判断。表8-3说明了一个全国性的日光浴产品调查中使用的配对比较量表的一部分，因为数据收集过程中需要被访者比较所有可能的搭配组。

表8-3　某日光浴项目的配对比较量表

选择符号	12. 这里是通常用来描述日光浴产品的一些特点，请指出当你选择一种日光防护产品时，你认为每组中哪个特点更为重要	
☐	A. 均匀日光浴	B. 无灼伤日光浴
☐	A. 防止灼伤	B. 保护皮肤不受灼伤和暴晒
☐	A. 物有所值	B. 效果持久、均匀
☐	A. 不油腻	B. 不玷污衣物
☐	A. 无灼伤日光浴	B. 防止灼伤
☐	A. 保护皮肤不受灼伤和暴晒	B. 物有所值
☐	A. 效果持久、均匀	B. 均匀日光浴
☐	A. 不玷污衣物	B. 不油腻

配对比较方法克服了传统等级排序量表存在的几个问题。第一，对人们来说，从一组两个成对的客体中选出一个要比从一长串客体中选出一个更容易；第二，顺序误差（项目或问题的排序形式可能导致的误差）的问题得以克服。相反，因为对所有配对都要进行评估，因此，当客体数量以算术级增加时，配对比较的数量就以几何级增加。这样，被测客体的数量就应尽可能少，以免使被访者厌烦。

2. 等级顺序量表

等级顺序量表是可比较的，因为应答者被要求用一个条款来判断另一个。表8-4显示了从一项有关眼影的调查中抽选出来的等级顺序量表。

表8-4　用于评价眼影的一系列等级顺序量表

请将下列品牌的眼影排序。1表示在特性评估方面表现最出色的品牌，6表示在特性评估方面最差的品牌。六种品牌均列在卡片上（向被访者出示卡片）。让我们从高质量的连镜小粉盒开始，哪个品牌具有高质量的连镜小粉盒？哪个可以排在第二位？（以此类推）

	48. 有高质量的连镜小粉盒	49. 有高质量的眼影刷	50. 有高质量的眼影
Relvon			
Maybelline			
Cover Girl			
Avon			
Natural One			
Lauder			

等级顺序量表在市场调研中被广泛应用有几个原因。按照某一评价要求制定的等级顺序量表容易制作而且使用简便；指令易于理解而且整个过程都以一种固定的步骤进行；一些研究者声称这就强迫应答者用一种现实态度来评价。

等级排序量表也有一些缺点。如果在所有的被选项中没有包含应答者的选择项，那么结果就会产生误导。例如，应答者在有关眼影所有因素中的第一选择是蜡质，而被选项中却不包含这一项。第二个问题是，概念的等级可能完全超出了个人的选择设置，因此产生毫无意义的数据。例如，某一应答者从不使用眼影，或者对上面提及的眼影品牌多数不熟悉。还有一个局限，就是这种量表仅给调研者提供了顺序信息。

3. Q分类法

Q分类法基本上可以说是等级顺序量表的一种复杂形式。一组客体——口头陈述、语句、产品特点、潜在的顾客服务等都是根据特殊比率类型来对某一个体进行分类整理的（如对"购买意愿"询问，我们可能使用四级顺序：肯定会买/可能会买/不会买/肯定不买。对"时尚性"，我们可能使用五级顺序：非常现代/有些现代/一般/有些过时/非常过时）。例如，每张卡片上都有一个可能成为一种新汽车设计的特征。这时，可以要求被访者根据他们对这种潜在特性的偏好程度对卡片进行分类。Q分类法需要大量卡片（通常包括60～120张卡），这就很难对它们进行分等排序。为了遵循统计规律，调研人员应指导应答者将卡片分成几组，并保证各组卡片的数量在整体上形成正态分布，如图8-3所示。

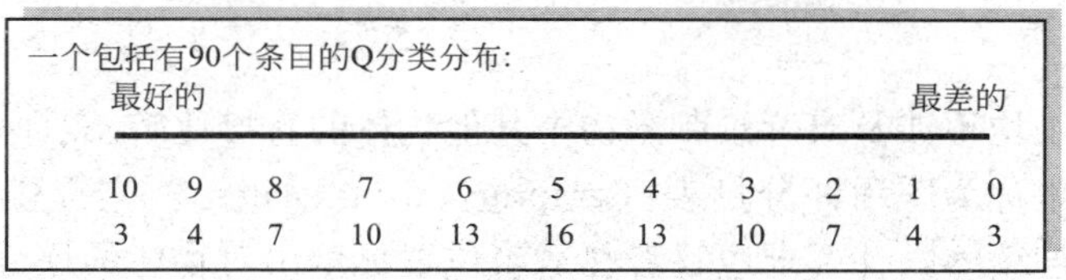

```
一个包括有90个条目的Q分类分布：
最好的                                                      最差的

10   9   8   7   6   5   4   3   2   1   0
 3   4   7  10  13  16  13  10   7   4   3
```

图 8-3   Q 分类法图示

这是一个从最好特性到最差特性的等级排序的连续体，用列示在线下方的数字来表示。其中，10 代表最佳特性，0 代表最差特性，数字 5 代表中性。

3，4，7，…，7，4，3 这些数字代表每组中卡片的数量。也就是说，左边的三张卡片，对应于最佳特性值 10，下一组的四张卡片对应于特性值 9，以此类推，到最右边三张卡片对应于特性值 0。被访者可以在作出其他选择后，把那些似乎模棱两可或者无法作出明确决定的卡片放到剩下的中立组中。简单地说，在 Q 分类法中一般有 11 组，每组有不同数量的卡片，每组卡片都被赋予从 0～10 不同的数值。

人们可以用 Q 分类量表来确定答案（特征描述）的相关等级，也可以由此引申出具有相同偏好的个体群。这些个体群可以被看作是市场细分的潜在基础。

4. 固定总数量表

固定总数量表，又称常量和量表，它要求应答者根据各个特性的重要程度将一个给定分数（通常是 100 分或 10 分）在两个或多个特性间进行分配。分配给每个选项的数值表明了在应答者认知结构中这些选项的相对等级。

评价商品、企业印象及影响因素的作用大小，均可以采用数值分配法拟定问句。

例如，"根据好吃程度，将 100 分分配给 A、B 两个牌子的冰激凌。"

　　　　A 牌冰激凌（　　　）　　　　　B 牌冰激凌（　　　）

又例如，"在选购西服时，您认为下列三个因素的重要性程度如何？请按照您所认为的重要性程度将 100 分分配给 A、B、C 三个因素。"

　　　　A. 式样（　　　）　　　　　B. 价格（　　　）　　　　　C. 牌子（　　　）

通常，只要调查 30～50 个样本，即可表示出稳定的数值。统计分析的方式就是将所有样本对 A 牌号的打分加总，然后与 B 牌号的得分比较，所得比率就是 A 牌比 B 牌好吃的程度。当涉及三个或者三个以上牌子或影响因素的比较时，统计分析时应以得分最低的牌子（或因素）的得分为基数，将其他各个牌子（或因素）的得分与基数相比，所得的一系列比率就是量表值。

与配对比较相比，使用固定总数量表可以避免次数繁多的配对比较。所以，调研人员更广泛地使用这种方法。固定总数量表的另一个优于等级顺序法和配对比较法的特点是，当两种特性被认为具有相同价值时，可以被如实地表示出来。

这种量表的主要缺点是，当特性或项目的数量增加时，可能使应答者感到混乱。也就是说，被访者可能不太容易将数字加总到 100。大多数研究者认为，使用固定总数量表测量的特性最多只能为 10 个。

5. 连续评分量表

以下非比较量表均不涉及对背景刺激物中其他物体的直接比较。

连续评分量表也称为图示评分量表（graphic rating scales），它提供给应答者一个有两个固定端点的图示连续体，并要求应答者在适当位置标示出对物体的评分。这条直线从某个标准的一个极端到另一个极端，因此，调查对象不会受到研究人员设定好的分数的限制。连续评分量表的形式变化可能相当大，直线可以是垂直或水平的，分数可以数字或简要描述的形式给出，如图8-4所示。

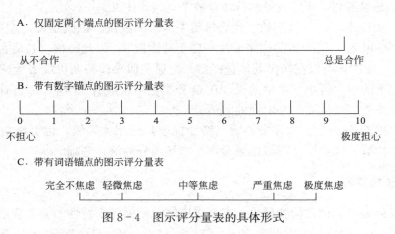

图8-4　图示评分量表的具体形式

图8-4描述了三种图示评分量表形式。量表A是最简单的形式，应答者被指示沿着连续线去画出（如使用×号）他们的反应。在做完回答的标记后，再把直线划分成足够多的部分，每一部分代表一个类别，并分配给一个数字。量表B预先安排了刻度并写上数字，因此提供给应答者一个稍微复杂一些的结果。量表C通过词语锚定一些位置，更为复杂的设计为应答者准确标出答案位置提供了更多帮助。实际上，调研设计者完全可以借助一些更生动的笑脸或人们熟悉的其他手段构造图示评分量表，以取得更为直观和快捷的回答。

图示评分量表容易制作且使用简便。如果承认打分者有足够的分辨能力，那么调研人员利用这种量表可以分辨出微小差别。通过图示评分量表获得的数据通常作为等距数字使用。

图示评分量表的缺点是，应答者在难以决定的情况下，倾向于选择中间答案。此外，调研人员不知道应答者在评价时所使用的评判标准。研究表明，图示评分量表的可靠性不如列举评分量表。

6. 列举评分量表

列举评分量表与图示评分量表非常相似，但不同的是，列举评分量表是一种分项评分量表。图示评分量表是在连续体上做记号，而列举评分量表则必须在有限的类别中作出选择。图8-5列出了几个列举评分量表的实例。正如你所看到的，调研人员向被访者出示所制量表，在被访者读完一个特征后便向他询问一个回答。为了减小误差，每一份问卷的起点是循环的。因为，每次都以相同的特征开始也许会成为一个误差的来源。

量表A是一份用来评价Hi-sec手表的问卷中的一部分，量表B来自一份调查某种新型洗发水概念深入家庭情况的过滤式问卷，生产商想了解每一种发质使用者的平均数量。

量表A 下面我将向您征询Hi-sec手表的一些特性，在我提到每个特性后，请告诉我您认为Hi-sec手表在这方面是极好、非常好、好、一般还是很差。

　　第一个特性是(读出下面圈出的特性)，您认为Hi-sec手表极好、非常好、好、一般或者很差吗?(按起点循环读出其他特性)

特性起点位置	极好	非常好	好	一般	很差
·价格合理性	□5	□4	□3	□2	□1
·品牌名称	□5	□4	□3	□2	□1
·走时准确性	□5	□4	□3	□2	□1
·耐久性	□5	□4	□3	□2	□1
·制造商的声誉	□5	□4	□3	□2	□1
·售后服务	□5	□4	□3	□2	□1
·款式	□5	□4	□3	□2	□1

量表B (向被访者出示卡片B)您认为以下哪些情况能最好地描述您的发质?

1 (　) 极度损伤　2 (　) 有些损伤　3 (　) 轻微损伤　4 (　) 完好无损

图8-5　列举评分量表

列举评分量表容易构造和操作，但不能像图示评分量表那样区分出微小差别。不过，列举评分量表的可靠性比图示评分量表好。

7. 语义区分量表

语义区分量表（semantic differential scales）是美国伊利诺伊大学奥斯古德（C. E. Osgood）1957年发展出来的态度测量方法。实际上，这种方法也是测定商品、品牌、公司形象、企业标准字及标准色等印象的方法。

语义区分量表用成对反义形容词测试回答者对某一项目的态度，通常是一个7级评分量表，两端由极端的词语构成。在一个典型的应用中，调查对象在包含许多项目的7级评分量表上对物体进行评分，量表两端被一对意义相反的形容词所限定。在市场调查中，它主要用于市场比较、个人及群体之间差异的比较，以及人们对事物或周围环境的态度研究等。例如，对母亲这个概念的评定，要求受测者在下面每个项目上最适合的线段作出标记。

坏＿＿＿: ＿＿＿: ＿＿＿: ＿＿＿: ＿＿＿: ＿＿＿好

虚弱＿＿＿: ＿＿＿: ＿＿＿: ＿＿＿: ＿＿＿: ＿＿＿强壮

慢＿＿＿: ＿＿＿: ＿＿＿: ＿＿＿: ＿＿＿: ＿＿＿快

应用语义区分量表的第一步是确定要进行评分的概念，如公司形象、品牌形象或商店形象。研究者挑选一些能够用来形容这一概念的一系列对立（相反）的形容词或短语。然后，由应答者在一个（通常是为7级）量表上对测量的概念打分。调研人员计算出应答者对每一对形容词评分的平均值，并以这些数据为基础，构造出"轮廓"或"形象图"。

利用语义区分量表可以迅速、高效地检查产品或公司形象与竞争对手相比所具有的长处或短处；更重要的是，在营销与行为科学研究中发现，语言区分量表在制定决策和预测方面有足够的可靠性和有效性。而且，当用于公司形象研究时，从一组客体到另一组都证明语义区分量表在统计上具有适用性。语义区分量表适用于广泛的主题，而且非常简洁，故被研究人员所偏爱，经常作为测量形象的工具。

语义区分量表作为形象测量的工具，也不是完美无缺的。首先，它缺乏标准化。调研人员必须根据实际调研主题制定语义区分量表。由于语义区分量表没有一套标准模式，因此，调研者经常要花大力气来解决这些问题。

另外，语义区分量表中的评分点数目也是一个问题。如果评分点数太少，整个量表过于粗糙，则缺乏现实意义；评分点数太多，又可能超出了大多数人的分辨能力。研究表明，"7点评分"量表的测量效果较令人满意。

语义区分量表的第三个弱点是"光晕效应"。对一个特定形象组成要素的评分可能受到被访者对测试概念总体形象的印象制约。特别是当被访者对各要素不太清楚时，可能产生明显的偏差。为了能部分地消除"光晕效应"，调研设计者应随机地将相对的褒义词和贬义词分布在两端。这样做可以迫使应答者在回答前仔细考虑。在数据处理时再行调整，把所有褒义词放在一边，贬义词放在另一边。

8. 斯塔佩尔量表

斯塔佩尔量表（Stapel scale）又称中心化量表，它将单独一个形容词放在量表的中间，评分从 -5 到 $+5$ 共有 10 个级别，没有中立点，同时测量态度的方向和强度。这种量表通常被垂直地展示，要求调查对象选择一个适当的数字，来指出每一项目对物体描述得精确或不精确的程度，数字越大，对应项目描述物体就越精确。图 8-6 说明了斯塔佩尔量表的一个例子。

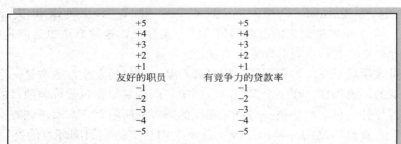

图 8-6 斯塔佩尔量表

中心化量表的最大优点在于，它能使研究人员免去设计双向形容词的繁重工作，而且这种量表被认为在态度测量时具有较高的分辨度。但消极的一面是，描述性形容词可能是中性的，也可能偏向肯定或否定方面。形容词的选择显然影响了测量结果和人们的反应能力。在20 世纪90 年代以后，随着电话访问的增多，中心化量表的流行程度已大大下降。

9. 利克特量表

利克特量表（Likert scale），这种态度测量的总评方法，已经为营销调研人员所广为接受，是问卷设计中运用十分广泛的一种量表。它要求被访者表明对某一表述赞成或否定，但是这些态度不再是简单的同意或不同意两类，而是将赞成度分为若干类，范围从非常赞成到非常不赞成，中间为中性类，一般每个量表项目有 5 个反应类别，从"强烈反对"到"十分赞成"。由于类型增多，人们在态度上的差别就能充分体现出来。设计者应尽力保证表述所能反映出态度的适当范围，因为太偏激或绝对化的表述会影响人们对事物的评价。

利克特尺度可以包括好几个尺度选项（关于态度的一系列陈述），所有选项的答案执行一套统一的标准，以形成一个指数。每一个陈述都可以假设为代表常见态度范围的某个方面。例如，表 8-5 展示了为度量某航空公司在办理乘机手续环节的态度而制定的利克特量表。

表 8-5 利克特量表实例

下面是对某航空公司办理乘机手续的一些叙述，请用数字 1~5 表明您对每种观点同意或反对的强烈程度。1＝强烈反对；2＝反对；3＝既不同意也不反对；4＝同意；5＝十分赞成

	强烈反对	反对	既不同意也不反对	同意	十分赞成
服务态度很好					
办理速度不快					
排队时间太长					
行李交运较快					
舱位选择比较自由					

利克特建议按如下步骤建立利克特量表。

① 调研人员确认所要测量的概念，如滑雪运动。

② 调研人员收集大量（如 75~100）的有关公众对滑雪运动看法的陈述。

③ 调研人员依据被测态度将每个测量项目大致划分为"赞成"或"不赞成"。然后，实施一次包括全部陈述和有限个被访者的预先测试。

④ 在预先测试中，被访者指出对每一个项目同意（或不同意），然后在后面的方向—强度描述语中画"√"：

a. 完全同意；b. 同意；c. 无所谓（不确定）；d. 不同意；e. 完全不同意。

⑤ 给每个回答一个数字（如 5，4，3，2，1）。

⑥ 个人总态度得分以被勾出的相关项目分数的代数总和表示。在评分过程中，态度的方向（同意到不同意）应与项目保持一致。例如，如果给肯定陈述项目中的"完全同意"为 5 分，那么在否定陈述项目中的"完全不同意"也应是 5 分。

⑦ 在看过预先测试结果之后，分析员只选出那些在高的总分与低的总分之间比较好地表现出差别的项目。

⑧ 最后选出 20~25 个有最大区别的项目（如以平均值表示出最大的差别），构建正式的利克特量表。

在市场调研实务中，利克特量表非常流行。其制作快捷、简便、易于操作，而且可以通过电话来进行，或是给被访者一个"回答范围"卡，要他从中挑选出一个答案。但是，在商业市场调研中很少遵循前面所列出的那些步骤来制定量表。相反，量表通常是由客户项目经理和调研人员共同设计的。许多时候，量表是在召开小组访谈会后创制的。利克特量表的主要缺点是它比其他分项评分量表耗时，因为调查对象必须阅读每个陈述。

10. 瑟斯通量表

瑟斯通量表（Thurstone scale）由一系列要求测试对象加以评判的表述组成，然后由被测试者选出他所同意的表述。这种量表和前面所讲的两种量表的显著区别是，这种量表的语句是由被访者自行选定的，研究者在被访者回答的基础上建立起差异量表。这种量表的基本制作步骤为：

第一步，由研究者提出若干个表述，以说明对一个问题的一系列态度；

第二步，将这些表述提供给一组评判人员，通常在 20 人左右，要求他们将这些表述划分为若干组（7 组、9 组、11 组等），这些组别划分可以反映他们对每一个表述肯定或否定的情况，如果分为 7 类，则可将中立态度列入第 4 组；

第三步，根据评定人员所确定的各组语句的次数，计算其平均数和标准差，平均数反映了评定人员对某语句态度的集中程度，标准差则反映了他们态度的离散程度；

第四步，在各组中分别选出标准差最小的两条语句，在调查时要求被访者回答。

瑟斯通量表的优点为语句是根据各评定人员的标准差确定的，有一定的科学性。缺点主要是量表的制定费时、费力；当评定人员的态度和实际被访者的态度发生较大差异时，会使这种测量失去信度；无法反映被访者态度在程度上的区别，即当他们表示"反对"时，并不知道他们是反对、很反对还是极反对。因为瑟斯通量表的缺点无法得到很好解决，所以应用上受到极大限制。

8.2.3　量表的选择与使用

制定测量量表实际上是一个选择的过程。正像一个理论架构可能有很多操作性定义一样，通常度量某个操作性概念也有多种测量方法。对大多数研究来说，都存在选择和使用哪种量表的问题。

为什么会有这么多种测量？这些不同的测量哪一种最好，或者说哪一种最为精确呢？应该讲，每一种测量量表都有其存在的目的，服务于不同研究测量目的的需要，从这个意义上来讲，并不存在一种最好、最精确的测量量表。分配数字或符号的目的是要传达关于正在被测量的变量的信息。因此，关键问题就是"将数字或符号分配给这个对象的依据是什么？"

1）变量的特性

在测量的基本分类中，类别、顺序、等距和等比四种测量量表代表了测量的四种水平。理论上讲，测量水平当然有高低之分，但是这些测量水平与变量的特性是相适应的。如果变量的特性表现为低水平的，那么就不可能使用高水平的测量尺度去测量。同样，如果变量的特性本身呈现一系列离散值，就不可能使用连续评分量表进行测量。

2）测量目的

除了考虑变量特性外，选择测量量表最重要的就是必须考虑测量目的。例如，收入属于典型的等比变量，其特性值是连续的，可以采用等比量表进行精确测量，但是，测量目的可能仅要求区分目标消费者的收入层次并在此基础上分析比较不同收入层次的消费者的行为，这时对收入进行等距或顺序测量就可以很好地满足测量需要。下面的这个案例也许更有助于对上述问题的解释。

少量强大的竞争者

公司 A 的顾客满意目标是超越其两个最大、最好的竞争者，以巩固在顾客心目中的地位并加速顾客的认知。

该公司与其用比较量表说明，如"表现比竞争者 B 或 C 好或差"，不如选择使用一个简单的 7 点评分量表表示行为标志（从"差"到"非常好"），应答者单独评价每个公司的每种品质特性。使用这种非比较性量表可以突出竞争的优势和劣势，经理们可以迅速发现公司 A 在变量 X 和变量 Y 方面占有优势，在变量 Z 上竞争呈白热化状态，而在变量 W 上处于劣势。

这一量表经测试具有较高的可靠性，并使公司 A 可以检验它在多大程度上实现了对董事们有意义的战略目标。

3）执行调研的可行性

除了考虑所要测量的变量特性和测量目的外，选择测量量表还必须考虑执行调研的可行性。大多数的商业调研都倾向于使用那些能够通过电话进行操作从而节省访问费用的量表，易于管理和制作也是重要的考虑因素。例如，等级顺序量表很容易制作而语义差别量表的开发、制作过程却冗长复杂。调研人员还必须考虑应答者可能更喜欢或习惯使用哪些类型的量表。最终选择哪种量表，基本上还是取决于所要解决的问题和想要知道的答案。

4）平衡量表与非平衡量表

如果肯定态度的答案数目与否定答案数目相等，该态度量表为平衡量表，否则为非平衡量表。如果研究人员想得到广泛的意见，那么用平衡量表比较好。例如，"您对某大厦物业管理有什么看法？"答案设置为平衡量表：①非常好；②很好；③好；④一般；⑤不好；⑥很差；⑦非常差。如果以往的调研或预先研究已表明，大多数的意见都是肯定的，那么量表就应该有更多的肯定倾向，这能使研究者更具体地测定对于被测概念的肯定程度。例如，对于你经常光顾的某饭店服务质量的评价，答案可能设置为非平衡量表：①非常好；②很好；③好；④一般；⑤差。

5）量级层级的个数

市场调研专家要解决的另一个问题是一个量表中应包含的量级层次个数。如果层次个数太少，如只有好、一般、差三个层级，那么量表过于粗略而不够全面，无法反映感觉的强度。然而，多达十一个层级的量表可能超出了人们的分辨能力。研究表明，评分量表基本上以 5～9 个层级为宜。如果采用电话访问方式，量级层次个数只能为 3～5 层。

6）量级层级数量的奇偶性

偶数个量级的量表意味着没有中间答案。如果没有中间答案，被访者就会被迫选择一个正向或负向答案，但那些确实持有中立意见的人就无法表达他们的观点。另外，一些商业研究人员认为，给被访者设立一个中间点，事实上如同给被访者提供了一个简单的出路。假设他确实没有很强烈的意见，他就不必集中思考自己的真实感觉而可以简单地选择中间答案。研究人员还指出，对一种新口味的沙拉调料、一种包装设计或者一个浅斗小货车的测试广告，持有某种强烈感受也是不正常的。

7）强迫性与非强迫性量表

在答案个数为奇数层级的量表中，选择中间答案的人可以分为两类，即真正持中间态度的人和那些不知如何回答问题的人。一些研究人员已通过加入"不知道"这个答案作为附加分类而解决了这一问题。

没有"不知道"意见或中间答案的量表迫使应答者给出一个肯定或否定的意见。而一个既没有"中间意见"也没有"不知道"的量表甚至强迫那些对所测目标一无所知的人也给出一种意见。支持被迫性选择的论据与支持偶数分层量表的大致相同。反对被迫性选择的根据是，这样会使数据不精确或导致应答者拒绝回答问题。一个问卷若在被访者事实上缺少足够信息、不能作出决定时仍继续要求他们给出一种意见，那么，这种问卷就可能导致一种厌恶情绪而致使访问过早结束。

▌ 8.3　评估测量的可靠性和有效性

正确的数据来自正确的测量。当测量值等于实际值时，我们说市场调研提供了正确的测量。但是，这只是理论上的概念。在市场调研工作中，测量值等于实际值的情况是极为罕见的，调研结果总存在着这样或那样的测量误差，正如第3章所分析的那样。

所以，测量量表制定完成后，研究者必须要回答客户的一些疑问：该测量是否能准确反映所要研究现象的属性？如果使用多份性质相同的量表，被访者的回答是否会一致？如果重新再做一次调查，被访者的回答是否还会相同等。为此，我们必须对测量量表进行评估，评价量表的可靠性和有效性。

8.3.1　评估测量的可靠性

1. 测量的可靠性

如果测量量表可以在不同时间均得出一致的结果，则量表具有可靠性。以货物质量的测量为例，某种货物第一次所称质量为 50 kg，再称一次仍然是 50 kg，而作为一种测量手段，使用的磅秤是可靠的，因为两次测量结果都是 50 kg，具有前后一致性。短暂性因素和环境因素不会对测量过程产生干扰，具有可靠性的量表能够在不同环境、不同时刻提供稳定的测量。

衡量可靠性的一个关键问题是：如果重复几次使用同一量表（或测量工具）对同一现象进行测量，所得到的答案是否高度相似？如果回答是肯定的，则测量是可靠的。

所以，我们将可靠性（reliability）定义为：可靠性是指在测量中可以避免随机误差，从而提供前后一致的数据的程度。随机误差越少，调查测量就越可靠。也就是说，如果在被测对象的特性值保持稳定的情况下，测量结果保持不变；如果被测概念的值发生了变化，可靠的测量应该能揭示出这一变化，那么这个测量就是可靠的。

在市场调查中，所需测量的事物的属性往往比货物重量这类属性复杂得多，其可靠性问题也就更加复杂。下述许多因素，如被访者的年龄、职业、教育程度，以及测量的内容、措辞等都会影响答案的一致性。

2. 评估测量可靠性的方法

有三种主要方法可以用来评估可靠性：测试—再测试、等价形式、内在一致性（见表8-6）。

表8-6 评价测量工具可靠性的方法

可靠性指标	简要解释
测试—再测试可靠性	在尽可能相同或近似的条件下，使用同一测量工具两次
等价形式可靠性	在同一时间内，使用尽可能类似的两种工具对同一目标进行测量
内在一致性可靠性	在同一时间内，对测量同一现象的不同测试样本进行比较

1）测试—再测试可靠性

在方法论上又称为重复检验法。通过在尽可能相同的条件下使用相同的测量工具进行重复测量，可以判断测试—再测试的可靠性。测试—再测试的理论依据是：如果随机变化存在，那么这种情况可以通过两次测试中分数的变化显示出来。稳定性意味着在第一次和第二次测试时，分数上的差别非常小，此时，测量工具是稳定的。例如，我们用一个有30个问题的量表对百货商店的形象进行测试，在不同的两个时点上向同一消费者群测试。如果两次结果高度相关，那么可以推断测量的可靠性较高。

有关测试与再测试可靠性存在几个关键性问题：第一，安排和取得与应答者第二次测量的合作非常困难；第二，第一次测量也许会使应答者在第二次测量中改变行为；第三，环境和个人因素会改变，从而会使第二次测量结果有所变动。

2）等价形式可靠性

测试—再测试方法中的问题可以通过创造测量工具的等价形式避免。等价形式可靠性在方法论上又称为交错法。等价形式可靠性的理论依据与测试—再测试可靠性的理论依据一样，两者之间的主要区别在于测量工具本身。测试—再测试使用同一工具，而等价形式使用一对高度相关但不同的测量工具。例如，假设调研人员想识别内在导向型和外在导向型生活方式，他可以设计两份包括内在导向型行为和外在导向型行为测量的问卷。此外，每份问卷应当有同样的重点。因此，尽管每份问卷中用来确定生活类型的问题不一样，但是用来测量每一种类型生活方式的问题数目应该一样多。虽然有时两个问卷调查是前后进行或同时进行的，但是一般建议二次等价形式问卷调查的间隔最好是两周。两套问卷测量得分的相关系数决定了等价形式的可靠性。

有关等价形式的可靠性有两个问题值得重视：第一，制定两份完全等价的问卷相当困难，甚至可以说不可能；第二，即使可以得到两份等价的问卷，但从它的难度、时间和投入的费用方面考虑也许是不值得的。

3）内在一致性可靠性

内在一致性可靠性指标，是评估在同一时间内利用不同的样本测量同一现象而产生相似结果的能力。在方法论上又称为折半技术。内在一致性的理论在于"等价"概念。"等价"关注的是，用来测量同一现象的各项内容会带来多少误差，以及各项在时点上的变化。调研者可以通过评估一系列项目的同质性来测试各项内容的等价性。用来测量某一现象（如内在导向型生活方式）的所有各项内容可以分为两个部分。如果这两部分的得分相关，则存在内

在一致性。使用折半技术要求各个项目应随机地分配给两部分中的一个。这种方法存在的一个问题是，可靠性系数的评估完全依靠项目如何分为两半。不同的分法会得到不同的相关关系，但这是不应当的。

为了克服折半法中的难题，许多调研人员现在都使用"克罗巴奇-阿尔法"技术。这种技术需要计算所有可能的二分情况的可靠性系数平均值，如果在量表中证明某一项目与其他项目缺乏相关性，则该项目应该删去。

8.3.2 评估测量的有效性

1. 测量的有效性

有效性（validity）是一个优良的测量工具应具备的另一个特性。有效性是指测量工具正确测量研究者所要测量属性的程度。有效性有两个基本要求：一是测量手段确实是在测量所要测量对象的属性，而非其他属性；二是测量手段能准确测量该属性。某一测量手段若符合上述要求，它就是有效的。

量表或其他测量工具如果缺乏有效性，对调研人员来讲，它们基本上就毫无意义，因为它们不能测量想要测量的东西。从表面上看，这似乎是一个非常简单的问题，但是有效性经常建立在微妙差别的基础上。假设老师进行了一次英语测验，来检查同学们对单词的记忆情况。老师所拟定的考题是一篇短文，并要求阅读后回答几个问题。这个测验是不是有效，同学们可以讨论。

2. 评估测量有效性的方法

评估有效性是一件相当困难的事情，但是研究人员还是开发出了一些检查有效性的方法，包括表面有效性、内容有效性、相关准则有效性、架构有效性（见表8-7）。

表8-7 评估测量工具的有效性

有效性指标	简要解释
表面有效性	调研人员判断测量工具看上去像是测量了所要测量内容的程度
内容有效性	测量工具的项目能够覆盖所研究内容的程度
相关准则有效性	测量工具预测已确定的准则变量的能力
架构有效性	测量能够证实以所研究的概念为基础的理论假设的程度

1）表面有效性

表面有效性是有效性的最低级形式。它是指"好像"测量了应该测量的内容的程度。它是由调研设计人员在问题设计时作出的判断决定。当详细检查每个问题时，就存在表面有效性的隐含评估。问卷不断修订，直至顺利通过调研设计者的主观判断。另外，表面有效性可能反映了调研人员或专家达成了主观上的一致性，即量表似乎准确反映了所要测量的内容。

2）内容有效性

内容有效性是指测量工具内容的代表性或符合所要测量内容的程度。换言之，量表是否足够覆盖了所要研究的主题。例如，麦当劳委托你测量年龄在 18～30 岁之间、每月至少吃一次汉堡包的成年人对公司的印象。你设计下面的量表并要求顾客对其打分：

现代化的建筑	1 2 3 4 5	老式的建筑
环境漂亮	1 2 3 4 5	环境差
停车场清洁	1 2 3 4 5	停车场肮脏
标志有吸引力	1 2 3 4 5	标志没有吸引力

一位麦当劳的执行经理可能很快就提到有关量表的问题：从来不吃汉堡包的人只要经过麦当劳的店门，就能够对这些作出评价。经理人员可能进一步意识到，这份量表不具备内容有效性，因为许多重要因素，如食品质量、休息室和进餐室的清洁卫生及服务的快速和礼貌等，都没有被测量。

内容有效性最终是一种评判性行为，调研者可以通过下列步骤来判断内容有效性：①对所要测量的概念、对象进行仔细和准确的界定；②竭力收集相关的文献资料及举行小组访谈，尽量列举出可能包括的内容；③召开专家座谈会，研讨量表中应包括哪些内容；④对量表进行预先测试，也可以通过开放式提问来了解可能包括在内的其他内容。

3）相关准则有效性

相关准则有效性是检查测量工具预测已确定的准则变量的能力。相关准则有效性包括两种类型：预测有效性和同时有效性。

预测有效性是指一个准则变量的未来值可以通过当前量表的测量来预测的程度。例如，投票人动机量表被用于预测某人在下一次竞选投票的可能性；或者某农场采用（新型）糕点的购买意向量表来预测某新型产品实际的试销情况。

同时有效性关注的也是预测变量和准则变量之间的关系，但两者均在同一时点上评估。例如，在一组已确认怀孕的妇女身上，测试家庭妊娠试剂的测量有效性。如果家庭妊娠试剂测量与已确认的结果一致，那么测量就被认为是同时有效的。

4）架构有效性

对于营销理论人员来讲，架构有效性是非常重要的。它涉及对于现在已有测量工具的理论基础的理解。架构有效性关心的是预测背后的理论基础，如果有理论基础，测量就具有架构有效性。我们可以直接观测到购买行为，如某人是否购买 A 品牌；而营销理论工作者则着力开发一些架构，如生活方式、参与度、态度等，帮助我们理解消费者为什么购买某些产品或为什么不买。

评估架构有效性有两种统计方法：收敛有效性和区别有效性。收敛有效性是指用来测量同一架构的不同测量工具之间的相关程度。区别有效性是指利用相同的测量方法测定不同的特征或概念，区别不同特征或概念的程度，即不同特征或概念间应是低度相关。

假设设计一个多项量表来测量在折扣商店的购物倾向。理论上认为，这种购买倾向由四种个性变量引起：高度的自信、低地位需求、低特色需求及高水平的适用性。而且，理论上还认为，在折扣商店的购物倾向与品牌忠诚度或高度的争强好胜不存在相关性。

如果量表具有以下特征，则表明存在架构有效性：

◇ 与在折扣商店购买倾向的其他测量结果高度相关，如经常光顾的商店和社会阶层（收敛有效性）；

◇ 与非相关的品牌忠诚度架构和高度的争强好胜之间存在低度相关性（区别有效性）。

8.4 调查问卷的一般要求与开发过程

8.4.1 调查问卷及其作用

调查问卷（或调查表、统计表）是专门为从被访者那里获得有关某个主题的信息而设计的一组或一系列问题。调查问卷与测量量表的关系，基本上是一种整体与部分的关系。正如上面刚刚指出的那样，调查问卷涉及为获得某个主题信息而设计的一组或一系列问题，测量量表通常是调查问卷的一个部分，是专门为获得对某些特定问题的回答而设计的测量工具。通常调查问卷不仅包括各种测量量表，还包括各种核查表。

调查问卷及各种调查表、统计表广泛应用于各种抽样调查和市场普查中。在数据收集过程中，调查问卷起着核心作用。由于数据是依赖于问卷才得以收集的，问卷是收集数据全过程中的重要环节，因而也是影响数据质量的主要因素。问卷还直接影响统计调查机构在社会公众中的形象。

8.4.2 优秀问卷的一般要求

一份调查问卷很普通，但是要设计一份优秀问卷却绝非易事。因为一份优秀问卷通常有很高的要求，主要涉及这样几个问题：它是否能提供必要的管理决策信息？是否考虑到应答者的情况？是否满足编辑、编码和数据处理的要求？

1. 问卷能否提供必要的决策信息

任何问卷的主要作用都是提供管理决策所需的信息，任何不能提供这些信息的问卷都应被放弃或加以修改，这就意味着将要利用数据的经理们首先要认可问卷。经理们对问卷表示满意就意味着："好的，这种工具将为我们提供进行决策所需的数据。"如果管理者对问卷不满意，那么，市场研究人员将继续修改问卷。

2. 问卷是否周到地考虑了应答者的情况

由于客户企业已认识到市场调研的重要性，许多年度调查已迅速增多。问卷设计欠佳、令人迷惑、漫长的询问都会失去数千个潜在的应答者。据估计，超过40%的被联系者拒绝参与调查。

为了充分访问，一份问卷应该简洁、有趣、具有逻辑性并且方式明确。尽管一份问卷可能是在办公室或会议室里制作出来的，但它要在各种情景和环境条件下实施。有些访谈是在受访者渴望回到电视机前时进行的；另外一些访问是对那些忙于挑选货物的采购者进行的；还有一些访问是在受访者被孩子们不断纠缠的情况下进行的，另外，漫长的时间本身就将使访问变得枯燥乏味。

设计问卷的研究者不仅要考虑访问环境和问卷长度，还要考虑应答者的兴趣。一项研究发现，当受访者对调查题目不感兴趣或不重视时，无论问卷是长是短，人们都不会参与调研。同时，研究发现当消费者对题目感兴趣或当他们感到问题回答不太困难时，他们会回答一些较长的问卷。

问卷设计的另一个要求是使问卷适合于应答者。一份问卷应该针对预期应答者明确地设计。尽管父母是典型的冷冻谷类食品的购买者，但是儿童经常直接或间接地影响其对品牌的选择。这样，对儿童进行品尝测试的问卷应当用儿童的语言表述；另外，对成人购买者的问卷应当使用成人的语言。

3. 问卷是否能够满足编辑和数据处理的需要

优秀的问卷会最大限度地减少由无回答所引起的追踪回访的工作量，且便于数据编码和录入，从而尽量减少审核与插补的工作量，最终减少收集和处理数据所花费时间和数据处理误差。

8.4.3 调查问卷的设计过程

问卷的开发设计包括一系列逻辑步骤。尽管这些步骤由于调研人员不同而有些差别，但是所有的步骤趋向于一个共同的顺序，如图8-7所示。

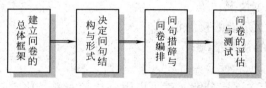

图8-7 问卷设计过程

问卷开发设计的详细步骤将在下一节具体讨论。

8.5 调查问卷的设计开发

8.5.1 构建问卷的总体框架

确定调查问卷的总体框架是开始问卷设计的第一步。

在这一步骤，调研设计应在总体上确定市场调研的内容框架，或者说确定到底需要哪些方面的数据资料，如消费者/用户的人口统计特征、产品使用和处置方式、购买决策过程，或者对产品/服务的满意度等。从根本上讲，市场调研的内容框架是由调研问题和目标决定的。此外，确定调研的内容框架还要兼顾时间和费用的可能。调研的内容框架既是调研问题和调研目标的必然延伸，也是规划调查测量和开展问卷设计的前提和基础。

问卷设计的总体框架，是指导设计问卷的提问语句和帮助分析问卷资料的一种总体思路的逻辑框架图。它通常由简短的文字、方框及连线组成。

建立调查问卷的总体框架，首先应该从调查目的出发，找出所要调研的中心概念和调研的核心内容；根据调研主题提出研究假想，对研究假想的求证过程也就是形成调查问卷总体框架的过程；然后将调研的中心概念和研究假想的内容层层分解，直到可以直接根据这些分解的条目设计调查问卷的提问语句为止。所以可以说，从调研目的出发，将调研内容逐步分解的过程就是建立调查问卷设计总体框架的过程。

读者可以回顾一下在第4章中提到的"交通局为'方便城市老年人对公共交通的使用'而发起的调研项目"案例，我们不仅使用那个案例来说明调研目标的系统陈述过程，而且在案例中还交代了建立在调研目标系统陈述基础上的调研内容的总体框架。

在这里，我们通过另一个案例——"妇女杂志对妇女现代化影响"的调查，来说明调查问卷总体框架的建立过程。"妇女杂志对妇女现代化影响"的调查问卷，目的非常明确，核心内容可以分为两个大的方面。一是了解妇女、家庭生活类杂志的读者对象，或者说妇女接触妇女杂志的情况。要说明这一情况，不仅要了解妇女接触妇女杂志的情况，还要了解妇女接触其他杂志及杂志以外的其他媒体的情况。只有这样，才会深入而全面地看清问题，并且为说明调研主题提供充分的资料。二是揭示主题，揭示妇女杂志对妇女现代化的影响。

根据上述分析，可以建立调查问卷的总体框架如下，包括四个部分：

A．调查对象个人基本情况；

B．与一般杂志及妇女杂志的接触情况；

C．与其他各种媒体的接触情况；

D．个人现代化量表。

将上述四部分内容依次逐层分解，就可以得到比较完整、比较具体的问卷设计的总体框架，如图8-8所示。

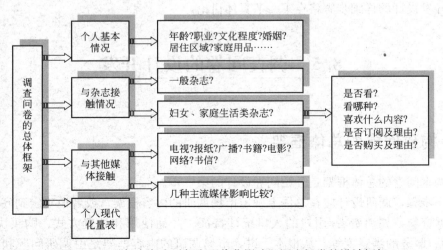

图8-8　"妇女杂志对妇女现代化影响"调查问卷的设计框架

其中，个人现代化量表用来测量妇女观念的现代化程度，是一种典型的态度量表。"现代化"首先应该被严格定义。如果按照韦氏词典的经典解释，"现代化"的时间上限大约为公元 1500 年，这样，我们构造出的反映某些现代化观念的陈述也许就不那么可笑了。观念则涉及妇女在家庭和社会可能接触的方方面面，包括政治、经济、文化、法律、社会、家庭等，而且对这些方面还可以进一步细分。基于以上的分析，构造出反映妇女观念现代化程度的一组陈述如下：

(1) 妇女不应该参与政治

(2) 妇女不应该到社会上去就业

(3) 妇女到社会上做事，影响家庭幸福

(4) 妇女只适合从事室内工作，如秘书、老师等

(5) 妇女不应该参加社交活动

(6) 堕胎不应该合法化

(7) 跳舞是伤风败俗的事

(8) 未婚男女不可以同居

(9) 父亲是一家之长，家里的事应该由他来决定

(10) 父母应予子女择友的自由

(11) 为了自己的利益和安全着想，人最好是"自扫门前雪！"

(12) 应该严禁高中学生结交异性朋友

(13) "女子无才便是德"的观念不正确

(14) 在现代社会里，学历不一定最重要

(15) 一个人唯有读书，才能成大器

(16) 出国留学总比在国内好

(17) 妻子比丈夫地位高或赚钱多，会影响家庭幸福

(18) "男主外，女主内"的观念已经过时

(19) 妻子不应总是依赖丈夫，应培养独立个性

(20) 父母应该重视子女的意见

(21) 一个人的外在美比内在美重要

(22) 结婚之后，妇女就可以不重视仪表

(23) 男人能做的事，女人也可以做得一样好

8.5.2　决定问句结构与形式

调查问卷是由一个个问句组成的。问句按结构可以划分为开放式问句和封闭式问句两大类，封闭式问句又可大致分为核查表和测量量表两类形式，体现了不同的提问技术和技巧。所以，在确定了调查问卷的总体框架之后，调研人员必须决定构成整个问卷的各个问句的结构、问句形式和所使用的量表。对问句结构、核查表和测量量表的选择和使用，直接关系到问卷设计目标的达成。

1. 开放式问句

开放式问句是一种应答者可以自由地用自己的语言来回答和解释有关想法的问句类型。也就是说，调研人员没有对应答者的选择进行任何限制。

开放式问句经常需要"追问"。追问是访问员为了获得更详细的材料或使讨论继续下去而对应答者的一种鼓励形式。访问人员也许会说："还有没有其他要说？"或"在这一点上能否讲得更详细些？"通过追问，澄清应答者的回答。

开放式问句对调研人员来讲有几个主要优点。

首先，它可以使应答者给出他们对问句的一般性反应：

（1）您认为利用邮寄目录公司定购比本地零售有什么优势？

（2）产品色彩中哪类颜色是您最喜欢的？（追问：您最喜欢什么颜色？）

（3）您为什么认为某种品牌（您最常用的）更好？

其次，开放式问句能为研究者提供大量丰富的信息。应答者是以自己的参考框架来回答问题的，他们可能用生活中的语言而不是用实验室或营销术语来讨论有关问题。这样有助于帮助设计广告主题和促销活动，使文案创作更接近于消费者的语言。

再次，对开放式问句回答的分析也能作为解释封闭式问句的工具。在封闭式反应模式后进行这种分析经常可在动机或态度上有出乎意料的发现。在产品五种特性的重要性排序中，知道颜色排在第二位是一个方面，知道颜色为什么排在第二位也许更有价值。

最后，开放式问句也许会为封闭式问句提出额外的选项。例如，一位与作者磋商的厂商总是以下述问题结束一份有关产品定购的问卷："对于过去 3 周中您试用过的产品，您还有其他意见向我们反映吗？"这样的问题可能为研究人员获得最后的珍贵信息提供了更多的顿悟。

开放式问句也有一些重要的缺点。

◇ 一个缺点是在编辑和编码方面费时费力。对开放式回答的编码需要把许多回答归纳为一些适当的类别并分配给号码，如果使用了太多的类别，各种类别的频次可能很少，从而使解释变得很困难；如果类别太少，回答都集中在几个类别上，信息又变得太一般，重要的信息可能会丢失。

◇ 另一个缺点是访员误差。尽管可在培训会议上强调逐字记录开放式问句的重要性，但是在实际调查时经常做不到。记得慢的访员也许会无意中错过重要的信息，从而带来资料收集误差。好的追问，如"您能再谈谈吗？"或"还有其他意见吗？"一般能比糟糕的追问获得较高质量的回答。

◇ 第三个缺点是开放式问句可能会向外向性格的、善于表达自己意思的应答者发生偏斜。一个能够详细阐述自己观点的应答者也许会比一个害羞、不善言辞的应答者提供更多的数据。然而，他们可能一样是产品的潜在购买者。

◇ 最后一个缺点是它们不适合使用在一些自我管理式的问卷上。如果没有访问人员的追问，一个浅显的、不完整的或不清楚的回答可能记录在问卷上，并使数据处理和解释变得异常困难。

2. 封闭式问句

封闭式问句是一种需要应答者从一系列应答项中作出选择的问题。封闭式问句的优点主要是避免了开放式问句的缺点。

封闭式问句又大致可以分为核查表和评分量表（一般称测量量表）两类形式，体现了不同的提问技术和技巧。关于测量量表，我们在本章前半部分已作过详细讨论，这里重点讨论各种核查表。

与测量量表不同，使用核查表（checklist）时不要求作答者对行为和特征的性质、频次或强度作出清楚的决策。也就是说，测量量表一般要求应答者在一个有序系列中作出自己的评估判断；而核查表主要要求应答者在一些相对简单的事实、记忆印象及行为选项中核查某些数据。核查表通常更容易编制，也更为经济适用。

下面，我们将讨论核查表的一些常用形式。

1）二项选择问句

封闭式问题最简单的形式是二项选择题，如：

（1）政府并不关心像我这样的大众，您怎样认为？

同意　　　　　1
不同意　　　　2

（2）您认为今年的通货膨胀比去年严重还是有所缓解？

严重　　　　　1
缓解　　　　　2

被限于在两个固定选项中加以选择，应答者可以快速方便地回答。很多时候要加上中立的或无意见/不知道以兼顾到这些情况，即使问卷中未给出中立选项，访问员有时也会潦草地写上 DK 表示"不知道"或 NR 表示"无回答"。

二项选择题容易产生大量测量误差，因为选择答案处于两个极端，略去了两极之间大量可能的选择答案。这样，问题的用语对于得到准确答案就非常关键了。用肯定形式表述与用否定形式表述的问题，其结果可能也是相反的。例如，对上述第二个问题的回答取决于先列出"严重"还是"缓解"。当然，这个问题可以使用分半技术来克服，问卷中的一半首先列出"缓解"这个词，而另一半则首先列出"严重"这个词，这将有助于减少潜在的误差。

2）多项选择问句

多项选择题要求被访者给出一个正确表达了他或她行为（或想法与事实）的选项，或者在某些情况下表明所有合适的选项。通常要求应答者回忆或确认曾经发生过的某种事实。与开放式问句相似，多项选择问句需要编码，但是只能提供有限的信息。下面是多项选择题的两个例子。

（1）请您回想一下最近所买过的任何一类鞋子，我将读出所列举的鞋类，希望您告诉我它属于哪一类（读列举项并检查合适的种类）。

礼服和/或正式服装　　　　1
体操训练帆布鞋类　　　　　2
运动专用鞋类　　　　　　　3

靴子类   4

（2）请您在看过此卡片后告诉我哪一个字母代表了您所属的年龄组。

A. 17 岁以下   1

B. 17～25 岁   2

C. 26～35 岁   3

D. 36～50 岁   4

E. 51～65 岁   5

如果所设置的应答项没有涵盖所有的选项，这样就可能得不到真实的回答，如问题（1）。如果所设置的应答项相互交叉，则可能导致应答者无法合格地表述答案，如问题（2）。

3）项目核对表

项目核对表实际上是对应答者记忆或印象的再确认，图 8-9 就是一个例子。

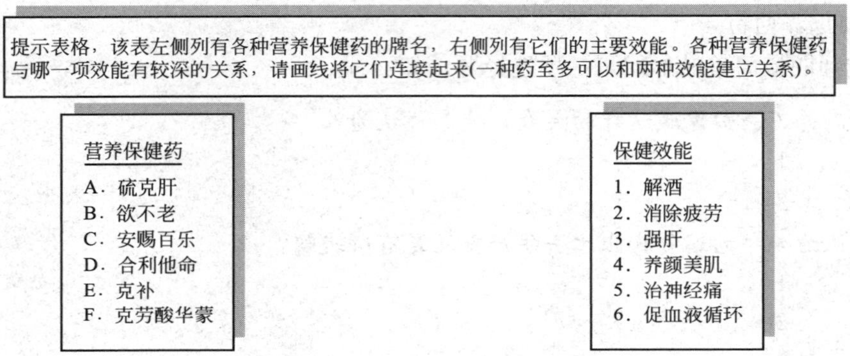

提示表格，该表左侧列有各种营养保健药的牌名，右侧列有它们的主要效能。各种营养保健药与哪一项效能有较深的关系，请画线将它们连接起来(一种药至多可以和两种效能建立关系)。

营养保健药
A. 硫克肝
B. 欲不老
C. 安赐百乐
D. 合利他命
E. 克补
F. 克劳酸华蒙

保健效能
1. 解酒
2. 消除疲劳
3. 强肝
4. 养颜美肌
5. 治神经痛
6. 促血液循环

图 8-9 项目核对表举例

它通过再确认的原理，要求被访者在商标与公司名、商标与产品特性的提示文字两组项目之间建立联结关系，从而发现品牌认知及了解程度。

8.5.3 问句措辞与问卷编排

1. 问句措辞

问题答案是问题措辞的一个函数

一个早期的盖洛普民意测验（Gallup Poll）美国显示，问题的答案通常是问题措辞的一个函数。"人们被问到是否拥有某种股票（stock）。在美国西南部的访问中，股票的拥有率出人意料得高，因为那里的应答者很自然地想到了牲畜（stock）。这个问题就不得不重新进行措辞，以指称'在任何一家证券交易所上市的有价证券'。"

很多调研专家都认为，问题措辞的改进可以更大程度地提高精度。实验已经显示，由于模糊问题或是含混词语的使用而导致的误差范围，可能达到 20 或 30 个百分点之高。想想下面这个说明选择具有正确含义的词语的极端重要性的例子。下列问题的差异仅仅体现在应该、可以、可能这些词语的使用上。

您认为<u>应该</u>做任何事情，来让人们为医生或医院账单付费变得更容易吗？

您认为<u>可能</u>做任何事情，来让人们为医生或医院账单付费变得更容易吗？

您认为<u>可以</u>做任何事情，来让人们为医生或医院账单付费变得更容易吗？

从匹配的样本中得到的结果：82%的人回答说应该做些事情，77%的人认为可能做些事情，而63%的人觉得可以做些事情。在应该和可以这两个极端之间相差19个百分点。

一旦决定了问题的内容和回答的形式，下一步就是问句的实际设计了。对调研人员来讲，对特定问题的措辞总是很费工夫的，也是一种随时间与主题不断发展的技巧。市场调研在长期的发展过程中已经积累了一些经验，可以作为问题措辞的指南，帮助预防一些最常见的错误。

1）避免复杂性：使用简单、对话的语言

应该注意到，每个预期的应答者都代表一个独立的参考构架。也就是说，每个人在个性、心理素质、经验、教育和世界观方面都是独一无二的。市场经理和市场研究人员的参考构架有更多的一致性，但是可能与作为消费者的应答者构架有所不同。因此，问卷设计者必须对目标应答者使用通俗的语言而不是用研究术语。选择用词的第一项任务就是将问题转化为日常生活用语。应答者很可能告诉访员他们是已婚、单身、离婚、分居还是寡居，但是让他们提供"婚姻状况"却可能造成问题。在调查行业用户时，应该避免公司高层执行官常用的技术性行话。在零售商调查中，"品牌形象""定位""边际分析"等语言，对于一个商店经营者来说可能不是同样的意思，或者根本理解不了。

当然，在针对某些特定人群开展调研的情况下，问句措辞可能是一个复杂的问题，必须针对目标应答者群制定措辞。例如，如果要访问律师，用词就要熟悉法律术语；如果要问建筑工人，就要适当地使用他们的语言。

但是，简单的句子结构对各类应答者而言都是必需的。换言之，问句措辞中应避免使用包含双重否定的句子结构，避免使用长而复杂的复合句。这类结构的句子常常使被访者不能轻易弄懂句子的真实含义，无法顺利回答问题。试对比下面的两个句子：

您赞不赞成政府不允许便利店出售酒的规定？

您赞不赞成政府允许便利店售酒的规定？

2）避免诱导性问题

诱导性问题是问题措辞偏差的一个主要来源。诱导性问题建议或者暗示了特定的答案。产生诱导的原因，可能是调研者在问句中给出了一种态度、趋势判断或假设，最后导致应答者回答偏差。

像"您常在像卡尔玛这样的低档店购物吗？"或"Macy's应该继续其出色的礼品包装项目吗？"这样的问句，通常会导致一个显而易见的答案，引起应答者误差。一个对干洗行业的研究提出了这样的问题：

很多人由于改进后的免烫衣物的出现而越来越少使用干洗。您怎样认为过去4年里免烫衣物对您使用干洗设施造成的影响？

□使用得更少　　□没有变化　　□使用得更多

这个问题中所暗示的潜在"流行效应"对研究的有效性产生了威胁。

下面的这个问句则假设应答者原先就已经思考过某个问题："你认为 jack-in-the-Box 餐厅应该考虑更换名字吗?"实际上,应答者在被问到之前极不可能思考过这个问题。那些诱导人们对其通常没有考虑过的事物表达态度的调研,是毫无意义的。

同样,调研发起者在访问过程中过早地被识别,也可能发生"主体诱导",使回答发生扭曲。例如,如果访谈开始的几个问题都与某品牌或机构有关,那么应答者很快就会识别出调研发起者,这样就可能引发"主体偏差"。为避免发生这种"主体诱导",以得到一个无偏差的答案,有时必须掩饰研究的真实目的。

Arm & Hammer——一个太好的名字

这个品牌名称已经被用于大量的产品系列延伸。然而,当厂商用该品牌推出喷雾除臭剂和喷雾消毒剂时,这些产品经营得并不太好,尽管营销调研显示消费者对这两种产品表达了正面的感觉。问题出在哪里呢?

调查人员发现,这个品牌名称具有如此强烈的消费者特权,以至于无论何时将这个名称与一个新的产品或概念相联系时,消费者的接受度及购买意愿总是虚高。当问题的措辞中包含了具有很高社会认可度的名字时,消费者很难给出否定答案。然而,这个公司却没有意识到它的名字导致了多大的回答偏差。

为了控制诱导性问句的这种偏差,调研者在表示态度的问句中,可以使用分离投票技术,即同一个问题使用两种相反的措辞,50%的样本使用正面措辞的问句,另外 50%则使用相反措辞的问句,期望获得比单一措辞更加精确的总体答案。例如,在一个对小型汽车购买行为进行的研究中,一半的进口汽车购买者样本收到的问卷,是询问他们同意或反对这样一个陈述"小型美国汽车的保养比小型进口汽车便宜";另一半的进口汽车车主收到的问卷中则有这样的陈述"小型进口汽车的保养比小型美国汽车便宜"。

3) 避免负载问题

负载问题暗示了一个社会期望的答案或者是充满感情色彩。有一些现象应答者可能记得很清楚,然而,他们也许不愿意给出真实的回答,或者回答会朝着合乎社会需要与期望的方向倾斜。如尴尬的、敏感的、有威胁或有损自我形象的问题,这类问题要么得不到回答,要么朝着符合社会准则的方向倾斜。

考虑下面这个问题:

根据现在的存贷危机,向农民提供免息贷款将会具有最大的公众利益。

□非常同意　　　□同意　　　□不同意　　　□强烈反对

如果这个陈述的负载部分,"存贷危机"的措辞暗示一个比危机更小量级的问题,应答者可能给出不同的答案。

一个电视台制作了下面的 10 秒广告,寻求观众的反馈。

如果您喜欢 7 频道的节目,我们会很高兴。如果您不喜欢 7 频道的节目,我们会很伤心。写信给我们,让我们知道您对我们节目的想法。

很少有人想让别人伤心。这个问题可能只会引出正面的评价。

询问应答者使用某种产品或访问某家商店的"频率是多少",会引导他们对自己的习惯进行总结，因为他们的行为通常表现出一些变异。在总结时，人们可能描绘出自己的理想行为，而不是自己的通常行为。

涉及诸如借钱、个人卫生、性生活及犯罪记录等尴尬话题，问题必须小心表达以减少测量误差。一种处理技术是用第三人称方式提问，例如，"许多人的信用卡都透支，你知道是什么原因吗？"通过问其他人而不是应答者自己，调研人员也许能够更多地了解到对有关信贷和债务问题的个人态度。

第二种处理尴尬问题的方法是使用介绍性陈述声明这种行为或态度是很平常的，以消除偏见和"尴尬"。例如，"许多人患有痔疮，你或你的家庭成员有这方面的问题吗？"这种技术被称为对等误差表达，他使应答者以平常心来讨论尴尬问题。又例如，"有些人每天有时间刷三次牙；其他人却没有时间。你昨天刷了几次牙？"

4）避免含糊，追求具体

问卷选项经常显得模糊不清，这是因为它们太概括了。想想这样一些模糊的词语，如经常、偶尔、通常、时常、很多、良好、一般和差。这些词语中的每一个都有很多不同的含义。对于某个人来说，时常阅读《读者》杂志可能是 1 年阅读 6～7 期；而对另一个人来说，可能就是 1 年阅读 2 期。为避免含糊，问句措辞必须追求具体。

考虑这样一个问题：您乘坐过哪家航空公司的班机？表面上看，这似乎是一个定义得很好的问题，但是当仔细推敲时，会发现不少问题。首先，如果调查对象乘坐了一家以上航空公司的班机应该怎样回答？研究人员的目的是什么？是想知道调查对象最满意的航空公司、最经常乘坐班机的航空公司还是最近乘坐班机的航空公司？其次，研究人员想要知道的是什么时候乘坐班机的航空公司，是上次、上周、上个月、去年还是过去的任何时候？这个问题更好的措辞应该是：上个月您乘坐过哪家或哪些航空公司的班机？若有一家以上，请列出您上个月乘坐过的所有航空班机。

如果调研人员认为问题是绝对必要的，那么，问题的表达对每个人来说必须意味着同样的意思，应当避免使用含糊不清的词语。例如："您住的地方离这里大约有多长时间的路程？"或者"您通常在哪儿买衣服？"第一个问题有赖于应答者来这里的方式（步行/骑车/乘公共汽车/开车）、路上的速度、对时间的感受等。第二个问题有赖于对服装的式样、场合、家庭成员和词语"哪儿"的理解。

一个学生调研小组提出了这样的问题：

您最依赖于哪种媒体？
□电视　　　□因特网　　　□广播　　　□报纸

这个问题也是模糊的，因为它并没有询问有关媒体的内容。"最依赖"什么——新闻，体育，还是娱乐？

5）避免双管问题

一个问句中涉及两个或两个以上的问题，就被称为双管问题。总体来说，当一次就提出两个问题，即使并没有使问题变复杂，也很难获得某一个观点的答案。如果探索的是两个观点，就至少需要两个问题。由于问号并不是定量分配的，所以没理由容忍双管问题导致的毫无必要的混乱。所以，必须尽量避免问句中出现双管问题。

由于口语习惯或对问句措辞缺乏推敲，都容易导致双管问题。双管问题的例子很多，读者可以试着来识别下面这些例子中的双管问题：

"您认为咖啡蛋糕的味道和原料如何？"

"您认为某某航班安全准时吗？"

"您的父母是知识分子吗？"

"请说明您对下面陈述的同意程度：'批发商和零售商都要为肉的高成本负责。'"

一个来自名为"您对身为妇女的感觉如何？"的调查问道：

除了请工人做的部分外，你和丈夫谁做家务（清洁、做饭、洗碗、洗衣）？

□我做所有家务　　　　□我几乎做了所有家务　　　□我大概做一半家务

□我们一人做一半家务　□我丈夫做一半以上家务

这个问题的答案并没有说出是否是妻子做饭而丈夫洗碗。

一个以消费者为导向的图书馆所做的调查问道：

你对现在处理"闭架"和"开架"读物的系统满意吗（有充足的副本吗？所需要的材料能够迅速订到吗？借书条例对于学生的材料使用来说适当吗？）？

□是　　　　□否

6）避免乱用或折磨应答者能力的问题

在某些场合，应答者可能对回答问题所需的信息一无所知，根本无能力回答问题，但是调研设计者却强迫应答者作出回答。在这种情况下，获得的答复没有什么价值，这就产生了测量误差。询问一位男士他妻子最喜欢哪一种牌子的缝纫线，就属于这种类型的问题。对酿酒行业的销售点广告（商店陈列）进行调研的一个问句则是另一个例子。

你喜欢常去的购物地点的广告具有什么样的持久度？

□持久性的（持续 6 个月以上）

□暂时性的（持续 1～6 个月）

□临时性的（持续不到 1 个月）

这个问题回答起来相当困难：一是应答者不可能像调研人员那样专注于一幅广告何时挂出及何时收起；二是啤酒营销人员使用各种售点广告来实现不同的目的，但是应答者不愿意也不可能了解这些目的，因而也不好回答问题。

解决上述问题的方法，首先是解决好样本选择问题，调研人员也许根本不应该向一位男士询问他妻子最喜欢哪一种牌子的缝纫线。其次，在询问有关专门问题前通过一些过滤性问题，将那些对调查主题不够了解的调查对象过滤出去。当然，那些希望向非专业应答者寻求专业意见甚至直接帮助营销人员考虑决策问题的问题，也许根本就不该问。

涉及应答者回答能力的另一个问题是遗忘。调研人员在编写关于过去行为或事件的问题时，应该意识到特定的问题可能对应答者的记忆力要求过高。编写关于以前事件的问题时，需要尽量使遗忘这个问题最小化。

在很多情况下，应答者无法记起问题的答案。举个例子，一个在欧洲杯足球赛播出后 24 小时内进行的电话调查，可以在确定应答者是否观看过比赛之后提问："你还能记起那个节目中的任何广告吗？"如果回答是正面的，访员就可以问："做广告的是什么品牌？"这两个问题度量的是独立记忆，因为它们没有向应答者给出任何品牌的暗示。

如果调研人员怀疑应答者可能已经忘记了问题的答案，他就可以用辅助记忆的格式——一种提供线索帮助唤起应答者记忆的格式，来改写这个问题。例如，关于一个啤酒广告的问题的辅助记忆格式可以是，"你还能记起在那个节目中是否有某个品牌的啤酒广告吗？"或者是"我将要为你念出一份啤酒的名单，你可以选出在节目中做广告的那个啤酒的名字吗？"虽然辅助记忆不像独立记忆那么有力，但是它不太会折磨应答者的记忆力。

2. 问卷编排

一份调查问卷一般由五个部分组成：①调查问卷的标题；②致被访者的短信和填表说明；③调查问卷的主体内容，包括样本特性分类资料和揭示调研主题资料两部分；④编码号，将调查问卷上的调查项目变成数字代码；⑤调查实施情况记录。其中，调查问卷的主体内容是我们讨论问卷编排的主体。

问卷不能任意编排，问卷每一部分的位置安排都具有一定的逻辑性。问卷编排的逻辑性决定访问双方联系的紧密程度。访问双方联系越紧密，访问者越可能得到完整彻底的访谈。

下面是研究人员经过总结已形成关于问卷流程的一般性准则。

1）运用过滤性问题以识别合格应答者

许多市场研究运用各种配额抽样方法。只有合格应答者被访问，才能得到每类应答者特定的最小配额。食品研究一般都会考虑各种具体品牌使用者（样本）的配额，杂志研究要筛选读者，化妆品研究则要筛选出对品牌知晓的应答者。表8-8就是一份典型的过滤性问卷的样本。

表8-8　一份过滤性问卷样本

你好！我是DFs调研公司的人员。我们正在对男性进行一次调查，想问您几个问题。	
1. 您或您家人在广告公司、调研公司或修面产品的工商企业工作吗？	（　）是　　　（结束并记录在联系记录单上） （　）否　　　（继续问题2）
2. 您多大年龄？下面有三个年龄段，请选择一个（读出选项）	（　）15岁以下　　（结束并记录在联系记录单上） （　）15～34岁　　检查配额——若配额组的合格应答者不足——继续 　　　　　　　　　　　　　　　　——若配额组的合格应答者已满——结束并记录 （　）34岁以上　　检查配额——若配额组的合格应答者不足——继续 　　　　　　　　　　　　　　　　——若配额组的合格应答者已满——结束并记录
3. 您上次修面使用的剃须刀是哪一种？	（　）电动剃须刀　　（结束并记录在联系记录单上） （　）手动剃须刀　　（筛选出合格应答者，转入正式访问调查）
备　注	这是一份关于寻找用手动剃须刀、一周至少刮三次脸的15岁以上男性的过滤性问卷

过滤性问题可能出现在问卷上，在许多情况下也可能会提供"过滤问卷"。此时，过滤性问题要由接受访谈的每个人来填写。这意味着你正从每次与应答者的接触中得到更多的信息。像表8-8中的过滤性问题可以很快排除不合格的受访者，并使访问员可以立即转向下一个潜在应答者。

过滤性问题提供了估算调查费用的基础。在其他条件都相同的情况下，一个所有人都适合接受访谈的调查会比一个有 5% 不合格率的调查费用低很多。

2）初始问题应能引起应答者的兴趣

在经过滤性问题发现合格的应答者后，起初提出的问题应当简单、中立，容易回答，令人感兴趣，并且不存在任何威胁，这样有助于建立参与和交流的氛围。用一个收入或年龄问题作为初始问题也许是一大错误，这些问题经常被认为具有威胁性，并且立即使应答者处于防卫状态。其他一些具有敏感性和复杂性的问题也不适合作为初始问题提出。

3）遵循"漏斗"法则，一般性问题在先

在开始的"热身"性问题后，问卷编排应按照一定的逻辑顺序排列问句。对属于同一类别、不同层次的问题，应按照"漏斗"法则，首先提问范围最广、抽象层次最高的一般性问题，然后逐步提问范围比较特定和比较具体的问题。

例如，有关洗发水的问卷也许会这样开始提问："在过去的 6 个星期里，你曾经购买过洗发水、护发素或定型剂吗？"促使人们开始考虑有关洗发水的问题。然后，问及有关洗发水的购买频率，在过去 6 个星期里的所购品牌，对所购品牌的满意程度，再购买的意向，理想洗发水的特点，应答者头发的特点，最后是年龄、性别等人口统计方面的问题。

以上例子中的问题编排是有逻辑的，它促使消费者跟着问卷考虑洗发水并以个人资料结束。有关上述洗发水问题的访问大约持续 20 分钟，到访问个人情况时，即问答对话已经进行了大约 17 分钟，应答者对所问问题已经适应。这样，应答者对提问已经没有任何反感了，融洽关系也建立起来。

4）需要思考的问题放在问卷中间

起初，应答者对调查的兴趣与理解是含糊的，培养兴趣的问题为访问过程提供了动力和承诺。当访问人员转到量表应答式问题时，应答者受到鼓励去理解回答的类别与选择；另外，在部分应答者身上，会有一些问题需要回忆，已建立起来的兴趣、承诺及与访员间建立的融洽关系保证了对这部分访问的回答。即使使用自我管理式问卷，早期建立兴趣和承诺，也有助于鼓励应答者完成问卷的其他部分。

5）提示在关键点插入

当应答者兴趣下降的时候，优秀的访问人员能及时发现并努力重新培养起应答者的兴趣。对问卷设计者而言，在问卷的关键点插入简短的鼓励也是值得的。也许只要这样陈述："下面没几个问题了"或"下面会更容易些"。另外，作为下一部分内容的介绍插入"既然您已帮我们提出了以上的意见，我们想再多问一些问题。"当然，上述提示也许并不印制在调查问卷上，而是由访员通过口头来传达，但是它应该是问卷编排时要考虑的问题之一。

6）把敏感性问题和人口统计问题放在最后

正如前面所提到的，当调研目标要求应答者回答一些感到为难的问题时，可以把这些问题放在问卷的最后。这样做可以保证大多数问题在应答者出现防卫心理或中断应答之前得到回答。并且，此时应答者与访问者之间已经建立了融洽的关系，增加了获得回答的可能性。把敏感性问题放在结尾的理由是此时应答模式已经重复了许多次，访问人员问一个问题，应答者回答一个，此时问及尴尬性问题，应答者会条件反射地作出回答。

8.5.4　问卷的评估与测试

调查问卷是各种测量工具的一种集成。对测量工具可靠性和有效性评估的内容和方法同样适用于调查问卷的评估。测量工具评估的有关内容在本章第3节中已有详细讨论，这里就不再重复了。这里重点讨论问卷的测试和修订。

问卷调查是一个复杂的过程。这个过程中的每一个环节，都可能是产生回答误差的一个来源。问卷测试旨在确定所拟定的问卷在调查执行中可能存在的困难和错误，包括问题的顺序、问句措辞、问卷编排是否恰当，以及问卷总体能否提供我们真正需要的数据和信息，等等。

测试问卷有多种途径和方法，主要包括认知测试、焦点座谈、非正式测试、行为编码、分裂样本测试及试点调查等。

1. 认知测试

认知测试法是为了研究被访者回答问题的过程而设计的，因此，认知测试法有助于评估问题的有效性，并识别计量误差的潜在来源。

认知测试通常在"实验室"环境或在带有单面镜等监控设备的房间中进行。所涉及的测试方法包括以下几种。

1）即时性的认知访谈

这种方法要求被调查者在回答问题时"边想边说"，即一边思索，一边自言自语地说出他的感受，对每个问题都进行评论，并解释是如何选择最终回答的。这种方法着重于了解被调查者在接触调查问卷每个问题的瞬间的即时反应和认知评价。

2）回顾性的认知访谈

回顾性的认知访谈是在被调查者完成问卷后进行的。调查者可以要求被调查者解释自己的思考过程，包括怎样选择及为什么选择这些答案，对给出的这些答案的信心程度如何，也包括被调查者怎样理解有关术语和概念。通过这种回顾性的认知访谈，调查者可以对被调查者回答问题背后的思考过程有深入了解，对调查问卷可能潜存的深层次问题有所认识。

3）观察被调查者

在"实验室"环境中，认知测试法还提供了观察被访者回答问题时思考过程的途径，包括观察被调查者完成问卷的情况。通过观察，可以得知被调查者完成问卷时的行为信息。观察者要注意问卷中被调查者阅读的范围、答题的顺序、使用指南的情况、翻阅记录的类型、与谁进行了讨论、完成问卷各部分所需的时间、对回答所作的修改或更正等。

当然，如果能够将即时性的认知访谈与回顾性的认知访谈结合起来，并且进一步与观察调查结合起来，那么，对测试问卷、识别回答误差的潜在来源肯定更有价值。

认知测试集中于被访者对问卷形式的理解和反应等问题，提供了一个从被访者角度评估问卷的机会。这类方法把被访者的视角和观点直接带入问卷设计过程，从而设计出对被访者界面友好的问卷。

2. 焦点座谈

焦点座谈是由从所研究总体中选出的若干对象对所选主题进行的非正式讨论。通过焦点座谈这种形式，使被访者或数据用户及访员有机会把他们的观点纳入问卷设计过程。在测试问卷时，焦点座谈可用来评估被访者对问题和指南中所用语言和措辞的理解程度，并评估可供选择的问题的措辞和形式。

如果检测自我管理式问卷，那么可以在焦点座谈前即刻完成问卷，如果时间允许的话，也可提前完成问卷，然后由被访者带到焦点座谈会上。如果问卷是在访员协助下完成的，则访员可以在焦点座谈的前几天进行问卷调查。

焦点座谈通常以要求参与者阐述他们对问卷的总体反应开始，然后再讨论与问卷有关的特殊问题。座谈主持人可以对问卷的问题进行逐条审议，也可以集中于关心的某些特定问题。主持人应该善于追问，因为有的焦点座谈参与者可能不愿意发表负面的评价，即使这种负面评价是中肯的。主持人应该给每个人发言的机会，要避免发生被一两个人支配讨论的局面。焦点座谈最后应征求参与者对于问卷需作出的最重要的修改意见。

3. 非正式测试

非正式测试（也称试答）是问卷开发中的一个基本步骤。可能是对整份问卷的测试，也可能仅对部分问题测试。非正式测试较为容易，所花费用也不高。

非正式测试样本量一般从 20 到 100 个不等。如果测试的主要目的是发现措辞或顺序的问题，所需的样本量可以少一些。如果目的是从所得到的可能回答来确定最终答案的选项，则需要进行较多的访问。

非正式测试与认知测试和焦点座谈不同，因为它并不与被访者进行讨论。被访者只是完成问卷或访问，这样可以真实反映数据收集过程中将会发生的情况。非正式测试仅仅表明可能有问题。因为没有深入的调查，它不能确定为什么会发生问题，或应如何对问题进行纠正。另外，非正式测试也不可能发现问卷中存在的所有问题。

4. 访员与被访者相互配合的行为编码

问卷在访员协助完成的情况下，可以在测试期间进行行为编码。这是由第三方对访员和被访者之间相互影响及配合的情况给予系统编码，重点在于访员如何问问题，以及被访者如何作出反应。测试访问应有录音录像记录，可以事后分析访员与被访者之间的关系。行为编码有助于识别一些问题，如访员有没有按照事先的措辞宣读问题，或者被访者是否提出要求澄清的某些问题等。如果行为编码表明某些问题的表述或回答确有困难，就应对这些问题进行修正。然而，行为编码通常不能提供产生这些困难的原因，也不能提供对这些困难进行修改的办法。在分析行为编码的结果时，经常需要较大的样本量，特别是在问卷有很多跳转模式、需要被访者经过各种提问路径的情况下尤其如此。

5. 分裂样本测试

在确定两个或多个版本的问卷或问题哪个更好时，可以进行分裂样本测试。分裂样本测试有时称为"分裂投票"或"分裂固定样本"试验。它包括与数据收集过程相联系的样本试验设计。最简单的分裂样本设计是将一半样本试用问卷的一个版本，而另一半样本试用问卷的另一个版本。

分裂样本测试能比较一个或多个问题，甚至可以比较整份问卷。除了比较不同的问题，分裂样本测试还能比较不同的数据收集方法，以确定哪一种方法更好。在分析样本之间的差异时，要求样本设计是随机的，且保证有一定的样本量。

6. 试点调查

为了观察包括问卷管理在内的调查过程的各个阶段，需要进行试点调查。试点调查是对正式调查的一次"预演"，即从头到尾，进行一次小规模的调查演习，包括数据处理和分析。试点调查使统计调查机构能够了解到问卷在调查的其他阶段（数据收集、处理、审核、插补、估计及数据分析）实际运作的情况。正常情况下，在进行试点调查之前，整份问卷应该经过充分的评估和测试。

思考与 训练题

1. 概念性定义和操作性定义之间的差别是什么？举例说明。

2. 按测量水平划分量尺类型的调研意义是什么？

3. 说明下面的指标使用的是类别量尺、顺序量尺、等距量尺还是等比量尺？

（1）股票市场上的价格；

（2）婚姻状况分为"已婚""未婚""离异"；

（3）某个应答者是否曾经失业；

（4）教授等级：助理教授、副教授、教授。

4. 固定总数量表与语义差别量表相比，有什么优势和劣势？

5. 一个调研人员想对两个旅馆的下列特性进行比较：（1）地点的便利性；（2）友好的人员；（3）性价比。要求你分别使用利克特量表、语义区分量表和列举评分量表来完成上述三个方面特性的比较任务。

6. 在关于消费者行为方面的调研中，哪些问题可能过于敏感不能直接向应答者提问？试从调查方法设计、抽样设计及调查问句措辞方面提出你的解决方案。

7. 一个诱导性问题和一个负载问题之间的差异是什么？

8. 设计一份简短但是完整的问卷，度量消费者对某家航空公司的满意度。

9. 为一个银行设计一份完整的自我完成的问卷，在顾客开立新账户后立即给他们。

10. 解释调查测量的有效性及其评估方法。

11. 解释调查测量的可靠性及其评估方法。

12. 对以下测量的有效性及可靠性进行评论。

（1）某个应答者对订阅《消费者报告》（Consumer Reports）的意图的汇报是很可靠的。调研人员认为这构成了对经济体系的不满意及疏远大企业的有效度量。

（2）某家符合大众兴趣的杂志声称，它是一个比具有相似内容的电视节目更好的广告媒体。调研已经证明，对于软饮料及其他测试产品，杂志广告的记忆分数比 30 秒电视广告的记忆分数更高……

第 **9** 章

数 据 处 理

【本章要点】

(1) 了解数据处理的概念和一般程序

(2) 了解并掌握前编码设计的各种方法

(3) 了解审核的准则和选择性审核的方法

(4) 熟悉实践中各种插补方法

(5) 了解供者插补问题

(6) 了解选择插补方法的准则

(7) 了解离群值的含义及检测和处理离群值的方法

开篇案例

某城市家庭外出就餐调查的有关数据

在某城市调查居民当月在外就餐的费用时,向 1 000 户家庭发放了调查问卷。询问当月该户在外就餐的费用为:①100 元以下;②100 元至 300 元;③300 元至 500 元;④500 元至 1 000 元;⑤1 000 元以上。回收了 768 份问卷。统计结果如表 9-1 所示。

表 9-1　统计结果

费用/元	<100	100~<B	300~<500	500~<1 000	≥1 000	合计
频数	412	248	82	26	0	768

不响应的有 232 户。研究响应的 768 户与不响应的 232 户的居住环境,两者相差悬殊,普通居民住宅户与高档住宅户的数量比例有明显差异。在响应的 768 户中,高档住宅户仅占 1.6%,而不响应的 232 户中,高档住宅户占到 38%。在调查到的 12 户高档住宅户中有 5 户选择③,7 户选择④,根据这样的背景,完全可以判定实际回收的 768 户样本的结构与原设计的 1 000 户的结构是有实质性差异的。那么,应当如何看待这些数据? 如何使用这些数据对总体进行推断呢?

上述情况是我们可能面对的不响应数据问题中的一种,也是本章所要研究和解决的问题。

9.1 数据处理内容及其一般程序

9.1.1 数据处理的内容

数据处理，广义上是指在对数据资料进行统计分析之前要做的所有准备工作，包括对定性资料的分类、简化，对定量资料的汇总和分组等。但是，随着现代市场调研越来越趋向于将定性资料量化研究和普遍应用计算机进行统计分析，制表、汇总、分组等许多工作被划入后序的计算机统计分析中。因而，现在所谈的数据处理主要是指把调查中收集到的数据转换为适合汇总制表和数据分析形式的过程。它包括数据收集完毕之后、作估计之前对数据进行加工处理的所有活动，主要包括检查资料中潜存的错误、将数据资料转化为数字形式、录入数据、对不完整的数据进行插补及将数据资料变成计算机的数据文件，等等。

数据处理过程既有自动完成的，也有手工完成的。整个过程费时、费力，对数据最终的质量和成本也有很大的影响。因此，对数据处理工作进行周密的计划、实施质量监控，并在必要时进行调整就显得非常重要。

9.1.2 数据处理的一般程序

数据处理的顺序取决于特定调查及处理步骤的自动化程度。例如，编码既可以在数据录入之前进行，也可以在数据录入之后进行；审核则可以贯穿于调查的整个过程。下面以纸制问卷为例，简要说明数据处理的过程（见图9-1）。

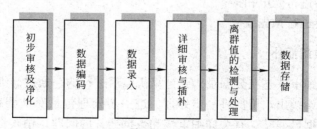

图9-1 数据处理的一般程序

1. 初步审核及净化

审核问卷填写的完整性和数据质量，目的是确定哪些问卷可以接受，哪些问卷要被剔除。通常这种审核应该在现场实施过程中进行，如果调查的现场实施委托给了专门的数据收集机构，那么研究者应该在收到数据后再进行审核。

在问卷审核以前，应该规定若干规则，使审核人员明确问卷完整到什么程度才可以接受。例如，至少要完成多少，哪一部分是应该全部完成的。一般来说，出现以下情况的问卷是不能接受的：

◇ 所回收的问卷是明显不完整的，如缺页或多页；

◇ 问卷从整体上是回答不完全的；

◇ 问卷的几个部分是回答不完全的；

◇ 回答表明被访者没有弄清楚问题的含义或没有阅读答卷的重要说明；

◇ 被访者的回答表现出某种系统偏差，如在五级量表测量的一系列问题中总是选择中性答案；

◇ 问卷是由不合要求的被访者回答的。

一些审核人员有时难以判断问卷的优劣，这时需要先将这些问卷放在一边，由研究人员决定其取舍。因此，通常建议审核人员将原始问卷分成三部分：可以接受的、明显要作废的、对是否可以接受有疑问的。

如果有配额的规定或对某些子样本有具体的规定，那么应将可以接受的问卷分类并数出其数量。如果没有满足抽样的要求，就要采取相应的行动，如进行额外的调查等。

2. 对回答进行编码

编码的目的是把文字信息转换为数字代码，以便于录入和制表。我们将在 9.2 节详细讨论有关数据编码的问题。

3. 将数据录入计算机

数据录入是将回答转化成可机读的形式。采用纸制式问卷收集数据时，数据录入是在数据收集完毕之后由录入员将问卷上的数据输入计算机。采用计算机辅助数据收集方法时，数据录入是在数据收集的同时完成的。

下面几种方法可以提高数据录入的效率：

◇ 采用计算机辅助数据收集方法；

◇ 对纸制式问卷进行光电扫描；

◇ 对纸制式问卷进行预先编码。

4. 详细审核和数据插补

问卷和数据的详细审核是在数据录入到计算机以后进行的。通过详细审核，将存在一处或多处错误的调查问卷挑出，留待进一步处理。进一步处理包括对被调查者进行追踪回访，或对缺失或错误的数据做插补。有关详细审核和数据插补的问题，稍候将做专门讨论。

5. 离群值的检测与处理

离群值的检测可以看作审核的一种类型，主要是用来发现和确认可疑值或极值，并考虑作进一步处理。有关离群值的检测和处理，稍候也将作专门讨论。

6. 将数据储存在数据库中

经过编码、数据录入、审核、插补和离群值的处理之后，数据几乎已经可以用来估计、分析和公布了。但是在用来估计和分析之前，必须先确定数据储存的格式。储存数据的两种主要格式是数据库和平面文件。

平面文件就是计算机化后的二维记录格式和它们相应的值，它容易从一种平台转到另一种平台，并能用不同的表格软件或统计软件读取。大多数的统计软件都要求数据按一种特定的格式存储，以便加快处理的速度；然而，使用平面文件时，特定格式还需要重新生成，这就会造成不必要的效率降低。

相反，如果数据以一种适当的数据库格式存储，大多数统计和数据库软件就可以不需要重新生成文件而直接处理，查询操作也可以在数据库上直接进行。

但是数据库格式的选择可能会限制统计软件和数据库软件的选择。因此，较好的选择是对调查结果生成一个平面文件，同时生成几种不同的数据库文件。

9.2 数据编码

编码，就是将问卷信息（包括调查问题和答案）转化为统一设计的计算机可识别的数值代码的过程，以便于数据录入和作进一步处理与分析。

9.2.1 编码设计的内容与分类

编码设计就是确定各问卷、问卷中的各问题和问题各答案对应的代码的名称、形式、范围及与原数据的对应关系，以便能够将调查中所得到的各种回答分成若干有意义且有本质差别的类别。

1. 编码设计的内容

编码设计的具体内容包括：问卷代码、变量的定义（名称、类型、位数、对应问题等）及取值的定义（范围、对应含义等）。将这些内容列成表格形式，称为编码表。编码设计是整个编码过程的基础，科学、合理、准确、全面、有效的编码设计，有助于提高调查数据分析的质量。

问卷代码主要包括访员代码、问卷代码及与抽样或调查对象有关的子总体的代码等。例如，某问卷的代码为"1031102"，第一位数字"1"代表上海航空公司，后面两位数字"03"代表652次航班，再后面两位数字"11"为访员编号，最后两位数字"02"表示该访员在此航班成功完成的第2份问卷。问卷代码看上去很简单，但非常必要。因为通过问卷代码不仅可以方便查找问卷、审核访员的工作，还有助于子总体间的对比分析。

2. 编码设计的分类

① 根据问卷结构分为结构式问卷编码设计和非结构式问卷编码设计。
② 根据问题类型分为封闭题、半封闭题和开放题编码设计。
③ 根据编码设计的时间与方法分为前编码设计和后编码设计两种。前编码设计主要适用于事先已知答案类别的问题，如结构式问卷中的封闭题和数字型开放题。这种编码表的分类相对更准确、有效，但是比较复杂，费时、费力。

9.2.2　前编码设计

前编码设计要求事先已知问题的答案类别，主要应用于结构式问卷中的封闭题和数字型开放题，下面按不同题型进行阐述。

1. 封闭式问题的编码

1）单选的封闭式问题或量表的编码

无论这种量表或核对表有几项备选答案，被访者只能选择其中的一项。这时只涉及一个变量，变量值即为选项号。例如，

4. 请问您乘坐的舱位是：

①头等舱□　　　　　②公务舱□　　　　　③经济舱□

对上题设计编码时定义变量名为 V2，属于数字型变量，变量所占字节数为 1，变量取值范围为 1，2，3 或 9，分别指代头等舱、公务舱、经济舱和无回答。

2）多选的封闭式问题或量表的编码

这类多选问题需要使用多个变量来表示。根据设立的变量个数及变量取值的不同，通常有两种编码方法。

◇ 方法一：所设立的变量个数与问卷提供的选项个数相同，即每个选项就是一个变量，每个变量取值都是 0 或 1，如果被访者选择该选项，变量值取 1，否则取 0。例如，

6. 您选择本次航班的原因？（可以选择多项）
　　　①安全有保障　　　　　□
　　　②航班时刻适当　　　　□
　　　③机型好　　　　　　　□
　　　④服务好　　　　　　　□
　　　⑤持常旅客卡　　　　　□
　　　⑥航班正点　　　　　　□
　　　⑦折扣票　　　　　　　□
　　　⑧旅行社安排　　　　　□
　　　⑨无其他航班　　　　　□
　　　⑩其他　　　　　　　　□　请详细说明_____

对上题设计的编码如表 9-2 所示。这种编码方法的优点是编码的结果不用经过转换，可直接分析；缺点是变量随选项增多而增多，对于大样本，录入工作量较大。

◇ 方法二：所设立的变量个数为最多可以选择的选项个数，变量取值为所选择答案的选项号，变量排列顺序即为选择答案的顺序。仍以上题为例，假设题中规定至多选择 3 项，则该题设计编码如表 9-3 所示。

如果题中没有规定选择的最多项数，则要等到问卷回收后翻阅问卷回答结果，再根据分析的需要确定变量个数。这种编码方法的优点是便于录入和审核，但是分析前要通过程序把它们转化成取值为 0 或 1 的变量。

表9-2　多选的封闭式问题或量表的编码（方法一）

变量序号	变量名	变量类型	变量所占字节	取值范围	取值对应含义	备注	对应问题
6	V6-1	数值型	1	0或1			
7	V6-2	数值型	1	0或1			
8	V6-3	数值型	1	0或1			
9	V6-4	数值型	1	0或1	取值为1，表明该选项为选择本次航班的原因；取值为0，则不是	全为0，表示该题无回答	6.您选择本次航班的原因
10	V6-5	数值型	1	0或1			
11	V6-6	数值型	1	0或1			
12	V6-7	数值型	1	0或1			
13	V6-8	数值型	1	0或1			
14	V6-9	数值型	1	0或1			
15	V6-10	数值型	1	0或1			

表9-3　多选的封闭式问题或量表的编码（方法二）

变量序号	变量名	变量类型	变量所占字节	取值范围	取值对应含义	备注	对应问题
6	V6-1	数值型	1	0~10	取值为1~10，表明相应选项为选择原因；为0，表明其余选项都不是原因	全为0，表示该题无回答	6.您选择本次航班的原因
7	V6-2	数值型	1	0~10			
8	V6-3	数值型	1	0~10			

3）等级顺序量表的编码

对等级顺序量表的编码同样需要设立多个变量。与多选问题类似，顺序量表的编码也有两种方法，这两种方法对应的问题形式略有差异。

◇ 方法一：变量个数即选项个数，按照选项的顺序排列，分别定义各变量为对应选项所排次序号，取值即为次序号。例如，

15. 请将下列影响您选择航班的因素按照重要性排序，1代表最重要因素，2代表次要因素，依次类推。请在各因素后面的横线上标出您所排的顺序。

　　　　因素　　　　　　您所排的顺序

① 航班时刻　　　　　————

② 票价　　　　　　　————

③ 航空公司印象　　　————

④ 安全　　　　　　　————

⑤ 常旅客计划　　　　————

⑥ 机型　　　　　　　————

⑦ 服务　　　　　　　————

对上题设计编码如表9-4所示。如果对所有选项排序，采用此法与多选题一样，优点是可以直接进行分析，但录入工作量大。

表9-4 等级顺序量表的编码（方法一）

变量序号	变量名	变量类型	变量所占字节	取值范围	取值对应含义	备注	对应问题
32	V15-1	数值型	1	0～7			
33	V15-2	数值型	1	0～7			
34	V15-3	数值型	1	0～7	取值为1～7，表明该因素的影响程度排名，为0，则表明对该因素的排名缺失	全为0，表示该题无回答	15. 对影响乘客选择航班的因素排序
35	V15-4	数值型	1	0～7			
36	V15-5	数值型	1	0～7			
37	V15-6	数值型	1	0～7			
38	V15-7	数值型	1	0～7			

◇ 方法二：所设立的变量个数为要求排序项数，依照次序号排列顺序，分别定义各变量为各次序号对应的选项项数，取值即为选项号。仍以上题为例，但形式稍作改变。

15. 请问下列因素在您选择航班时，影响最大的是____；其次是____；再次是____。请将您所选择答案的序号填在横线上。

① 航班时刻

② 票价

③ 航空公司印象

④ 安全

⑤ 常旅客计划

⑥ 机型

⑦ 服务

对上题设计的编码如表9-5所示。采用此法的优缺点与多选题一样：便于录入，可以减少工作量和出错率，但是分析时要先进行数据转化。

表9-5 等级顺序量表的编码（方法二）

变量序号	变量名	变量类型	变量所占字节	取值范围	取值对应含义（$i=1$～7的整数）	备注	对应问题
32	V15-1	数值型	1	0～7	取值1～7，对应影响程度的相应选项号。0表明对应影响程度的因素缺失	全为0，表示该题无回答	15. 对影响乘客选择航班的因素排序
33	V15-2	数值型	1	0～7			
34	V15-3	数值型	1	0～7			

2. 数字型开放式问题的编码

对直接回答数字的问题，变量取值即为该数字。设计编码时变量的测量水平应尽可能高一些，这样，在后期可以为不同分析需要进行再分组。如果编码时就采用低测量水平的变量，则后面想提高测量水平时只能重新编码，成本太高。

变量所占字节数可以根据事先预计的数字最大值的位数确定。例如，直接询问被调查者的年龄，设计编码时取变量名为NL，所占字节为2，小数点位为0，取值范围为0～60或99（99表示该题缺失）。

为数字题设计编码时，根据取值范围可以核对该题的回答有无明显错误，是否合乎逻辑。此外，根据问卷的填写要求，对变量统一规定格式，如小数点数、数量单位等，以便于数据的对比分析。

9.2.3　后编码设计

市场调查中有些问题的答案事先无法预料或难以完全罗列出来，但又希望能对答案进行定量分析。后编码设计主要适用于事先无法确定答案类别的问题，如结构式问卷中的文字型开放题。这种编码要在数据收集完成后根据被调查者的回答进行设计。

对开放题进行定量分析，必须将问题转化为一个或几个变量，将所有可能的答案类别赋予相应代码。在此过程中应注意如下问题。

① 确定变量相对简单一些，类似封闭式的单选或多选问题，对照问题大致翻阅一下可能的回答，甄别出主要变量，然后定义变量名称、类型和含义。

② 根据问题的回答确定各答案类别，在样本量较小的情况下，可以查阅所有问卷对该问题的回答；在样本量较大的情况下，只要抽取部分问卷来查阅回答情况就可以了，但是注意应尽量获取分布广泛的回答。

选定问卷后，仔细阅读每个被调查者对该特定问题的回答，每遇到一个新的答案类别就记录下来，同时记录各答案类别出现的频数。这里注意区分答案的表面含义与引申及隐含的含义。最后，对各答案类别进行整理归纳，突出分析重点，将不能编码或个数较少、可以不予考虑的那些答案归入"其他"项。

③ 类似封闭式问题的编码，给每种答案类别确定一个代码，规定其位数。

9.3　详　细　审　核

理想情况下，每一份问卷都应该是完整且没有错误的。但是，有时候被调查者对问卷上某一个问题的回答可能不完整、不一致，或者有明显错误。

审核就是应用各种检查规则来辨别缺失、无效或不一致的录入，这些录入会导致数据记录的潜在错误。审核的目的就是要保证调查最后所得的数据的完整性、一致性和有效性。审核工作贯穿于整个调查过程，从访员在调查现场简单初步的检查到数据处理阶段数据录入之后由计算机程序进行的复杂校验。

9.3.1　详细审核的规则

通常，审核的规则主要基于以下几个方面：

◇ 关于调查主题的专业知识；

◇ 问卷和问题的结构；

◇ 其他相关的调查或数据；

◇ 统计理论（如离群值的检测方法）。

对于经验丰富的人员，他们熟悉有关资料，能较好地了解变量之间的相互关系，并知道什么样的回答才有意义。聘用这样的人，有助于确定合适的审核规则。例如，一个交通方面的专家可能对不同厂家不同型号汽车的燃料消耗情况很清楚，并能够对有关汽车调查的审核规则制定提供重要帮助。

问卷的布局和结构对审核规则的确定同样也具有重大的影响。这种影响常常表现为"跳转"指令的使用，它指示某一类被访者不用回答问卷上的某些问题，而直接跳到指定的问题。审核时必须确认被调查者的回答是否遵循问卷的逻辑流程。

对与要审核的数据相类似的调查数据进行分析，有利于拟定审核规则。当然，在审核过程中，要采取质量保证和质量控制措施，以减少和纠正问卷中的错误。

9.3.2　详细审核的分类

审核主要分为三类：有效性审核、一致性审核与分布审核。有效性审核和一致性审核是对单张问卷进行的审核；分布审核则是对全部问卷或部分问卷的数据一起进行审核。

有效性审核用于检查被调查者回答语句的语法是否正确，检查包括是否在规定填数字的地方填上了非数字的字符及问卷中的回答是否有缺失等各种错误。有效性审核还检查代码数据是否在允许值之内。例如，可以给被调查者的年龄设一个取值范围，保证其在 0 至 60 之间。

一致性审核用于检查不同问题之间的关系是否正确。一致性审核可以基于不同的问题或同一问题的不同部分之间的结构关系、逻辑性和合法性来进行。如出生年月和婚姻状况，对于 22 周岁以下的男性公民或 20 周岁以下的女性公民，婚姻状况除了"未婚"之外，不可能有别的选择。一致性审核也可以基于问卷的逻辑流程或者结合历史资料来进行。例如，问卷的逻辑流程假定：如果对问题 X 回答"否"，则问题 Y 就不用回答；相反，如果回答了问题 Y，那么对问题 X 的回答一定是"否"。如果违犯了上述逻辑，就可以判断问卷的回答存在一致性方面的问题。

分布审核试图通过数据的分布，来辨识记录是否远远脱离分布的正常范围，即是否为离群值。分布审核有时也称为统计审核或离群值的检测，9.5 节将作详细介绍。

9.3.3　选择性审核

审核过程中，有关决策者必须在使每一条记录都完美与花费合理的资源（时间和金钱）之间进行权衡。过度的审核和重复回访会加重被调查者的负担，并降低被调查者将来参与调查的合作程度。

为了避免花过多的时间和经费审核那些对最后的估计并无太大影响的数据，通常的选择是进行选择性审核。选择性审核基于这样一种思想，即：只有那些在审核中发现的"关键"错误，而不是所有的错误，才需要采取相应的处理措施。选择性审核一般适于定量数据。在选择性审核中，可能需要对被调查者进行再访，但是对于那些需要进一步处理和插补的记录则无须对被调查者进行再访。

选择性审核有各种方法，主要包括以下几种。

◇ 自上而下法：对于给定的一个估计域，按（加权后）数据对估计影响的大小，从上到下将数值列表，逐一检查，当下一个影响最大的值对域估计（即对某些子总体的估计，第10章有专门讨论）的影响不是很显著时，就停止往下检查和验证。

例如，若从100个公司的总体中抽取5个样本，估计总体中员工的总数。假设估计员工（加权后）总数为737（有关加权问题，参见第10章内容），但是，分析员认为这个估计值太高（他们预计每个公司的平均员工数是3）。为了检测这个估计值，检查每一个记录的贡献，作为估计值的比例。从表9-6可以看出，第一个记录对总体的贡献率为81.4%，因此应该仔细检查这个记录。很快就会发现这个记录的员工数比所预想的高，且它的设计权数比其他记录高许多（也可能是因为无回答调整）。因此把这个记录当作有影响值。其他值的设计权数只占全部总体的很少一部分，因此不必仔细检查。

表 9 - 6　选择性审核例表

记　录	员 工 数	设 计 权 数	加权后员工数	贡 献 率
1	12	50	600	81.4%
2	7	8	56	7.6%
3	3	12	36	4.9%
4	2	15	30	4.1%
5	1	15	15	2.0%

◇ 聚集法：确定可疑的域估计，并分别检查该域中各个记录的权数。例如，如果某一村庄的平均家庭规模是23，那么这个村庄所有被赋予权数的个体记录都要被检查，从而发现是否有一些值确实比另外一些高。

◇ 画图法：把数据画成图形，确定可疑值。如画出数据的分布图，找出分布尾部的可疑值。

◇ 问卷打分法：给每个被调查者按所答问卷上可疑数据项的多少和那些数据项对应的变量的相对重要性打分，只有得分高的（说明存在对调查有较大影响的错误）才作检查。

9.3.4　搞好审核必须考虑的限制因素

正如前面分析中所提到的，在数据审核时，有关决策者必须在使每一条记录都完美与花费合理的资源之间进行权衡。因此，要做好数据审核工作，就必须考虑并处理好如下一些限制条件，包括可利用的资源、可利用的计算机硬件和软件、被调查者的负担、数据的用途，以及与插补的协调等。

1. 包括时间、经费预算和人力在内的资源条件

在手工审核条件下审核的工作强度是相当大的，要把审核工作做好，就应该：
◇ 规定审核遵循的具体规则，并确定对审核失效的处理原则；
◇ 对执行审核工作的人员进行培训；
◇ 建立对审核人员的监督检查机制；
◇ 制订评估审核工作对原始数据影响的方案。

在自动审核的条件下，前期开发所花费的时间、费用和人力投入是巨大的。要把审核工作做好，应该：

◇ 规定审核应遵循的具体规则；

◇ 建立执行审核工作的计算机系统；

◇ 编制实现审核的程序（基于拟定的审核规则）；

◇ 验证、测试程序；

◇ 结合数据来运行程序。

不管是哪一种情况，都要确保审核投资有价值。我们不想制定出既费钱又耗时的审核策略，并依据它们去查找那些为数不多且对调查结果并无大碍的审核失效的记录，因为这样做是对资源的严重浪费。另外，也不想冒着风险制定一个简单的审核策略，依据这个策略，仅仅能发现被调查者回答或访员记录中的主要差错和不一致性。按某条审核规则能检查出多少条记录存在错误？审核发现的错误会对最后的数据质量有什么影响？所有记录都一样重要吗？这类问题很重要，但是往往很难回答。答案取决于问卷设计得如何、被调查者的知识水平及访员的培训情况。制定审核策略时，常常需要借鉴其他调查的经验。

通常，特别是对重复性调查，在制定审核策略之前，要分析未经审核的原始调查数据。这样可以事先估计审核可能发现错误的数量，以及问题之间存在的关系的类型。实际上，审核工作应该看作是一个连续的过程，贯穿于整个调查过程中。同时，它也是一个随着时间推延以调查质量改进为目标的学习过程。

2. 硬件和软件

有一些专业软件包可以用来审核和插补调查数据（如通用审核和插补系统 GEIS）。使用这样的软件包，可以使系统设计中的前期投入相对较少，并用全面的审核规则来为调查服务。同时，这些软件包还允许用户制定自己的审核策略。

3. 被调查者的负担

审核问卷中的工作环节之一是回访被调查者，更正漏填或错填的数据。对大多数情形，被调查者是问卷项目信息的最准确的来源。但是，回访被调查者，对被调查者来说意味着增加负担。对调查机构来说，意味着增加调查费用。而且由于从初访到再访存在时间间隔，被调查者可能已不记得"正确"的回答了。

出于上述考虑，在大多数情况下，回访（作为校正审核失效数据的一种方法）只局限于数据收集阶段所发现的审核失效。数据收集完毕后再进行回访通常是不切实际的，也是不可取的。

4. 数据的最终用途

审核进行到什么程度，很大程度上取决于最后怎样使用数据。主要用来进行定性分析的数据集合或数据项，就不必像在决策制定中有决定性作用的那些数据一样，要经过严格"净化"，因为定性分析并不是建立在精确度量的基础上。

另一种情况是，数据集的某些记录可能比其他一些记录更重要，对调查估计的影响更大，这在一些商业调查中更是如此。因为对于某些商业调查而言，5%的公司的营业额就占了全部行业总营业额的 95％，这种现象很常见。因此，投入更多的资源给这些大公司，以保证它们提供的数据尽可能准确和"干净"，完全符合经济原则。把注意力放在影响最大的字段或记录上，是选择性审核和离群值检测的目的之一。

5. 与插补的协调

如果对那些用审核规则检出错误的项目不进行任何校正，审核本身就没有太大意义了。对审核中发现错误的项目或记录所进行的校正工作称为插补。审核和插补是紧密相关的两项工作。因此，在为前者制定规则时考虑后者将如何进行，是非常重要的。

9.4 插 补

插补就是解决在审核过程中辨别出来的数据缺失、无效与不一致等问题的过程。插补要改变一些回答，并对审核过程中所发现的有缺失信息的记录进行补充或替代，确保得出内在一致的记录。虽然有些问题可以通过与被调查者联系或者通过研究问卷得到解决，但是考虑到费用、时间限制及被调查者负担等因素，很多问题最终还是需要通过插补来处理。

9.4.1 插补方法

插补方法很多，总体上可以归为两类：确定性插补和随机插补。确定性插补意味着，对于特定被调查者的数据，可能的插补值只有一个。随机插补则是在确定性插补值的基础上，加上从某个适宜的分布或模型产出的一个残差，作为最后的插补值，这个插补值包含了随机性的因素。换言之，如果对同一组数据进行多次随机插补，每次得出的值可能会不一样。随机插补能更好地保持数据集的频数结构，保持比确定性插补方法更真实的变异性。

确定性插补方法包括以下几种：

◇ 推理插补；

◇ 均值插补；

◇ 回归插补；

◇ 序贯热平台插补；

◇ 序贯冷平台插补；

◇ 最近邻值插补。

每一种确定性的插补方法都对应着一种随机插补方法，例如，与序贯热平台插补相对应的不确定性方法就是随机热平台插补，与均值插补相对应的不确定性方法就是随机均值插补。假定采用确定性方法得到用于插补的平均值为 $\bar{y}$，则随机均值就可以表示为：

$$\tilde{y}_i = \bar{y} + e_i^*$$

式中：$\tilde{y}_i$ 是变量 y 第 i 个记录的插补值；

$\bar{y}$ 是插补类的均值；

e_i^* 是从被调查者或某一分布的随机模型中抽取的残差。

对于某一插补类中的被调查者集合，残差的计算公式是：

$$e_{i(r)} = y_{i(r)} - \overline{y}_r$$

式中：$y_{i(r)}$ 是插补类中第 i 个被调查者提供的 y 值；

$\overline{y}_r$ 是插补类 y 值的均值。

$e_{i(r)}$ 实际上是一个残差集，可以从这个残差集中随机选取一个作为 e_i^*。

1. 推理插补

在推理插补中，缺失的或不一致的数据能通过推断确定。通常，这种推理是根据问卷上其他回答项的模式来进行的。例如，如果一个四项数值的和为 100，其中两项分别是 60 和 40，其余的两项空着，那么就可以推断空着的两项一定是 0。

但是应该注意的是，用推理插补得到的插补值不一定是真值。

2. 均值插补

均值插补意味着，缺失的或不一致的值可用插补类（把类似的记录归为一组）的均值来代替。例如，在一份住房调查的问卷中公寓月租金的值缺失，则利用同插补类中正确填报租金的问卷计算其平均值，然后用这个平均值来代替缺失值。

对缺失数据，用均值插补相当于对同一插补类中的所有被调查者使用相同的无回答权数进行调整。均值插补还假定无回答是一致的，且无回答的被调查者与提供回答的被调查者有相似的特征。

虽然均值插补可能会得到较好的点估计，但是由于在插补类均值这一点形成一个人为的"峰值"，从而破坏了分布状态和变量之间的关系。因此，如果用常规的抽样方差公式进行计算，就会低估最终的方差。

均值插补通常在没有辅助信息可用或只有少量记录（不会对数据分布产生实质性的影响）需要作插补处理时，才最后被采用。

3. 回归插补

回归插补是指使用辅助信息及其他记录中的有效回答建立一个回归模型，该模型表明了两个或多个变量之间的关系。

假定 x_i 与 y_i 服从近似的线性关系，且观测值 y_i 围绕这条直线上下波动，波动的幅度是随机项 ε_i。插补所使用的线性模型为：

$$y_i = Rx_i + \varepsilon_i$$

式中：y_i 是变量 y 的第 i 个单元值；

x_i 是与变量 y 相关的变量 x 的第 i 个单元值；

R 是直线的斜率（即 x_i 每变动一个单位，y_i 平均变动的数值）；

ε_i 是模型的随机误差项，均值为 0、方差为 σ^2。

这时，y_i 的插补值按以下公式计算：

$$\tilde{y}_i = \frac{\overline{y}}{\overline{x}} x_i$$

式中：$\tilde{y}_i$ 是变量 y 第 i 个记录的插补值；

$\overline{x}$ 是插补类中记录的 x 值的均值；

$\overline{y}$ 是插补类中记录的 y 值的均值。

例如，一份关于公司人员情况的调查问卷，问卷中有两个问题：公司职工的月工资总额和职工人数。但是其中一份问卷中工资总额项缺失，而职工人数却已正确填报，同时该公司所属的行业也已知。这样，就可以用全部问卷中属于这一行业的其他有效问卷，求得每个职工的平均工资额，再根据这个比值（平均工资总额与平均职工人数之比率）与已知的该公司的职工人数，确定该公司的月工资总额。

插补值的精度很大程度上取决于要插补的变量与已知的变量是否存在密切关系、取决于所运用的数学计算及这种计算是否严格限制在一个插补类中或是在全部数据集中。回归插补方法的一个优点是可以保持变量之间的关系。但是，这种插补方法也会在数据分析阶段人为地引进数据之间的关系。就像所有其他插补方法一样（推理插补例外），如果使用常规的抽样方差公式，这种方法也会降低最终估计的抽样方差。

一般而言，回归估计产生的插补值比简单均值法产生的插补值更加稳定。这种方法常用于商业调查中的定量变量，在这种调查中常用前期数据来预测现期数据。

4. 热平台插补

热平台插补是使用同一插补类中的供者记录（已经通过了所有的审核）的信息来代替一个相似的受者记录中缺失的或不一致的数据的插补方法。为了找到一个与受者记录相似的供者记录，必须先确定与需要进行插补处理的变量相关的变量，建立插补类。然后，插补类中通过所有审核的记录集就是供者记录的集合，这些记录用来插补受者中缺失的数据。热平台插补可以用来插补定量数据，也可以用来插补定性数据，但是通常只用定性变量建立插补类。

热平台插补的两种主要类型是序贯热平台插补和随机热平台插补。

所谓序贯热平台插补，就是在某种序列数据中，用需要插补数据单元前面的某一个有效回答单元的数据来代替缺失的数值。如果每次都使用相同的排序及选取方法，序贯热平台法就是一种确定性的插补方法。而随机热平台插补，供者是在插补类中随机选出的，因此是一种随机插补方法。

例如，假定希望插补被调查者的吸烟状况。有三种可能的回答：吸烟、不吸烟及以前吸过但现已戒烟。要找到一个相似的供者记录，我们基于年龄段和性别产生插补类（因为认为吸烟状况和一个人的年龄与性别有关）。假设要作插补处理的记录是女性，在 15～24 岁这个年龄组中，可以查看所有在同一年龄组的女性被调查者，从中选择一个供者，可以随机选择一个（随机热平台法）或者从按某种顺序排序的供者清单中选择一个（序贯热平台法）。

热平台插补的主要优点是，因为相似的供者（如公司和家庭等）具有相似的特征，因此插补出的数据应该是相当准确的，从而可以保持数据的原始分布形式。

但是，序贯热平台插补也有一些缺点。缺点之一，是它经常导致同一个供者的多次使用，而重复使用一个供者，就会人为地降低抽样误差；另一个缺点，就是有时很难找到一个合适的供者，因为建立插补类需要足够的辅助信息或者至少需要部分回答（如家庭收入、年龄、性别等）。

5. 冷平台插补

冷平台插补与热平台插补类似，不同之处在于热平台插补使用当前调查的供者，而冷平台插补则使用其他资料中的供者。冷平台插补经常使用前期的调查或普查中的历史数据。如果供者是用随机方式选出的，那么该方法就是随机冷平台插补，否则就是确定性冷平台插补。

6. 最近邻插补

对于具有大量定量数据的调查，也许想通过匹配定量数据找到一个供者记录。犹如热平台插补，最近邻插补也是基于匹配变量选择一个供者记录的。但是，最近邻插补的目的不一定是非要找出一个和受者记录在匹配变量上完全相同的供者记录，而是要在插补类中按匹配变量找到和受者记录最接近的供者记录，或者说找到距离最近的值。"最近"是通过两个观测对象之间的距离来定义的，两个观测对象之间的距离是由辅助数据计算的。

当匹配变量的量纲不同时（如货币和土地面积），运用最近邻插补时应格外小心，此时应该先将匹配变量尺度标准化，然后再进行插补。

9.4.2 供者插补问题

在热平台插补、冷平台插补及最近邻插补等不同插补方法中，都涉及一个共同问题，即供者插补问题。下面就如何开发一个供者插补系统作专门讨论。开发一个供者插补系统涉及对很多问题的思考，主要包括以下几方面内容。

1. 怎样为受者找到供者记录

这个问题的目标是要为受者找到一个与其相似的供者记录。对于受者记录，要确定一些匹配变量。选择匹配变量时必须注意，要使匹配变量与插补类中需要插补的变量密切相关。然后，再用这些匹配变量去查找供者记录。对于需要插补信息的插补方法，务必使插补类记录数足够多，否则就有可能找不到供者记录。但是，也不能太多，要以保持供者记录的相似性为标准。

2. 某个受者记录中的所有字段是否都应该用同一个供者来插补

有些情况下，因为用同一记录中的所有字段进行插补能保持变量的联合分布，所以用同一个供者来插补某个受者记录中的所有字段。例如，在一项劳动力调查中，如果职业和个人收入都需要进行插补，那么根据相同的供者记录来插补受者记录中的这两个缺失数据或无效数据就具有明显的优点，因为这两个变量之间存在相互关系。

但是如果有很多变量需要插补，对插补一个字段合适的匹配变量（或者是用来建立热平台或冷平台插补中插补类的变量），对另一个字段可能不合适，特别是当与需要插补的变量无关的时候。如考虑一项多目的的健康调查，在这项调查中，被调查者的身高和每天的吸烟量是需要进行插补的两个变量。这种情况下，每个要插补的变量用一组不同的匹配变量就比较合适。但如果确定太多的匹配变量，就会有找不到合适供者的可能。

通常，对于热平台插补，整个插补过程分成几个阶段，每个阶段插补几个变量。其结果是，在完成一个不完善记录的插补时，可能要涉及几个供者。果真如此，需要插补的某个"关键"变量可以继续为后面阶段组建插补类所用，从而保证插补记录内在的完整性。

3. 一个供者记录能否用来插补一个以上的受者记录

如果几个受者记录都由同一个供者记录来插补，对最终调查估计就会有较大的影响。限制一个记录用作供者的次数，具有分散供者的使用并避免某一个特定的供者过度使用的效果。如果一个特定插补类中的回答率很低，限制一个"好"的供者的使用次数可能会导致有些匹配效果不好（即供者记录与受者记录不太相同），或者有些受者根本找不到供者。同时，某个供者的过度使用（特别是如果该供者具有与总体中其他记录显著不同的特征）就会对调查估计产生较大的偏倚。如果不限制一个记录被当作供者使用的次数，建议调研设计者最好建立供者记录，并注意查看是否有任意一个记录可疑或"离群"。如果确有某个记录可疑或"离群"，调研设计者就要仔细考察，确定调查结果是否被插补过程以某种方式扭曲了。

4. 如果受者找不到合适的供者怎么办

不可避免的，总会有些需要插补的受者找不到合适的供者。对于这样的受者，通常可以往回找，如在多层次热平台插补、冷平台插补或均值插补中寻找某种适合的方法，选择某种常规方法完成插补。

5. 该项调查要处理定性数据还是定量数据

一些插补方法适合于定性数据，而另一些方法则更适合于定量数据。最初，开发热平台插补是为了处理定性数据，最近邻插补则主要是为插补定量数据而引入的。但是现在，这两种插补方法在定性数据和定量数据两种情况下，包括混合情况，都有各自的应用。

9.4.3 数据质量与插补准则

虽然插补可能改善最终数据的质量，但是，插补带来的风险是它们会破坏报告数据，产生符合预想模型的记录，而这种模型后来可能表明并不正确。

1. 插补后数据的方差估计

前面讲到的所有插补方法都能为每一个缺失的或不一致的数据生成一个单一的插补值，这些方法也都会在某种程度上扭曲插补变量的原始分布，并导致使用标准方差估计公式得出不适当的方差估计。分布扭曲的程度很大程度上取决于插补量的大小和所使用的插补方法。

插补时有一点特别重要，即应该尽量避免因插补而引起的估计量的方差估计被人为低估。插补对方差估计的影响导致置信区间过窄，从而引起检验中出现显著虚假性。

经过插补操作后，估计量的方差包括两个分量：抽样引起的方差分量（抽样方差）和插补引起的方差分量（插补方差）。存在插补数据时，抽样方差通常会低估，因为常规的抽样方差计算公式假定回答率为 100%。随机插补方法的一个好处是，它能给插补后的完整的数据集加进一些噪声。因此，大多数情况下，使用随机插补方法时，借助常规方法也能正确地估计某一估计量的抽样方差。但是，如果要得到估计量的总方差的话，还必须估计插补方差。

在估计总方差时区分抽样方差和插补方差两个分量是很重要的，因为这将有助于作出正确的推断；能够如实地告知数据用户调查数据的质量；同时，衡量抽样方差和插补方差的相对重要性，有助于实现资源在样本量和审核及插补工作之间的合理分配。

有关方差估计的详细讨论，请参见第 10 章的有关内容。

2. 选择插补方法的准则

要保证或改善最终数据的质量，调研人员就必须小心选择插补方法。插补方法是否适当取决于调查的类型、目的、可用的辅助信息和错误的性质。

以下是选择插补方法进行数据插补时应遵循的几条准则。

◇ 插补得到的记录应该与其原始记录非常相似。这可以通过只对尽可能少的变量进行插补而尽可能多地保留被调查者的原始回答数据来做到。基本的假定是一个被调查者可能只出错一两次，而多次出错的情况较少。

◇ 好的插补会为评估留下审查的线索，并保证插补的记录具有内部一致性。插补处理过程应该是自动的、客观的、可再现的和有效的。

◇ 插补得到的记录应该满足所有的审核规则。

◇ 插补值应特别标明，插补方法和插补使用的资料也应清楚地标明。记录中变量的插补和非插补的值都应该保留，以便对插补的程度和影响进行评估。

◇ 考虑每一种插补方法的优缺点及要插补数据的类型，审慎选择最终用于插补的方法。

◇ 插补方法应减少无回答偏倚，并尽可能地保持不同变量之间的关系，即不应破坏数据的多变量结构。

◇ 插补系统应事先思考、提出、编程和调试。

◇ 插补系统应该能够处理各种缺失或不一致的字段。

◇ 对于供者插补方法，插补得到的记录应尽可能与选中的供者相似。这有利于保证插补记录中插补值与非插补值的组合不仅满足审核规则而且具有多样性。

9.4.4　对插补工作的评估

插补工作是整个市场调研活动不可或缺的一个环节。数据用户应该知道调查规模和调查预算都会对插补工作产生影响，数据用户也应该知道调查数据中有多少是通过插补进行了调整或估计。评估插补工作，最关心的指标就是对调查估计值的偏倚和产生的插补方差。

如果调查预算比较充裕，调查设计人员可以对插补的影响作全面的研究，比较一下采用了插补和没有进行插补的调查估计值。如果两个估计值相差很大，调研设计人员就可以进行研究，以求发现任何由于插补而引起的偏倚。

如果上述方法行不通，数据用户起码也应该支持对插补过程的监督，以便获得这样的信息：调研人员对数据做了多少插补工作，在哪些地方进行了插补。插补工作结束时，保留以下的总结性记录是有用的：

◇ 插补过的记录数（即受者记录数）；

◇ 每一个变量插补的次数和所用的插补方法；

◇ 合格的作为供者使用的记录数；

◇ 实际用作供者的记录数和每一个这样的供者用于插补的受者记录数；

◇ 对于每一个受者记录，为完成成功插补所尝试的插补次数；

◇ 对于每一个记录，每个受者用到了哪些供者的清单或文件；

◇ 列出所有插补失败的记录（如他没有找到供者）。

应该注意，上面的信息对重新设计一项调查或实施其他类似的调查是非常有用的。这种信息可以改进审核和插补系统，改善调查问卷的设计，改进收集数据的过程。如果一个问题插补了好多次，就有理由认为是前期问卷设计出现了问题。例如，问题的表述不好，从而使数据质量下降。

9.5 离群值的检测和处理

离群值被定义为一个观测值或一组观测值，它们看起来与数据集中的其他观测值不一致。离群值的检测则是用来发现和确认可疑的记录。在对离群值的理解上，应该区分极值和影响值。如果一个记录值和抽样权数的组合对估计有较大的影响，就称这样的观测值为影响值。但是，极值不一定是影响值。

区别单变量离群值和多变量离群值是必要的。如果一个离群值对应一个变量，该观测值就是一个单变量离群值；如果一个离群值对应两个或多个变量，就定义该观测值是一个多变量离群值。例如，某人身高是 2 米，或某人体重是 45 kg，这种情况可能并不少，但是身高 2 米且体重只有 45 kg 的人，可能就是一个多变量离群值的例子。

在每项调查中每个变量都可能有离群值存在。导致离群值的原因可能有以下几种。

◇ 数据中有错误（如数据录入错误）。

◇ 离群值可能来自另一模型或分布，如大多数数据服从某个正态分布，但所推测的离群值很可能是来自一个指数分布。

◇ 离群值的出现，可能是由于数据固有的变异性。看起来值得怀疑的东西，可能仅仅是由于数据集固有的变异性。换句话说，它可能就来自某一分布的尾部，是完全可能的观测值。当总体呈现偏态分布时，这种情况就会发生。偏态分布在商业调查中普遍存在。例如，在按公司规模划分的销售额的统计分布中，少数大型公司常常占整个销售额的绝大部分。

9.5.1 离群值的检测

最常见的离群值的检测方法是单变量检测，因为单变量检测比多变量检测方法更简单。传统上，离群值是通过测量它们和数据中心的相对距离来辨认的。设 y_1，y_2，$\cdots$，y_n 是观测到的样本数据，m 和 s 分别是数据集中趋势和离散趋势的度量，y_i 离数据中心的相对距离 d_i 定义为：

$$d_i = \frac{|y_i - m|}{s}$$

如果 d_i 大于预先确定的偏离值，那么该观测值就被认为是一个离群值。

离群值也可以通过下面的容许区间进行确认：

$$(m - c_L s, \ m + c_U s)$$

这里，c_L 和 c_U 分别是预先确定的下限值和上限值，可以基于过去的经验来确定。如果总体呈偏态分布，c_L 和 c_U 就不相等。落在这个区间之外的观测值被认为是离群值。

样本均值和样本方差是度量数据集中趋势和离散程度最常用的统计量。但是，由于它们对离群值比较敏感，因此，选择它们并不太合适。例如，如果数据成群偏在一边，样本均值就会偏向离群值，样本方差也会由于离群值而显著增大。因此，有些离群值的 d 值就不会太大，此时检测这些离群值就较为困难，这种现象称为屏蔽效应。

因为上述原因，四分位数法就成为检测离群值的最常用方法之一。这种方法用中位数度量数据的集中趋势，四分位数间距度量数据的离散程度，因为这些统计量对离群值更为稳健（即不大敏感）。

四分位数法把数据分成四个部分。25％的数据小于第一四分位数 $q_{.25}$，50％的数据小于第二四分位数（或中位数）$q_{.50}$，75％的数据小于第三四分位数 $q_{.75}$。

$h_L = q_{.50} - q_{.25}$ 与 $h_U = q_{.75} - q_{.50}$ 分别称为下四分位数间距与上四分位数间距。由此可得容许区间为：

$$(q_{.50} - c_L h_L, \ q_{.50} + c_U h_U)$$

那么，任何落到这个区间之外的观测值都被认为是离群值。

9.5.2　离群值的处理

对于在调查审核阶段检测出来的离群值，可以有几种处理方法。在手工审核系统中，对离群值进行检查，如果确认是错误，就要回访并校正。在自动审核系统中，离群值经常要进行插补处理。有些情况下，如果认为无妨大碍，可以不对离群值做任何处理。因此主观判断就非常重要，因为忽略或纠正离群值对数据的质量有很大影响。

在审核时没有进行处理的离群值可以在估计时进行处理。简单地忽略未经处理的离群值会影响估计的效果，并导致估计量的方差增大；给离群值赋予 1 或 0 的权数会使估计结果发生偏倚。离群值处理的目的就是在不引入较大偏倚的前提下，尽量减少离群值对估计量抽样误差的影响。

在估计阶段有三种方法可以处理离群值，即改变数值；调整权数；或者使用稳健估计量。

1. 改变数值

离群值可以是极大值或极小值。处理极大值或极小值的一种方法，就是在将样本数据按从小到大的顺序依次排列后，用次小的样本数据代替那些极小值（离群值），或者用次大的样本数据代替那些极大值（离群值）。这种处理方法也叫缩尾化。

例如，假设 $y_{(i)} (i = 1, 2, \cdots, n)$ 是将样本观测值按从小到大的顺序重新排列得到的有序样本数据。若样本数据中 k 个最大值（即有序样本数据中的 $y_{(n-k+1)}, \cdots, y_{(n)}$）被认为是离群值，则可以用第 $n-k$ 个最大值 $y_{(n-k)}$ 代替所有离群值。

改变数值的处理方法适合于处理单个变量的情况，在多变量处理中则很少应用。

2. 调整权数

处理离群值的另一种方法是，降低离群值的权数使它们的影响变小。如果直接将离群值剔除（相当于赋予这个离群值的权数为 0），则会人为地造成数据的缺失，并造成低估（特别是对偏态总体的估计）。但是，如果赋予离群值权数为 1，则往往会造成高估。所以，实际中往往通过缩小离群值的权数来降低离群值的影响。

3. 使用稳健估计量

在经典的估计理论中，总体参数的估计是基于某种分布的假设。通常，假定估计量服从正态分布（参见第 10 章有关内容），样本均值和样本方差估计量在正态性的假定下是最优的。但是，这些估计量对离群值非常敏感。稳健估计量则能克服这种局限性，因为它对分布的假定不太敏感。比如，中位数比均值更稳健；四分位数间距比通常的方差估计量更稳健，等等。

思考与训练题

1. 在数据初步审核中什么样的问卷是不能接受的，即不能接受进一步的处理？
2. 举例说明多项选择问句的编码设计。
3. 举例说明对等级顺序量表的编码设计。
4. 比较数据的初步审核和详细审核的区别。
5. 数据审核的三个类别是什么？比较说明它们之间的关系。
6. 选择性审核的指导思想是什么？举例（任选一种方法）说明如何进行选择性审核。
7. 决定对数据进行插补的思想是什么？
8. 各种插补方法反映了什么样不同的思想？比较这些插补方法的适用情形。
9. 选择数据插补方法应考虑哪些重要准则？
10. 什么叫离群值？如何检测离群值？
11. 对离群值进行处理有哪些选择？

第10章

抽样估计与样本量确定

【本章要点】

(1) 了解加权的含义和加权的基本形式

(2) 熟悉加权调整的方法

(3) 理解平均数的抽样分布与抽样误差

(4) 理解样本比例的抽样分布与抽样误差

(5) 了解正态分布及标准值的含义

(6) 掌握均值和比例问题参数估计的思想和方法

(7) 了解估计精度与样本量的关系

(8) 掌握理论假定条件下样本量的计算及应用考虑

(9) 掌握现实复杂情况下关于样本量问题的考虑和计算

开篇案例 ••••

"百脑汇"调研中的样本计划问题

"百脑汇"在中国华北几个省市经营连锁计算机超市，它希望获得更多的关于其现有客户特点方面的信息。"百脑汇"的市场部经理乔兰目前正在攻读 EMBA 课程。在学习期间，他在大学认识了负责教授市场调研课程的李文博士。乔兰了解到每学期李文博士任课的班级都会为一些公司做市场调研方面的项目，很受学生们的欢迎，同时又得到企业客户的认可。乔兰与李文博士沟通后，商定由她带的班为"百脑汇"进行调研。

李文博士为此在班上安排了几个研究小组，其中，指派王洪为样本计划小组的负责人。这个小组与乔兰进行最初会谈后认为，简单随机抽样法比较适合这一项目。通过与乔兰的初次会谈，王洪了解到调研的一个主要目的是分别按人口和心理因素来估计"百脑汇"的客户构成和比例。此外，他还确认了公司要求总体估计值不超过实际值的±5.0%。根据以往在统计课上学习到的知识，他认为小组应该作出这样的推断，即"实际总值不超过抽样估计值的±5.0%的可靠度为95%"。王洪将他的想法与小组其他成员及乔兰进行了讨论，他们都认为误差不超过±5.0%的可靠程度为95%这种说法可以接受。

为了达到这些要求，王洪和他的小组便努力寻找计算所需样本容量的方法。

正像上述案例中样本计划小组所面对的问题一样，每一项市场调研活动最终都要面临抽样估计和样本容量的确定问题。这也正是本章要详细讨论和试图解答的问题。

10.1 引　言

抽样调查的目的就是用抽样调查的结果去推断总体。这个目的可以用"估计"来概括，估计就是根据从样本中收集的信息对总体未知量进行推断的过程。

本章只研究概率抽样的估计问题。对概率抽样的估计基于这样一个原理，即每个样本单元不仅代表它自己，而且还代表被调查总体中那些没有进入样本的单元。这里就涉及一个样本单元的设计权数问题。确定设计权数是估计过程中一个重要的组成部分。

当确定了每个样本单元的权数后，就可以将它们应用于抽样估计，包括总体总量、均值和比例等简单估计值的计算，也包括抽样误差的估计。

样本量的确定问题在第 8 章中已经提到。从中可以了解到，样本量的确定构成抽样设计程序的重要步骤和内容。同时，也应该注意到，样本量的确定与样本估计值的精度密不可分。作为抽样估计的重要关联内容，我们将在 10.5 节对样本量的确定问题进行深入探讨。

10.2　加权及权数调整

估计的第一步，就是给每个样本单元或样本中的每个回答赋予一个权数。这个权数是指每个样本单元所代表的调查总体的单元数，它是由抽样设计决定的，所以通常称为设计权数，以 w_d 表示。设计权数其实就是样本单元的入样概率的倒数。通常假定每个样本单元的入样概率是已知的，据此得以对总体进行估计。对于概率抽样来说，每个单元都有一个已知的入样概率。假如入样概率是 1/10，每个入选样本代表总体中的 10 个单元，此时设计权数即为 10。

不同样本单元的设计权数可能相同，也可能不同，这取决于抽样设计。因此，加权估计将按等概率抽样的加权和不等概率抽样的加权分别讨论。

10.2.1　等概率抽样的加权

当每个单元都有相同的入样概率时，所有样本单元的设计权数都相同，那么这样的抽样设计就称为自加权设计。对于自加权的抽样设计，如果无须对权数进行调整（如出于处理无回答或使用辅助变量的需要），那么在计算诸如比例、均值等估计量时可以将其忽略，对总值的估计仅仅需要将样本总值乘上某个倍数即可。

简单随机抽样和系统抽样都属于自加权设计，因为每个单元都有相等的入样概率。对于分层抽样而言，如果按各层大小等比例分配样本而且每个样本层内都使用简单随机抽样，那么它也是自加权设计。

【例 10 - 1】 我们还用第 8 章等比例分层的例子。一个由 $N=20\,000$ 户构成的总体被划分为三层：第一层由 $N_1=2\,000$ 户高收入者组成，第二层由 $N_2=12\,000$ 户中等收入者组成，第三层由 $N_3=6\,000$ 户低收入者组成。从中抽取一个样本量 $n=200$ 的样本，将样本等比例地分配给各层，使得各层的抽样比（n/N）都等于 1/100。

高、中、低三个收入层的样本量分别是：

$$n_1=20, \ n_2=120, \ n_3=60$$

此时，设计权数是多少？

对于高收入层，入样概率 P_1 为：

$$P_1=\frac{n_1}{N_1}=\frac{20}{2\,000}=\frac{1}{100}$$

对于中收入层，入样概率 P_2 为：

$$P_2=\frac{n_2}{N_2}=\frac{120}{12\,000}=\frac{1}{100}$$

对于低收入层，入样概率 P_3 为：

$$P_3=\frac{n_3}{N_3}=\frac{60}{6\,000}=\frac{1}{100}$$

这样，每一层中每户都有相同的入样概率 1/100，设计权数 w_d 均为 100。

除了上述几种抽样设计外，其他一些抽样方法也可以设计为一个自加权抽样，如多阶抽样。在多阶抽样设计中，除最后一阶抽样外，其他各阶都可以按照与单元大小成比例的概率抽样方法抽选样本，而在最后一阶采用等概率抽样方法抽取单元。多阶抽样经常使用这种等概率抽样方法，因为这样可以得到自加权的样本，并能控制样本量的大小。

10. 2. 2　不等概率抽样的加权

虽然自加权设计由于简单及使用便利，很有吸引力，但它并不总是可行的。例如，在使用分层抽样法进行一个全国调查时，我们可能需要采用纽曼分层抽样，对较小地区抽取一个较按比例分配方法更大的样本量，或者对较大地区抽取一个较按比例分配方法更小的样本量。显然，这是一种不等概率抽样设计。

当所采用的抽样设计不是等概率时，正确地使用设计权数就显得尤为重要。

下面以第 8 章中纽曼分层抽样的例子来说明当样本不按等比例分配时的权数计算问题。

【例 10 - 2】 有关各层总体数和样本数资料如表 10 - 1 所示。

表 10 - 1　购买力调查的不等概率抽样数据

收入层次	各层单位数	样本数量	收入层次	各层单位数	样本数量
高收入层	2 000	33.3	低收入层	6 000	33.3
中收入层	12 000	133.3			

那么，对于这项调查，被调查者的设计权数是多少呢？

各层的权数 w_d 是单元入样概率的倒数，各层样本单元的权数计算如下。

高收入层：$w_{d,1}=N_1/n_1=2\,000/33.3=60.1$

中收入层：$w_{d,2}=N_2/n_2=12\,000/133.3=90.0$

低收入层：$w_{d,3}=N_3/n_3=6\,000/33.3=180.2$

10.2.3　权数的调整

上述等概率抽样的加权和不等概率抽样的加权都是加权的基本形式。在权数估计中经常会遇到更为真实和复杂的情况。例如，我们经常需要考虑无回答的情况，然后对权数做出调整；有时也必须考虑来自其他渠道的、更具权威性的某些辅助信息，将它们合并到权数中。

1. 对无回答的权数调整

所有调查都会受到无回答的困扰。所谓无回答是指由于某些原因，从抽中的样本单元无法获得所需的信息。一般情况下，无回答的数量既取决于调查的内容，也取决于数据收集和数据处理的方法。

无回答包括单元无回答和项目无回答两种主要类型，这里主要讨论单元无回答问题。单元无回答是指一个样本单元所有或几乎所有的数据都缺失。处理无回答最简单的办法就是忽略它。在一些特殊的情况下，对无回答进行调整后所得的均值或比例的估计值，与未作任何调整的估计值相比并没有任何改进。然而，对总值的估计则不同，如果不对无回答进行弥补，则会导致对总值的低估。

如果发现忽略单元无回答是不适当的，最常用的办法是对权数进行调整，这样处理的理论假定是，回答单元不仅能代表回答单元，而且能够代表无回答单元。当无回答单元与回答单元具有相似的调查指标时，这是一个合理的假定。此时无回答者的设计权数需在回答单元间进行重新分配，通常的做法是将设计权数乘以一个无回答调整因子，由此得到无回答的调整权数。

无回答调整因子是原样本单元的权数和与给出回答的单元的权数和的比值。对于自加权设计，这个比值也可以用原样本的单元数与给出回答的单元数的比值来表示。由于后者更容易进行演示，所以下面所列的就是对一个自加权样本计算无回答调整因子及相应权数的例子。

【例 10-3】　从一个 $N=100$ 人的总体中抽取一个 $n=25$ 人的简单随机样本。记回答单元的数量为 n_r，结果显示只有 20 个人提供了所需的信息。那么，此时无回答的调整权数是多少？

步骤1：计算设计权数。

入样概率 P 为：$P=n/N=25/100=1/4$

因此，每个样本单元的设计权数为4。

步骤2：计算无回答调整因子。

由于在 $n=25$ 人中只有 $n_r=20$ 人提供了所需的信息，最终样本量应为20。假定回答单元不仅能代表回答单元且能代表无回答单元，计算无回答调整因子为：

$$n/n_r=25/20=1.25$$

步骤3：计算无回答的调整权数。

无回答的调整权数 w_{nr} 等于设计权数与无回答调整因子的乘积：

$$w_{nr} = w_d \frac{n}{n_r} = 4 \times 1.25 = 5$$

所以给出回答的 20 人中，每一个人都代表被调查总体中的 5 个人，把它们合在一起就代表整个总体 100 人。此时，对数据文件中的每一条记录赋予权数 5。

然而，不同的子总体往往具有不同的回答率。例如，与多个成员组成的家庭相比，只有一个成员的家庭通常具有更低的回答率；高收入的人通常也比其他人具有更低的回答率。在这种情况下，如果对所有的无回答单元仍然使用同样的调整因子，必将导致结果的偏倚。处理这类无回答问题，就应该考虑对这些子总体分别进行无回答调整。

在例 10-4 中，对城市和农村两个层面使用了不同的无回答调整因子，这样做是因为发现城市层和农村层具有不同的回答率，而且城市和农村在调查指标上也存在差异。

【例 10-4】 对于一项公共交通系统调查，总体由 1 100 人组成，并按城乡分为两个层。因为考虑到调查所要收集的信息可能存在明显的城乡差别，所以采用了分层抽样设计。分层及样本数据如表 10-2 所示。数据收集后发现，城市层中只有 $n_{r,1} = 150$ 人、农村层中只有 $n_{r,2} = 40$ 人提供了所需的信息。那么，此时回答者的权数是多少？

表 10-2 公交系统调查的分层数据

层	总体大小	样本量	回答者数量
城市	$N_1 = 1\,000$	$n_1 = 200$	$n_{r,1} = 150$
农村	$N_2 = 100$	$n_2 = 50$	$n_{r,2} = 40$

步骤 1：各层的设计权数为

城市层： $\qquad w_{d,1} = N_1/n_1 = 5$

农村层： $\qquad w_{d,2} = N_2/n_2 = 2$

步骤 2：进行调整以弥补无回答。本例中，各层的无回答调整因子计算如下。

城市层： $\qquad n_1/n_{r,1} = 200/150 = 1.33$

农村层： $\qquad n_2/n_{r,2} = 50/40 = 1.25$

步骤 3：无回答的调整权数等于设计权数与无回答调整因子的乘积。

城市层：

$$w_{nr,1} = w_{d,1} \frac{n_1}{n_{r,1}} = 5 \times 1.33 = 6.65$$

农村层：

$$w_{nr,2} = w_{d,2} \frac{n_2}{n_{r,2}} = 2 \times 1.25 = 2.5$$

在样本数据文件中，城市层的每条回答记录应赋予权数 6.65，农村层的每条回答记录应赋予权数 2.5。

2. 使用辅助信息调整权数

使用辅助信息调整权数主要有两个原因。首先，应使调查的估计值与已知的总体总值相匹配，这是非常重要的。例如，许多社会调查使用最新的人口普查数据来调整估计值，以确保这些估计值（如年龄、性别分布等）的一致性。这些辅助信息或者来源于行政数据，或者从另一个被认为更加可靠的调查中获得，总之更有权威性。

使用辅助信息的第二个理由是为了提高估计值的精度。在计划一项调查时，评估用于提高精度的所有外部信息是非常重要的。正如在第 8 章中分析的那样，将辅助信息与抽样设计相结合，将有助于提高估计的精度。要想在调查设计阶段使用辅助信息，抽样框中的所有单元都必须具备这个辅助信息。否则，就只能在数据收集上来后，在估计阶段利用辅助信息提高估计值的精度。

辅助信息还可以用来对不同子总体所对应的不同无回答率进行修正。它还可以用来调整由于抽样框涵盖误差导致的调查总体与目标总体之间的差异所造成的影响。

若想在估计阶段成功地使用辅助信息，应具备以下三个基本条件：

◇ 有关总体的外部信息必须是准确的；

◇ 应收集所有样本单元的辅助信息；

◇ 辅助信息与被调查变量之间存在相关性。

辅助信息准确与否非常重要。辅助信息不仅要可靠，而且外部数据应来自同一个总体，并且应建立在与该调查可比的概念、定义、参照期等基础上。为了修正抽样框的不完全涵盖，辅助资料必须能涵盖调查的目标总体。

3. 事后分层

数据收集之前，我们可能得不到合适的分层信息（如年龄与性别），或者抽选样本后可以得到更新、更可靠的分层信息。那么在数据收集后，可以利用收集的信息对样本进行分层，从而对样本的权数进行调整，这就是通常所说的事后分层。当辅助数据为计数形式（如总体中男性和女性的数量）时，事后分层常用于这类形式数据的估计。但是，如果所选用的抽样框在设计阶段已经具备了分层信息，在设计阶段就应进行分层，而不是进行事后分层。

例 10-5 讲述了如何应用事后分层，对某公司吸烟人数的估计进行改进。

【**例 10-5**】 为得到某公司职员是否有吸烟习惯的信息，进行了一项调查。从 $N=780$ 人的名录中抽出了一个 $n=100$ 人的简单随机样本。假设在调查的设计阶段并没有可用于分层的辅助信息。

在收集有关吸烟习惯信息时，收集了每个回答者的年龄和性别情况，并且 100 人都做出了回答，由此得到样本数据的分布如表 10-3 所示。

表 10-3 某公司是否有吸烟习惯抽样调查数据

回答者数量	男性	女性	总计
吸 烟 人 数	25	5	30
总 人 数	55	45	100 (n_r)

步骤 1：设计权数是入样概率的倒数，设计权数计算如下：

$$w_d = N/n = 780/100 = 7.8$$

步骤 2：利用设计权数，计算得到以下调查估计值，如表 10-4 所示。

表 10 - 4 根据某公司是否有吸烟习惯抽样调查计算的估计值

调查的估计值	男性	女性	总计
吸烟人数	195	39	234
总人数	429	351	780
吸烟者的比例	0.455	0.111	0.30

通过设计权数可以估计出该公司有 429 名男性职员和 351 名女性职员，而且男女的吸烟比例不同。假定调查完成后，我们得到了以下辅助信息：该公司实际共有 360 名男性职员和 420 名女性职员。显然，通过调查所得的估计值与真值之间存在差异，这是调查机构不希望看到的。

步骤 3：在抽样后对样本进行分层，计算事后分层权数用于估计。事后分层权数 w_{pst} 是事后分层的辅助变量总和除以该层回答单元的数量。

其中，男性的事后分层权数为：

$$w_{pst,\text{男性}} = \frac{N_{\text{男性}}}{n_{r,\text{男性}}} = \frac{360}{55} = 6.55$$

女性的事后分层权数为：

$$w_{pst,\text{女性}} = \frac{N_{\text{女性}}}{n_{r,\text{女性}}} = \frac{420}{45} = 9.33$$

在抽样后利用辅助信息计算的分层新权数用于估计，估计值如表 10 - 5 所示。

表 10 - 5 利用辅助信息对抽样调查估计值的调整

事后分层估计值	男性	女性	总计
吸烟人数	164	47	211
总人数	360	420	780
吸烟者的比例	0.455	0.112	0.271

此时，男性和女性人数的估计值与该公司男性和女性的实际人数一致。而且，由于吸烟者人数及比例与性别相关，估计的精度得到了显著提高。注意到在每个事后分层的层中吸烟者的比例并没有改变，但是总体吸烟者比例的估计发生了改变。

4. 比率估计

除了上面讨论的以计数形式出现的辅助信息外，还有其他形式的辅助信息，例如，如果某调查要估计某些地区小麦播种面积，那么这些地区的总面积就是一个很有用的辅助信息。因为小麦播种面积可能与土地总面积相关，掌握了土地总面积这种辅助信息，就可以用来改进对地区小麦播种面积的估计。

在调查当中，利用这些外部辅助信息的一种常用方法是比率估计。当使用比率估计时，用一个乘数因子对各类权数进行调整，这个乘数因子就是各类的辅助变量值与同类的样本估计值的比率。

在小麦种植面积的估计中，各地区的乘数因子即为每个地区的土地总面积与其样本估计值之比。同样，在例 10 - 5 中，男性层的调整因子（男性数量与男性数量估计值之比）也是这样一种乘数因子。

10.3 抽样分布与抽样误差

抽样调查的目的是要对总体作出推断，而不是为了描述样本的特征。为达到对总体进行推断的目的，首先要了解统计推断的理论基础——抽样分布。

要了解统计推断的理论基础，首先注意区分三种不同性质的分布：总体分布、样本分布与抽样分布。

总体各单位的观察值所形成的频数分布就叫作总体分布。总体分布通常是未知的。

一个样本中各个观察值所形成的频数分布就叫作样本分布。当样本容量 n 逐渐增大时，样本分布逐渐接近总体的分布。

样本统计量的抽样分布是一种理论分布，它是指在重复选取容量为 n 的样本时，由该统计量的所有可能取值形成的相对频数分布。这里的样本统计量可以是样本均值、样本比例或样本方差。抽样分布提供了长远而稳定的样本统计量的信息，是进行推断的理论基础，也是抽样推断科学性的重要依据。样本统计量的抽样分布理解起来相对要复杂一些。然而，理解抽样分布是理解推断统计分析的症结所在。

介绍样本统计量抽样分布的目的，是了解统计推断的理论基础，为总体参数的估计进行理论准备。所以，在展开分析之前，对分析中要使用的符号说明如下：总体参数一般用希腊字母表示；样本统计量一般用英文字母表示，抽样分布的有关统计量则使用两种分布的结合方式表示，如表 10-6 所示。

表 10-6 各种分布的均值、比例和标准差的符号表示

分布类型	均值	比例	标准差
总体分布	μ	π	σ
样本分布	$\bar{x}$	P	S
抽样分布	$\mu_{\bar{x}}$	π_P	$S_{\bar{x}}, S_P$

10.3.1 样本均值的抽样分布及抽样误差

样本均值的抽样分布，是指在重复选取容量为 n 的样本时，由样本均值的所有可能取值形成的相对频数分布。

【例 10-6】 设一个总体，含有 4 个元素（个体），即总体单位数 $N=4$。4 个个体分别为 $x_1=1$，$x_2=2$，$x_3=3$，$x_4=4$。总体的均值、方差及分布如下：

总体均值 $\quad \mu = \dfrac{\sum\limits_{i=1}^{N} x_i}{N} = \dfrac{1+2+3+4}{4} = 2.5$

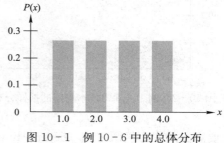

图 10-1 例 10-6 中的总体分布

总体方差
$$\sigma^2 = \frac{\sum_{i=1}^{N}(x_i - \mu)^2}{N} = 1.25$$

现从总体中抽取 $N=2$ 的简单随机样本，在重复抽样条件下，所有可能样本 $M = C_4^1 \times C_4^1 = 16$ 个。所有样本及其均值列于表 10-7 中。

表 10-7　例 10-6 中 $N=2$ 的所有可能样本（括号内）及其均值

		第二个观察值			
		1	2	3	4
第一个观察值	1	(1, 1) 1.0	(1, 2) 1.5	(1, 3) 2.0	(1, 4) 2.5
	2	(2, 1) 1.5	(2, 2) 2.0	(2, 3) 2.5	(2, 4) 3.0
	3	(3, 1) 2.0	(3, 2) 2.5	(3, 3) 3.0	(3, 4) 3.5
	4	(4, 1) 2.5	(4, 2) 3.0	(4, 3) 3.5	(4, 4) 4.0

根据各样本均值可以计算样本均值的平均数、样本均值的方差如下：

抽样均值的平均数　$\mu_{\bar{x}} = \dfrac{\sum_{i=1}^{M}\overline{x_i}}{M} = \dfrac{1.0+1.5+2.0+\cdots+4.0}{16} = 2.5$

抽样均值的方差　$S_{\bar{x}}^2 = \dfrac{\sum_{i=1}^{M}(\overline{x_i} - \mu_{\bar{x}})^2}{M} = 0.625$

同样，根据各样本均值数据可以列出样本均值的频数分布表（见表 10-8）和样本均值的抽样分布图（见图 10-2）。

表 10-8　例 10-6 中样本均值的频数分布

样本均值	频数	百分数	样本均值	频数	百分数
1.0	1	0.062 5	3.0	3	0.187 5
1.5	2	0.125	3.5	2	0.125
2.0	3	0.187 5	4.0	1	0.062 5
2.5	4	0.25			

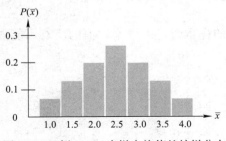

图 10-2　例 10-6 中样本均值的抽样分布

比较样本均值的分布与总体分布可以得出以下结论：①样本均值的数学期望等于总体均值，即 $E(\overline{x}) = \mu$；②在重复抽样条件下，样本均值的方差等于总体方差的 $1/n$，或者说，样本均值的标准差 $S_{\bar{x}} = \sigma/\sqrt{n}$；③如果总体服从正态分布，即 $x \sim N(\mu, \sigma^2)$，那么样本均值 $\overline{x}$ 也服从正态分布，即 $\overline{x} \sim N(\mu, \sigma^2/n)$；④如果总体不服从正态分布，那么当样本量足够大时，样本均值 $\overline{x}$ 也服从正态分布。

将上述结论概括起来就形成对推断统计具有重要意义的中心极限定理（central-limit theorem），即设从均值为 μ、方差为 σ^2 的一个任意总体中随机抽取容量为 n 的样本，当 n 足够大（$n \geqslant 30$）时，样本均值的抽样分布近似服从均值为 μ、方差为 σ^2/n 的正态分布。也就是说，不论原始的总体分布的形态如何，随着样本容量 n 的增大，样本均值 $\overline{x}$ 的分布也就围绕其数学期望 μ 波动得越来越小，它也就越来越接近于正态分布，即 $\overline{x} \sim N(\mu,\ \sigma^2/n)$。

样本均值的抽样分布是一种理论上的概率分布，它是推断总体均值 μ 的理论基础。

10.3.2 样本比例的抽样分布及抽样误差

比例是指总体（或样本）中具有某种属性的单位与全部单位总数之比，如不同性别的人与全部人数之比，合格品（或不合格品）与全部产品总数之比，或者某品牌使用满意者与其全部使用者数量之比，等等。

总体比例可表示为：$\qquad \pi = \dfrac{N_0}{N}$ 或者 $1 - \pi = \dfrac{N_1}{N}$

样本比例可表示为：$\qquad p = \dfrac{n_0}{n}$ 或者 $1 - p = \dfrac{n_1}{n}$

样本比例的抽样分布，是在重复抽取容量为 n 的样本时，由样本比例的所有可能取值形成的相对频数分布。

与样本均值的抽样分布同理，比较样本比例的分布与总体分布可以得出以下结论：当样本容量足够大时，样本比例的抽样分布近似地服从正态分布，样本比例的数学期望等于总体比例，即 $E(p) = \pi$；在重复抽样条件下，样本比例的方差为总体方差的 $1/n$，即 $S_p^2 = \dfrac{\pi(1-\pi)}{n}$，或者说，样本比例的标准误 $S_p = \sqrt{\dfrac{\pi(1-\pi)}{n}}$。

将上述结论概括起来就形成对应于样本比例的中心极限定理，即设从比例为 π、方差为 σ^2 的一个任意总体中随机抽取容量为 n 的样本，当 n 足够大（$n \geqslant 30$）时，样本比例的抽样分布近似服从比例为 π、方差为 $\pi(1-\pi)/n$ 的正态分布。也就是说，不论原始的总体分布形态如何，随着样本容量 n 的增大，样本比例 p 的分布也就围绕其数学期望 π 波动得越来越小，它也就越来越接近于正态分布，即 $p \sim N(\pi, \pi(1-\pi)/n)$。

样本比例的抽样分布是一种理论上的概率分布，是推断总体比例 π 的理论基础。

10.3.3 正态分布及标准值 Z

正态分布在古典统计推断中居于特别重要的地位。这里有几个重要的原因。首先，理论上有重要意义。正如前文所述，根据中心极限定理，对于任何总体，不论其分布如何，随着样本容量的增加，抽样平均数的分布趋近于正态分布。这种趋向对于统计推断具有重要意义。其次，营销人员遇到的许多变量的概率分布都趋近于正态分布。例如，爱吃快餐的人平均每月吃快餐的次数；电视受众每星期看电视的平均小时数。最后，许多离散型概率的分布也近似于正态分布。例如，在大样本情况下，测得智商（IQ）分数的分布如图 10-3 所示，这是一个平均数为 100、标准差为 15 的典型正态分布曲线。

正态分布有以下几个重要特征。

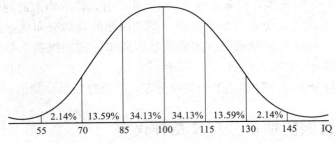

图 10-3 智商（IQ）分数的正态分布示例

① 正态曲线呈钟形，曲线下的面积等于 1，表明它包括了所有的调查结果。

② 在正态曲线下任意两个变量值之间的面积，等于在这一范围内随机抽取一个观察对象的概率。例如，任意抽取一个样本单元，IQ 分数落在 55～145 之间的概率是 99.72％，也就是图 10-3 中正态曲线下 55～145 之间的面积。

③ 所有的正态分布在平均数±1 个标准差之间的面积相同，都占曲线下方面积的 68.26％。这是正态分布的比例性，为统计推断提供了基础。

④ 一个正态分布的特殊性由其平均数和标准差决定。

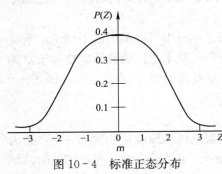

图 10-4 标准正态分布

注：$P(Z)$ 表示"Z 的概率"。

事实上，大量分布都可能属于正态分布。但是，每一个正态分布都有其特殊性，因为它们的平均数（或比例）和标准差各异。为便于进行统计推断，必须找到这些特性各异的正态分布的共同规律性。这种规律性就是，任何正态分布都可以转换为标准正态分布。标准正态分布的特点与正态分布相同，只是标准正态分布的平均值等于 0，标准差等于 1（见图 10-4）。

标准正态分布是一种纯粹的理论上的概率分布，它可以很方便地让研究者将数据从其他受到观测的正态分布转换成标准正态分布曲线，找出标准正态曲线下任何区域的概率，并进行统计推断。换言之，根据正态分布的比例性，研究者可以将任何正态变量 x 转换为标准正态变量值（标准值）Z。具体计算方法就是，用将要进行转换的值减去均值，然后再除以标准差。标准值 Z 的计算公式为：

$$Z = \frac{x - \mu}{\sigma}$$

这里：x——变量值；

  μ——平均数的假设或者预期值；

  σ——变量的标准差。

求出标准值 Z 之后，就可以查阅（标准）正态分布表（附录表 A-2），得到 Z 值的标准正态分布曲线下的面积（概率）。表 10-9 列出了 Z 值分别为 1、2、3 等几种情况时，所对应的正态曲线下的面积。

例如，在一项样本量为 400 的抽样调查中，得知某市夏天人均冷饮消费额为 50 元，标准差为 50 元，而数据的直方图表明冷饮消费量近似于正态分布。根据初步的数据分析，可以估计该市夏天冷饮花费 100 元以上消费者的比例：

$$P(X\geqslant100)=P[Z\geqslant(100-50)/50]=P(Z\geqslant1.00)$$

其中：Z——标准正态变量；

P——夏季冷饮花费 100 元以上消费者的概率。

查标准正态分布表可知，$Z=1.00$ 时，$P=0.341\ 3$，则 $P(Z\geqslant1.00)=0.50-0.341\ 3=0.158\ 7=15.87\%$

表 10-9 Z 值（标准差）为 1，2，3 时标准正态曲线下方的面积

Z 值（标准差）	标准正态曲线下方的面积/%
1	68.26
2	95.44
3	99.72

10.4 参 数 估 计

参数估计就是根据从样本中收集的信息对总体参数进行推断的过程。在营销调研实践中，总体平均数 μ 和标准差 σ 通常是未知的。为了估计总体参数，我们需要进行抽样。正如前文已经讨论过的，样本均值、样本比例、样本方差等估计量都是随机变量，在具有特定概率（抽样）分布的样本之间有所变化。参数估计就是根据中心极限定理等推断理论所阐明的抽样分布与总体分布之间的关系，由样本统计量的具体值（即估计值，如样本均值 $\bar{x}=80$）估计总体参数（如总体均值、总体比例和总体方差等）。

参数估计有两种估计方法：点估计和区间估计。点估计在很少的情况下完全准确，因此人们更偏向于区间估计。

10.4.1 总体参数的点估计

点估计就是用样本的估计量直接作为总体参数的估计值。例如，用样本均值直接作为总体均值的估计，或者用两个样本均值之差直接作为总体均值之差的估计，等等。

点估计是容易做到的，但是，点估计没有给出估计值接近总体参数程度的信息。正如前文所分析的那样，在样本均值的抽样分布中，样本均值的数学期望等于总体均值。但是，样本均值分布中的任意一个值既可能接近于总体均值，也可能距离总体均值比较远。当样本均值与总体均值不完全相同时，样本均值与实际总体均值就存在着差距，这种差距就叫抽样误差。所以，当点估计无法提供总体参数的准确估计时，就需要进行区间估计。

10.4.2 总体参数的区间估计

区间估计就是在点估计的基础上，对总体参数的区间或范围进行估计。除了要说明区间大小外，通常还要说明点估计值在区间范围以内的概率。这一概率通常称为置信度或置信系

数。置信度（confidence level）是一个百分比或者小数值，说明了结果正确的长期概率。被估计的区间则称为置信区间。比如，在前面提到的某市冷饮抽样调查的例子（样本量 400，人均冷饮消费额 50 元，标准差 50 元）中，在 95% 的置信度下，该市人均冷饮消费额的区间估计在 45～55 元之间。

根据样本统计量的抽样分布理论，总体参数的区间范围是由样本统计量加减抽样误差而得到的。在计算了区间估计之后，就可以确定总体参数落在样本统计量的可能性有多大，即给出样本统计量与总体参数接近程度的一个概率度量。

下面将按照总体均值、总体比例和总体方差分别讨论一个总体参数的区间估计，其他更复杂的区间估计问题请参阅专门的统计书籍。

1. 总体均值的区间估计

假定总体服从正态分布，或者总体并不服从正态分布，但是抽取一个容量足够大的样本（$n \geqslant 30$），在简单随机样本情况下，样本统计量的抽样分布均服从正态分布。在上述假定条件下，可以使用正态分布统计量 Z 来描述总体均值的区间估计，将总体均值区间估计的概念用公式表达如下：

$$\mu = \bar{x} \pm Z_{\alpha/2} S_{\bar{x}}$$

上式中，$S_{\bar{x}}$ 代表样本均值的标准误，$Z_{\alpha/2}$ 代表一定置信度下的 Z 值。因此，$\bar{x} \pm Z_{\alpha/2} S_{\bar{x}}$ 就可以描述为总体均值 μ 在特定置信度下的置信区间。需要注意的是，置信度应该除以 2，以便确定均值的每一边包含的曲线下区域的百分比。

在上述公式中，当总体标准差 σ 未知时，一般通过样本标准差 S 来估计总体标准差，通过 $S_{\bar{x}} = S/\sqrt{n}$ 来估计样本均值的标准误。当总体标准差 σ 已知时，样本均值的标准误 $S_{\bar{x}}$ 就可以通过公式 $S_{\bar{x}} = \sigma/\sqrt{n}$ 来估计。

上述区间估计的概念也可以进一步通过图示方式（见图 10-5）予以说明。

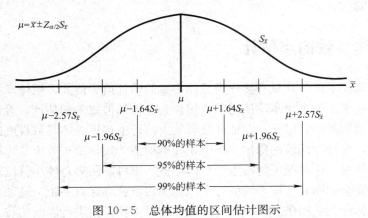

图 10-5　总体均值的区间估计图示

图 10-5 实际上将总体均值的区间估计具体化了，即列出了营销调研者可能经常使用的几个置信水平下总体均值的区间估计。

如果以样本均值 $\bar{x}$ 构造一个区间 $\bar{x} \pm 1.64 S_{\bar{x}}$，那么这个区间能够覆盖总体均值 μ 的概率为 90%。

同理，以样本均值 $\bar{x}$ 构造一个区间 $\bar{x} \pm 1.96 S_{\bar{x}}$，则这个区间能够覆盖总体均值 μ 的概率为 95%。以样本均值 $\bar{x}$ 构造一个区间 $\bar{x} \pm 2.57 S_{\bar{x}}$，那么这个区间能够覆盖总体均值 μ 的概率为 99%。

【例 10-7】 一家银行收集到由 36 个信用卡用户组成的随机样本，得到每个用户的年龄（周岁）数据如下：23，35，39，27，36，44，36，42，46，43，31，33，42，53，45，54，47，24，34，28，39，36，44，40，39，49，38，34，48，50，34，39，45，48，45，32。试建立信用卡用户年龄在 90% 置信水平下的置信区间。

解： 已知 $n=36$，$1-\alpha=90\%$，$Z_{\alpha/2}=1.64$。

根据样本数据计算得：
$$\bar{x}=39.5, \quad S=7.77$$

则信用卡用户总体平均年龄 μ 在 90% 置信水平下的置信区间为：

$$\mu=\bar{x} \pm Z_{\alpha/2} S/\sqrt{n}=39.5 \pm 1.64 \times 7.77/\sqrt{36}$$
$$=39.5 \pm 2.12$$
$$=(37.38, 41.62)$$

结论是：在 90% 的置信度下，信用卡用户的平均年龄为 37.38~41.62 岁。

如果抽样调查仅仅从总体中简单随机抽取一个很小的样本（$n<30$），则样本均值的抽样分布通常被认为服从自由度为（$n-1$）的 t 分布。t 分布是类似正态分布的一种对称分布，只不过它通常比正态分布平坦和分散。但是，随着自由度的增大，t 分布也逐渐趋于正态分布。在上述假设条件下，一般使用 t 分布统计量（附录表 A-3）来估计总体均值的置信区间。

$$t=\frac{x-\mu}{\sigma} \sim t(n-1)$$

总体均值的置信区间可以根据下式估计：

$$\mu=\bar{x} \pm t_{\alpha/2} S_{\bar{x}}$$

t 分布条件下总体均值置信区间的估计方法与正态分布条件下非常类似，只是查 t 分布表需要考虑自由度（$n-1$），这里就不再举例说明了。

2. 总体比例的区间估计

与总体均值区间估计的假定不同，总体比例的区间估计假定总体服从二项分布。二项分布是指重复进行 n 次试验，出现"成功"的次数的概率分布。但是，与总体均值的区间估计一致的是，总体比例的抽样分布仍然可以由正态分布来近似，即适用中心极限定理。可以使用正态分布统计量 Z 来描述总体比例的区间估计，将总体比例区间估计的概念用公式表达如下：

$$\pi=p \pm Z_{\alpha/2} S_p$$

上式中，S_p 代表样本比例的标准误。当总体比例 π 已知时，样本比例的标准误 S_p 就可以通过公式 $S_p=\sqrt{\pi(1-\pi)/n}$ 来估计。当总体比例 π 未知时，样本均值的标准误一般通过 $S_p=\sqrt{p(1-p)/n}$ 来估计。

【例 10-8】 某商业公司想要估计经常光顾其大型购物中心的女性所占的比例，随机地抽取了 400 名经常性顾客，发现其中 260 名为女性。试以 95% 的置信水平估计经常光顾该大型购物中心中女性比例的置信区间。

解： 已知 $n=400$，$p=65\%=0.65$，$1-\alpha=95\%$，$Z_{\alpha/2}=1.96$

则总体比例 π 在 95% 置信水平下的置信区间为：

$$\pi = p \pm Z_{a/2}S_p = 0.65 \pm 1.96 \times \sqrt{0.65(1-0.65)/400}$$
$$= 0.65 \pm 0.047$$
$$= (0.603,\ 0.697)$$

结论是：在 95% 的置信度下，经常光顾该大型购物中心中女性比例的置信区间为 60.3%～69.7%。

3. 总体方差的区间估计

在重复选取容量为 n 的样本时，由样本方差的所有可能取值形成的相对频数分布，构成样本方差的抽样分布。

对于来自正态总体的简单随机样本，则 $(n-1)$ 倍的样本方差与总体方差的比值的抽样分布服从自由度为 $(n-1)$ 的 χ^2 分布，即：

$$\frac{(n-1)s^2}{\sigma^2} \sim \chi^2(n-1)$$

或者，

$$\frac{\sum\limits_{i=1}^{n}(x_i - \overline{x})^2}{\sigma^2} \sim \chi^2(n-1)$$

χ^2 分布具有一些重要特性。①分布的变量值始终为正。②分布的形状取决于其自由度 n 的大小，通常为不对称的正偏分布（即大于平均数的数据次数比小于平均数的数据次数要多），但随着自由度的增大逐渐趋于对称。③分布的数学期望为：$E(\chi^2) = n$。方差为：$D(\chi^2) = 2n$（n 为自由度）。

样本方差抽样分布的上述规律为总体方差（或总体标准差）的区间估计提供了理论依据。当总体服从正态分布时，总体方差 σ^2 的点估计量为 s^2。借助 χ^2 分布表（附录表 A - 4）可以查得 $\chi^2_{1-a/2}$ 和 $\chi^2_{a/2}$ 分布曲线下的面积（概率）。然后，可以给出总体方差在 $1-\alpha$ 置信水平下的区间估计为：

$$\frac{(n-1)s^2}{\chi^2_{a/2}(n-1)} \leqslant \sigma^2 \leqslant \frac{(n-1)s^2}{\chi^2_{1-a/2}(n-1)}$$

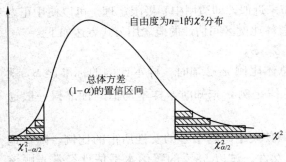

图 10 - 6　总体方差的区间估计图示

总体方差的区间估计可以通过图 10 - 6 予以说明。

仍以例 10 - 7 中的数据为例，某银行收集到由 36 个信用卡用户组成的随机样本，得到每个用户的年龄（周岁）数据如下：

23，35，39，27，36，44，36，42，46，43，31，33，42，53，45，54，47，24，34，28，39，36，44，40，39，49，38，34，48，50，34，39，45，48，45，32。现要求以 95% 的置信水平建立信用卡用户年龄标准差的置信区间。

解： 已知 $n=36$，$1-\alpha=95\%$，$\alpha/2=0.025$，$1-\alpha/2=0.975$。

根据样本数据计算得：$\overline{x}=39.5$，$s^2=60.37$

查 χ^2 分布表得知：$\chi^2_{\alpha/2}(n-1)=53.160\,4$，$\chi^2_{1-\alpha/2}(n-1)=20.612\,0$

则该银行信用卡用户年龄方差 σ^2 在 95% 置信度下的置信区间为：

$$\frac{(36-1)\times60.37}{53.160\,4}\leqslant\sigma^2\leqslant\frac{(36-1)\times60.37}{20.612\,0}$$

即，$39.75\leqslant\sigma^2\leqslant102.51$

结论是：在 95% 的置信度下，信用卡用户的年龄标准差为 $6.3\sim10.1$ 岁。

10.5　样本量的确定

样本量的确定问题，首先涉及对总体参数估计值的精度要求，同时也涉及与各种运作限制（如可获得的预算、资源和时间）之间的平衡问题。正如第 3 章所分析的那样，调查误差分为抽样误差和非抽样误差两大类别。抽样调查估计值的精度是对抽样误差大小的度量，尽管有时非抽样误差的影响会十分显著。所以，确定样本量是为控制抽样误差，而不是对非抽样误差进行控制。

10.5.1　估计精度与样本量的关系

根据样本统计量的抽样分布理论，总体参数的区间范围是由总体参数的估计值（样本统计量的具体值）加减抽样误差的估计值而得到的。总体参数的置信区间可以描述为：

总体参数＝总体参数的估计值±抽样误差的范围

很显然，在使用总体参数的估计值来估计总体参数时，估计的精度取决于抽样误差的大小。假设使用字母 E 来定义抽样误差的范围，则当简单随机选择了一个容量足够大（$n\geqslant30$）的样本时，样本均值的抽样误差范围就可以表示为：

$$E=Z_{\alpha/2}S_{\overline{x}}$$

抽样误差的范围是估计量标准误的倍数，乘数因子取决于在调查估计中所希望达到的置信水平。

在放回（重复）的简单随机抽样条件下，假设调查回答率为 100%，则样本均值的标准误公式 $S_{\overline{x}}=\sigma/\sqrt{n}$ 可以用来解释估计精度与样本量之间的基本关系。根据估计精度与样本量之间的这种基本关系，可以给出确定样本量的基本公式。

实际上，调研估计常常面临非常复杂的情况，通常并不像理论假定的那样简单。在实际抽样调查活动中，样本可能是不放回的（即执行不重复抽样）；随机抽样的方法可能是分层抽样、系统抽样或分群抽样，而不只是假定的简单随机抽样；调查的回答率实际上很少能够达到 100% 那样的假定水平。在这些更为复杂的情况下，估计精度与样本量之间的关系也变得复杂了。我们需要在把握两者基本关系的基础上，将这些复杂因素一一考虑进来，对初始样本量进行调整，最终保证估计精度的复杂要求。

事实上，无论是重复抽样还是不重复抽样，抽样误差的大小（即调查估计值的精度）与样本量紧密相关：随着样本量的增加，对应估计量的抽样标准差就会不断减少，调查估计值的精度也会不断提高。同理，当要求不断提高调查估计值的精度要求时，所需样本量也会不断增加。所以，样本量的确定取决于调查估计值所要求的精度，或者说，样本量正是根据调查估计值所要求的精度来计算的。

下面两部分内容将分别对初始样本量的确定和考虑、复杂情况的考虑及对初始样本量的调整进行分析。

10.5.2 假定条件下样本量的计算及其应用考虑

假定抽样采用放回的简单随机抽样，同时，假定调查回答率为100%，则可以建立估计精度与样本量之间的基本关系，并据此给出确定样本量的基本公式。

1. 确定样本量的基本公式

对于给定的均值或比例估计的精度水平，样本量按下述方法计算。

1）给定总体均值估计的精度下确定样本量的公式

在简单随机抽样下，假设调查回答率为100%，通常使用抽样误差和样本均值的标准误来确定所需的样本量。

在重复的简单随机抽样情况下，样本均值的标准误表示为：

$$S_{\bar{x}} = \sigma / \sqrt{n}$$

抽样误差范围表示为：

$$E = Z_{\alpha/2} \frac{\sigma}{\sqrt{n}}$$

从上式中解得样本量 n：

$$n = \frac{Z_{\alpha/2}^2 \sigma^2}{E^2}$$

从样本量计算公式可以看出，样本容量 n 与置信系数和总体方差成正比，与边际误差成反比。为确定样本量 n，需要知道允许的抽样误差范围 E、与给定置信水平相对应的标准值 Z、总体方差估计 σ^2。其中，总体方差估计是最不容易得到的，通常需要根据过去对类似总体所做的研究确定一个近似值。

2）给定比例估计的精度下确定样本量的公式

在简单随机抽样下，假设调查回答率为100%，通常使用抽样误差和样本比例的标准误来确定所需的样本量。

当样本容量足够大时，重复抽样下样本比例的标准误表示为：

$$S_p = \sqrt{\frac{\pi(1-\pi)}{n}}$$

抽样误差范围表示为：

$$E = Z_{\alpha/2} \sqrt{\frac{\pi(1-\pi)}{n}}$$

从上式中解得样本量 n：

$$n = \frac{Z_{\alpha/2}^2 \pi (1-\pi)}{E^2}$$

为确定样本量 n，需要知道允许的抽样误差范围 E、与给定置信水平相对应的标准值 Z、总体比例 π。如果在以往调查中可得总体比例的一个较好估计，那么直接将它代入公式就可以得到所需的样本量；否则可以取 $\pi=0.5$，因为这时的总体方差最大。

2. 对样本量基本公式的应用考虑

在上述确定样本量的基本公式中，假定抽样误差范围是已知的。但是，在调研估计实践中，如何确定调查需要达到的合适精度水平（抽样误差范围），却是一个需要重新思考的问题。调研机构应该考虑下面这些相关的问题。

1）多大的抽样误差对调研目标而言是可以接受的

在调查估计时，客户对主要调查问题能容忍多大的不确定性？如常用的 95% 的置信度、$\pm 6\%$ 的抽样误差范围对客户的调查目标是否适宜，估计值是否需要更高或者更低的精度？

如果调查结果将用于一项有重大影响或有较大风险的决策，则客户对估计值就需要较高的精度；如果客户只是希望取得对所研究总体某个指标的感性认识，那么，低一点的精度就可以满足要求。

2）是否需要对调查总体中的子总体（域）进行估计

调查结果是否需要包括一些细化的数据，是否需要提供域估计值？这是确定估计精度和样本量时需要考虑的重要因素。例如，正如在第 8 章中曾经讨论过的那样，除需要对全国进行估计外，可能还需要省或地市的估计值，或者还需要对调查总体中按性别、年龄或受教育程度等因素划分的重要的子总体（域）进行估计。不同的域对精度要求可能不同，但是为满足细化数据的需要，调研估计就必须确定较高的精度。例如，对一项全国性抽样调查而言，调查主办者可能要求对全国估计的抽样误差范围为 $\pm 3\%$；但是对于省级估计值，$\pm 5\%$ 的抽样误差范围就可以满足要求；而对于地市的估计值，$\pm 10\%$ 的抽样误差范围就足够了。在上述情况下，通常要求将每个研究域作为层来处理。

3）相对于调查估计值的抽样误差应该多大为宜

从调研目标出发对抽样误差大小进行理论评估，是解决估计精度问题的一种途径；在考虑总体估计的同时考虑域估计的需要，是解决估计精度问题的另一条途径。但是，这还不够。有时，更有效和可靠的途径则是将抽样误差范围与最小估计值进行比较。例如，在比例估计中，有些指标的比例估计可能是 0.5 或更高，但是另外一些指标的比例估计则可能较低，如 0.05。如果最小的估计值是 0.05，那么调研机构（和客户）要求的抽样误差范围就应该小于 0.05。例如，政府要决定是否执行为某种使用人数较少的语种提供服务的新政策，并且假定政府决定为这种语种提供服务的前提是，至少有 5% 的人群对这一语种存在需求。因此，在调查估计当地居民对这种语言的需求上，$p=0.05$ 就是这里要确定的最小估计值。直观地看，相对于 $p=0.05$ 水平的调查估计值，± 0.05 的抽样误差范围似乎过高。在这种情况下，必须规定更小的抽样误差范围，如不大于 ± 0.01 等（这时，置信区间应该是 0.05 ± 0.01）。

4）精度要求的实际含义是什么

随着样本量的增加，估计值的精度也将提高。然而，精度的提高并不与样本量的增加成正比。考虑一个只有 A 和 B 两个选项的定类变量的测量问题，假设客户对总体中选择 A 的个体所占的比例感兴趣。

表 10-10 描述了在 95% 的置信度下，对不同样本量的简单随机样本进行比例估计计算得到的抽样误差范围，假设选择 A 的个体占总体比例为 $P=0.5$。

表 10-10　简单随机抽样估计比例 P 的样本量与抽样误差范围（当 $P=0.5$ 时）

样本量	抽样误差范围
50	0.138 6
100	0.098 0
500	0.043 8
1 000	0.031 0

在表 10-10 中，当样本量从 50 增加到 100 时，比例估计值的抽样误差范围从 ±0.138 6 减少到 ±0.098 0，有所降低，但是并没有像我们想象的那样，减半至 ±0.069 3。同样，对于 500（5 倍于 100）的样本量，抽样误差范围也只是减少到 ±0.043 8，也没有与样本量增加 5 倍成比例地减少到原来的 1/5，即从 ±0.098 0 减少到 ±0.019 6。最后，样本量从 500 增加到 1 000 时，抽样误差范围也并没有减少一半。虽然很多人期望在样本量和抽样误差范围之间存在某种线性关系，但实际上，两者之间并没有这种关系。

由表 10-10 可知，调研机构和客户必须判断：花费更多人力和物力调查访问 1 000 人而不是 500 人，以使抽样误差范围从 ±0.043 8 减少到 ±0.031 0 是否值得。

为得到最小的抽样误差范围而选择最大可能的样本并不总是最佳的解决办法。有时，可以在有效利用现有资源的基础上，获得相对精确的估计结果，接受一个较大的抽样误差范围。通过采用一个较小样本节省下来的费用，可用来调整其他影响调查结果精度的因素，如减少无回答率（如测试问卷、对回答者进行追踪回访、培训访员等），这样做也许更有效。

10.5.3　关于确定样本量的现实复杂考虑及计算

现实中，调研估计常常面临非常复杂的情况，通常并不像理论假定的那样简单。有许多现实因素必须考虑进来，估计精度与样本量之间的关系也变得复杂了。下面首先讨论这些现实因素，分析这些因素对样本量的影响，然后对初始样本量进行调整，最终保证估计精度的复杂要求。

1. 关于确定样本量的现实复杂考虑

在确定样本量基本公式之外，又有一些现实因素影响调查估计量的精度，进而影响样本量。这些因素主要包括总体指标的变异程度、总体大小、样本设计和所用的估计量，以及回答率等。

1）总体的变异程度

在一项估计顾客对某企业所提供服务的满意度调查中，如果所有顾客对所提供的服务都表示满意（或者不满意），那么"顾客满意度"就没有变异，此时只要有一个顾客的样本就可以提供关于"顾客满意度"的完全可靠的估计值。随着调查总体中所研究指标的实际变异程度的增加，样本量也必须随之增大，这样才能使研究指标的估计值具有较高的精度。对于只取两个值的指标，即二元变量，当这两个值在总体中以50%—50%的比例出现时，总体指标的变异程度最大。

因此，为确定调查所需的样本量，首先需要得到目标总体的研究指标变异程度的估计值。由于通常情况下变异的真值是未知的，所以，就需要调研人员从过去相关主题的调查或试调查中得到它的估计值。此时，调研人员必须意识到，如果所研究指标的实际变异程度大于确定样本量时估计的变异程度，那么调查估计值的实际精度就会低于期望的精度。相反，如果所研究指标的实际变异程度比所估计的变异程度小，调查所得到的估计值就会比预计的更精确。

为确保达到调查要求的精度，在计算样本量时，建议对某一指标的总体变异程度采取保守估计。换言之，在实际中如果事先不掌握调查中要测量指标变异程度的数据，那么最好的办法是假定研究指标具有最大的变异程度。例如，对于二元变量，应该假定总体中该变量的变异程度为50%—50%，对半平分，即假定$P=0.5$。

抽样调查时，调查指标通常不止一个，每个指标的变异程度可能互不相同。对某一指标来说足够大的样本，对变异程度更大的另一个指标来说可能就有些偏小。因此，为确保样本量对所有的研究指标都足够大，应该根据最大变异程度或被认为最重要的指标，来确定样本量。

2）总体大小

在确定样本量的基本公式中，样本量的确定似乎与总体大小没有关系。因为在给出样本量基本公式时，假定是在大总体中进行有放回的重复抽样，抽样总体的影响被忽略了。然而，在调研实践中，总体单元数量可能是有限的，而且可能采取样本不放回的非重复抽样，这时就应该考虑总体大小对样本容量的影响。

在样本不放回的非重复抽样条件下，样本均值的标准误表示为：

$$S_{\bar{x}}=\frac{\sigma}{\sqrt{n}}\sqrt{\left(1-\frac{n}{N}\right)}$$

均值估计值的抽样误差范围表示为：

$$E=Z_{\alpha/2}\frac{\sigma}{\sqrt{n}}\sqrt{\left(1-\frac{n}{N}\right)}$$

从上式中解得样本量n：

$$n=\frac{Z_{\alpha/2}^2\sigma^2}{E^2+\dfrac{Z_{\alpha/2}^2\sigma^2}{N}}$$

同理，在不放回的非重复抽样条件下，样本比例的标准误应表示为：

$$S_p=\frac{\pi(1-\pi)}{\sqrt{n}}\sqrt{\left(1-\frac{n}{N}\right)}$$

比例估计值的抽样误差范围表示为：

$$E=Z_{\alpha/2}\frac{\pi(1-\pi)}{\sqrt{n}}\sqrt{\left(1-\frac{n}{N}\right)}$$

从上式中解得样本量 n：

$$n = \frac{Z_{\alpha/2}^2 \pi(1-\pi)}{E^2 + \dfrac{Z_{\alpha/2}^2 \pi(1-\pi)}{N}}$$

从非重复抽样条件下样本量的计算公式中可以了解到，在样本量的确定过程中，总体所起的作用因它的大小而有所差异。对于小规模总体，它起着重要作用；对于中等规模的总体，其作用中等；而大总体对样本量影响的作用很小。因此，对于小规模的总体，为保证取得所期望的精度，通常采用普查方式。

例如，在顾客满意度调查中，假定持满意态度的顾客的真实比例是 $P=0.5$。调查使用简单随机抽样抽取样本，并以 95% 的置信度下 0.05 的抽样误差范围（即置信区间确定为 0.5 ± 0.05），对总体比例 π 进行估计。表 10-11 显示了不同大小的总体所需的样本量。

表 10-11　用简单随机抽样估计 π，要求在置信度为 95% 下
抽样误差范围为 0.05 所需的样本量（$P=0.5$）

总体数量	所需的样本量
50	44
100	79
500	217
1 000	278
5 000	357
10 000	370
100 000	383
1 000 000	384
10 000 000	384

从上表可以看出，为满足要求的精度水平，随着总体数量的增加，样本量增加的比率逐渐减小到零。对于单元总数为 50 的调查总体，需要 44 个有效样本，对于两倍于此的调查总体，达到同样精度要求的样本量为 79，而不需要将样本量翻倍，即 88 个样本。

对于 $N=5\ 000$ 或更大的调查总体，所需的样本量快速地逼近 $n=384$。因此对于简单随机抽样，在真实总体比例为 $P=0.5$ 的情况下，384 份有效问卷对于大于 5 000 的总体，已足以满足给定的精度要求。

3）样本设计和估计量

截至目前，在讨论抽样估计和样本量确定问题时，总是假定所采用的抽样方法为简单随机抽样。但是实际上，调查完全可能采用其他复杂的样本设计方法，如分层抽样或整群抽样等。对于同样大小的样本及同一估计量，当使用复杂的样本设计时，估计值可能比简单随机抽样精确，也可能没有简单随机抽样精确。当估计值更精确时，称所采用的样本设计更为有效。所以，当调查中使用了复杂的样本设计时，就应考虑实际使用抽样设计的效率，并且对计算样本量的基本公式作出调整。通常的做法，是在简单随机抽样的样本量计算公式的基础上乘以一个设计效应因子。

设计效应（Deff）是指在给定抽样设计下估计值的抽样方差，与相等样本量下的简单随

机抽样的估计值的抽样方差之比。这个度量常用来比较不同抽样设计的估计效率。设计效应还可以用来对复杂抽样设计的方差提供一个粗略的估计。如果能从以前进行过的、使用相同抽样设计的调查得到设计效应的某种估计，可以用它来计算一项调查所需的样本量。

设某一抽样设计样本估计值的方差为 $S^2_{(\hat{\theta}_1)}$，同等样本量的简单随机抽样设计的样本估计值的方差为 $S^2_{(\hat{\theta}_0)}$，则抽样设计效应为：

$$\text{Deff} = \frac{S^2_{(\hat{\theta}_1)}}{S^2_{(\hat{\theta}_0)}}$$

显然，对于简单随机抽样设计，Deff＝1；若 Deff＜1，表明实际使用的抽样设计的效率高于简单随机抽样；若 Deff＞1，表明实际使用的抽样设计的效率低于简单随机抽样。

在分层抽样中，当分层的变量与调查指标相关时，所得的估计值通常比相同样本量的简单随机抽样更精确，或者至少一样精确。另外，整群抽样估计值的精度通常低于使用同一估计量进行估计时简单随机抽样的估计值的精度（因为群内相邻单元通常比较相似）。因此，对于分层抽样设计，设计效应一般小于等于1；对于整群抽样设计，设计效应一般大于等于1。

若过去相同或相似主题调查所用的抽样设计与计划实施的抽样设计相同或相似，就能得到当前调查主要变量设计效应的估计值。我们也可以从试调查中得到设计效应的估计值。

如果调研机构计划使用分层抽样设计，但不能从过去相关的调查中得到设计效应的估计值，可以将设计效应设定为"1"，以此来计算所需的样本量。当使用与简单随机抽样相同的样本量时，分层抽样调查估计值的最终精度，应该不会低于根据简单随机抽样设计取得的精度，甚至更高。如果计划使用整群抽样设计，同时事先又不了解整群抽样对抽样方差带来的影响，对设计效应进行估计通常很困难，在这种情况下，设计效应至少应取为3，虽然它实际可能高达6或7。

当确定了设计效应后，调研人员就可据以调整特定抽样设计所需的样本量。为了达到与简单随机抽样设计相同的精度要求，特定抽样设计所需的样本量（n_1）的计算公式为：

$$n_1 = n_0 \cdot \text{Deff}$$

其中，n_0 为简单随机抽样设计下为达到同样精度要求所需要的样本量。

4）调查的回答率

调查回答率是指调查回收的有效问卷数占计划访问的样本数量的百分比。在计划访问的所有样本中，由于住宅实际无人居住或样本单元超出调查范围或样本单元没有回答等，导致出现无效问卷。出现无效问卷意味着计划样本量中的一部分无法产生有效数据，实际访问的样本量减少了。

为了达到调查估计值要求的精度，调研机构需要根据预计的回答率调整样本量的大小，根据预计的回答率确定一个较大的样本才可能达到精度要求。预计的回答率是依据对同一总体的小范围的试点调查或者过去类似的调查得到的。假设理论上确定的样本量为 n_t，预计回答率为 r，那么调整后的样本量 n_1 就表示为：

$$n_1 = n_t / r$$

一旦调研机构和客户预先确定了某一回答率，调研机构就必须尽最大努力保证预计回答率的实现。如果不能达到所预期的回答率，就会影响调查结果的精度。实际回答率偏低会导致有效样本数小于精度所需的样本数；若实际回答率比预期高，则结果正好相反。

务必注意，为了妥善处理无回答，简单地增加样本量是不够的。因为，如果调查中，拒绝回答与给出回答的被访者在所研究指标上存在显著的差异，就可能产生估计的系统性偏差。

2. 基于现实复杂考虑的样本量的计算

对一般抽样设计，假设调查回答率小于100%，在给定比例估计精度条件下，确定样本量的过程是从计算初始样本量开始的，然后根据总体大小、设计效应和回答率分别对它进行调整，最后求得最终样本量。下面以比例估计为例说明计算样本量的详细步骤。

第1步：计算初始样本量。

设允许的抽样误差范围为E，与给定置信水平相对应的标准值为Z，总体比例为π，则初始样本量n_0为：

$$n_0 = \frac{Z_{\alpha/2}^2 \pi(1-\pi)}{E^2}$$

第2步：根据总体大小对初始样本量进行调整。

这里有两种调整方法。一种是在进行样本比例的方差估计中直接考虑总体大小的调整因子，并据此计算样本量：

$$n_1 = \frac{Z_{\alpha/2}^2 \pi(1-\pi)}{E^2 + \dfrac{Z_{\alpha/2}^2 \pi(1-\pi)}{N}}$$

另一种方法是在初始样本量的基础上乘以一个总体大小的调整因子。

$$n_1 = n_0 \frac{N}{N+n_0}$$

第3步：以根据总体大小调整后的样本量为基础，根据实际使用的抽样设计（简单随机抽样以外的其他随机方法），使用抽样设计效应对样本量进行调整。

$$n_2 = n_1 \cdot \text{Deff}$$

其中，通常情况下，对分层抽样设计，$\text{Deff}<1$；对整群或多阶抽样设计，$\text{Deff}>1$。

第4步：根据预计回答率r再次进行调整，以确定最终样本量n_3：

$$n_3 = \frac{n_2}{r}$$

下面用实例说明样本量的计算过程。

【例10-9】 某杂志社准备首次启动一项调研活动，以得到读者对该杂志综合满意度的估计值。订阅该杂志的读者总体主要由城市读者、乡村读者和海外读者三部分构成（总体分层数据见表10-12）。通过从三部分读者中各抽取一个简单随机样本，得到一个分层随机样本。假定该杂志社希望真实的总体比例落在样本估计值的±0.05范围内，并且调查估计值的置信度为95%。同时，预计回答率为65%。请问每一层应确定访问多少个订户？再假定对每一层都要求样本估计值在95%的置信度下抽样误差范围为±0.05的估计结果，城市、乡村和海外三层读者的预计回答率分别为65%、65%和50%。那么调查所需的样本量为多少？

表 10-12　某杂志订阅读者总体及分层数据

层数 i	层名	读者数（N_i）
1	城　市	500 000
2	乡　村	200 000
3	海　外	60 000
合　计		760 000

解： 所需要的样本量取决于调查机构及客户对数据的具体要求，为此，应考虑以下两个方案。

方案一：

假设不需要得到各层的精确估计，对读者总体的估计值在 95% 的置信度下、±0.05 的抽样误差范围内，就认为估计值足够可靠了。由于事先没有关于顾客满意度的估计值，所以方差应取最大，即取 $\pi=0.5$。

已知的其他条件：总体大小 $N=760\ 000$，抽样误差范围 $E=0.05$，回答率 $r=0.65$。由于 $\alpha/2=(1-95\%)/2=0.025$，则标准值 $Z_{\alpha/2}=1.96$。

第1步：计算初始样本量 n_0。

$$n_0=\frac{Z_{\alpha/2}^2\pi(1-\pi)}{E^2}=\frac{(1.96)^2\times0.50\times(1-0.50)}{(0.05)^2}=384$$

第2步：根据总体大小调整样本量。

$$n_1=n_0\frac{N}{N+n_0}=384\times\frac{760\ 000}{760\ 000+384}\approx384$$

由于读者总体达到 760 000 之多，属于大规模的总体，所以 n_0/N 可以忽略不计。

第3步：根据设计效应调整样本量。

对于分层随机抽样，通常 Deff<1。但是由于没有可利用的 Deff 的估计值，因此，采取保险做法，取 Deff=1，则调整后的样本量为：

$$n_2=n_1\cdot\text{Deff}=n_1=384$$

第4步：根据预计回答率再次调整样本量，确定最终的样本量 n_3。

$$n_3=\frac{n_2}{r}=\frac{384}{0.65}=591$$

于是，根据方案一，该项调查需要样本量 591 个。

方案二：

假定对每一层都要求样本估计值在 95% 的置信度下抽样误差范围为 0.05 的估计结果，那么就需要单独计算各层的样本量，即将每一层作为一个总体，估计调查所需的样本量。

考虑到城市读者（层1）和乡村读者（层2）都是大总体，其他已知条件和估计精度要求与方案一相同，可以推断，第1层和第2层需要抽取的样本量与方案一相同，都是591。然而，对于海外读者，由于总体相对较小，并且预计回答率也不同，因此将按步骤计算其样本量。

初始样本量： $n_0=\frac{Z_{\alpha/2}^2\pi(1-\pi)}{E^2}=\frac{(1.96)^2\times0.50\times(1-0.50)}{(0.05)^2}=384$

根据总体调整样本量： $n_1=n_0\frac{N}{N+n_0}=384\times\frac{60\ 000}{60\ 000+384}\approx382$

取 Deff＝1，调整样本量：　　$n_2＝n_1 \cdot Deff＝n_1＝382$

根据预计回答率调整样本量：　$n_3＝\dfrac{n_2}{r}＝\dfrac{382}{0.50}＝764$

因此，方案二所需的总样本量应该为三层样本量之和，即：

591（城市层）＋591（乡村层）＋764（海外层）＝1 946

方案二的总样本量为 1 946，是方案一的样本量 591 的 3 倍多。从这种比较中可以发现，如果仅仅要得到整个总体的估计值，那么要求的样本量将大大小于对各层分别进行估计时所需的样本量，因为对各层分别进行估计时，需要确保使每一层的样本量都足够大。

这个例子也说明对每一不同子总体审查精度要求的重要性。但是，如果调查涉及许多域估计，就可能使总样本量显著增大，并可能导致样本量超出客户的预算和现有资源的承受能力。一般来说，要求估计的域越多，需要的样本量就越大。因此需要在精度与费用之间进行折中，以保证估计的误差在可接受的范围之内。通过增大每一层估计值的允许误差，或合并其中某些域，使精度和费用达成平衡。

10.5.4　各种运作限制对样本量影响的考虑

在样本量的上述讨论中，所涉及的只是确定样本量过程中最重要的指标估计值的精度要求。然而实际上，在确定样本量时，不考虑时间和费用这两个因素是不可思议的。大多数调研机构（和客户）都不可能忽视这些限制条件。最终确定的样本量必须与可获得的经费预算和允许的时限保持一致。

实际中经常会出现这种情况，在确定实施调查的细节之前，就已确定了经费预算，并限定了完成调查最后的期限。结果发现，实施调查所需要的样本量大于现有经费所能支撑的样本量，调研项目如果不能得到更多的经费，就得削减样本量，从而降低精度要求。对于时间因素也一样，如果时间不充裕，也需要限制样本量，以保证按时完成调查。

除时间和费用之外，其他一些现场操作因素，如数据收集的方法，有无合适的现场调查人员、数据编码和审核人员，以及处理数据的设备等，都会对样本量的确定产生一定的影响。有时，这些因素的影响还可能是决定性的。例如，个人面访虽然有助于复杂信息的收集，并得到较高的回答率，但是面访所需的费用却是非常昂贵的。因此，对大样本调查来说，面访并不总是可用的。

最终样本量的确定需要在精度、费用、时限和操作的可行性等相互冲突的限制条件之间进行协调。它还可能需要重新审查初始样本量、数据需求、精度水平、调查计划的要素和现场操作因素，并作出必要的调整。

思考与 训练题

1. 什么是抽样分布？它与样本分布有什么不同？与总体分布又有什么不同？

2. 画出 3 个分布，具有同样的平均数值但是不同的标准差值。画出 3 个分布，具有同样的标准差值及不同的平均数值。

3. 如果将样本容量从 5 增加到 25，平均数的抽样分布将会如何？

4. 假设某快餐馆想要为一个新的菜单项目估计平均销售量。这个餐馆观察了一个类似地点的销量，连续观测到如下结果：样本容量为 25，样本标准差为 100，每日平均销售量为 500。试估计这个餐馆启用新菜单后每天在 95% 的时间内销售量的范围。

5. 一家电器连锁商店正在进行空调的季节性降价促销。被抽取的 10 个样本商店销售出的空调数量如下（单位：台）：82，113，2，41，71，83，99，52，84，30。那么，根据这些数据能否说明这次促销期间每家商店平均销售空调数量多于 50 台（$\alpha=0.05$）？

6. 假设你正计划对某市养狗的家庭进行抽样，以确定他们每月购买的狗粮的平均数量。已经制定了下面的标准：99% 的置信度，小于 5 个单位的误差。以前的调研说明了标准差应该是 6 个单位。那么，该项调查需要多大的样本容量？

7. 在一项涉及 400 人的调查中，60% 的人都对一个问题持积极态度。试在 95% 的置信度下确定比例的区间估计。

8. 在一个全国性的调查中，调研人员期望总体中有 30% 的人将会同意某个态度陈述，要求误差小于 2 个百分点，并且具有 95% 的把握性。那么，需要多大的样本容量？假设调查总体为 12 000 人，事先预计调查的回答率约为 55%。那么，样本容量又应该为多少？

第11章

数 据 分 析

【本章要点】
(1) 了解单变量描述分析的基本思想和分类
(2) 掌握集中趋势的概括技术和展示方法
(3) 掌握离散趋势的概括技术及展示方法
(4) 了解双变量和多变量交叉列表分析的统计思想
(5) 理解相关分析的原理与方法
(6) 理解聚类分析的原理与统计分析要点
(7) 理解判别分析的原理与统计分析要点
(8) 理解因子分析的原理与统计分析要点

开篇案例

单变量的统计游戏

这是一个烧鸡的故事。张三有1只烧鸡,李四有2只烧鸡,王五有3只烧鸡,赵六有4只烧鸡,而李嘉诚有90只烧鸡,平均下来大家每人有20只烧鸡。面对这样的结果,张三、李四、王五、赵六都愤愤不平,他们明明只有少得可怜的几只烧鸡而已,而统计数据却说他们有20只烧鸡,这不是胡扯吗? 20只烧鸡,这是上述五人拥有烧鸡数量的算术平均值 (mean)。看来这个数字不太靠谱,要不然张三、李四、王五、赵六就不会那么愤怒了。

也许我们可以用另外的统计变量重新描述一下五人的烧鸡拥有情况。首先将5个人按照拥有的烧鸡数量从小到大顺序排列,排在中间位置的那个人是王五,他有3只烧鸡。3只烧鸡,这是上述五人拥有烧鸡数量的中位数 (median),张三、李四、王五、赵六感觉到这个数字与大家的真实情况差不多。也就是说,大家平均拥有3只烧鸡的结论要比20只烧鸡靠谱得多,中位数这一统计变量比算术平均数可以更准确地描述每个人拥有烧鸡的情况。

如果对比平均值 (mean) 和中位数 (median),发现二者差别很大,就说明数据分布不均匀,有极端情况存在——李嘉诚一人拥有的烧鸡数量,实际上是其他四人拥有量之和的五倍,太极端了。

当然，还可以考虑比较一下这组数据的最小值（min）和最大值（max）。拥有烧鸡最少的是张三，他最穷，只有1只烧鸡；而李嘉诚最富有，拥有多达90只烧鸡，是张三的90倍，这简直是天壤之别！

实际上，我们还可以全面衡量一下五个人所拥有烧鸡数量与平均值之间的差距，这个统计变量就叫标准差（standard deviation），用来说明平均值是否靠谱。

如果一组数据能够提供以上多个统计变量的描述，相信对整体情况就会有一个更为客观、真切的认识。

列联表的迷宫

20世纪80年代，有女性学生控告加州大学伯克利分校在录取研究生时存在性别歧视，她们提供了一份数据（见表11-1）。

表11-1　伯克利分校男女研究生录取率

Gender	Admitted	Rejected	%Admitted
Male	1 198	1 493	44.5
Female	557	1 278	30.4

她们说，男生的录取率（44.5%）比女生的录取率（30.4%）高了很多，所以她们有理由相信校方存在性别歧视。

校方做出了回应，当时加州伯克利分校理学院的主任Peter Bickel是一个著名的统计学家，他决定对数据进行重新分析。Bickel按每一个系男女生的具体录取数据重新列表，计算男女生录取率。具体数据见表11-2。

表11-2　伯克利分校按系划分的男女研究生录取率

Department	Admitted	Admitted	Rejected	%Admitted
Department A	Male Female	512 89	313 19	62 82
Department B	Male Female	353 17	207 8	63 68
Department C	Male Female	120 202	205 391	37 34
Department D	Male Female	138 131	279 244	33 35
Department E	Male Female	53 94	138 299	28 24
Department F	Male Female	22 24	351 317	6 7

比较一下上述两张表格提供的数据，你认为"伯克利分校在录取研究生时存在性别歧视"的控告是否成立，引用表格中的数据证明你的观点。

11.1 引 言

开篇案例中提供了一些有趣的发现，这些发现是描述性分析的典型结果，是数据分析的一种表现。数据分析的价值，根本上在于它最终能够以精练的数字来综合和概括大量的事实，使人们得以正确地认识事物。

假如要了解某地区居民的牛奶消费水平，我们随机抽取该地区 600 位居民进行了一次抽样调查，可以得到关于居民牛奶消费量的 600 个数字。那么，如何概括该地区居民的牛奶消费水平呢？通过计算一个平均数来概括地表现该地区居民的人均牛奶消费量，一个精练的概念就这样形成了。

上面仅仅是单变量描述性分析的一个简单例子。一般认为，描述性分析是将原始数据转换成一种易于理解和解释的形式。描述性分析主要通过有关统计量（关于样本的或者关于总体的）来描述数据特征，找出数据的基本规律。有关统计量（样本/总体）是用来描述数据特征的概括性数字度量，它是根据样本/总体数据计算出来的一些量，是样本/总体的函数。在本章中，为分析说明方便，我们更多借助样本数据来计算样本统计量，并重点说明样本数据的特征。关于总体数据的描述性分析，原理和方法基本是一样的，只不过需要与第 10 章中抽样估计的有关内容结合起来考虑，本章就不特别分析了。

描述性分析不仅包括单变量数据的分析，也涉及双变量和多变量数据的分析；不仅涉及数据的一般描述性分析，也涉及数据的深度分析和一些专门用途的应用分析。

11.2 单变量数据的描述性分析

当通过抽样调查获取样本数据后，调研者首要的任务就是描绘样本数据，以便以一种简明且有意义的方式对结果进行研究和解释。有时，对数据进行重新排列就可以提供重要的描述性信息；对数据进行分类或分组，同样也是理解数据模式的一种描述分析形式；更常见的描述分析方法，则是对数据进行概括并对其分布状态进行分析。下面，对这些描述性分析形式或方法进行详细讨论。

11.2.1 数据分类/分组与频数分布

在自然界和社会生活中，很多现象属于非确定性现象，即随机现象（如人在到达法定年龄后可能结婚也可能不结婚）。市场调研的对象常常是一些随机现象，这些现象在大量观察条件下呈现出一种内在的数量规律性，即它们发生的可能性是一定的，这种可能性就是概率。由于随机现象的统计规律性，人们才得以在市场调研中大量运用统计分析，以揭示隐藏在数据背后的规律性。数据的分类/分组与频数分布就是这样一种基本的统计分析方法。

　　频数分布是单一统计变量的各个类别或每个值出现的次数和频率的一种分布状态。频数分布是一种基本的单变量统计分析方法，它始于数据的分类/分组，重点是变量的各类别或每个值出现次数的统计，最终通过适当的图表工具展示该变量的频数分布。在现代市场调研中，频数分布的统计可以很容易地通过计算机来完成。

　　进行数据分类/分组与频数分布统计，关键是要区分所面对的变量及数据类型，因为不同类型的变量及数据，所采取的处理方式和方法也不同。概括地讲，对类别和顺序变量的数据主要是做分类统计，对等距与等比变量的数值型数据则主要是做分组统计。与在第 7 章中讨论的四类基本量表的性质类似，适合于低层次数据（如类别或顺序数据）的整理和展示方法也适合于高层次的数据；但是，适合于高层次数据的整理和展示方法并不一定适合于低层次的数据。大多数调查都要求收集很多个指标，这些指标也称作变量。

1. 类别或顺序数据的分类与频数分布

　　正如第 7 章所分析的那样，类别或顺序变量的取值实际是指变量的类别或不同等级，而不是具体数值。所以，类别或顺序数据本质上属于计数型数据，主要做分类统计。类别或顺序数据的频数分布展示一个变量各个类别的频率，即落在这一类别中的观测数。类别或顺序数据的频数分布，通常通过频数分布表、累积频数表、条形图、柱状图、饼图及环形图等图表工具展示出来。

　　以 CNNIC 2020 年 4 月公布的《中国互联网络发展状况统计报告》（第 45 次）中的域名数据为例，说明类别数据的频数分布。截至 2019 年 12 月，我国域名总数为 5 094 万个，按类别划分的各类域名频数分布如表 11 - 3 所示。

表 11 - 3　按类别划分的域名频数分布表

域名类别	域名数量/个	占域名总数比例
. CN	22 426 900	44.0%
. Com	14 924 706	29.3%
. 中国	1 703 456	3.3%
. Net	1 075 645	2.1%
. Org	167 067	0.3%
. Biz	45 182	0.1%
. Info	33 588	0.1%
New gTLD	10 132 444	19.9%
其他	433 307	0.9%
合计	50 942 295	100.0%

注：New gTLD，是指新通用顶级域名。

　　在上述频数分布表中，不仅展示了落在各类别中的数据个数（频数），同时也展示了各类别数据个数占全部数据个数的比例（百分比）。

　　实际上，上述数据所描述的事实也可以通过柱形图和饼图等图示手段给予更直观的展示。图 11 - 1 就是按域名类别划分的一个频数柱形图。

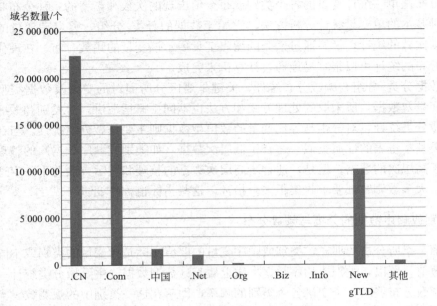

图 11-1 按域名类别划分的频数柱形图

柱形图是在横轴上以宽度相同的多个柱状图形代表变量的各个类别，并以纵轴上柱形高度来表示数据的大小。当在纵轴上以宽度相同的多个条形图形代表变量的各个类别并以纵轴上条形长度表示数据大小时，这种图形又称为条形图。使用 Excel 软件可以很容易地将上面的频数分布表以柱形图（或条形图）方式展示出来。

饼图也称圆形图，是用圆形及圆内扇形的角度来表示数值大小的图形。与柱形图不同，饼图主要用来表示总体或样本中各组成部分所占的比例，对于研究结构性问题十分有用。图11-2就是这样一种饼图，展示了域名的类别构成。

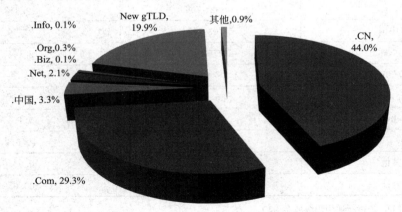

图 11-2 截至 2019 年 12 月我国域名的类别构成

当需要比较两个以上总体的结构或一个总体的结构变化时，我们可以使用一种与饼图类似的图形——环形图进行描述和展示。环形图中间有一个"空洞"，总体中的每一类别数据用环中的一段表示。实际上，不仅分类数据可以使用环形图来展示，顺序数据也可以。

顺序数据除了可以通过上述图表工具进行描述外，还可以通过累积频数和累积百分比来展示。累积频数是指顺序变量各类别频数的逐级累加，而累积百分比则是指顺序变量各类别百分比（频率）的逐级累加。

以 CNNIC 2005 年 7 月公布的《中国互联网络发展状况统计报告》中用户对互联网使用情况评价的有关数据为例，说明顺序数据的累积频数和累积百分比分布。用户对当前互联网在学习、工作和生活等方面的帮助程度评价数据如表 11-4 所示。注意，这里仅仅列出了百分比分布和累积百分比的分布。

表 11-4 用户认为当前互联网的帮助程度

帮助程度	学习		工作		生活	
	百分比/%	累积百分比/%	百分比/%	累积百分比/%	百分比/%	累积百分比/%
非常大	47.8	47.8	39.9	39.9	25.5	25.5
比较大	29.2	77.0	35.7	75.6	33.6	59.1
一般	17.9	94.9	20.5	96.1	33.6	92.7
不太大	3.7	98.6	3.1	99.2	5.9	98.6
几乎无	1.4	100.0	0.8	100.0	1.4	100.0

同样，使用 Excel 软件可以很容易地将上面的累积百分比频数分布表以折线图方式展示出来，如图 11-3 所示。

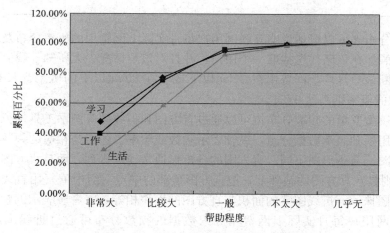

图 11-3 用户对互联网帮助程度评价的累积百分比

2. 数值型数据的分组与频数分布

正如第 7 章所分析的那样，等距或等比变量的取值不再是类别，而是具体数值。数值型数据可以是离散数据，也可以是连续数据。离散型数据的频数分布是将每一个变量值作为一组，统计每组变量值出现的频数，列出频数分布表。然而，大多数情况下，我们面对的是有大量变量值的连续型变量。连续型变量数据的频数分布要求首先对变量值进行分组，然后统计出变量每一组值出现的次数或频度。变量值可以采用等距分组或不等距分组。

连续型变量数据的等距分组通常遵从以下步骤。

◇ 确定组数：组数的确定应以能够显示数据的分布特征和规律为目的。在实际分组时，可以按 Sturges 提出的经验公式来确定组数 K，有：

$$K = 1 + \frac{\lg n}{\lg 2}$$

◇ 确定组距：组距是一个组的上限与下限之差，可根据全部数据的最大值和最小值及所分的组数来确定，即

组距＝(最大值－最小值)/组数

◇ 统计出各组的频数并整理成频数分布表。

【例 11-1】 从某地区抽取 24 名互联网用户，得知其月均上网费用（单位：元）如下：34，47，55，42，71，68，46，83，51，53，59，60，63，65，74，57，57，54，67，55，73，49，54，77。试对上述数据分组并列出频数分布表。

按照连续型数据的分组步骤完成组数、组距的计算：组数 $K \approx 6$，组距 ≈ 8（调整为 10）。借助 Excel 软件列出该地区网民每月实际上网费用分组数据的频数分布，如表 11-5 所示。

表 11-5 某地区互联网用户每月实际上网费用分组数据的频数分布

按费用分组	30～39	40～49	50～59	60～69	70～79	80～89
用户数（频数）	1	4	9	5	4	1
用户比例	4.2%	16.7%	37.5%	20.8%	16.7%	4.2%

上述频数分布表可以概括说明互联网用户每月实际上网费用的概率分布及用户上网费用的一般水平。假如在该区任意抽取一个用户，并且对该户情况一无所知，我们还是可以根据上述分析，推断该户月均上网费用在 39 元以下或者在 80 元以上的概率都只有 1/24，而在 50～59 元之间的概率则高达 9/24。

当然，连续型变量的频数分布也可以通过直方图和折线图等图示工具进行直观展示。在直角坐标中，用横轴表示数据分组，纵轴表示频数或频率，各组与相应的频数就形成了一个矩形，即直方图。与条形图不同，直方图的各矩形通常连续排列，而且直方图下的总面积等于 1。折线图则是在直方图的基础上，把直方图顶部的中点（组中值）用直线连接起来，再把原来的直方图抹掉。折线图下的面积与直方图的面积相等，二者所表示的频数分布是一致的。上述互联网用户每月实际上网费用分组数据的频数分布可通过折线图展示出来，如图 11-4所示。

需要说明的是，对于未经分组的数值型数据，也可以通过茎叶图（Stem-and-Leaf Plot）来展示。顾名思义，茎叶图由"茎"和"叶"两部分数字构成，一般以该组数据的高位数值作树茎，低位数字作树叶，树叶上只保留一位数字。茎叶图类似于横置的直方图，但是又与直方图不同。直方图可观察一组数据的分布状况，但是没有了原始数值；茎叶图既能展示数据的分布状况，又能给出每一个原始数值，保留了原始数据的信息。

3. 调查数据与历史数据相结合的频数趋势分析

在以上所述的数据分类/分组与频数分布统计中，仅仅涉及一次调查所获得的样本数据。

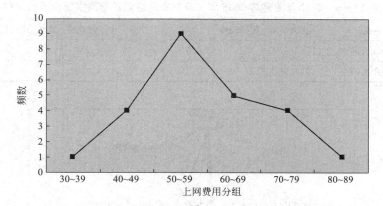

图 11-4　互联网用户每月上网费用分组频数的折线图

但是，在调查数据的描述分析中，研究者不仅需要了解数据的分布结构规律，也需要了解数据结构的变化趋势，从而加深对市场现象的认识。将当前的调查数据与历史数据结合起来建立频数分布表，并通过绘制多样本的柱状图和雷达图等，可以做到在展示分类/分组数据的分布结构的同时，又能展示数据分布结构的发展变化趋势。

图 11-5 是一幅多样本的柱状图，展示了 CNNIC 从 2000 年 12 月至 2005 年 6 月之间数次调查的上网用户上网方式的频数分布与结构变化趋势。

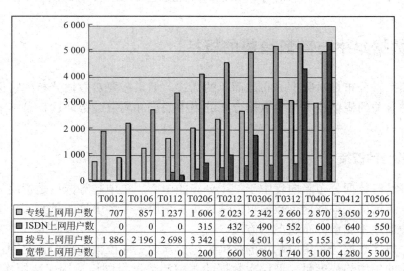

	T0012	T0106	T0112	T0206	T0212	T0306	T0312	T0406	T0412	T0506
专线上网用户数	707	857	1 237	1 606	2 023	2 342	2 660	2 870	3 050	2 970
ISDN上网用户数	0	0	0	315	432	490	552	600	640	550
拨号上网用户数	1 886	2 196	2 698	3 342	4 080	4 501	4 916	5 155	5 240	4 950
宽带上网用户数	0	0	0	200	660	980	1 740	3 100	4 280	5 300

图 11-5　CNNIC 历次调查不同方式上网用户人数

雷达图（Radar Chart）是显示多个变量数据的图示方法，在显示或对比各变量的数值总和时十分有用。假定各变量的取值具有相同的正负号，总的绝对值与图形所围成的区域成正比。可用于研究多个样本之间的相似程度。

表 11-6 显示的是两个样本（2002 年和 2005 年两次互联网调查）、多个变量（网民上网的不同目的）的频数分布。

依据这个频数分布表，使用 Excel 图表工具，可以很容易地绘制雷达图，如图 11-6所示。

表 11-6 2002 年 6 月与 2005 年 6 月两次调查网民上网主要目的的比较

上网主要目的	获取信息	休闲娱乐	学习	交友	免费资源	对外通信	学术研究	其他
2002 年 6 月第 10 次调查	47.6%	18.9%	6.6%	14.9%	1.2%	4.4%	0.8%	3.7%
2005 年 6 月第 16 次调查	37.8%	37.9%	10.3%	5.9%	1.3%	2%	1.4%	2%

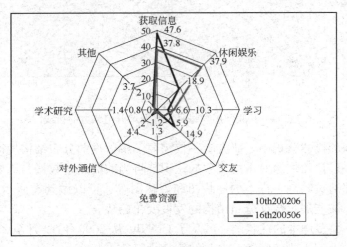

图 11-6 2002 年 6 月与 2005 年 6 月两次调查网民上网目的的构成比较

11.2.2 数据集中与离散趋势的概括

频数（频率）分布是对数据分布最简单的描述。如果需要对数据分布的特征进行深入认识，就要借助有关的概括技术测量数据分布的集中趋势和离散趋势。这正是本节所要集中讨论的问题。

1. 集中趋势的概括

集中趋势是指数据分布趋向集中于一个分布的中心。集中趋势概括是指用一个数值来代表变量值的分布情况，根据这个数值可以估计每一个研究个案中该变量的值。所以，集中趋势测量是一种描述单变量分布状况的方法。

最常用于概括数据分布集中趋势的统计量包括众数、中位数和平均数三种。不同类型的数据适用不同的集中趋势度量，低层次数据的集中趋势度量同样适用于高层次数据，但是，高层次数据的集中趋势度量却不适用于低层次数据。

1）众数

众数（mode）是总体中各单位在某一标志上出现次数最多的变量值。简单地说，出现次数最多的值就是该变量的众数。例如，在一项按简单随机方法抽取 500 户农民的农业调查中，有 280 户（最多）填写了"小麦"，那么"小麦"就是众数。又如，调查显示 50%（最多）以上的大学生每月观看电影 4 次，那么 4 次这个值就是众数。

在集中趋势概括的三个统计量中，众数的适用范围最广，适用于各种数据。而且，众数是对类别数据的集中趋势进行概括的唯一适用统计量。

只要列出了数据的频数分布表，就可以轻易得到变量值的众数，这也是众数的主要优点。但是，众数也有许多不足之处。首先，它对数据的描述不够，因为最普遍的类别未必经常出现。当变量有很多可能的取值时，通常会产生这个问题。例如，一项有关网民通常使用互联网的时段的调查，共询问了 200 人，结果显示，几乎没有两个人的答案是相同的。假如可以找到两个相同的答案，那么它就是理论上的众数，显然，这种众数就不是很有意义。其次，众数可能有多个取值，因为变量的几个类别可能同时具有最高频数。

2）中位数

中位数（median）是一组数据按数值大小排序后，位置居于最中间的那个值。各变量值与中位数的离差绝对值之和最小。中位数既可用于定量数据，也可用于顺序数据，中位数是描述顺序数据集中趋势的最好度量。

与均值相比，中位数的主要优点在于它更少受极端值影响。在收入调查中，不管最高收入者是百万富翁还是亿万富翁，中位数都不会变化，这一点和均值不同。与均值相比，中位数的缺点是较难用于推断性数据分析。

◆ 根据原始数据计算中位数

首先将变量值排序，如 2，3，4，5，6 为五家企业计算机的台数，然后计算中位数的位置。中位数位置＝$(n+1)/2$，例中居于第三位的数字，即"4"就是中位数。

如果 N 是偶数，如 8 家企业拥有计算机的台数排序为 2，4，4，5，7，8，10，10，则中位数位置落在第四个数和第五个数之间，中位数 $M_e = (5+7)/2 = 6$。

◆ 根据分组数据计算中位数

我们还以例 11-1 中互联网用户每月实际上网费用的调查数据为例，来说明如何根据分组资料计算中位数。首先，建立频数和累积频数分布表（见表 11-7）。

表 11-7　某地区互联网用户每月实际上网费用的频数和累积频数

按费用分组	30～39	40～49	50～59	60～69	70～79	80～89
用户数（频数）	1	4	9	5	4	1
用户累积数	1	5	14	19	23	24

其次，确定中位数所在位置。中位数位置＝$(24+1)/2＝12.5$，从用户累积数看，它在 50～59 这个组。那么，中位数是多少呢？

然后，根据分组资料计算中位数。分组资料中位数计算公式为：

$$M_e = L + W\frac{n/2 - cf}{f}$$

式中：L——中位数所在组的下限；

$\quad W$——中位数所在组的组距；

$\quad n$——数据（个案）总数；

$\quad cf$——低于中位数所在组下限的累积频数；

$\quad f$——中位数所在组的频数。

将该地区互联网用户每月实际上网费用频数与累积频数表中的有关数据代入中位数公式中，则有：

$$M_e = 50 + 10(24/2 - 5)/9 = 57.8 \text{（元）}$$

值得一提的是，在数值型数据的集中趋势度量中，还可能使用中位数以外的其他位置统计量，如四分位数和百分位数。百分位数度量，首先也要求对数据进行排序，然后将数据分成 100 个相等的部分。第 10 个百分位数、第 50 个百分位数（即中位数）和第 90 个百分位数都是常用的统计量。

度量四分位数（quartile），首先需要将（加权）数据排序，然后将整个数据分成四等份，每一部分都包含 25% 的数据，其中，处于 25% 和 75% 位置上的值就是下四分位数和上四分位数。四分位点和四分位数的确定通过图 11-7 予以说明。

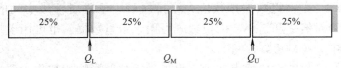

其中，Q_L 位置 $=(n+1)/4$　　Q_U 位置 $=3(n+1)/4$
Q_L 和 Q_U 值为对应位置的变量值，或对应位置两个变量值的均值（当位置并非整数时）。

图 11-7　四分位点和四分位数的确定

四分位数及其相关统计量经常通过箱线图来集中展示。假设调查某城市 10 个楼盘 2005 年 10 月份的现房售价（百元/m²）排序如下：85，96，146，195，205，235，235，250，295，375。可计算中位数为 220；下四分位数为 146；上四分位数为 250。根据上述数据可绘出箱线图，如图 11-8 所示。

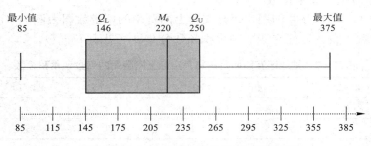

图 11-8　某城市现房售价数据的箱线图

箱线图由一组数据的 5 个特征值绘制而成，它由一个箱子和两条线段组成。一组数据的 5 个特征值包括最大值、最小值、中位数（M_e）和两个四分位数（下四分位数 Q_L 和上四分位数 Q_U）。箱子本身是从第一四分位数延伸到第三四分位数，箱子的中间有一条与上、下四分位数（线）平行的线条代表中位数，箱子两端延伸出两条线，这两条线的线端有垂直线，代表一组数据的两个极点（即最大值和最小值）。箱线图常用于研究原始数值型数据的分布状况。

3）平均数

平均数或均值（mean）是统计分析中最常用的集中趋势统计量。在简单随机抽样中，均值就是算术平均，即变量的总和除以数值个数。对于复杂的抽样设计，样本均值的计算需要考虑最终样本权数，即样本均值等于各样本单元的指标值与样本单元最终权数的乘积之和除以各样本单元最终权数之和。

平均数有两个数学性质，一是各变量值与平均数的离差之和等于零；二是各变量值与平均数的离差平方和最小。

平均数度量有许多优点。首先，它易于计算与理解，并且可以用于计算其他一些重要的统计量（如样本方差），还能用于推断性数据分析；其次，对于许多抽样设计来说，样本均值是总体均值的无偏估计。然而，样本均值也有不足之处。首先，均值不能用于概括类别或顺序数据的集中趋势。另外，均值会向极端值的方向靠近，受极端值影响很大。例如，由于样本中存在某些收入极高的个体，收入调查会得到一个非常高的平均收入值。

◆ 根据原始数据计算平均数

在简单随机抽样中，样本均值就是变量的原始数据之和除以数值个数。设某变量的一组数据为：x_1，x_2，$\cdots$，x_n，则算术平均数为：

$$\bar{x} = \sum_{i=1}^{n} x_i / n$$

以例 11-1 中某地区互联网用户每月实际上网费用的原始数据为例，计算互联网用户每月实际上网费用的平均数为：

$$\bar{x} = 1\,414/24 = 58.9 \ (\text{元})$$

◆ 根据分组数据计算平均数

设某变量的一组数据为：x_1，x_2，$\cdots$，x_n

各组的组中值为：M_1，M_2，$\cdots$，M_k

相应的频数为：f_1，f_2，$\cdots$，f_k

则分组数据平均数实际上是一种加权平均数，平均数计算公式为：

$$\bar{x} = \sum_{i=1}^{k} M_i f_i / n$$

例如，将表 11-5 中某地区互联网用户每月实际上网费用的分组数据代入上述公式中，则得到该分组数据平均数为：

$$\bar{x} = (34.5 \times 1 + 44.5 \times 4 + 54.5 \times 9 + 64.5 \times 5 + 74.5 \times 4 + 84.5 \times 1)/24 = 58.7 \ (\text{元})$$

当然，平均数除了简单算术平均数和加权平均数外，实际上还有调和平均数和几何平均数等，调查分析中用得不多，这里就不一一介绍了。

4）众数、中位数和平均数的比较

这里有一个问题，即测量和表现集中趋势的统计量有众数、中位数和平均数三种，那么对某一单变量分布状况作集中趋势测量时，应该使用哪个统计量？或者说，应该如何理解众数、中位数和平均数三种统计量之间的关系呢？

理解三者的关系，首先要联系变量性质或数据类型来分析（见表 11-8）。众数可以用来分析类别变量（数据），也可以用来分析顺序变量和等距变量，但是一般而言，以众数对类别变量进行估计或预测的误差最小。同样，中位数既可以用来分析顺序变量，也可以用来分析等距变量，但是，以中位数对顺序变量进行估计或预测的误差最小。对等距或等比数据可以进行加减运算，将变量的各个值加总或进行平均数运算，但是类别或顺序数据不能计算平均数。所以，以平均数对等距和等比变量数据作出估计或预测最为恰当。

从表 11-8 可以看出，当涉及等距或等比数值型数据时，众数、中位数与平均数都可以用来概括数据的集中趋势，最终选择哪一种统计量则依赖于变量数据的分布。这也正是理解三者关系所要考虑的另一个问题。

表 11-8　数据类型和所适用的集中趋势统计量

数据类型	类别数据	顺序数据	等距数据	等比数据
	众数	中位数	平均数	平均数
		四分位数	中位数	调和平均数
适用的统计量		众数	四分位数	几何平均数
			众数	中位数
				四分位数
				众数

如果变量数据呈单峰对称分布（如正态分布），则众数、中位数和均值都相同，选择哪一个都没关系。但是，在偏态分布中，众数、中位数和均值就不再是同一数值了，三者之间差异的大小与方向依赖于偏斜的大小与方向（见图 11-9）。在这种情况下，由于众数具有非唯一性及不受极端值影响的特性，因而较适合用来概括集中趋势；相反，由于平均数极易受到极端值的影响，所以在变量数据呈偏态分布时，平均数不适宜对集中趋势进行度量。

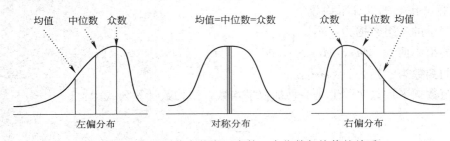

图 11-9　在不同分布状态下众数、中位数与均值的关系

2. 离散趋势的概括

离散趋势是指数据分布偏离其分布中心的程度。离散趋势测量是指求出一个数值，以表示变量值分布的离散程度及变量值之间的差异程度。

离散趋势测量与集中趋势测量之间，实际上是一种相互补充和相互说明的关系。集中趋势测量求出的是一个最有代表性的值，而这个值代表性高低取决于个案（即调查单元）之间在变量取值上的差异程度。差异越大，说明众数、中位数或平均数的代表性越差；反之，则说明代表性就越好。对数据同时进行集中趋势和离散趋势的测量，有利于更全面、更准确地认识事物的特征。数据的离散趋势通常通过离异比率、四分位差、标准差与标准差系数等统计量得以反映。

1）离异比率

离异比率（variation ratio）是指非众数出现的频数占变量值总数（个案总数）的比率，它反映全部个案中偏离众数的比例大小。离异比率越大，则众数的代表性越差，以该众数对变量值进行估计或预测的误差也就越大。假设变量值总数（个案总数）为 n，众数出现的频数为 f_m，则离异比率可以用算术式表达为：

$$V=(n-f_m)/n$$

离异比率用来测量类别数据离散程度的统计量。离异比率对于数据离散趋势的测量，就像众数对数据集中趋势的测量一样简明、直接。

2）极差与四分位差

极差（range）是数据最大值与最小值之差，对于样本数据来说，极差则是加权最大值与加权最小值之差。由于极差度量只用到了数据分布中的两个值，所以它只给出了数据离散趋势的一个大致的描述，并且很容易受极端值的影响。

四分位差（quartile deviation），也称为内距或四分位数间距，是第三个四分位数（或第75百分位数）和第一个四分位数（或第25百分位数）的差。仍然使用在四分位数度量中使用的符号，Q_L 和 Q_U 分别为第一个四分位数（或第25百分位数）和第三个四分位数（或第75百分位数），则四分位差为：

$$Q_d = Q_U - Q_L$$

当确定了一组变量值的四分位点及其对应的四分位数之后，我们很容易就能计算出四分位差。例如，在前面绘制箱形图的例子中，下四分位数为146，上四分位数为250，则四分位差为104。

四分位差给出了中间50%数据的极差，因而它受极端值的影响较小，是一个对数据离散趋势进行概括的更为有用的统计量。

3）标准差与标准差系数

标准差（standard deviation）是离差平方和的算术平均数的平方根，又称均方差，其中估计量的标准差又称标准误。标准差这种度量方式比较容易理解，因为其量纲与变量值（或估计值）的相同。假设 X_i 代表变量值，$\overline{X}$ 代表一组变量值的平均数，n 为变量值的个数，M_i 代表分组数据的组中值，f_i 代表各组数据的频数，则未分组数据标准差计算公式为：

$$S = \sqrt{\frac{\sum_{i=1}^{n}(X_i - \overline{X})^2}{n-1}}$$

分组数据的标准差为：

$$S = \sqrt{\frac{\sum_{i=1}^{k}(M_i - \overline{X})^2 f_i}{n-1}}$$

标准差的大小体现了数据分布的扁平程度。标准差越大，分布越扁平；反之，分布就越集中于中心（平均数）的附近。标准差提供了均值周围离散程度的度量。在正态分布中，68%的个案处于均值的一倍标准差内，95%的个案处于两倍标准差内，99%的个案处于三倍标准差内。换言之，如果数据接近正态分布，那么利用标准差和平均数，就可以估计出落在某个范围内的数据占全部数据的比例。

标准差系数（coefficient of variation）又称变异系数或离散系数，是指标准差与其相应平均数的比值，通常用百分数来表示。计算公式为：

$$V_S = \frac{S}{\overline{X}}$$

标准差大小取决于估计值的大小。因此，在很多情况下，需要结合估计值本身评估标准差的大小。标准差系数就是这样一种度量指标，当对比两个总体（不同规模或不同量纲单元）的变异程度时，直接用标准差比较是没有意义的，需要将标准差经过估计值平均后，用标准差系数来进行比较。

【例11-2】 某地区的某行业组织抽查5家企业月销售额和销售利润数据（单位：万元），如表11-9第2行所示。试根据表中数据比较销售额和销售利润的离散程度。

根据5家企业的月销售额数据和月销售利润数据分别计算其平均数、标准差及标准差系数，分别列于表11-9的第3~5行。

表11-9 某行业5家企业月销售额与利润数据

企业及统计值	月销售额	月销售利润
企业甲	170	8.0
企业乙	220	12.0
企业丙	390	18.0
企业丁	430	22.0
企业戊	480	26.0
平均数 $\overline{X}$	338	17.2
标准差 S	135.5	7.3
标准差系数 V_S	0.40	0.42

从表中数据可以看出，月销售额的标准差明显大于月销售利润的标准差，然而标准差系数的大小却正好相反。标准差系数的计算结果说明月销售额的离散程度小于月销售利润的离散程度。

4）离异比率、四分位差与标准差的比较

与集中趋势测量中的情形一样，在离散趋势测量中，常用的统计量也有多种，那么对某一单变量分布状况作离散趋势测量时应该选择哪个统计量本身是一个问题。这就需要理解离异比率、四分位差与标准差三种统计量之间的关系。

理解离异比率、四分位差和标准差三者的关系，主要还是要联系变量性质或数据类型来分析（见表11-10）。

表11-10 数据类型和所适用的离散趋势统计量

数据类型	类别数据	顺序数据	数值型数据
适用的统计量	离异比率	四分位差	标准差
		离异比率	标准差系数（用于比较目的）
			四分位差
			离异比率

离异比率可以用来分析类别数据，也可以用来分析顺序数据和数值型数据，但是离异比率是对类别数据进行离散趋势概括测量的唯一统计量。

四分位差既可以用来分析顺序数据，也可以用来测量数值型数据，但是一般而言，以四分位差对顺序数据的离散趋势进行预测最为可靠。

与平均数度量的道理一样，对数值型数据虽然可以使用所有的离散趋势概括技术，但是以标准差（以及方差或平均差）对数值型数据作出估计或预测最为恰当。

11.2.3 数据分布的差异分析

在数据分布的集中趋势和离散趋势测量的讨论中，我们已经多次非正式地将调查数据的分布与正态分布进行比较，以判断数据分布的集中或离散趋势。数据分布的差异分析则通过分析数据分布的偏度与峰度，正式地进行这种比较，以描述调查数据分布与正态分布之间的差异程度。

1. 偏度及其测量

偏度（skewness）又叫偏态或斜度，它表示数据分布的不对称方向和程度。正态分布是对称的，其偏度值为零。利用众数、中位数和均值之间的关系，可以判断分布是否对称，是左偏还是右偏。同样，也可以通过图示方法比较判断分布的对称性，如图 11 - 10 所示。一般来讲，具有显著正偏度的分布有很长的右尾；具有显著负偏度的分布有很长的左尾。

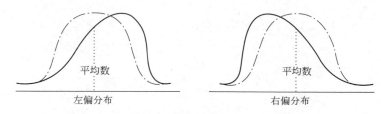

左偏分布　　　　　　　　右偏分布

图 11 - 10　数据分布的偏态

但是，要准确测度偏斜程度，就需要计算偏度系数。统计上经常以三阶中心矩作为测定偏态的一个指标。为了便于不同数列之间偏态的对比分析，又常用三阶中心矩除以标准差的三次方，表示数据分布的相对偏斜程度。

根据样本原始数据的计算公式为：

$$\gamma_1 = \frac{\sum_{i=1}^{n}(x_i - \overline{x})^3}{nS^3}$$

根据样本分组数据的计算公式为：

$$\gamma_1 = \frac{\sum_{i=1}^{k}(M_i - \overline{x})^3 f_i}{nS^3}$$

当分布对称时，平均数两边离差三次方后正负值相互抵消，$\gamma_1 = 0$；当分布不对称时，则形成正或负的偏度系数。当 $\gamma_1 > 0$ 时，说明大于平均数的数据次数比小于平均数的数据次数要多，因此分布为右偏，γ_1 值越大说明右偏斜的程度越高；反之，当 $\gamma_1 < 0$ 时，说明分布为左偏，γ_1 值越小说明左偏程度越高。

【例 11 - 3】　根据某班 40 名学生的管理学考试成绩，将其整理为分组数据如表 11 - 11 中 1～3 列所示。现在要求分析学生成绩分布的偏度。

表 11-11 某班 40 名学生管理学成绩偏度及峰度计算表

成绩/分	组中值 M_i	频数 f_i	M_if_i	$(M_i-\overline{x})$	$(M_i-\overline{x})^2f_i$	$(M_i-\overline{x})^3f_i$	$(M_i-\overline{x})^4f_i$
50~59	55	2	110	−24	1 152	−27 648	663 552
60~69	65	7	455	−14	1 372	−19 208	268 912
70~79	75	11	825	−4	176	−704	2 816
80~89	85	12	1 020	6	432	2 592	15 552
90~100	95	8	760	16	2 048	32 768	524 288
合计		40	3 170		5 170	−12 200	1 475 120

根据已有数据，首先计算出分组数据的平均数，并准备用于计算偏度系数的中心矩数据，列于表 11-11 中的 5~7 列。有：

$$\overline{x}=\sum_{i=1}^{k}M_if_i/n=3\ 170/40=79.25$$

根据表中数据计算该班成绩分组数据的标准差为：

$$\sigma=\sqrt{\frac{\sum_{i=1}^{k}(M_i-\overline{x})^2f_i}{n}}=\sqrt{\frac{5\ 170}{40}}=11.38$$

则偏度系数为：

$$\gamma_1=\frac{\sum_{i=1}^{k}(M_i-\overline{x})^3f_i}{nS^3}=\frac{-12\ 200}{40\times11.38^3}=-0.21$$

偏度系数为−0.21，表明该班学生管理学成绩为左偏分布，且偏斜程度较小。

2. 峰度及其测量

峰度（kurtosis）表示数据分布与正态曲线相比的尖峭程度或扁平程度。同样，也可以通过图示方法判断分布的尖峭或扁平程度，如图 11-11 所示。一般来讲，若数据分布比正态曲线低且尾部较短，则属于扁平分布；若数据分布比正态曲线瘦高且尾部较长，则属于尖峭分布。

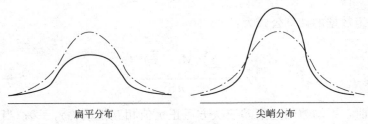

扁平分布   尖峭分布

图 11-11 数据分布的相对峰度

统计上经常用四阶中心矩作为测定峰度的一个指标。为了便于不同数列之间峰度的比较，又常将四阶中心矩除以标准差的四次方，得到峰度系数，表示数据分布的相对峰度。

根据样本原始数据计算峰度系数的计算公式为：

$$\beta_2 = \frac{\sum_{i=1}^{n}(x_i - \overline{x})^4}{nS^4} - 3$$

根据样本分组数据的计算公式为：

$$\beta_2 = \frac{\sum_{i=1}^{k}(M_i - \overline{x})^4 f_i}{nS^4} - 3$$

当峰度值 $\beta_2 = 0$ 时，说明数据分布为正态曲线；当峰度值 $\beta_2 > 0$ 时，表示观察值聚集程度比正态分布高，数据分布为尖峭分布；当峰度值 $\beta_2 < 0$ 时，表示观察值聚集程度比正态分布低，数据分布为扁平分布。

以偏度系数计算所用数据为例，根据表 11-11 中第 8 列数据和已经计算出来的总体标准差，可以计算 40 名学生的管理学成绩峰度系数如下：

$$\beta_2 = \frac{\sum_{i=1}^{k}(M_i - \overline{x})^4 f_i}{nS^4} - 3 = \frac{1\,475\,120}{40 \times 11.38^4} - 3 = -0.8$$

由于 $\beta_2 < 0$，说明该班学生统计学成绩的分布为平峰分布。

实际上，单变量的统计分析方法还有日常生活中经常使用的动态分析法，具体包括发展水平指标、增减量及增减速度指标和动态平均数指标等，关于这些方法的详细描述参见本书第 14 章时间序列分析法的有关内容。

11.3 双变量及多变量数据的描述分析

11.3.1 双变量交叉列表分析

双变量及多变量交叉列表分析，是用于提供基本调查结果的最常用形式。交叉表又称列联表、交互分析表，交叉列表分析可以清楚地表示两个变量之间的相互关系。交叉列表可以看成是分类的频数表，即一个变量的频数分布是根据另一个变量的取值来进一步细分的，所以又称为联合分布表。例如，表 11-12 给出了对某品牌"知悉程度"和对该产品"购买量"之间的某种关系。从表中可以看出，对该品牌产品知悉程度高的消费者购买量似乎也比较多。

表 11-12 对某品牌产品"知悉程度"与"购买量"的交叉列表

知悉程度\购买量	低	高	行合计
少	100	130	230
多	150	320	470
列合计	250	450	700

为了更进一步考察这两个变量之间的关系，一般要求计算百分数。从理论上讲，百分数既可以列合计为基数计算，也可以行合计为基数计算。但是，实际上到底应该按照哪一种方式计算，则取决于研究者将哪个变量当作自变量、哪个变量当作因变量。一般准则是按照自变量各类的合计来计算因变量各类的百分数。在这个例子中，研究者可能将"知悉程度"当作自变量，"购买量"作为因变量。因此，百分数应以列（自变量）合计为基数计算，如表11-13所示。从表中可以看出，在对该品牌产品知悉程度高的消费者中，购买量多者占71.1％；而对该品牌产品知悉程度低的消费者中，购买量多者只占60％。

在处理和分析数据时，研究者可能难以确定哪个变量用作自变量更为合适，因此提供给客户的交叉表一般是包含四部分数字的完整的交叉表，每格内的四个数字分别表示频数、行百分数、列百分数和总百分数（见表11-14）。如有必要，在上述四个数字之外还可提供检验的统计量及对应的概率值。

表11-13　按"知悉程度"分类的"购买量"二维列联表

知悉程度 购买量	低	高
少	40％	28.9％
多	60％	71.1％
列合计	100.0％	100.0％

表11-14　某品牌消费者"知悉程度"和"购买量"的交互分析表

		知悉程度		行合计
		低	高	
购买量	少	100	130	230
		43.5％	56.5％	
		40.0％	28.9％	
		14.3％	18.6％	32.9％
	多	150	320	470
		31.9％	68.1％	
		60.0％	71.1％	
		21.4％	45.7％	67.1％
列合计		250	450	700
		35.7％	64.3％	100.0％

11.3.2　多变量交叉列表分析

市场调查中变量之间的关系是复杂的，只研究两个变量之间的关系通常是不够的，很多时候还要考虑多个变量之间的关系。利用二维列表可能发现两个变量之间似乎密切相关，但是再引进一个变量（称为第三个变量或控制变量）形成三维列表之后，可能发现原来两个变量之间的相关关系变弱或消失了；相反，利用二维列表可能发现两个变量之间似乎没有什么联系，但是再引进一个变量形成三维列表之后，可能发现原来两个变量之间呈现显著的相关关系；等等。由此可见，单纯考虑两个变量之间的联系很可能导致错误判断。因此，在双变量交叉列表分析的基础上，经常需要引入第三个变量作多维交叉列表分析。

多维交叉列表分析大致分为以下几种情况。在原来两个变量具有相关关系的情况下，引入第三个变量作多维交叉列表分析后，可能出现三种结果：更精确地显示原来两个变量间的联系；证明原来的两个变量没有相关关系；原来两个变量之间的关系没有变化。在原来两个变量没有相关关系的情况下，引入第三个变量作多维交叉列表分析后，可能出现两种结果：原来两个变量之间的关系没有变化；揭示原来两个变量之间被隐含的某种相关关系。

下面重点分析说明通过多维交叉列表分析揭示原来两个变量之间关系发生变化的几种情形。

① 在原来两个变量具有相关关系的情况下引入第三个变量，多维交叉列表更精确地显示原来两个变量之间的相关关系。

在表 11 – 15 的双变量交叉列表分析中，可以发现"婚姻状况"与"时装购买量"两个变量之间存在一定的相关关系，即"未婚"者购买时装的比例明显高于"已婚"者。为避免错误判断，在上述双变量交叉列表的基础上再引入第三个变量，如教育程度、职业、居住区域或性别。这里引入"性别"变量，列出包括婚姻状况、性别与时装购买量的多维交叉列表（见表 11 – 16）。

从表中可以看出，在引入"性别"变量后，"婚姻状况"与"时装购买量"之间的关系变得更加具体和清晰了，即在"男性"中，"未婚"者"时装购买量"的比例比"已婚"者高，但是关系较弱；但在"女性"中，"未婚"者"时装购买量"的比例则高出"已婚"者很多，相关关系显著。

表 11 – 15 "婚姻状况"与"时装购买量"的双变量交叉列表

时装购买量	婚姻状况	
	已婚	未婚
多	31%	52%
少	69%	48%
列总计	100%	100%
个案数量	350	300

表 11 – 16 按"婚姻状况"与"性别"分类的"时装购买量"的三维列联表

	男性		女性	
	已婚	未婚	已婚	未婚
时装购买量多	35%	40%	25%	60%
时装购买量少	65%	60%	75%	40%
列总计	100%	100%	100%	100%
个案数量	200	120	150	180

② 在原来两个变量具有相关关系的情况下引入第三个变量，多维交叉列表证明原来的两个变量没有相关关系。

例如，在表 11 – 13 关于某品牌产品"知悉程度"和"购买量"之间的关系中，可以得出"知悉程度"与"购买量"之间是显著相关的结论。但是，我们并不确定这种关系是否可靠。所以，引入第三个变量，如性别、收入水平、职业等，建立三维列联表，这里引入"收入水平"变量并建立三维列联表（见表 11-17）。

表 11-17　按"收入水平"和"知悉程度"分类的"购买量"三维列联表

	收入水平：高		收入水平：低	
	知悉程度高	知悉程度低	知悉程度高	知悉程度低
购买量：少	36.7%	36.7%	30.0%	30.0%
购买量：多	63.3%	63.3%	70.0%	70.0%
列合计	100.0%	100.0%	100.0%	100.0%
个案数量	150	150	300	100

结果发现，不论收入水平是高还是低，对"熟悉"和"不熟悉"该品牌产品的消费者来说，其购买量"多"或"少"的比例都是相同的。也就是说，当对高收入群体和低收入群体分别进行研究时，"知悉程度"和"购买量"之间的联系就消失了。这说明最初从二维列联表中观察到的这两个变量之间的相关是一种假相关，真正的相关关系可能存在于"收入水平"和"购买量"之间。

③ 在原来两个变量没有相关关系的情况下引入第三个变量，多维交叉列表揭示出原来两个变量之间被隐含的某种相关关系。

例如，在一项旅游市场潜力调查中，"年龄"与"出国游愿望"两个变量的交叉列表（见表 11-18）显示，两个变量之间没有相关关系。

表 11-18　"年龄"与"出国游愿望"的双变量交叉列表

出国游愿望	年龄	
	<40 岁	≥40 岁
有	50%	50%
没有	50%	50%
列总计	100%	100%
个案数量	500	500

上述两个变量之间是否果真没有任何关系呢？为避免判断错误，分析中引入第三个变量进行多维列表分析。这里引入"居住地"作为第三个变量，建立三维列联表（见表11-19）。结果发现，在对"乡村"和"城市"两个群体分别进行研究时，"年龄"和"出国游愿望"两个变量之间实际上存在着重要的相关关系。也就是说，在被研究的"乡村"群体中，低年龄组（年龄不满 40 岁）比高年龄组（年龄在 40 岁及以上）有更高的出国游愿望；相反，在"城市"群体中，高年龄组则比低年龄组有更高的出国游愿望。这样，在双变量交叉列表分析中两个变量之间被隐含的关系，通过引入"居住地"变量被揭示出来了。

表 11-19　按"居住地"和"年龄"分类的"出国游愿望"的三维列联表

	居住地：乡村		居住地：城市	
	年龄<40 岁	年龄≥40 岁	年龄<40 岁	年龄≥40 岁
出国游愿望：有	60%	40%	35%	65%

续表

	居住地：乡村		居住地：城市	
	年龄<40 岁	年龄≥40 岁	年龄<40 岁	年龄≥40 岁
出国游愿望：没有	40%	60%	65%	35%
列总计	100%	100%	100%	100%
个案数量	300	300	200	200

▌ 11.4　多变量数据的深度分析

对于双变量及多变量数据，除进行交叉列表的描述分析以外，通常还需要进行深度分析，以深刻揭示数据之间的关系和变化规律。双变量和多变量数据的深度分析包括很多种方法，如相关分析、因子分析、判别分析、聚类分析等。本节将对这些双变量或多变量分析方法进行扼要介绍。

11.4.1　相关分析

交叉列表分析作为一种揭示变量之间相互关系的方法，是提供基本调查结果的最常用形式。除了交叉列表分析外，相关分析方法也是研究变量之间相关关系的常用方法，主要用来判断变量之间相关性的方向和强弱。

相关是指一个变量与另一个变量之间的连带性。也就是说，如果一个变量的值发生变化，另一个变量的值也随着发生变化，则这两个变量就是相关的。在社会经济生活中，存在大量不能用函数精确表达的变量间的关系，然而在大量观察条件下，可以发现变量之间具有某种统计规律性。例如，收入水平与受教育程度之间的关系，商品的消费量与居民收入之间的关系，销售人员销售业绩与其受教育程度、处理人际关系的能力、工作满意度、区域市场潜力等之间的关系，等等。

相关分析既包括线性相关，也包括非线性相关；既包括顺序变量的相关，也包括等距变量的相关。这里只研究等距和等比变量的线性相关，又称简单相关，或皮尔逊积矩相关。

1. 简单相关系数

简单相关系数（correlation coefficient）是两个变量之间共变或关联的统计指标，用于描述两个变量 X 和 Y 之间联系的紧密程度。计算公式如下：

$$r_{xy}=r_{yx}=\frac{\sum(X_i-\overline{X})(Y_i-\overline{Y})}{\sqrt{(X_i-\overline{X})^2(Y_i-\overline{Y})^2}}$$

其中，符号 $\overline{X}$ 和 $\overline{Y}$ 分别代表了 X 或 Y 各自的样本平均数。

相关系数的一种备选表达方式为：

$$r_{xy} = r_{yx} = \frac{\sigma_{xy}}{\sqrt{\sigma_x^2 \sigma_y^2}}$$

式中：σ_x^2——X 的方差；

σ_y^2——Y 的方差；

σ_{xy}——X 和 Y 的协方差，$\sigma_{xy} = \dfrac{\sum (X_i - \overline{X})(Y_i - \overline{Y})}{N}$。

简单相关系数实际上是协方差的标准化度量。在相关系数的计算公式中，分子就代表协方差，它决定着两个变量线性相关关系的方向。如果 X_i 和 Y_i 的相关值在同一方向上不同于它们的平均数，那么它们的协方差就是正的。如果 X_i 和 Y_i 的值倾向于向着相反的方向偏离，那么它们的协方差就是负的。

相关系数 r 的范围是从 -1.0 到 $+1.0$。如果 r 值等于 $+1.0$，变量之间就有一个完全正面的线性关系；如果 r 值等于 -1.0，变量之间就有一个完全负面的线性关系；如果 r 等于 0，就说明变量之间不具有相关性。一个相关系数既说明了线性关系的大小，又说明了这种关系的方向。

2. 相关矩阵

相关矩阵是汇报相关结果的标准形式，它可以将一个变量与其他多个变量之间的相关关系集中展示出来。表 11-20 展示了一个相关矩阵，将销售人员销售业绩与销售人员自身量数（如工作满意度、语言能力、工作压力感知等）及一些销售管理量数（如任务是否明确、区域市场潜力及工作量等）相联系。在这个例子中，计算积矩相关矩阵的原始数据来源如下：销售业绩数据是通过找出销售人员的实际年销售量来度量的；工作满意度是参与调查的销售人员对职业选择状况的自我评价；有关语言能力的数据，来自专家组对参与调查的销售人员的面试语言评级；工作压力是销售人员对于与工作相关的压力的感知，是由态度尺度进行度量的；任务模糊性和区域市场潜力数据来自参与调查的销售人员的自我评估；工作量数据是通过记录销售区域内的客户数量来度量的。实际上，在营销研究中你会发现很多与这类矩阵类似的矩阵。

表 11-20　关于销售人员业绩与其他变量之间的积矩相关矩阵

变量	销售业绩	工作满意度	语言能力	工作压力	任务模糊	区域潜力	工作量
（销售业绩）	1.00						
（工作满意度）	0.45	1.00					
（语言能力）	-0.36	-0.13	1.00				
（工作压力）	-0.48	-0.06	-0.02	1.00			
（任务模糊）	-0.26	-0.24	-0.05	0.44	1.00		
（区域潜力）	0.49	0.31	-0.09	-0.38	-0.26	1.00	
（工作量）	0.45	0.11	-0.12	-0.27	-0.22	0.49	1.00

在这个相关矩阵中，对角线下方的数字是样本数据，对角线上方的数字省略了。对角线上的相关系数都是 1.00，表明这时变量与其自身相关。在"销售业绩"一栏，除了处在对角线上的数据外，数据表明"销售业绩"以外的其他变量与"销售业绩"变量之间的相关关

系。其中，"工作满意度"评价数据与"销售业绩"两个变量之间的相关系数达到＋0.45，也许说明对工作越满意的销售人员，销售业绩也越好；或者相反，销售业绩越好的人员对工作满意度的评价越高。从表中也可以看出，"工作压力"变量与"销售业绩"变量之间是负相关，相关系数达到－0.48，这个数据也许说明销售人员所感受到的"与工作相关的压力"越大，"销售业绩"就越差；或者相反，"销售业绩"越差的销售人员，所感受到的"与工作相关的压力"就越大。同理，你也可以解释表中的其他相关系数数据。

3. 解释相关关系时需要注意的问题

在解释相关关系时，注意区分相关关系与因果关系，同时注意准确把握相关分析与回归分析的关系。

1）相关性及因果关系

解释相关关系时一定要小心，相关性并不意味着因果关系。相关是指变量之间的连带性，相关系数可能仅仅说明变量之间具有某种共变关联。教师工资与一段时间内的酒消费量存在着高度相关性，相关系数为 $r=0.9$。这么高的相关性并不能说明教师们饮用了多少酒，也不能说明酒的销量提高了教师的工资。更有可能的是，教师工资与酒的销量共变，因为它们都受到第三个变量的影响，如国民收入的长期增长率。

2）相关分析与回归分析

在很多情形下，人们将相关分析与回归分析混为一谈。确实，两者之间关系比较微妙，例如，在回归分析中，利用相关系数的平方来计算决定系数，进而了解通过 X 来解释 Y 的方差的比例。但是，两者还是有一些重要区别的。了解相关分析与回归分析的区别，对于准确解释相关或回归关系意义重大。

在相关分析中，两个变量都是随机变量，处于同等地位；而在回归分析中，变量 Y 被称为因变量，属于随机变量，处在被解释的地位，X 被称为自变量，可以是随机变量，也可以是非随机的确定变量，用于预测因变量的变化。因此，相关分析主要用于描述两个变量之间线性关系的密切程度；而回归分析不仅可以揭示变量 X 对变量 Y 的影响大小，还可以由回归方程进行预测和控制。有关回归分析方法的详细讨论，请参见本书第 15 章。

11.4.2 聚类分析

人们认识事物时往往先把被认识的对象分类，以便寻找其中同与不同的特征，因而分类往往是人们认识世界的基础。在市场营销领域，有很多这种分类问题。例如，零售商和消费品公司定期地对有关客户购买习惯、性别、年龄、收入水平等数据应用聚类技术进行分析，以便公司可以为每组消费者设计营销和产品开发战略，以增加销售额和建立品牌忠诚度。再如，营销管理者也许对某些城市或一个城市中的某些商店（个案）的聚类问题感兴趣，通过聚类分析就可以选择可比较的城市来检验各种市场营销战略了。

1. 聚类分析的原理

聚类分析（cluster analysis）是根据样本单元各个变量的取值，将样本（观察对象或变量）自动分类的统计分析方法。聚类分析的目的是把物体或人分成很多相对独立且较为固定的组，在每一组内，成员彼此之间在某方面具有极大的相似性，而组与组之间却具有极大的差异性。这样通过聚类分析可以进一步观察一批样本之间的差异和共性，从而客观地评价多个样本的水平及各个水平的特征。

聚类分析始于聚类过程的选择。聚类分析可以选择使用 K-Means 聚类过程或系统聚类过程。每个过程使用不同的算法来创建聚类，并且每个过程所具有的选项在其他过程中不可用。

K-Means 聚类（K-Means cluster）过程可以完成由用户指定类别数目的大样本资料的逐步聚类分析。所谓逐步聚类分析，就是先把被聚对象进行初始分类，然后逐步调整，得到最终分类。

系统聚类（hierarchical cluster）分析过程只限于较小的数据文件（如对数百个对象进行聚类）。在系统聚类分析中，用户事先无法确定类别数，系统将所有样本均调入内存，且可执行不同的聚类算法。系统聚类分析有两种形式，一种是对研究对象本身进行分类，称为 Q 型聚类；另一种是对研究对象的观察指标进行分类，称为 R 型聚类。

聚类分析的核心问题是怎样定量地计算多变量情况下各样本之间的差距。一般聚类分析可提供多种计算各样本之间差距的方法，常见的方法有：欧氏平方距离、欧氏距离、绝对值距离、切氏距离、夹角余弦距离等。

例如，在对某些商店进行的聚类分析中，商店 A 的两个属性（变量）值分别为 73 和 68，商店 B 的两个属性（变量）值分别为 66 和 69，则

利用欧氏距离计算商店 A 和商店 B 之间的距离为：

$$[(73-66)^2+(68-69)^2]^{1/2}=7.07$$

用绝对值距离计算商店 A 和商店 B 之间的距离为：

$$|73-66|+|68-69|=8$$

其他的距离计算公式就不一一举例了。当变量个数增多时，计算方法也可以依此类推。聚类分析过程将根据某种指定的计算样本间距离的方法，计算出所有样本间的距离，然后将距离最近的两样本聚成一类，依次类推，直到将所有样本聚为一大类为止。

2. 聚类分析实例

【例 11-4】 某人力资源咨询机构对应聘某特殊职业的 29 名候选者进行了包括体格检查、修养测试、知识测验、心理测试、语言艺术及工作能力测试，测验结果如表 11-21 所示。由于多项测试成本高、耗时长，所以希望通过聚类分析（即 R 型指标聚类）筛选代表性指标，以便经济快捷地对应聘者作出评价。

表 11-21　某特殊职业 29 名应聘者素质与能力测验评分

编号	体格评分 X_1	修养测试 X_2	知识测验 X_3	心理评分 X_4	语言艺术评分 X_5	能力评分 X_6
1	54.89	30.86	448.70	0.012	1.010	13.50
2	72.49	42.61	467.30	0.008	1.640	13.00
3	53.81	52.86	425.61	0.004	1.220	13.75
4	64.74	39.18	469.80	0.005	1.220	14.00
5	58.80	37.67	456.55	0.012	1.010	14.25

续表

编号	体格评分 X_1	修养测试 X_2	知识测验 X_3	心理评分 X_4	语言艺术评分 X_5	能力评分 X_6
6	43.67	26.18	395.78	0.001	0.594	12.75
7	54.89	30.86	448.70	0.012	1.010	12.50
8	86.12	43.79	440.13	0.017	1.770	12.25
9	60.35	38.20	394.40	0.001	1.140	12.00
10	54.04	34.23	405.60	0.008	1.300	11.75
11	61.23	37.35	446.00	0.022	1.380	11.50
12	60.17	33.67	383.20	0.001	0.914	11.25
13	69.69	40.01	416.70	0.012	1.350	11.00
14	72.28	40.12	430.80	0.000	1.200	10.75
15	55.13	33.02	445.80	0.012	0.918	10.50
16	70.08	36.81	409.80	0.012	1.190	10.25
17	63.05	35.07	384.10	0.000	0.853	10.00
18	48.75	30.53	342.90	0.018	0.924	9.75
19	52.28	27.14	326.29	0.004	0.817	9.50
20	52.21	36.18	388.54	0.024	1.020	9.25
21	49.71	25.43	331.10	0.012	0.897	9.00
22	61.02	29.27	258.94	0.016	1.190	8.75
23	53.68	28.79	292.80	0.048	1.320	8.50
24	50.22	29.17	292.60	0.006	1.040	8.25
25	65.34	29.99	312.80	0.006	1.030	8.00
26	56.39	29.29	283.00	0.016	1.350	7.80
27	66.12	31.93	344.20	0.000	0.689	7.50
28	73.89	32.94	312.50	0.064	1.150	7.25
29	47.31	28.55	294.70	0.005	0.838	7.00

在使用 SPSS 软件进行统计分析前，首先定义体格评分、修养评分、知识评分、心理评分、语言艺术评分及能力评分的变量名分别为 X_1、X_2、X_3、X_4、X_5、X_6。激活 Analysis 菜单，选中 Classify 的 Hierarchical Cluster...项，即决定使用系统聚类过程进行分析。然后，选中变量列表中的 6 个变量，使之进入 Variables 框；在 Cluster 处选择聚类类型，其中 Cases 表示观察对象聚类，Variables 表示变量聚类，本例选择 Variables。

其他主要操作包括：单击 Statistics...钮，选择 Distance matrix，要求显示距离矩阵；单击 Plots...钮，选择 Dendrogram 项，要求系统输出聚类结果的树状关系图；单击 Method...钮，选择 Between-groups linkage（类间平均链锁法），在距离测量技术上，选择 Pearson correlation（相关系数距离），以便用于 R 型聚类；返回 Hierarchical Cluster Analysis 对话框，单击 OK 钮即完成分析。

在结果输出窗口中查看分析结果。有关统计数据及解释如下所述。

表 11－22 显示了各变量间的相关系数，因为皮尔逊相关是该例中选择的测量距离的方法，所以皮尔逊相关系数也是接下来进行类别合并的根据。按照系统聚类的原则，相关系数最大（类间距离最小）的两个变量首先聚为一类，相关系数次大（类间距离次小）的两个变

量再聚为一类，依此类推。

表 11 - 22　Proximity Matrix

Case	Matrix File Input					
	X_1	X_2	X_3	X_4	X_5	X_6
X_1	1.000					
X_2	.538	1.000				
X_3	.300	.635	1.000			
X_4	.148	−.121	−.271	1.000		
X_5	.625	.582	.265	.294	1.000	
X_6	.097	.569	.863	−.323	.248	1.000

在给出了各变量间的相关系数之后，聚类过程表 11 - 23 给出了类间平均链锁法的合并进程。聚类过程表是由七列数据构成的。其中，第一列是聚类的步骤，如果有 n 个变量，则需要 $n-1$ 个步骤可聚为最终的一大类。第二列和第三列说明哪两个变量或小类聚为一类。第四列说明变量之间的距离测量。第五列与第六列说明第二列与第三列相应位置是变量还是小类。如果是变量，则第五列、第六列的相应位置为 0；如果是小类，则第五列、第六列相应的位置是数字，此数字说明此小类是第几步聚类形成的。第七列则说明此步骤聚成的类，下一次在第几步被使用。

表 11 - 23　Agglomeration Schedule

Stage	Cluster Combined		Coefficients	Stage Cluster First Appears		Next Stage
	Cluster 1	Cluster 2		Cluster 1	Cluster 2	
1	3	6	.863	0	0	3
2	1	5	.625	0	0	4
3	2	3	.602	0	1	4
4	1	2	.338	2	3	5
5	1	4	−.054	4	0	0

下面结合该例中的聚类表说明聚类过程。在表 11 - 21 中，第一步，X_3 与 X_6 合并，因为它们之间的相关系数最大（$r=0.863$）；第二步，X_1 与 X_5 合并，因为两个变量的相关系数次高（$r=0.625$）；第三步，X_2 与第一步的合并项被合并（注意该步骤在第六列所对应的数字），相关系数（$r=0.602$）不再是两个变量之间的距离测量，而是一个变量与一个小类之间的距离测量；第四步，是第二步聚成的小类与第三步聚成的小类的再合并，相关系数（$r=0.338$）是两个小类之间的距离测量；第五步，第四步聚成的小类与最后一个变量 X_4 合并，因为这个相关系数最小（$r=-0.054$）。

图 11 - 12 所示的聚类树状关系图可以更为直观地说明聚类过程。即 X_1、X_2、X_3、X_5、X_6 先分步骤聚合后再与 X_4 聚合。这表明，在评价某特殊职业应聘者的素质与能力时，可以在体格（X_1）、修养（X_2）、知识（X_3）、语言艺术（X_5）及工作能力（X_6）五个指标中选择一个，再加上心理（X_4）指标即可，其效果与六个指标都是基本等价的，但是更为经济快捷。

聚类分析是一个复杂过程，涉及复杂的数学和统计过程，感兴趣的读者可参考相应的数理统计分析书籍。

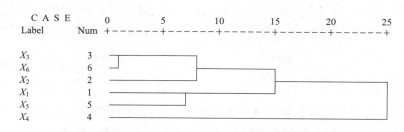

图 11-12　例 11-4 的树状聚类图

注：Dendrogram using Average Linkage（Between Groups）

Rescaled Distance Cluster Combine

11.4.3　判别分析

1. 判别分析的原理

判别分析（discriminant）是在已知若干样本分类的情况下，根据收集到的多个变量的数据，建立差别函数，从而推断未知样本分类的统计分析方法。判别分析的特点表现在，首先，用于推导分类规则的样本的所属类别必须是事先已知的；其次，判别分析是一种统计推断技术，是由已知样本推断未知样本，是检验假设的一种方法。

例如，在市场调研中，营销经理可能对某产品的购买使用者与未购买者之间的差别感兴趣，在通过市场调研收集了大量有关潜在消费者的数据后，他可能想进一步知道具有哪些人口统计及生活方式特征的潜在消费者具有较高的购买可能性。面对这类问题，对数据进行判别分析可能就是合适的选择。

判别分析的基本步骤如下：

① 确定两个或多个组（如使用者和未使用者、某种疾病的患者与非患者）在平均判别分方面是否存在统计显著性差别；

② 为根据自变量的值将个体（或对象）分类而建立判别函数模型；

③ 确定两组或多组平均得分方面的差异有多少可以用自变量解释。

在仅涉及两个组的判别分析中通常只需要一个判别函数。最简单且常见的判别函数为线性模型，通常表示如下：

$$Z = b_0 + b_1 X_1 + b_2 X_2 + b_3 X_3 + \cdots + b_n X_n$$

式中：Z——对应于个体的判别分；

b_i——对应于第 i 个自变量或预测变量的判别系数，b_0 为常数项；

X_i——对应于第 i 个个体的自变量或预测变量的值。

判别分 Z，是根据公式计算得来的，这个分值是预测特定对象或个体属于哪个组的基础。判别系数，也称判别权数，是通过判别分析程序计算出来的。与特定自变量相联系的判别系数的大小由判别函数中变量的方差结构决定。在各组之间差别性大的自变量，判别系数就大；反之，判别系数就小。

判别分析的最终目的是预测类别变量，因此分析人员必须断定哪些变量将与某个对象落在两个组（或多组）中的某个类别的可能性相关。从统计意义上看，分析各组差异的性质就是要找出一个自变量的线性组合，即判断函数，来表明两组（或多组）之间平均数存在巨大差别。

2. 判别分析实例

【例 11 - 5】 为研究优秀推销人员的素质特征，某营销研究机构随机抽选了业绩十分突出的优秀推销员 15 人（以下简称优秀组）及业绩平平的非优秀推销人员 16 人（以下简称非优秀组），就他们的素质进行了综合测评，测评结果被归纳为两个因子——感同力和自我驱动力。其中，感同力是指能设身处地地为顾客着想的能力；自我驱动力则是指完成销售任务的强烈愿望程度。31 个调查样本的感同力和自我驱动力的综合评分列于表 11 - 24 中。试作判别分析，建立判别函数，以便在推销人员招聘实践中筛选候选者。

表 11 - 24　推销员综合素质——感同力和自我驱动力的综合评分

编号	优秀组		编号	非优秀组	
	感同力 X_1	自我驱动力 X_2		感同力 X_1	自我驱动力 X_2
1	9.86	5.18	1	10.66	2.07
2	13.33	3.73	2	12.53	4.45
3	14.66	3.89	3	13.33	3.06
4	9.33	7.10	4	9.33	3.94
5	12.80	5.49	5	10.66	4.45
6	10.66	4.09	6	10.66	4.92
7	10.66	4.45	7	9.33	3.68
8	13.33	3.63	8	10.66	2.77
9	13.33	5.96	9	10.66	3.21
10	13.33	5.70	10	10.66	5.02
11	12.00	6.19	11	10.40	3.94
12	14.66	4.01	12	9.33	4.92
13	13.33	4.01	13	10.66	2.69
14	12.80	3.63	14	10.66	2.43
15	13.33	5.96	15	11.20	3.42
			16	9.33	3.63

在利用 SPSS 软件进行统计分析前，首先定义感同力、自我驱动力的变量名为 X_1、X_2，并将两组数据合并，一同输入。然后，定义一个用于区分输出结果的变量名 result，即优秀组数据的 result 值均为 1，非优秀组数据的 result 值均为 2。做好上述准备工作后，就可以使用【Analysis】菜单中的【Discriminant...】项开始判别分析了。

在结果输出窗口中查看分析结果。有关统计数据及解释如下所述。

首先，系统显示数据按变量 Result 分组，共 31 个样本作为判别基础数据进入分析，其中第一组 15 例，第二组 16 例。同时，分组给出各变量的均数（mean）与标准差（standard deviations），如表 11 - 25 所示。

表 11 - 25　**Group Statistics**

result		Mean	Std. Deviation	Valid N (listwise)	
				Unweighted	Weighted
1. 00	X_1	12. 494 0	1. 640 64	15	15. 000
	X_2	4. 868 0	1. 129 48	15	15. 000
2. 00	X_1	10. 628 7	1. 096 81	16	16. 000
	X_2	3. 662 5	. 924 67	16	16. 000
Total	X_1	11. 531 3	1. 659 96	31	31. 000
	X_2	4. 245 8	1. 182 31	31	31. 000

表 11 - 26 则显示了典型判别方程的方差分析结果。其特征值（eigenvalue）即组间平方和与组内平方和之比为 1.239，典型相关系数（canonical correlation）为 0.744，Wilks λ 值为 0.447，经 χ^2 检验，χ^2 为 22.571，$P<0.000\ 1$。

然后，可通过判别方程的标准化系数（standardized canonical），确定各变量对结果的作用大小。从表 11 - 26 中可知，感同力（X_1）的标准化系数（0.884）大于自我驱动力（X_2）的标准化系数（0.823），因而，感同力对推销员素质的影响作用大于自我驱动力。考察变量作用大小的另一途径是使用变量与函数间的相关系数，本例显示变量 X_1 及变量 X_2 与函数间的相关系数分别为 0.625 和 0.544，同样表明感同力对推销员素质的影响作用大于自我驱动力。

表 11 - 26　**Analysis 1-Summary of Canonical Discriminant Functions**

Eigenvalues				
Function	Eigenvalue	% of Variance	Cumulative %	Canonical Corr
1	1. 239	100. 0	100. 0	. 744
Wilks'Lambda				
Test of Function（s）	Wilks'Lambda	Chi-square	df	Sig.
1	. 447	22. 571	2	. 000
Standardized Canonical Discriminant Function Coefficients				
	Function 1			
X_1	. 884			
X_2	. 823			
Structure Matrix				
	Function 1			
X_1	. 625			
X_2	. 544			
Canonical Discriminant Function Coefficients (Unstandardized coefficients)				
	Function 1			
X_1	. 638			
X_2	. 800			

| (Constant) | −10.753 | | | |

Functions at Group Centroids (Unstandardized canonical discriminant functions evaluated at group means)

result	Function 1			
1.00	1.112			
2.00	−1.042			

根据系统显示的非标准化判别方程系数，得到判别方程为：

$$Z = -10.753\ 296\ 8 + 0.638X_1 + 0.800X_2$$

根据方程，优秀组的中心得分点为 1.112，非优秀组的中心得分点为 −1.042。本例为二元判别，以 0 为分界点。将某人的感同力和自我驱动力值代入判别方程，若求出的判别分 >0，则该人为优秀组，若判别分 <0，则该人为非优秀组。

表 11-27 显示了将原始数据逐一回代的判别结果。其中优秀组有 3 人被错判（编号为 1、6、7，打 * * 者），非优秀组有 3 人被错判（编号为 17、18、25，打 * * 者）。也就是说，有三位优秀推销员跨过 0 界进入负值区，被错判为非优秀推销员，也有三个非优秀推销员跨过 0 界进入正值区，被错判为优秀推销员。

表 11-27 Casewise Statistics

Case Number	Actual Group	Highest Group			2nd Highest Group		Discrim Scores
		Predicted Group	P (D | G)	P (G | D)	Group	P (G | D)	Function 1
1	1	2 (* *)	.469	.682	1	.318	−.319
2	1	1	.706	.819	2	.181	.735
3	1	1	.549	.974	2	.026	1.711
4	1	1	.816	.861	2	.139	.880
5	1	1	.488	.978	2	.022	1.805
6	1	2 (* *)	.717	.824	1	.176	−.680
7	1	2 (* *)	.516	.715	1	.285	−.392
8	1	1	.647	.792	2	.208	.655
9	1	1	.159	.995	2	.005	2.519
10	1	1	.231	.993	2	.007	2.311
11	1	1	.458	.981	2	.019	1.855
12	1	1	.487	.979	2	.021	1.807
13	1	1	.878	.880	2	.120	.959
14	1	1	.426	.647	2	.353	.317
15	1	1	.159	.995	2	.005	2.519
16	2	2	.210	.993	1	.007	−2.297
17	2	1 (* *)	.755	.839	2	.161	.800
18	2	1 (* *)	.361	.587	2	.413	.199
19	2	2	.544	.974	1	.026	−1.649
20	2	2	.516	.715	1	.285	−.392
21	2	2	.305	.528	1	.472	−.016
22	2	2	.415	.983	1	.017	−1.857

Case Number	Actual Group	Highest Group			2nd Highest Group		Discrim Scores
		Predicted Group	P (D | G)	P (G | D)	Group	P (G | D)	Function 1
23	2	2	.488	.978	1	.022	−1.737
24	2	2	.732	.955	1	.045	−1.385
25	2	1（＊＊）	.294	.516	2	.484	.064
26	2	2	.939	.896	1	.104	−.966
27	2	2	.859	.874	1	.126	−.865
28	2	2	.448	.981	1	.019	−1.801
29	2	2	.334	.988	1	.012	−2.009
30	2	2	.865	.876	1	.124	−.872
31	2	2	.393	.985	1	.015	−1.897

注：＊＊ Misclassified case

最后系统对回代判别的情况给出评价数据（见表 11 - 28），即优秀组判别正确率为 80.0%，非优秀组为 81.3%，总判别正确率为 80.65%。

表 11 - 28　Classification Results （a）

result			Predicted Group Membership		Total
			1.00	2.00	
Original	Count	1.00	12	3	15
		2.00	3	13	16
	%	1.00	80.0	20.0	100.0
		2.00	18.8	81.3	100.0

a　80.6% of original grouped cases correctly classified.

11.4.4　因子分析

在营销研究中，所观测的指标（变量）不断增加，使研究过程趋于科学和完善，然而，不断增加的观测变量也使研究结果不再清晰明了，陷入"数据迷雾"中。对多变量数据进行统计分析时，就可能会出现这类问题：首先是变量太多会使统计处理和分析非常麻烦；其次是各变量之间可能会有较高的相关性，使多个变量显得重复，但是由于各变量之间一般不可能是完全相关的，所以简单地舍去若干变量，又会使有用的信息丢失。解决上述问题就是要寻找这样一种方法，使得用较少的变量可代替原有的较多的变量，但是依然能够反映原有变量的绝大部分信息，于是就产生了主成分分析、对应分析、典型相关分析和因子分析等方法。

1. 因子分析的原理

因子分析（factor analysis）是这样一种统计方法，为了从大量的可测量数据（如等级评分）中总结出相对少数的简明信息，即因子，并通过少量的因子反映原有变量的绝大部分信息，达到简化数据的目的。

那些较小数目的新变量不是原变量的简单取舍，而是在原变量基础上的重新构造和重新综合，这些变量又称为因子变量。新构造的变量之所以称为因子，是因为它们是不可观测的，不是具体的变量，这与聚类分析不同。

如何综合构造因子变量是因子分析的核心内容。因子分析最终的输出结果应是得到各因子变量的变量值，这些变量值又称为因子（变量）得分。

市场研究人员感兴趣的许多现象实质上都是一些变量的集成或组合。这些变量通常是通过等级评分问题来测量的。例如，要测量人们对一种新型汽车的反应，其一就是测量它的"豪华程度"。而"豪华程度"是研究者为研究目的而提出的一个理论架构，它不是一个具体的变量，而是一个因子。这个因子不可以直接测量，而需要通过测量汽车的"舒适程度""安静性""平稳程度""内部装潢"等指标来间接评价。反过来讲，汽车制造商想要生产一种"豪华型"汽车，可能会体现为许多不同的要求和特征，而每一相关的要素都只反映"豪华"的某一方面。

掌握因子分析应重点理解下面两个问题。

首先，是因子变量的构造方法。SPSS 提供了七种可选择的方法。

◇ principal components：主成分分析法。

◇ unweighted least squares：未加权最小平方法。

◇ generalized least squares：综合最小平方法。

◇ maximum likelihood：极大似然估计法。

◇ principal axis factoring：主轴因子法。

◇ alpha factoring：α 因子法。

◇ image factoring：多元回归法。

其次，对因子变量的解释。因子变量不是凭空得来的。每个因子变量都是对若干原变量的综合。找出因子变量与原变量的对应关系，有助于对因子变量的理解。SPSS 提供了矩阵旋转变换的五种选择。

◇ None：不作因子旋转。

◇ Varimax：平均方差极大法正交旋转。

◇ Equamax：全体旋转，对变量和因子均作旋转。

◇ Quartimax：四分旋转，方差 4 次幂极大法正交旋转。

◇ Direct Oblimin：斜交旋转。

正如聚类分析一样，因子分析也需要较复杂的数理统计知识，涉及较多复杂的数学概念。对上述这些方法进行专业解释已经超出了本书的范围，但是当你准备应用这些方法进行统计分析时，你有必要弄清楚这些方法的统计意义。

2. 因子分析实例

下面我们还是通过实例来分析说明因子分析的过程。

【例 11 - 6】 在一项品牌价值评估的研究项目中，研究者就国际化能力对品牌价值的贡献进行了研究，初步考虑了七个变量（以变量名 X_1、X_2、X_3、X_4、X_5、X_6、X_7 来指代），并且对 25 个品牌进行了国际化能力的测量，这些品牌涉及各式各样的国际化经营方式。25 个品牌在七个变量方面的评估数据列于表 11 - 29 中，请对该资料进行因子分析。

表 11-29   25 个品牌在国际化的七个变量方面的评估数据

品牌编号	X_1	X_2	X_3	X_4	X_5	X_6	X_7
1	3.76	3.66	0.54	5.28	9.77	13.74	4.78
2	8.59	4.99	1.34	10.02	7.50	10.16	2.13
3	6.22	6.14	4.52	9.84	2.17	2.73	1.09
4	7.57	7.28	7.07	12.66	1.79	2.10	0.82
5	9.03	7.08	2.59	11.76	4.54	6.22	1.28
6	5.51	3.98	1.30	6.92	5.33	7.30	2.40
7	3.27	0.62	0.44	3.36	7.63	8.84	8.39
8	8.74	7.00	3.31	11.68	3.53	4.76	1.12
9	9.64	9.49	1.03	13.57	13.13	18.52	2.35
10	9.73	1.33	1.00	9.87	9.87	11.06	3.70
11	8.59	2.98	1.17	9.17	7.85	9.91	2.62
12	7.12	5.49	3.68	9.72	2.64	3.43	1.19
13	4.69	3.01	2.17	5.98	2.76	3.55	2.01
14	5.51	1.34	1.27	5.81	4.57	5.38	3.43
15	1.66	1.61	1.57	2.80	1.78	2.09	3.72
16	5.90	5.76	1.55	8.84	5.40	7.50	1.97
17	9.84	9.27	1.51	13.60	9.02	12.67	1.75
18	8.39	4.92	2.54	10.05	3.96	5.24	1.43
19	4.94	4.38	1.03	6.68	6.49	9.06	2.81
20	7.23	2.30	1.77	7.79	4.39	5.37	2.27
21	9.46	7.31	1.04	12.00	11.58	16.18	2.42
22	9.55	5.35	4.25	11.74	2.77	3.51	1.05
23	4.94	4.52	4.50	8.07	1.79	2.10	1.29
24	8.21	3.08	2.42	9.10	3.75	4.66	1.72
25	9.41	6.44	5.11	12.50	2.45	3.10	0.91

在 SPSS 软件数据管理窗口，进行因子分析的主要操作包括：激活【Statistics】菜单选择【Data Reduction】的【Factor...】命令项，启动因子分析过程；单击【Descriptive...】钮，选中【Univariate descriptive】项，要求输出各变量的均数与标准差，然后选中【Coefficients】项，要求计算相关系数矩阵，并选【KMO...】项，要求对相关系数矩阵进行统计学检验；单击【Extraction...】钮，选用【Principal components】项，指定因子提取方法；单击【Rotation...】钮，选中【Varimax】项，指定正交旋转作为因子旋转方法；单击【Scores...】钮，选择【Regression】（回归因子得分），指定因子得分系数的方法。点击【OK】钮即完成分析。

在结果输出窗口中查看分析结果。有关统计数据及解释如下所述。

系统首先输出的描述统计（包括各变量的均数与标准差）及相关系数矩阵，与前面的分析方法类似，这里就不再作说明了。

然后系统输出 KMO and Bartlett's Test（见表 11-30），是对相关系数矩阵进行统计学检验的结果，主要用于比较观测相关系数值与偏相关系数值。KMO 值愈逼近 1，表明对这些变量进行因子分析的效果愈好。在本例中，KMO 值＝0.321，偏小，意味着因子分析的结果可能不能接受。

表 11 - 30　KMO and Bartlett's Test

Kaiser-Meyer-Olkin Measure of Sampling Adequacy		.321
Bartlett's Test of Sphericity	Approx. Chi-Square	326.285
	df	21
	Sig.	.000

使用主成分分析法得到 2 个因子，因子矩阵如表 11 - 31 所示。变量与某一因子的联系系数绝对值越大，该因子与变量关系越近。本例中变量 X_4 与第一因子的值为 -0.886，与第二因子的值为 0.219，可见其与第一因子更近，与第二因子更远。或者，因子矩阵也可以作为因子贡献大小的度量，其绝对值越大，贡献也越大。

表 11 - 31　Factor (Component) Matrix (a)

	Factor 1	Factor 2		Factor 1	Factor 2
X_1	.746	.489	X_5	$-.234$	.963
X_2	.796	.372	X_6	$-.177$	.972
X_3	.709	$-.597$	X_7	$-.886$	.219
X_4	.911	.389			

Extraction Method：Principal Component Analysis.

a　2 factors (components) extracted.

表 11 - 32 和表 11 - 33 给出了变量的共同度及因子变量对总方差的解释程度。

表 11 - 32　Communalities

	X_1	X_2	X_3	X_4	X_5	X_6	X_7
Extraction	.797	.773	.859	.980	.983	.976	.834

Extraction Method：Principal Component Analysis.

表 11 - 33　Total Variance Explained

Factor	Extraction Sums of Squared Loadings		
	Total	% of Variance	Cumulative %
1	3.395	48.503	48.503
2	2.806	40.090	88.593

Extraction Method：Principal Component Analysis.

Communality 也称变量的共同度，说明因子对各变量方差的解释比例，如表 11 - 30 所示。变量的共同度取值为 0~1，取值为 0 时，说明因子不解释变量的任何方差，取值为 1 时，说明变量的所有方差完全被因子解释了。因子越大地解释掉变量的方差，说明因子包含原有变量信息的量越多。与此相联系，表 11 - 33 列出了两个因子对总方差的解释程度。Factor1 解释了总方差的 48.503％，Factor 2 解释了总方差的 40.090％，两个因子累计解释掉 88.593％的总方差。

表 11 - 34 中的输出结果是经过旋转变换的因子矩阵，从中可以看到对各因子的解释。其中数字的值越接近 1，说明此因子变量越和相应原变量有关；越接近 0，则越无关。从表中我们看到第一因子（Factor 1）主要是对原变量 X_1、X_2、X_4、X_7 的综合；而第二因子（Factor 2）主要是对原变量 X_3、X_5、X_6 的综合。最终，通过所构造的因子使得复杂的数据变得简洁，即第一因子替代了变量 X_1、X_2、X_4、X_7 的作用，第二因子替代了变量 X_3、X_5、X_6 的作用。

表 11 - 34　Rotated Factor Matrix（a）

	Factor 1	Factor 2		Factor 1	Factor 2
X_1	.878	.161	X_5	.159	.979
X_2	.878	.033	X_6	.215	.964
X_3	.421	-.826	X_7	-.732	.547
X_4	.990	.004			

Extraction Method：Principal Component Analysis. Rotation Method：Varimax with Kaiser Normalization.

a　Rotation converged in 3 iterations.

最后，给出了因子得分矩阵，如表 11 - 35 所示。

表 11 - 35　Component Score Coefficient Matrix

	Factor 1	Factor 2		Factor 1	Factor 2
X_1	.270	.075	X_5	.070	.343
X_2	.268	.031	X_6	.087	.339
X_3	.110	-.277	X_7	-.210	.173
X_4	.301	.023			

Extraction Method：Principal Component Analysis.

Rotation Method：Varimax with Kaiser Normalization. Factor Scores.

上述因子得分矩阵是计算各因子变量值的依据，矩阵的含义为下列两个公式：

$$F_1 = 0.270X_1 + 0.268X_2 + \cdots - 0.210X_7$$
$$F_2 = -0.075X_1 + 0.031X_2 + \cdots + 0.173X_7$$

这样，我们就可以计算两个因子变量的变量值（因子得分）。

思考与 训练题

1. 解释对单变量数据进行描述性分析的基本思想和主要方法。

2. 欧洲 11 国高速公路的车速限制如下（单位：英里/时）：

国家	意	法	匈	比	葡	英	西	丹	荷	希	挪
限速	87	81	75	75	75	70	62	62	62	62	56

为这些数据列出频数分布（表和图），计算平均数、中位数、众数及标准差，同时说明偏度和峰度。

3. 某 MP4 播放器生产商，对公司每一个销售区域中的 100 个零售店进行调查。一位分析人员注意到，东南部地区的平均零售价为 1 320 元（平均数），标准差为 240 元。然而，中西部地区的平均价格为 1 360 元，标准差为 120 美元。这些统计量告诉我们关于这两个销售区域的哪些情况？

4. 假设某只股票在连续 10 个交易日内的收盘价格数据如下：98，94，87，96，105，113，121，133，140，153。试计算这只股票在 10 日内收盘价格的中位数和上、下四分位数，并根据上述数据绘出箱线图。

5. 解释下面这个根据性别及年龄列出的个人低脂肪、低胆固醇饮食的比例数据。

年龄组	女性/%	男性/%	加总/%
16～24 岁	29	13	21
25～34 岁	43	25	34
35～44 岁	46	28	37
45～54 岁	54	32	43
55 岁及以上	49	35	43

6. 解释相关分析的原理与方法。

7. 解释聚类分析的原理与统计分析要点。

8. 说明判别分析的原理与统计分析要点。

9. 说明因子分析的原理与统计分析要点。

统 计 表

表 A－1 随机数表

03	47	43	73	86	36	99	47	36	61	46	98	63	71	62	33	26	16	80	45	60	11	14	10	95
97	74	24	67	62	42	81	14	57	20	42	53	32	37	32	27	07	36	07	51	24	51	79	89	73
16	76	62	27	66	56	50	26	71	07	32	90	79	78	53	13	55	38	58	59	88	97	54	14	10
12	56	85	99	26	96	96	68	27	31	05	03	72	93	15	57	12	10	14	21	88	26	49	81	76
55	59	56	35	64	38	54	82	46	22	31	62	43	09	90	06	18	44	32	53	23	83	01	30	30
16	22	77	94	39	49	54	43	54	82	17	37	93	23	78	87	35	20	96	43	84	26	34	91	64
84	42	17	53	31	57	24	55	06	88	77	04	74	47	67	21	76	33	50	25	83	92	12	06	76
63	01	63	78	59	16	95	55	67	19	98	10	50	71	75	12	86	73	58	07	44	39	52	38	79
33	21	12	34	29	78	64	56	07	82	52	42	07	44	38	15	51	00	13	42	99	66	02	79	54
57	60	86	32	44	09	47	27	96	54	49	17	46	09	62	90	52	84	77	27	08	02	73	43	28
18	18	07	92	45	44	17	16	58	09	79	83	86	19	62	06	76	50	03	10	55	23	64	05	05
26	62	38	97	75	84	16	07	44	99	83	11	46	32	24	20	14	85	88	45	10	93	72	88	71
23	42	40	64	74	82	97	77	77	81	07	45	32	14	08	32	98	94	07	72	93	85	79	10	75
52	36	28	19	95	50	92	26	11	97	00	56	76	31	38	80	22	02	53	53	86	60	42	04	53
37	85	94	35	12	83	39	50	08	30	42	34	07	96	88	54	42	06	87	98	35	85	99	48	39
70	29	17	12	13	40	33	20	38	26	13	89	51	03	74	17	76	37	13	04	07	74	21	19	30
56	62	18	37	35	96	83	20	87	75	97	12	25	93	47	70	33	24	03	54	97	77	46	44	80
99	49	57	22	77	88	42	95	45	72	16	64	36	16	00	04	43	18	66	79	94	77	24	21	90
16	08	15	04	72	33	27	14	34	09	45	59	34	68	49	12	72	07	34	45	99	27	72	95	14
33	16	93	32	43	50	27	89	87	19	20	15	37	00	49	52	85	66	60	44	38	68	88	11	80
68	34	30	13	70	55	74	30	77	40	44	22	78	84	26	04	33	46	09	52	68	07	97	06	57
74	57	25	65	76	59	29	97	68	60	71	91	38	67	54	13	58	18	24	76	15	54	55	95	52
27	42	37	86	53	48	55	90	65	72	96	57	69	36	10	96	46	92	42	45	97	60	49	04	91
00	39	68	29	61	66	37	32	20	30	77	84	57	03	29	10	45	65	04	26	11	04	96	67	24
29	94	98	94	24	68	49	69	10	82	53	75	91	93	30	34	55	20	57	27	40	48	73	51	92
16	90	82	66	59	83	62	64	11	12	67	19	00	71	74	60	47	21	29	63	02	02	37	03	31
11	27	94	75	06	06	09	19	74	66	02	94	37	34	02	76	70	90	30	86	38	45	94	30	38
35	24	10	16	20	33	32	51	26	38	79	78	45	04	91	16	92	53	56	16	02	75	50	95	98
33	23	16	86	38	42	38	97	01	50	87	75	66	81	41	40	01	74	91	62	48	51	84	08	32
31	96	25	91	47	96	44	33	49	13	34	86	82	53	91	00	52	43	48	85	27	55	26	89	62
66	67	40	67	14	64	05	71	95	86	11	05	65	09	68	76	83	20	37	90	57	16	00	11	66
14	90	84	45	11	75	73	88	05	90	52	27	41	14	86	22	98	12	22	08	07	52	74	95	80
68	05	51	18	00	33	96	02	75	19	07	60	62	93	55	59	33	82	43	90	49	37	38	44	59
20	46	78	73	90	97	51	40	14	02	04	02	33	31	08	39	54	16	49	36	47	95	93	13	30
64	19	58	97	79	15	06	15	93	20	01	90	10	75	06	40	78	78	89	62	02	67	74	17	33

表 A-2 标准正态分布表——半正态曲线下的面积

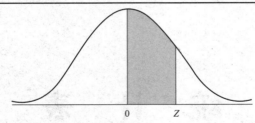

例如：$Z=1.64$，在均值与 Z 值之间曲线下的面积为 0.449 5。

Z	0.00	0.01	0.02	0.03	0.04	0.05	0.06	0.07	0.08	0.09
0.0	0.000 0	0.004 0	0.008 0	0.012 0	0.016 0	0.019 9	0.023 9	0.027 9	0.031 9	0.035 9
0.1	0.039 8	0.043 8	0.047 8	0.051 7	0.055 7	0.059 6	0.063 6	0.067 5	0.071 4	0.075 3
0.2	0.079 3	0.083 2	0.087 1	0.091 0	0.094 8	0.098 7	0.102 6	0.106 4	0.110 3	0.114 1
0.3	0.117 9	0.121 7	0.125 5	0.129 3	0.133 1	0.136 8	0.140 6	0.144 3	0.148 0	0.151 7
0.4	0.155 4	0.159 1	0.162 8	0.166 4	0.170 0	0.173 6	0.177 2	0.180 8	0.184 4	0.187 9
0.5	0.191 5	0.195 0	0.198 5	0.201 9	0.205 4	0.208 8	0.212 3	0.215 7	0.219 0	0.222 4
0.6	0.225 7	0.229 1	0.232 4	0.235 7	0.238 9	0.242 2	0.245 4	0.248 6	0.251 8	0.254 9
0.7	0.258 0	0.261 2	0.264 2	0.267 3	0.270 4	0.273 4	0.276 4	0.279 4	0.282 3	0.285 2
0.8	0.288 1	0.291 0	0.293 9	0.296 7	0.299 5	0.302 3	0.305 1	0.307 8	0.310 6	0.313 3
0.9	0.315 9	0.318 6	0.321 2	0.323 8	0.326 4	0.328 9	0.331 5	0.334 0	0.336 5	0.338 9
1.0	0.341 3	0.343 8	0.346 1	0.348 5	0.350 8	0.353 1	0.355 4	0.357 7	0.359 9	0.362 1
1.1	0.364 3	0.366 5	0.368 6	0.370 8	0.372 9	0.374 9	0.377 0	0.379 0	0.381 0	0.383 0
1.2	0.384 9	0.386 9	0.388 8	0.390 7	0.392 5	0.394 4	0.396 2	0.398 0	0.399 7	0.401 5
1.3	0.403 2	0.404 9	0.406 6	0.408 2	0.409 9	0.411 5	0.413 1	0.414 7	0.416 2	0.417 7
1.4	0.419 2	0.420 7	0.422 2	0.423 6	0.425 1	0.426 5	0.427 9	0.429 2	0.430 6	0.431 9
1.5	0.433 2	0.434 5	0.435 7	0.437 0	0.438 2	0.439 4	0.440 6	0.441 8	0.442 9	0.444 1
1.6	0.445 2	0.446 3	0.447 4	0.448 4	0.449 5	0.450 5	0.451 5	0.452 5	0.453 5	0.454 5
1.7	0.455 4	0.456 4	0.457 3	0.458 2	0.459 1	0.459 9	0.460 8	0.461 6	0.462 5	0.463 3
1.8	0.464 1	0.464 9	0.465 6	0.466 4	0.467 1	0.467 8	0.468 6	0.469 3	0.469 9	0.470 6
1.9	0.471 3	0.471 9	0.472 6	0.473 2	0.473 8	0.474 4	0.475 0	0.475 6	0.476 1	0.476 7
2.0	0.477 2	0.477 8	0.478 3	0.478 8	0.479 3	0.479 8	0.480 3	0.480 8	0.481 2	0.481 7
2.1	0.482 1	0.482 6	0.483 0	0.483 4	0.483 8	0.484 2	0.484 6	0.485 0	0.485 4	0.485 7
2.2	0.486 1	0.486 4	0.486 8	0.487 1	0.487 5	0.487 8	0.488 1	0.488 4	0.488 7	0.489 0
2.3	0.489 3	0.489 6	0.489 8	0.490 1	0.490 4	0.490 6	0.490 9	0.491 1	0.491 3	0.491 6
2.4	0.491 8	0.492 0	0.492 2	0.492 5	0.492 7	0.492 7	0.493 1	0.493 2	0.493 4	0.493 6
2.5	0.493 8	0.494 0	0.494 1	0.494 3	0.494 5	0.494 6	0.494 8	0.494 9	0.495 1	0.495 2
2.6	0.495 3	0.495 5	0.495 6	0.495 7	0.495 9	0.496 0	0.496 1	0.496 2	0.496 3	0.496 4
2.7	0.496 5	0.496 6	0.496 7	0.496 8	0.496 9	0.497 0	0.497 1	0.497 2	0.497 3	0.497 4
2.8	0.497 4	0.497 5	0.497 6	0.497 7	0.497 7	0.497 8	0.497 9	0.497 9	0.498 0	0.498 1
2.9	0.498 1	0.498 2	0.498 2	0.498 3	0.498 4	0.498 4	0.498 5	0.498 5	0.498 6	0.498 6
3.0	0.498 6	0.498 7	0.498 7	0.498 8	0.498 8	0.498 9	0.498 9	0.498 9	0.499 0	0.499 0

表 A-3　给定概率水平下的 t 分布

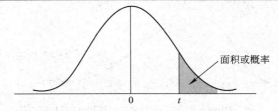

表中给出的是 t 分布中右尾面积的 t 值。

例如，当自由度 $n-1=15$ 和右尾面积（$\alpha/2$）为 0.025 时，$t_{\alpha/2}=2.131$。

自由度	单尾测试的置信度					
	0.10	0.05	0.025	0.01	0.005	0.000 5
1	3.078	6.314	12.706	31.821	63.657	636.619
2	1.886	2.920	4.303	6.965	9.925	31.598
3	1.638	2.353	3.182	4.541	5.841	12.941
4	1.533	2.132	2.776	3.747	4.604	8.610
5	1.476	2.015	2.571	3.365	4.032	6.859
6	1.440	1.943	2.447	3.143	3.707	5.959
7	1.415	1.895	2.365	2.998	3.499	5.405
8	1.397	1.860	2.306	2.896	3.355	5.041
9	1.383	1.833	2.262	2.821	3.250	4.781
10	1.372	1.812	2.228	2.764	3.169	4.587
11	1.363	1.796	2.201	2.718	3.106	4.437
12	1.356	1.782	2.179	2.681	3.055	4.318
13	1.350	1.771	2.160	2.650	3.012	4.221
14	1.345	1.761	2.145	2.624	2.977	4.140
15	1.341	1.753	2.131	2.602	2.947	4.073
16	1.337	1.746	2.120	2.583	2.921	4.015
17	1.333	1.740	2.110	2.567	2.898	3.965
18	1.330	1.734	2.101	2.552	2.878	3.922
19	1.328	1.729	2.093	2.539	2.861	3.883
20	1.325	1.725	2.086	2.528	2.845	3.850
21	1.323	1.721	2.080	2.518	2.831	3.819
22	1.321	1.171	2.074	2.508	2.819	3.792
23	1.319	1.714	2.069	2.500	2.807	3.767
24	1.318	1.711	2.064	2.492	2.797	3.745
25	1.316	1.708	2.060	2.485	2.787	3.725
26	1.315	1.706	2.056	2.479	2.779	3.707
27	1.314	1.703	2.052	2.473	2.771	3.690
28	1.313	1.701	2.048	2.467	2.763	3.674
29	1.311	1.699	2.045	2.462	2.756	3.659
30	1.310	1.697	2.042	2.457	2.750	3.646
40	1.303	1.684	2.021	2.423	2.704	3.551
60	1.296	1.671	2.000	2.390	2.660	3.460
120	1.289	1.658	1.980	2.358	2.617	3.373
∞	1.282	1.645	1.960	2.326	2.576	3.291

表 A-4 χ^2 分布表

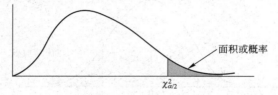

表中给出的是 χ^2 分布中右尾面积（$\alpha/2$）的 χ^2 值。

例如，当自由度 $n-1=24$ 和右尾面积为 0.025 时，$\chi^2=39.364$。

自由度	右尾面积或概率							
	0.99	0.975	0.95	0.90	0.10	0.05	0.025	0.01
1	—	0.001	0.004	0.016	2.706	3.841	5.024	6.635
2	0.020	0.051	0.103	0.211	4.605	5.991	7.378	9.210
3	0.115	0.216	0.352	0.564	6.251	7.815	9.348	11.345
4	0.297	0.484	0.711	1.064	7.779	9.448	11.143	13.277
5	0.554	0.831	1.145	1.610	9.236	11.072	12.833	15.086
6	0.872	1.237	1.635	2.204	10.645	12.592	14.449	16.812
7	1.239	1.690	2.167	2.833	12.017	14.067	16.013	18.475
8	1.646	2.180	2.733	3.490	13.362	15.507	17.535	20.090
9	2.088	2.700	3.325	4.168	14.684	16.919	19.023	21.666
10	2.558	3.247	3.940	4.865	15.987	18.300	20.483	23.209
11	3.053	3.816	4.575	5.578	17.275	19.675	21.920	24.725
12	3.571	4.404	5.226	6.804	18.549	21.026	23.337	26.217
13	4.107	5.009	5.892	7.042	19.812	22.362	24.736	27.688
14	4.660	5.629	6.571	7.790	21.064	23.685	26.119	29.141
15	5.229	6.262	7.261	8.547	22.307	24.996	27.488	30.578
16	5.812	6.908	7.962	9.312	23.542	26.296	28.845	32.000
17	6.408	7.564	8.672	10.085	24.769	27.587	30.191	33.409
18	7.015	8.231	9.390	10.865	29.989	28.869	31.526	34.805
19	7.633	8.907	10.117	11.651	27.204	30.144	32.852	36.191
20	8.260	9.591	10.851	12.443	28.412	31.410	34.170	37.566
21	8.897	10.283	11.591	13.240	29.615	32.671	35.479	38.932
22	9.542	10.982	12.338	14.042	30.813	33.924	36.781	40.289
23	10.196	11.689	13.091	14.848	32.007	35.172	38.076	41.638
24	10.856	12.401	13.848	15.659	33.196	36.425	39.364	42.980
25	11.524	13.120	14.611	16.473	34.382	37.652	49.646	44.314
26	12.198	13.844	15.379	17.292	35.563	38.885	41.923	45.642
27	12.879	14.573	16.151	18.114	36.741	40.113	43.194	46.963
28	13.565	15.308	16.928	18.939	37.916	41.337	44.461	48.278
29	14.257	16.047	17.708	19.768	39.087	42.557	45.722	49.588
30	14.954	16.791	18.493	20.599	40.256	43.773	46.949	59.892
31	15.655	17.539	19.281	21.434	41.422	44.985	48.232	52.191
32	16.362	18.291	20.072	22.271	42.585	46.194	49.480	53.486
33	17.074	19.047	20.867	23.110	43.745	47.400	50.725	54.776
34	17.789	19.806	21.664	23.952	44.903	48.602	51.966	56.061
35	18.509	20.569	22.465	24.797	46.059	49.802	53.203	57.342
36	19.233	21.336	23.269	25.643	47.212	50.998	54.437	58.619
37	19.960	22.106	24.075	26.492	48.363	52.192	55.668	59.892
38	20.691	22.878	24.884	27.343	49.513	53.384	56.896	61.162
39	21.426	23.654	25.695	28.196	50.660	54.572	58.120	62.428
40	22.164	24.433	26.509	29.051	51.805	55.758	59.342	63.691

表 A-5 F 分布 (表中给出 α=0.05 时 F 分布的右尾面积)

		分子的自由度																		
		1	2	3	4	5	6	7	8	9	10	12	15	20	24	30	40	60	120	∞
分母自由度	1	161	200	216	225	230	234	237	239	241	242	244	246	248	249	250	251	252	253	254
	2	18.5	19.0	19.2	19.2	19.3	19.3	19.4	19.4	19.4	19.4	19.4	19.4	19.4	19.5	19.5	19.5	19.5	19.5	19.5
	3	10.1	9.55	9.28	9.12	9.01	8.94	8.89	8.85	8.81	8.79	8.74	8.70	8.66	8.64	8.62	8.59	8.57	8.55	8.53
	4	7.71	6.94	6.59	6.39	6.26	6.16	6.09	6.04	6.00	5.96	5.91	5.86	5.80	5.77	5.75	5.72	5.69	5.66	5.63
	5	6.61	5.79	5.41	5.19	5.05	4.95	4.88	4.82	4.77	4.74	4.68	4.62	4.56	4.53	4.50	4.46	4.43	4.40	4.37
	6	5.99	5.14	4.76	4.53	4.39	4.28	4.21	4.15	4.10	4.06	4.00	3.94	3.87	3.84	3.81	3.77	3.74	3.70	3.67
	7	5.59	4.74	4.35	4.12	3.97	3.87	3.79	3.73	3.68	3.64	3.57	3.51	3.44	3.41	3.38	3.34	3.30	3.27	3.23
	8	5.32	4.46	4.07	3.84	3.69	3.58	3.50	3.44	3.39	3.35	3.28	3.22	3.15	3.12	3.08	3.04	3.01	2.97	2.93
	9	5.12	4.26	3.86	3.63	3.48	3.37	3.29	3.23	3.18	3.14	3.07	3.01	2.94	2.90	2.86	2.83	2.79	2.75	2.71
	10	4.96	4.10	3.71	3.48	3.33	3.22	3.14	3.07	3.02	2.98	2.91	2.85	2.77	2.74	2.70	2.66	2.62	2.58	2.54
	11	4.84	3.98	3.59	3.36	3.20	3.09	3.01	2.95	2.90	2.85	2.79	2.72	2.65	2.61	2.57	2.53	2.49	2.45	2.40
	12	4.75	3.89	3.49	3.26	3.11	3.00	2.91	2.85	2.80	2.75	2.69	2.62	2.54	2.51	2.47	2.43	2.38	2.34	2.30
	13	4.67	3.81	3.41	3.18	3.03	2.92	2.83	2.77	2.71	2.67	2.60	2.53	2.46	2.42	2.38	2.34	2.30	2.25	2.21
	14	4.60	3.74	3.34	3.11	2.96	2.85	2.76	2.70	2.65	2.60	2.53	2.46	2.39	2.35	2.31	2.27	2.22	2.18	2.13
	15	4.54	3.68	3.29	3.06	2.90	2.79	2.71	2.64	2.59	2.54	2.48	2.40	2.33	2.29	2.25	2.20	2.16	2.11	2.07
	16	4.49	3.63	3.24	3.01	2.85	2.74	2.66	2.59	2.54	2.49	2.42	2.35	2.28	2.24	2.19	2.15	2.11	2.06	2.01
	17	4.45	3.59	3.20	2.96	2.81	2.70	2.61	2.55	2.49	2.45	2.38	2.31	2.23	2.19	2.15	2.10	2.06	2.01	1.96
	18	4.41	3.55	3.16	2.93	2.77	2.66	2.58	2.51	2.46	2.41	2.34	2.27	2.19	2.15	2.11	2.06	2.02	1.97	1.92
	19	4.38	3.52	3.13	2.90	2.74	2.63	2.54	2.48	2.42	2.38	2.31	2.23	2.16	2.11	2.07	2.03	1.98	1.93	1.88
	20	4.35	3.49	3.10	2.87	2.71	2.60	2.51	2.45	2.39	2.35	2.28	2.20	2.12	2.08	2.04	1.99	1.95	1.90	1.84
	21	4.32	3.47	3.07	2.84	2.68	2.57	2.49	2.42	2.37	2.32	2.25	2.18	2.10	2.05	2.01	1.96	1.92	1.87	1.81
	22	4.30	3.44	3.05	2.82	2.66	2.55	2.46	2.40	2.34	2.30	2.23	2.15	2.07	2.03	1.98	1.94	1.89	1.84	1.78
	23	4.28	3.42	3.03	2.80	2.64	2.53	2.44	2.37	2.32	2.27	2.20	2.13	2.05	2.01	1.96	1.91	1.86	1.81	1.76
	24	4.26	3.40	3.01	2.78	2.62	2.51	2.42	2.36	2.30	2.25	2.18	2.11	2.03	1.98	1.94	1.89	1.84	1.79	1.73
	25	4.24	3.39	2.99	2.76	2.60	2.49	2.40	2.34	2.28	2.24	2.16	2.09	2.01	1.97	1.92	1.87	1.82	1.77	1.71
	30	4.17	3.32	2.92	2.69	2.53	2.42	2.33	2.27	2.21	2.16	2.09	2.01	1.93	1.89	1.84	1.79	1.74	1.68	1.62
	40	4.08	3.23	2.84	2.61	2.45	2.34	2.25	2.18	2.12	2.08	2.00	1.92	1.84	1.79	1.74	1.69	1.64	1.58	1.51
	60	4.00	3.15	2.76	2.53	2.37	2.25	2.17	2.10	2.04	1.99	1.92	1.84	1.75	1.70	1.65	1.59	1.53	1.47	1.39
	120	3.92	3.07	2.68	2.45	2.29	2.18	2.09	2.02	1.96	1.91	1.83	1.75	1.66	1.61	1.55	1.50	1.43	1.35	1.25
	∞	3.84	3.00	2.60	2.37	2.21	2.10	2.01	1.94	1.88	1.83	1.75	1.67	1.57	1.52	1.46	1.39	1.32	1.22	1.00

表 A - 6　皮尔逊积矩相关系数的临界值

自由度	单尾测试的置信度			
	0.05	0.025	0.01	0.005
	双尾测试的置信度			
	0.10	0.05	0.02	0.01
1	0.988	0.997	0.999 5	0.999 9
2	0.900	0.950	0.980	0.990
3	0.805	0.878	0.934	0.959
4	0.729	0.811	0.882	0.917
5	0.669	0.754	0.833	0.874
6	0.622	0.707	0.789	0.834
7	0.582	0.666	0.750	0.798
8	0.549	0.632	0.716	0.765
9	0.521	0.602	0.685	0.735
10	0.497	0.576	0.658	0.708
11	0.476	0.553	0.634	0.684
12	0.458	0.532	0.612	0.661
13	0.441	0.514	0.592	0.641
14	0.426	0.497	0.574	0.623
15	0.412	0.482	0.558	0.606
16	0.400	0.468	0.542	0.590
17	0.389	0.456	0.528	0.575
18	0.378	0.444	0.516	0.561
19	0.369	0.433	0.503	0.549
20	0.360	0.423	0.492	0.537
21	0.352	0.413	0.482	0.526
22	0.344	0.404	0.472	0.515
23	0.337	0.396	0.462	0.505
24	0.330	0.388	0.453	0.496
25	0.323	0.381	0.445	0.487
26	0.317	0.374	0.437	0.479
27	0.311	0.367	0.430	0.471
28	0.306	0.361	0.423	0.463
29	0.301	0.355	0.416	0.456
30	0.296	0.349	0.409	0.449
35	0.275	0.325	0.381	0.418
40	0.257	0.304	0.358	0.393
45	0.243	0.288	0.338	0.372
50	0.231	0.273	0.322	0.354
60	0.211	0.250	0.295	0.325
70	0.195	0.232	0.274	0.303
80	0.183	0.217	0.256	0.283
90	0.173	0.205	0.242	0.267
100	0.164	0.195	0.230	0.254

参 考 文 献

[1] MARCUS G，DAVIS E. Eight（No，Nine！）Problems With Big Data. New York Times，2014（6）.

[2] LAZER D，KENNEDY R，KING G，et al. The parable of Google Flu：traps in big data analysis. Science，2014，343（14 March）.

[3] 李国杰. 大数据研究的科学价值. 中国计算机学会通讯，2012，8（9）：8-15.

[4] 朝乐门，邢春晓，张勇. 数据科学研究的现状与趋势全解. 计算机科学，2018，45（1）：1-13.

[5] 舍恩伯格，库克耶. 大数据时代. 杭州：浙江人民出版社，2012.

[6] EMC Education Services. 数据科学与大数据分析. 北京：人民邮电出版社，2016.

[7] 董西成. 大数据技术体系详解：原理、架构与实践. 北京：机械工业出版社，2018.

[8] 周志诚. 现代管理方法. 北京：经济管理出版社，1985.

[9] 孙明玺. 预测与评价. 杭州：浙江教育出版社，1986.

[10] 陈启杰. 现代企业市场调研与预测. 上海：复旦大学出版社，1995.

[11] 胡玉立，李东贤. 市场预测与管理决策. 北京：中国人民大学出版社，1997.

[12] 柯惠新，丁立宏. 市场调查与分析. 北京：中国统计出版社，2000.

[13] 麦克丹尼尔，盖茨. 当代市场调研. 北京：机械工业出版社，2000.

[14] 加拿大统计局《调查技能》项目组. 调查技能教程. 中国国家统计局《调查技能》项目组，译. 北京：中国统计出版社，2002.

[15] ZIKMUND W G. 营销调研精要. 北京：清华大学出版社，2004.

[16] 丁国盛，李涛. SPSS 统计教程：从研究设计到数据分析. 北京：机械工业出版社，2006.

[17] AIKEN L R. 心理测量与评估. 北京：北京师范大学出版社，2006.

[18] 墨菲，大卫夏弗. 心理测验：原理和应用. 上海：上海社会科学出版社，2006.

[19] 徐国祥. 统计预测和决策学. 上海：上海财经大学出版社，2005.

[20] 庞皓. 计量经济学. 北京：科学出版社，2006.

[21] 杨曾武. 统计预测原理. 北京：中国财政经济出版社，1990.

[22] 张平. 统计学. 北京：中国财政经济出版社，2005.

[23] 顾晓安，朱建国. 统计学实务. 上海：立信会计出版社，2005.

[24] 赵振伦. 统计学：理论、实务、案例. 上海：立信会计出版社，2005.

[25] 袁卫，庞皓，曾五一. 统计学. 北京：高等教育出版社，2000.

[26] 孙允午. 统计学：数据的搜集、整理和分析. 上海：上海财经大学出版社，2006.

[27] 贾俊平，邹明霜. 统计学. 北京：中国人民大学出版社，2004.

[28] 韩兆洲，王斌会. 统计学原理. 广州：暨南大学出版社，2002.

[29] 廖柏其. 管理统计学. 合肥：中国科学技术大学出版社，2002.

[30] 贾俊平，金勇进，易丹辉.《统计学》教学案例和教学项目汇编. 北京：中国人民大学出版社，2004.

[31] 易丹辉. 统计预测：方法与应用. 北京：中国统计出版社，2001.

[32] 秦麟征. 预测科学. 贵阳：贵州人民出版社，1985.

[33] 李业. 预测学. 广州：华南理工大学出版社，1988.

[34] 李铁映，张昕. 预测决策方法. 沈阳：辽宁科学技术出版社，1984.

[35] 库珀，辛德勒. 商业研究方法. 7 版. 北京：中国人民大学出版社，2006.